커피 한 잔에
담긴 문화사,

**A Cup of Coffee,
a Cultural History**

끽다점에서
카페까지

이길상 교수가 내려주는 커피 이야기

커피 한 잔에
담긴 문화사,

A Cup of Coffee,
a Cultural History

끽다점에서
카페까지

이길상 교수가 내려주는 커피 이야기

싱긋

차례

프롤로그 _ 9

제1부 숨겨 마신 커피, 울며 마신 커피

조선 최초의 커피 기록 _ 16
조선 선비들이 기록한 커피 | 일본과 중국의 커피 기록

조선에 퍼진 최초의 커피 향 _ 24
조선 최초의 커피 주문 | 선교 목적으로 쓰인 검은 음료 | 조선에서 사라진 커피

조선 땅에서 최초로 커피를 마신 사람들 _ 36
맛과 향에 취한 사람들 | 조선 신문이 전한 커피 소식 | 커피, 선물과 뇌물 사이
이국땅에서 커피를 마신 조선인과 왕실에서 커피를 마신 서양 여성들

위로가 되지 못한 쓰디쓴 커피 _ 62
커피를 마시며 눈물을 흘린 이범진 | 커피 마니아 고종의 방황
고종이 마셨던 커피 원두

끽다점과 카페 등장 _ 75
신상품 가배당 | 끽다점 등장 | 그날 끽다점의 안중근
병원과 역에 들어선 끽다점 | 일본과 조선에 동시 등장한 카페

제2부 퇴폐 절정기, 다방의 등장

광란의 1920년대, 광고에 등장한 끽다점 _92
커피를 파는 다양한 업소 | '뽀이'와 '여뽀이'의 시대
봇물 이루는 끽다점 광고 | 브랜드 커피 등장

퇴폐 절정기 악카페의 유행 _107
카페의 변질 | 광학 서비스, 에로 서비스 | 웨이트리스 백태 | 악카페 단속
모껄이 블렌딩커피를 알았다?

커피 온리 업소의 원조, '다방' _127
다방의 출현 배경 | 순끽다점의 원조는 조선 | 낙랑파라와 이상의 더치페이
다방은 다방 그것 | 쓰디쓴 커피 한 잔으로 우울을 씹어 삼키는 청춘

드립커피, 블랙커피, '찬커'의 유행 _146
커피차 맛있게 끓이는 법 | 블랙커피, 드립커피, 인삼커피, 커피 강습회
아이스커피보다는 '찬커'? | 커피와 축구선수 빠-터제 | 독신자용 커피포트 등장

제3부 강요된 애국, 우울한 커피당

애국일 다방 풍경 _164
애국일에 손님과 외박한 웨이트리스 | 빼앗긴 '다방골잠'
금강산 비로봉에도 들어선 다방

세를 마시고, 세에 취하고 _171
해괴한 카페 영업법 | 돌체다방이 경성다방으로
세금으로 사라진 커피 향 | 가짜 커피와 대용 커피 | 모닝커피는 매국?

제4부 분단, 전쟁, 그리고 얌생이 커피

불완전한 광복, 넘치는 커피 _190
카페를 차린 조선 왕족 | 커피 배급제로 호감을 사려던 미국
커피와 생선만 먹고 살아야 할 서울 시민
광복 직후에는 인스턴트커피만 마셨을까?

다방 홍수시대의 커피 논쟁 _201

커피당의 커피 예찬 | 커피가 죄인가, 시대가 죄인가 | 다방 바나나 논쟁
커피값 때문에 물러난 경제장관 | 커피 문화인이 132만 5328명?

얌생이가 빼돌린 커피 _218

광복 10년 특산물 '얌생이'의 활약 | 구공탄에 끓여먹는 커피
1950년대식 커피 에티켓과 커피 상식 | 인스턴트커피보다는 드립커피
미국인도 모르는 커피 맛?

제5부 커피 탄압기, 위스키는 되고 커피는 안 되고

커피를 노린 열차 갱단 _238

커피타임 | 국가 경제를 좀먹는 커피 | 엄포는 엄포, 커피는 커피
커피를 노린 열차 갱단이 출현했다고?

다방 재벌 탄생 _256

커피 수입 자유화 | 1960년대 후반 다방 풍경 | 최초의 로스터리 카페 탄생
다방 재벌 등장 | 환영받지 못한 커피공장 설립

국산 커피 등장과 다방망국론 _270

드디어 국산 커피 | 도끼빗 꽂은 뮤직박스 DJ 오빠
다방에서 생긴 사건과 사고 | 모나리자가 시집가다니 | 다방망국론
북이 가져온 커피세트 | 우리나라 최초의 커피 책

제6부 커피 암흑기, 다방의 눈물

커피 암흑기 도래 _302

희생양이 된 커피 | 최초의 커피 축제 | 원두가격 폭등에 대처하기
일일다방의 명암 | '양탕국'은 가짜 뉴스?

꽁초커피, 자판기커피, 믹스커피 _323

다방커피의 비밀, 꽁피 | 세기의 발명품 커피믹스
오토메이션시대의 산물 커피 자판기 | 다방 영수증 모아 건립한 복지회관
왜 다방이 줄어들기 시작했을까?

기레기가 퍼뜨린 커피유해론 _338

1980년대 초 커피 문화 | 기레기와 국뽕이 살린 국산 차 | 과장된 커피유해론
디카페인커피 등장 | 미국의 커피시대 종식?

설 자리 잃은 다방의 변질 _355

설 자리를 잃은 다방 | 비디오시대의 다방, 노빤다방 | 유니섹스시대의 다방
평양 커피숍의 커피 맛 | 국회의원이면 다냐?

제7부 커피 르네상스, 아름다운 도전

커피 문화의 전환기 _382

'오늘은 기쁜 날' 공짜 커피 | 시민권자는 블랙, 불법체류자는 믹스
다방은 왜 사라졌을까 | 커피, 수돗물과 이별 | 카페 창업 열풍

커피가 예고한 경제 위기 _409

'썩은 오렌지족'의 아메리칸커피 | 커피가 예고한 외환 위기
작은 방종을 마시던 시대 | 외환 위기에 묻힌 원두커피 르네상스
'커피'는 '절약'의 반대말?

커피공화국으로 가는 길 _432

난다랑은 가고, 스타벅스는 오고 | 아름다운 도전 | 우리나라는 '커피공화국'?

에필로그 _447

참고문헌 _453

이미지 출처 _461

일러두기

- 이 책은 〈오마이뉴스〉에 연재된 "커피로 맛보는 역사, 역사로 배우는 커피"를 정리하여 출간한 것이다.
- 옛 신문이나 잡지 글을 인용할 때는 원문 그대로 표기하는 것을 원칙으로 하되, 독자의 이해가 어려울 경우 일부 띄어쓰기나 표기를 수정했다.
- 옛 자료에 실린 인명이나 상호명, 용어 등은 국립국어원 외래어표기법을 따르되, 원어명을 확인할 수 없는 경우 당시 한글 표기 그대로 썼다.
- 국명, 정부 부처명, 회사명, 상호명 등은 당시 표기를 따랐다. 이를테면 버마, 보건사회부는 각각 미얀마, 보건복지부로 변경되었으나 당시 표기 그대로 썼다.
- 인용문의 괄호 안 설명은 저자주다.

프롤로그

　어릴 적 자주 쓰던 '삼세번'이란 표현이 있다. 뭔가 하려면 두 번의 실패는 겪어보아야 한다는 의미기도 하고, 뭔가 이루려면 세 번은 해보아야 한다는 뜻이 담겨 있기도 하다. 영어에도 똑같은 표현이 있다. 'Third time's the charm!' 세번째 시도가 행운을 가져온다는 매우 긍정적인 말이다.

　이번 책은 내가 쓴 세번째 커피 역사책이다. 첫번째 책 『커피 세계사 + 한국가배사』는 출간 4년 만에 7쇄를 찍었으니 성공을 거둔 셈이고, 2년 전에 낸 두번째 책 『커피가 묻고 역사가 답하다』도 3쇄를 앞두고 있으니 필자로서는 만족한 느낌이다. '삼세번' 속설이 맞는다면 이번 책은 나에게 뭔가 행운을 가져다줄 것 같은 예감이다.

　필자인 나에게 책이 가져다줄 행운은 과연 무엇일까? 물론 언론 여기저기에 긍정적인 서평이 실리고, 이곳저곳에서 강연 요청이 쇄도하고, 덕분에 책이 많이 팔리는 것도 틀림없는 행운일 터다. 그런데 이번 책을 통해 얻고 싶은 더 큰 행운이 하나 있다. 원고를 마무리할 즈음에 생긴 꿈이기도 하다.

40년 가까이 커피와 함께 살아온, 대구에서 가장 오래된 카페 '커피명가'의 안명규 대표를 만나 이야기를 나눌 기회가 있었다. 안대표는 이미 이전에 출간된 나의 두 책을 다 읽었다. 대구를 오가며 두번째 만났을 때 안대표는 "교수님, 이번 책은 우리나라 커피 역사 분야의 국정교과서가 되겠는데요"라고 말하는 것이 아닌가. 고마움과 부담스러움이 교차하는 순간이었다. 전문가의 칭찬이니 한편 고마우면서도, 한편 매우 부담스럽기도 했다. 교과서가 될 수도 있으니 잘 쓰라는 당부라 생각했기 때문이다. 결국 출판사 섭외를 미루고 원고를 보완하는 데 한 달 정도의 아깝지 않은 시간을 보냈다. 삼세번이 주는 행운이 나에게 온다면 이 책이 우리나라 커피 역사 분야에서 국정은 아니더라도 그냥 '교과서'라는 이미지 정도는 얻었으면 좋겠다. 물론 지식만을 나열한 옛날식 교과서가 아니라 지식과 함께 재미와 의미도 전해주는, 누구나 읽어야 하는 교과서로 여겨지기를 바란다.

미국에는 윌리엄 우커스William Ukers의 『올 어바웃 커피All About Coffee』(1922)가 있고, 독일에는 하인리히 에두아르트 야코프 Heinrich Eduard Jacob의 『커피의 역사 — 세계 경제를 뒤흔드는 물질의 일대기Sage und Siegeszug des Kaffees: Die Biographie eines Wellwirtschaftlichen

Stoffes』(1934)가 있다. 이웃 일본에는 이들에 견줄 만한 책은 없지만 오쿠야마 요시하치로奧山儀八郎의『일본의 커피日本の珈琲』(1960), 우스이 류이치로臼井隆一郎의『커피가 돌고 세계사가 돌고コーヒーが廻り世界史が廻る』(1992), 탄베 유키히로旦部幸博의『커피세계사珈琲の世界史』(2017) 등이 있다.

   이들 책은 커피라는 작은 물질 하나로 역사라는 거대 서사를 다루었다. 자기 나라 커피 역사를 이야기하지만 세계 커피 역사의 큰 흐름과 단절시키지 않았다. 커피라는 물질을 통해 역사를 이해하는 것이 얼마나 유용하고, 재미있고, 가치 있는지를 잘 보여주었기 때문에 많은 독자를 확보할 수 있었다.

   우리 역사도 기존의 정치사나 대외관계사 중심의 거대 담론으로부터 해방될 필요가 있다. 작은 물질 커피를 통해 바라보는 우리의 근현대사가 어떻게 가능한지, 얼마나 흥미로운지 이 책을 통해 이야기하고 싶다. 우커스나 야코프의 책에는 미칠 수 없을지라도 오쿠야마 요시하치로, 우스이 류이치로, 탄베 유키히로의 책이 받는 평가에는 미치고 싶다. 그런 기대를 안고 글을 썼다.

   이 책에는 많은 사람, 많은 기관, 많은 단체의 협조가 녹아 있다. 커피가 맺어준 나의 벗 이두헌, 김대기, 신성학, 김명섭, 김태호, 김연용은 늘 나에게 힘을 준다. 한국커피협회는 내가 커피인으로 성장하는 데 도움을 준 기름진 밑거름 같은 존재다. 지난 4년간 나의 주말 칼럼 "커피로 맛보는 역사, 역사로 배우는 커피"를 위해 귀한 지면을 할애해준 〈오마이뉴스〉, 1년간 생방송 〈커피로 맛보는 역사〉의 진행을 맡겨준 KBS 제1라디오, 귀한 유물 사진 자료를 제공해준 국립민속박물관, 국립고궁박물관, 대한민국역사박물관, 서울역사박물관, 울산박물관, 한국조리박물관, 그리고 무엇보다도 거친 원고를 부드럽게 다듬어준 교유당 편집진에 감사의 마음을 전한다. 글을 쓰는 동안 늘 곁을 지켜준 사랑하는 내 가족에게 힘이 되는 책, 자랑거리인 책이 되었으면 좋겠다.

분당 홈카페에서
이길상

숨겨 마신 커피, 울며 마신 커피

A Cup of Coffee, a Cultural History

제1부

1814년 봄 유럽대륙을 공포에 떨게 했던 나폴레옹이 지중해의 엘바섬으로 추방되었다. 대륙봉쇄령이 해제되자 유럽인들은 맛도, 향도 없는 치커리커피가 아닌 진짜 커피를 마시게 되었고 인류 역사상 첫번째 커피 붐이 시작되었다. 유럽에서 귀족뿐 아니라 일반 대중도 커피를 마실 수 있는 시대가 열린 것이다. 커피봉쇄에 불만을 품었던 유럽인들이 나폴레옹을 무너뜨렸다는 소문도 있었다. 어쨌든 나폴레옹의 패배가 커피의 유행을 가져온 것은 분명하다.

나폴레옹시대가 막을 내리고 커피 붐이 일어날 무렵에 태어난 프랑스 신부 시메옹 프랑수아 베르뇌Siméon François Berneux가 조선 땅에서 커피를 처음 마신 때는 1861년이었다. 커피는 숨겨서 마시는 음료였다. 쇄국정책이 끝나고 서양제국들과 잇따라 수교를 시작한 1880년대에 접어들면서 커피가 조선 땅에 본격적으로 들어왔다. 세계적으로 제2차 커피 붐이 시작될 무렵이었다. 개항장을 통해 커피가 공식적으로 수입되었다.

조선에 거주하는 외국인과 일부 고관대작만 마실 수 있었던 신상품 커피가 대중화되기 시작한 것은 1910년 전후였다. 병원과 기차역에 끽다점이 들어서고 도시 여기저기에 카페가 생기기 시작했다. 신문에 커피 관련 기사가 빈번히 등장할 정도로 커피는 더이상 낯선 음료가 아니었다.

조선 최초의 커피 기록

조선 선비들이 기록한 커피

우리나라에 커피라는 음료가 처음 기록된 시기는 1852년으로 인문지리서『벽위신편闢衛新編』에 언급되어 있다.『벽위신편』은 1848년 윤종의가 서양의 위력과 종교로부터 조선을 지키기 위한 방책 제시 목적으로 쓴 책으로 4년 뒤 중국의『해국도지海國圖志』와『영환지략瀛環志略』을 참고하여 개정하면서 커피를 소개했다. 이들 책에 "필리핀에서는 커피라고 하는 편두(까치콩)와 비슷하고 청흑색인 열매를 볶아 끓여 마시는데, 맛은 쓰고 향은 차와 비슷하다"라고 기술된 커피 생두의 모양과 만드는 법, 맛에 대한 내용을『벽위신편』에 그대로 옮겨 적은 것이다.

1857년에는 실학자 최한기가『지구전요地球典要』에서 커피 생

최한기의 『지구전요』에 나오는 필리핀의 주요 산물 커피에 관한 기록

산국으로 필리핀, 인도네시아, 아라비아, 브라질 등을 언급했고 미국인들의 커피 음용법을 소개했다. 당시 척사를 주장하던 사대부나 서양 문명에 관심이 많던 개화 지식인 중에는 적지 않은 사람이 이 책들을 읽었다. 따라서 윤종의나 최한기가 지인들과의 대화에서 서구인이 마신다는 커피라는 낯선 음료 이야기를 했을 가능성이 크다. 윤종의의 벗 박규수, 김정희 등이 『해국도지』와 『영환지략』을 귀중하게 여겼고 『승정원일기』나 『고종실록』에도 고종과 신하들의 토론에서 이 책들을 자주 언급한 점을 생각하면 짐작할 수 있다. 조선의 지식인들이 1850년대에 커피의 존재를 알고 있었다는 점이 무척 흥미롭다.

그렇다면 우리나라에 처음 커피를 들여온 사람은 누구일까? 파리외방전교회 소속의 선교사 시메옹 프랑수아 베르뇌다. 그는 1814년 5월 14일 프랑스 북서쪽에 있는 작은 마을 샤토 뒤 루아르에서 태어났는데, 프랑스가 영광의 시간을 뒤로하고 혼란에 빠져들던 시기였다. 영광도, 혼란도 모두 나폴레옹 때문이었다. 프랑스대혁명으로 탄생한 공화국의 제1통령이었던 나폴레옹은 1804년 프랑스 황제에 즉위했다. 프랑스인 99.9퍼센트가 나폴레옹의 황제 즉위를 지지할 정도로 나폴레옹 열풍은 대단했다.

나폴레옹은 1806년 11월 21일 베를린을 점령한 후 칙령을 내렸다. 유럽대륙의 모든 국가로 하여금 영국과의 무역을 하지 못하도록 하는 명령이었다. 영국 배는 물론 영국을 거쳐오는 그 어떤 배도 유럽대륙으로 들어오는 것이 금지되었다. 영국도 이에 대한 보복으로 1807년 긴급 명령을 발표하여 프랑스와의 무역을 전면 금지하는 동시에 프랑스 해안을 봉쇄했다.

프랑스 시민들은 국가의 영광을 위해 어느 정도의 고난은 기꺼이 참고 견뎠다. 대표적인 것이 커피였다. 18세기 중반 이후 대다수 시민이 즐기던 커피가 대륙봉쇄령으로 사라졌다. 그 어떤 노력으로도 커피를 유럽대륙에서 생산할 수 없었다. 시민들은 비슷한 맛을 내는 치커리 뿌리를 캐서 말리고 볶아 끓여 마셨다. 쌉쓰름한 맛은 커피와 비슷했지만 커피 고유의 향이나 효능은 기대할 수 없었다. 프랑스인들은 국가를 위해, 나폴레옹을 위해 각성 효과가 전혀 없는 가짜 커피를 마셨다.

프랑스 시민들의 열광에도 불구하고 1814년 3월 31일 반나폴레옹 연합군이 파리를 함락하면서 나폴레옹은 4월 6일 권좌에서 물러났다. 그리고 4월 16일 지중해의 엘바섬으로 추방되고 대륙봉쇄령이 해제되자 유럽인들은 맛도, 향도 없는, 커피 대체품이었던 치커리커피가 아닌 진짜 커피를 마시게 되었다. 이로써 귀족뿐 아니라 일반 대중도 커피를 마실 수 있는 시대가 열리게 된 것이다.

이후 유럽은 소비혁명의 시대, 이른바 비더마이어Biedemeier 시대에 접어들었다. 사라졌던 커피와 카페가 폭발적으로 유행했고 다양한 커피 도구가 발명되었다. 추기경 장바티스트 드 벨루아Jean-Baptiste de Belloy가 1800년 그의 나이 아흔한 살에 커피포트를 개발했고 이를 토대로 다양한 커피포트가 등장했다. 현대적 커피메이커나 드립 도구의 출발점이었다.

이렇게 인류 역사상 첫번째 커피 붐이 일었다. 1820년대에 시작되어 1840년대까지 지속된 제1차 커피 붐을 거치면서 커피는 국제적으로 거래되는 무역품의 지위에 올랐다. 생산과 소비가 동시에 급증한 것이다. 먼저 생산 측면에서는 새로 등장한 커피 생산국 브라질이 본격적으로 커피의 대량 생산과 수출을 시작함으로써 커피가격을 떨어뜨렸다. 커피가격이 하락하면서 상류층뿐 아니라 중산층 시민들과 지식인들도 커피를 마실 수 있게 되었다. 이어서 도시를 중심으로 커피하우스 문화가 급속히 확산되었다.

이런 시기에 태어나 성장한 베르뇌 신부를 통해 처음 우리나라에 커피가 들어온 데서 알 수 있듯 조선의 커피 역사에서 주목해야 할 것은 천주교 전래다. 천주교가 중국을 통해 서학이라는 이름으로 조선에 본격적으로 들어온 시기는 18세기 말이다. 1801년 신유박해를 시작으로 크고 작은 박해를 받으며 성장했고 1830년대 이후에는 파리외방전교회가 조선의 천주교 전파에 적극적이었다. 교황청이 독립된 조선교구를 설립하고 1836년 피에르 모방Pierre Maubant 신부가 조선에 입국한 후 선교 활동을 시작했다.

모방 신부는 증조할아버지와 큰할아버지가 이미 순교를 당한 오랜 가톨릭 집안에서 태어난 김대건을 1836년 12월 신학생에 발탁하여 최양업, 최방제와 함께 마카오로 유학을 보냈다. 1837년 6월 7일 마카오에 도착한 세 명의 조선 유학생을 맞은 이는 파리외방전교회 동양경리부 책임자 나폴레옹 리부아Napoleon Libois 신부였다. 리부아 신부가 커피 애호가였다는 점, 김대건 일행이 그곳에서 주로 서양 음식을 즐겼다는 점을 고려하면 그들이 마카오에서 커피를 마셨을 가능성은 매우 높다.

김대건 일행이 학업중이던 1839년 봄 마카오를 비롯한 중국 남부 지역의 정세가 불안해졌다. 1840년 중국 역사에서는 치욕적이라 할 수 있는 아편전쟁이 시작된 것이다. 김대건과 최양업은 파리외방전교회의 권유로 1839년 4월 필리핀 마닐라를 거쳐 롤롬보이수도원으로 잠시 피신했다.

김대건 일행이 필리핀에서 다시 마카오로 돌아와 학업을 이어가던 1840년 9월 21일 파리외방전교회에는 프랑스에서 새로운 신부들이 머나먼 뱃길을 헤치고 도착했다. 1840년 2월 12일 베르뇌 신부 일행이 프랑스 르 아브르 항구를 출발하여 아프리카 남단 희망봉과 필리핀 마닐라를 거쳐 7개월여 만에 당도한 것이다. 1840년 9월 24일 베르뇌 신부는 스승 누아르M. Nouard 신부에게 쓴 편지에 다음과 같이 전했다.

대표부에는 중국 학생들, 코친차이나 학생들, 통킹 학생들, 조선 학생들이 있습니다. 저는 이곳에 머무는 동안 계속해서 두 조선 학생과 통킹 학생을 교육하는 임무를 맡았습니다.

베르뇌 신부가 만난 조선 학생은 김대건과 최양업이었다. 최방제는 도착한 지 5개월여가 지난 1837년 11월에 풍토병으로 사망했다. 베르뇌 신부는 1841년 1월 3일 통킹으로 떠날 때까지 약 100일 동안 그들에게 기독교 윤리와 철학을 가르쳤다.

이후 베르뇌 신부는 통킹에 도착하여 본격적인 선교 활동을 시작하기도 전인 1841년 4월 11일 현지 관리들에게 체포되어 사형 선고를 받고 감옥생활을 했다. 그러다가 1843년 3월 12일 체포된 지 거의 2년 만에 프랑스 함대 에로인호에게 구출되었다. 프랑스로 송환되던 베르뇌 신부는 인도양의 커피 산지 부르봉섬에 잠시 머무는 동안 현지 총독을 설득하는 데 성공했다. 아시아 선교를 계속하겠다는 베르뇌 신부의 간청을 총독이 수락한 것이다. 마침 정박해 있던 아시아로 가는 배에 탈 수 있었다. 베르뇌 신부는 싱가포르를 거쳐 마카오에 도착한 이듬해인 1844년 1월 만주에 부임하여 1854년까지 거의 11년 동안 그곳에서 선교 활동을 펼쳤다. 그러던 중 1854년 베르뇌 신부는 '순교자들의 땅' 조선의 제4대 대목구장에 임명되었고 여러 번의 시도 끝에 1856년 3월 조선 입국에 성공했다.

일본과 중국의 커피 기록

　　17세기 후반부터 서양의 천주교 선교사들로 말미암아 베이징, 마카오, 푸젠성 등에 커피가 유입되었다. 1840년 아편전쟁 결과로 1842년에 체결된 난징조약 이후 홍콩, 상하이, 톈진 등 중국의 여러 개항장을 통해 서양 물품 커피가 본격적으로 들어오기 시작했고 조차지에 거주하던 서양인들은 커피를 마셨다.

　　중국이나 조선과 마찬가지로 쇄국정책을 펴던 일본은 서양과의 모든 관계를 단절하고, 1630년대부터 나가사키항 앞에 만든 인공섬 데지마를 통해 네덜란드와의 무역만 허용했다. 천주교 선교를 앞세우지 않는 네덜란드 동인도회사의 전략과 서양 문물을 배우고자 하는 일본 에도 막부의 의도가 합해진 결과였다. 일본에 커피가 전래된 것은 18세기 데지마를 통해서였지만 일본에서 커피가 유행하기 시작한 것은 19세기 후반이었다.

　　천주교를 배경으로 한 서양 문화의 침투에 대한 두려움에서 중국, 조선, 일본 사이에 차이는 없었다. 그러나 중국은 서양 세력과의 전쟁에 패하면서 시작된 문호 개방을 통해서, 일본은 데지마를 통해 지속해온 네덜란드와의 무역을 통해서 서양 문물을 조심스럽게 받아들이고 있었다. 조선은 프랑스, 미국 등과 여러 차례 전쟁을 겪으면서도 쇄국을 유지했다.

　　이처럼 서양과의 문호 개방이 조선보다 빨랐던 일본이나 중국이 커피 소식 전파에서도 조선보다 앞서는 것은 당연했다. 일본은 1782년 시즈키 다다오志筑忠雄라는 난학자蘭學者(네덜란드 연구자)가 쓴

『만국관규万國管窺』와 1795년에 히로카와 카이廣川獬가 쓴『나가사키 문견록長崎聞見錄』에서 서양인들의 커피 음용 풍습을 언급했다. 이들은 17세기부터 나가사키 데지마를 통해 네덜란드와 교류하면서 얻은 정보를 바탕으로 기술했다. 커피를 마시고 기록을 남긴 최초의 일본인은 오타 난포大田南畝로 그는 1804년에 커피를 '가후-히이カウヒイ'라 표기하고 "견딜 수 없는 역한 맛"이라고 썼다.

중국 최초의 커피 관련 기록도 조선보다 빠르다. 1822년에 간행된『광동통지廣東通志』나 1839년에 간행된『중영문사전中英文辭典』등에서 커피를 '흑주黑酒' 혹은 '가배咖啡'로 표기한 것이 초기 기록이다.『해국도지』나『영환지략』에 커피가 소개될 즈음인 1840년대에는 중국 남부의 광저우, 마카오, 상하이 등에서 활동하던 천주교 선교사들이나 유럽 무역상들로 말미암아 커피가 널리 퍼졌다. 파리 외방전교회 소속 선교사들이 윈난성에서 커피나무 재배를 처음 시도한 때는 1892년이었고, 중국인들이 커피를 본격적으로 마시기 시작한 시기는 1920년대였다.

조선에 퍼진 최초의 커피 향

조선 최초의 커피 주문

아편전쟁 이후 중국은 급속도로 무너졌다. 1858년 프랑스 함대가 중국 톈진을 점령하고 선교의 자유를 얻었으며 1860년에는 프랑스와 영국 군대가 베이징을 함락했다. 일본은 미국에 굴복하여 1858년에 요코하마항을 개항함으로써 서양과의 교류를 본격적으로 시작했다. 이때 서양인이 중국이나 일본에 무역품만 가져온 것이 아니었다. 전염병도 함께 들여왔다. 1859년 여름이 되자 중국과 일본에 이어 조선에도 콜레라가 퍼지기 시작했다.

그해 말에는 좌포도장 임태영과 우포도장 신명순이 주도하여 천주교를 박해했다. 천주교 신자들이 모이는 공소나 거처에 방화와 약탈이 이어졌고 그와 함께 콜레라가 더욱 창궐했다. 콜레라 유행과 천주교 박해가 동시에 벌어진 것이다.

지방에 머물던 베르뇌 신부는 서울로 향했지만 도성 안 전동에 있던 자신의 거처가 이미 노출되어 도성으로 들어가는 것을 포기했다. 그는 남대문 밖 자암마을(지금의 염천교 부근)에 있던 한 신자의 집에 숨었다. 그곳에서 조선인 신자 10여 명과 함께 기거했다. 간혹 주변에 사는 조선인 신자들의 집을 방문하기도 했지만 거의 은둔해 있는 상태였다.

1862년까지 사상자가 40만 명에 이를 정도로 끔찍했던 콜레라 유행과 천주교 박해라는 이중의 공포 속에 숨어 지내던 베르뇌 신부가 1860년 3월 6일 홍콩 파리외방전교회에 편지를 썼다. 파리외방전교회 극동본부는 1847년 정세가 불안한 마카오에서 홍콩으로 이전해 있었다. 이 서신에서 베르뇌 신부는 조선의 선교 상황을 보고하고 여러 어려움을 토로한 후 서적, 포도주, 자명종 등 선교 활동에 필요한 물품을 요청했다. 그중에는 커피 40리브르와 흑설탕 100리브르도 포함되어 있었다.[1]

베르뇌 신부가 커피를 주문했던 1860년은 세계 커피 역사에

1860년 3월 6일 베르뇌 신부가 작성한 편지의 첫 장. 베르뇌 신부는 이 편지를 통해 여러 가지 종교 관련 물품과 함께 커피를 주문했다.

서 제1차 커피 붐(1820~1840)을 지나 제2차 커피 붐(1880~1920)으로 향하던 길목이었다. 제1차 커피 붐은 유럽에서의 커피 소비 증가와 브라질의 본격적인 커피 생산으로 비롯되었다. 브라질은 1820년대부터 엄청난 양의 커피를 생산함으로써 폭발적으로 늘어난 소비량을 감당했다. 커피가격을 적정 수준 이하로 유지하는 역할을 한 것이다. 질보다는 양을 추구했던 브라질의 무한할 듯한 커피 공급이 새로운 수요를 창출하고 커피가격 안정을 가져온 셈이었다. 마지막까지 노예제도를 포기하지 않은 대형 커피농장주들의 탐욕, 커피 생육에 알맞은 화산암질 토양 테라록사도 커피 생산 확대에 기여했다. 제1차 커피 붐을 지나며 브라질의 세계 커피 시장 점유율은 40퍼센트를 넘어섰고 나머지는 인도네시아 자바섬과 실론섬을 비롯한 동인도 지역, 과테말라를 포함한 일부 중앙아메리카 국가, 쿠바와 자메이카 등 서인도제도의 섬나라들이 차지하고 있었다. 브라질의 세계 커피 시장에서의 영향력이 급속히 확대되던 시절이었다.

  1848년 유럽대륙이 왕정을 무너뜨리는 혁명의 불길에 휩싸이면서 비더마이어시대는 끝나고 커피 소비도 잠시 위축되었다. 대신 미국인들이 산업화와 서부 개척을 시작하면서 커피 소비가 늘어났다. 1861년에 시작된 남북전쟁으로 미국에서의 커피 소비 증가 추세가 잠시 주춤했지만 종전과 함께 커피 소비가 폭발적으로 증가했다.

1 리브르는 당시 파운드lb(약 450그램)를 나타내는 프랑스 무게 단위로 40리브르는 약 18킬로그램이었다. 홍콩에서 서울로 인편으로 운반하기에는 적지 않은 양의 커피를 주문한 것이다.

이와 같이 베르뇌 신부가 커피를 주문한 1860년은 세계적으로 커피의 생산과 소비가 함께 성장하던 시기였고 커피가 세계적인 무역품으로 등장한 때였다. 산업화에 성공한 유럽의 몇몇 나라와 산업혁명을 시작한 북아메리카 지역에서는 커피가 대중 음료로 자리를 잡아가던 시절이었다. 커피가 음료로 등장한 지 400년 만에 드디어 특권층이 아닌 중산층도 커피를 마실 수 있게 된 것이다. 평범한 집안의 아들로 태어난 베르뇌 신부와 그의 동료 선교사들도 어렵지 않게 커피를 즐길 수 있었다.

베르뇌 신부가 주문한 커피는 1년 1개월 1일 만인 1861년 4월 7일 오전 5시에 남대문 밖 베르뇌 신부 은신처에 도착했다. 새로 조선에 부임하는 프랑스 신부들, 랑드르J. M. Landre · 조아노P. Joanno · 리델F. C. Ridel · 칼레N. A. Calais 등 네 명의 신부가 등에 지고 가져왔다. 아마도 세계 커피 역사에서 주문 후 배달까지 걸린 최장 시간일 수도 있을 것이다. 미국에서 남북전쟁이 발발하기 5일 전, 철종 12년 봄이었다. 이는 공식적인 기록이 전하는 우리나라에 커피가 전해진 역사적인 시간이다.

1861년 8월 22일 베르뇌 신부가 파리외방전교회 프랑클레M. Franclet 신부에게 보낸 답글에 새로 부임하는 네 명의 신부가 "짐 꾸러미 60개를 가지고 아무 사고 없이 입국했다"라고 썼고, 같은 해 9월 4일 알브앵P. Alboin 신부에게 보낸 편지에서는 이들 네 명의 신부가 보름간 서울의 베르뇌 신부 은신처에서 머문 후 리델 신부는 충북 제천의 베론신학교로, 조아노 신부와 칼레 신부는 손골(지금의 용

인시 수지구 동천동)로 떠났고 랑드르 신부는 베르뇌 신부 곁에 남았다고 전했다. 베르뇌 신부는 네 명의 신부와 함께 기다리고 기다리던 커피를 마셨다. 9월 30일 베르뇌 신부는 리부아 신부에게 보낸 편지에 달콤한 커피 덕분에 무더운 여름을 잘 보낼 수 있었다고 적었다. 커피는 확실한 위로의 음료였다.

선교 목적으로 쓰인 검은 음료

그렇다면 베르뇌 신부가 커피를 주문한 이유가 궁금하다. 베르뇌 신부는 콜레라와 천주교 박해가 주는 위협 속에서 불안한 하루하루를 견디며 왜 많은 양의 커피를 주문했을까? 몇 가지 이유를 생각할 수 있다.

첫째, 매우 당연한 이야기지만 베르뇌 신부는 커피를 매우 좋아했다. 그가 최초로 커피를 언급한 것은 1858년 가을 중국의 선교자유를 축하하기 위해 만주대목구장 베롤J. Verrolles 주교에게 쓴 편지에서였다. 베르뇌 신부는 조선이 선교의 자유를 얻게 되는 날이 오면 축하받기 위해 가장 먼저 달려갈 곳이 만주라고 말함으로써 자신이 11년간 선교 활동을 했던 만주에 대한 애정을 드러냈다. 그러면서 베롤 주교에게 자신이 선교의 자유를 얻은 기쁨을 나누기 위해 만주를 방문하면 축하의 뜻으로 자신이 묵을 방의 구들을 덥히고 우유를 넣은 커피를 준비하면 충분하다고 썼을 정도로 그는 커피를 좋아했다.

둘째, 당시 커피는 기호품이기도 했지만 의약품으로서의 의미도 있었다. 두통이나 소화불량에 커피가 효능이 있다는 오래된 믿음이 널리 퍼져 있었다. 만주에서 장티푸스에 감염되어 오랜 기간 고생한 이후 자주 아팠던 베르뇌 신부는 콜레라 유행과 천주교 박해에서 느끼는 이중의 고통을 극복하는 데 위안의 음료 커피가 도움이 되리라고 믿었을 것이다.

셋째, 커피가 선교에 도움을 주리라는 확신이 있었던 것으로 보인다. 베르뇌 신부가 조선에 입국하기까지의 경유지를 보면 짐작할 수 있다. 베르뇌 신부는 프랑스를 떠나 부르봉섬, 자바, 필리핀, 마카오, 베트남, 홍콩, 싱가폴, 상하이, 만주를 거쳐 조선에 들어왔다. 그가 지나온 곳은 대부분 커피 산지거나 이미 커피가 유행하던 지역이었다. 홍콩, 상하이, 만주 등 여러 지역에서 커피가 그 지역 선교에 도움이 되는 음료임을 경험했던 것이다.

조선인이 베르뇌 신부로부터 커피를 얻어 마셨다면 중국인에 비해 훨씬 호의적인 반응을 보였을 것이다. 중국인이 즐기는 부드러운 차보다는 조선인이 즐겨 마시는 쌉쓰름한 숭늉이 맛에서는 커피와 훨씬 친숙했다. 더욱이 설탕을 넣은 달콤한 커피는 조선인의 환영을 받기 쉬웠다. 따라서 베르뇌 신부는 커피가 선교에 활용 가능하다는 판단을 했을 것으로 보인다. 베르뇌 신부가 조선에 머무는 동안 홍콩이나 파리 선교본부에 구입을 요청한 물품 목록에서 선교와 관련되지 않은 개인적인 물품은 찾아보기 어렵다. 운반과정의 어려움을 생각하면 그런 사적 기호품을 주문하기란 가능하지 않았을 것이다. 그러므로 베르뇌 신부가 주문한 커피는 선교 목적이었다고 보는 것이 마땅하다. 조선의 선교에 커피가 도움이 되리라는 예상 혹은 확신이 있었던 것이다. 개항장이었던 상하이를 경유하여 조선에 입국할 때 베르뇌 신부가 커피를 구입하여 갖고 왔을 가능성도 있다.

이것이 베르뇌 신부로 하여금 많은 양의 커피를 주문하게 한 배경이었을 것이다. 18킬로그램의 원두로 만들 수 있는 커피의 양을 계산해보면 더욱 분명하다. 당시 서양인들은 4그램에서 5그램의 원두로 커피 한 잔을 만들었다. 남북전쟁 당시 기록을 보면 북부군 한 명이 하루 43그램 정도의 원두를 배급받았고 이것으로 열 잔 정도의 커피를 만들어 마셨다. 원두를 두 번 사용하는 경우도 적지 않았다. 따라서 베르뇌 신부가 주문한 커피 원두로 만들 수 있는 커피는 적어도 4000잔 이상이었다. 당시 조선 땅에서 선교 활동을 하던 열 명도 안 되는 프랑스 신부가 마시기에는 많은 양이었다.

커피가 전달되었던 베르뇌 신부의 남대문 밖 자암마을은 염천교 동쪽 지역으로 마을에 자색 바위가 있어 붙여진 동네 이름이었다. 자암마을에서 베르뇌 신부와 함께 기거하거나 자주 드나들었던 조선인 신자 중 이름이 알려진 사람은 자신의 이름으로 집을 구입하여 베르뇌 신부가 살도록 한 홍봉주 부부, 주변에 거주하며 베르뇌 신부를 도왔던 정의배와 피가타리나 부부, 피바오로, 원윤철, 이선이, 김성실, 이바르바라, 김입돌 등이었다. 이들이 베르뇌 신부와 함께 홍콩에서 들여온 커피를 마셔본 초기 조선인들이었을 것으로 추정된다. 곁에서 자신의 일상생활을 도와주던 조선인 신자들을 물리고 신부들끼리 몰래 커피를 마셨다고 상상하기는 어렵다.

첫 커피를 받은 지 5개월이 지난 1861년 9월 30일 베르뇌 신부는 커피 50리브르를 다시 주문했다. 이는 2년 후인 1863년 11월 24일에 커피 50카티스catis(상자), 1865년 12월 4일에 커피 100리브르를 요청하는 것으로 이어졌다.

베르뇌 신부가 주문했던 커피 50리브르나 100리브르, 혹은 50카티스는 적은 양이 아니었다. 베르뇌 신부는 물품을 주문하는 서신에서 물품의 종류나 양이 많아지는 것에 걱정하는 표현을 자주 했지만 천주교 신자가 확대되고 있었기에 불가피한 일이었다. 요청 물품 중 미사용 제복, 초와 촛대, 미사주, 십자가, 상본, 교리서 등 신앙생활이나 종교의식에 필요한 물품이 가장 많았는데, 커피를 40리브르, 50리브르, 혹은 100리브르씩 주문했다는 것은 매우 주목할 만한 내용이다.

주변의 조선인 중 선교사들로부터 커피를 받아 마시는 것을 좋아하는 사람들이 없었다면, 커피가 조선에서의 선교 활동에 직접 도움이 되지 않았다면 베르뇌 신부는 커피를 주문하지 않았을 것이다. 당시 조선인 중 베르뇌 신부의 권유로 커피를 마시는 사람이 적지 않았을 것이 분명하다. 주변의 조선인 신자들이 꺼리는 음료를 무리하게 반입하여 마셨을 수는 없다. 안타까운 것은 베르뇌 신부 곁에 있던 이들 조선인 신자 대부분이 병인박해 때 순교했다는 사실이다.

우리 땅에서 커피를 처음으로 마신 베르뇌 신부는 흥선대원군의 출국 권유를 뿌리치고 머물다가 1866년 2월 23일 서울에서 체포되어 3월 7일 새남터에서 순교했다. 그를 밀고한 이는 베르뇌 신부의 자암마을 거처를 드나들며 그의 식사를 도왔던 이선이였다. 그를 위해 커피를 끓였을 것으로 추정되는 인물이다. 병인박해 때 베르뇌 신부를 포함한 프랑스 신부 아홉 명과 조선인 신자 8000명 이상이 처형되었다. 리델, 페롱M. Féron, 칼레 세 명의 신부만이 중국으로 피신할 수 있었다. 이들의 보고를 듣고 프랑스 함대가 조선에 대한 침략 전쟁을 일으켰다. 그것이 바로 1866년 10월 26일부터 12월 17일까지 영종도와 강화도 일대에서 벌어진 병인양요다.

병인양요는 양측에 적지 않은 피해를 남긴 채 프랑스 함대가 철수함으로써 종료되었다. 4년 후인 1871년 여름에는 미국이 1866년 7월에 벌어졌던 제너럴 셔먼호 침몰사건에 대한 책임을 물으며 강화도 해협에 침입하여 파괴와 살상을 하는 신미양요를 일으켰다. 수백 명의 조선인이 사망하는 참화였지만 미국이 요구하는 개항은 이루어지지 않았다. 병인양요에서 강화도조약(1876)까지 10년간 조선은 철저하게 문을 닫아걸었고 조선 땅에는 그 어떤 서양인이나 서양 물품은 물론 커피도 들어올 수 없었다.

프랑스 신부들이 다시 조선을 찾기 시작한 때는 10년 후인 1876년 개항과 함께였다. 블랑J. Blanc 신부가 1876년, 리델 신부가 1877년에 중국을 경유하여 들어왔다. 이들 중 커피를 가져온 사람도 있겠지만 기록을 남기지는 않았다. 훗날 유길준이 『서유견문西遊見聞』에서 중국을 통해 조선에 커피가 들어왔다고 서술한 내용이 이런 역사적 사실을 반영한 기록이었다. 왜냐하면 천주교가 경유한 곳도, 천주교 신부들이 밀입국하거나 물품을 반입하는 데 이용한 경로도 모두 중국이었기 때문이다. 조선 최초의 커피 전래는 미국이나 일본이 아니라 중국을 통해서였다.

조선에서 사라진 커피

병인양요 이후 쇄국은 더욱 강화되었고 그 어떤 서양 사람도, 서양 물품도 조선에 들어올 수 없게 되었디. 이때부디 시양에 문호를 개방하기까지 커피는 이 땅에서 자취를 감추었다. 이처럼 조선 땅에서 커피 향이 사라졌던 1860년대 중반부터 1880년대 초반까지 세계 커피 역사에서는 충격적인 일이 많이 벌어졌다. 1865년 미국의 남북전쟁 종식과 서부 개척의 본격화, 산업화와 도시화의 동시 진행으로 커피 소비가 급증하면서 미국이 커피 소비의 세계 중심국으로 등장했다. 게다가 1869년에 개통된 미국의 대륙횡단철도는 커피의 지역 간 이동을 빠르고 편리하게 만들었다.

커피 소비 증가에 따라 대형 커피 로스팅 기계가 등장했다. 남북전쟁이 끝나갈 즈음인 1864년 자베즈 번스Jabez Burns는 연속해서 로스팅이 가능하고 자동 배출 기능을 갖춘 드럼형 대형 커피 로스팅 기계를 개발했다. 이후 아버클, 체이스 앤드 샌본 등 대규모 로스팅 기업이 등장했다. 이들 기업은 종이봉투와 밀폐 캔을 이용한 혁신적인 포장기술, 쿠폰제와 같은 혁신적 판매 방식을 활용하여 커피 소비를 더욱 부추겼다. 커피가 공산품의 하나로 식료품점 선반에 진열되었다. 이는 커피 관점에서 보면 비극의 시작이었다. 미국 커피는 급속도로 맛과 향의 균일화를 이루었다. 거의 한 세기 후 스타벅스의 등장을 도와준 네덜란드인 알프레드 피트Alfred Peet가 버클리에 스페셜티커피 전문점 '피츠 커피 앤드 티'를 열며 "세계에서 가장 잘사는 나라 사람들이 마시는 가장 맛없는 커피"라고 표현했던 커피가 등장한 것이다.

생산 부문에서도 획기적인 변화가 있었다. 1840년대 중반 자메이카에서 물을 사용하여 커피 체리를 가공하는 새로운 정제법, 즉 워시드washed 공법을 개발함으로써 보다 많은 커피 체리를 한층 더 짧은 시간에 위생적으로 처리하게 되었다. 이 정제법은 주변국으로 급속히 전파되었다. 1867년에는 남아메리카 최대의 커피 수출 항구인 브라질의 산투스와 내륙의 커피 산지를 연결하는 철도가 개통되는 등 커피 수송 체제도 빠르게 개선되었다. 커피의 세계화 현상이 지구 곳곳에서 나타났다.

이때 인류의 커피 역사에서 최대의 비극으로 기록될 수 있는 불행한 사건이 일어났다. '커피 녹병Coffee Leaf Rust : CLR' 출현으로 동인도 지역의 커피 재배지가 초토화되었다. 1867년 5월 아프리카에서 시작된 커피 녹병이 실론섬 커피 농상에도 돌았다. 커피 녹병은 불과 10년 사이에 인도를 거쳐 수마트라와 자바 지역까지 확산되었다. 18세기 후반부터 150년간 카리브해와 함께 세계 커피 생산을 주도하던 이 지역의 커피농장들이 황폐화되었다. 생산량이 90퍼센트 이상 감소함으로써 커피 공급은 더이상 불가능하게 되었다.

실론·인도·자바 커피의 멸종은 커피가격의 급속한 상승, 세계 커피 시장에서 브라질의 영향력 확대, 중남미 지역에서의 커피 재배 붐을 일으켰다. 1874년 브라질과 유럽 사이에 해저케이블이 설치됨으로써 커피 생산 정보 확산이 빨라졌고 증기기관 등장으로 선박을 이용한 중남미 커피의 이동도 더욱 활발해졌다.

그즈음 커피산업이 부흥함에 따라 유럽 여러 지역의 농민들이 중남미, 특히 브라질, 쿠바, 과테말라 등으로 이주하기 시작했다. 그 배경에는 노예제도 폐지가 있었다. 1803년 덴마크에서 시작된 노예무역 폐지는 영국, 프랑스, 네덜란드, 미국 등 대부분의 유럽과 아메리카 대륙으로 확대되었다. 1888년에 마지막으로 노예제도를 폐지한 나라는 브라질이었다. 노예제도 폐지에 따라 중남미 모든 지역에서 커피농장 노동자 부족 사태가 벌어졌고 부족한 노동력을 대체하기 위해 시행한 방법은 이민정책이었다. 특히 이탈리아, 독일, 에스파냐, 포르투갈 등의 유럽 이주자가 많았다.

브라질을 비롯한 중남미 지역에서의 커피 생산 확대, 미국의 커피 소비 증가와 함께 일어난 것이 1880년대에 시작된 제2차 커피 붐이었다. 우리나라가 미국을 필두로 서구 여러 나리에 문호를 개방하기 시작한 때였다.

조선 땅에서 최초로 커피를 마신 사람들

맛과 향에 취한 사람들

　조선 땅에서 커피에 관한 기록이 다시 등장한 것은 개항 이후였다. 일본 외무성이 편찬한 『통상휘편通商彙編』 제2권에는 1883년 한 해 동안 조선의 원산항, 부산항, 인천항을 통해 이루어진 수출입 상황이 상세히 기록되어 있다. 그해 상반기에 원산항으로 들어온 물품 목록을 보면 커피珈琲 1원 69전어치가 기록되어 있다. 당시 물가를 토대로 계산하면 1킬로그램 조금 넘는 분량이었을 것으로 짐작된다. 하반기에도 원산항으로 24원 24전 6리어치의 커피가 수입되었다. 30킬로그램이 넘는 비교적 많은 양이었다. 이어서 8월에는 인천항으로 커피コーヒー 50개[本] 15원어치가 들어왔고 10월에도 인천항으로 커피 68근(40.8킬로그램) 20원어치가 수입되었다.

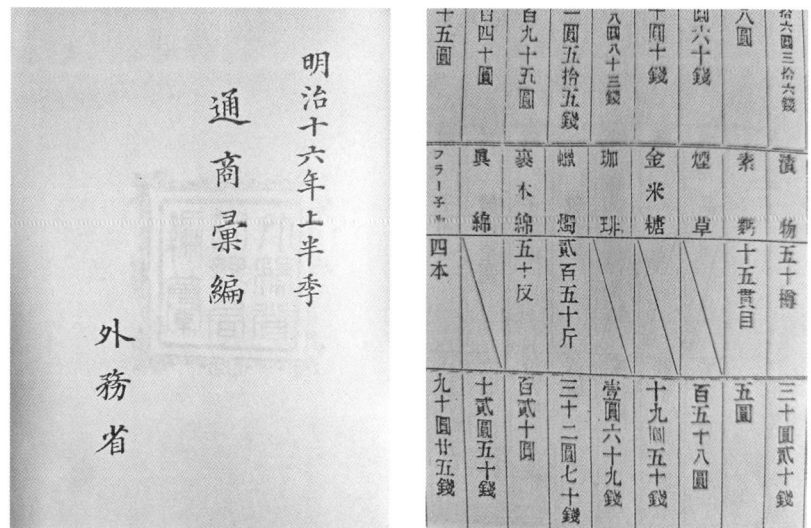

『통상휘편』 제2권의 안쪽 표지와 『통상휘편』 제2권에 수록되어 있는 우리나라 최초의 커피 수입 기록

수입된 커피는 조선에 거주하는 외국인들이 주로 소비했고 왕실에서도 일정 부분 소비했다. 왕실에서는 다음과 같은 용도로 커피를 사용했다. 첫째, 외국인과의 접촉이 잦은 외교나 통상을 담당하는 고위 관료들에게 나누어주었다. 둘째, 왕실에서의 외국인 접대에 사용했다. 당시 커피는 왕실을 방문하는 외국인들에게 제공되는 공적 음료였다. 셋째, 고종의 개인적 사용이었다. 고종은 우리나라에서 커피를 마신 첫번째 임금이었을 뿐 아니라 커피를 꽤 즐겼던 인물이다. 그에게 커피의 즐거움을 알려준 이는 아마도 호러스 앨런Horace Allen이나 호러스 언더우드Horace Underwood 등 초기의 의료 선교사,

루시어스 푸트Lucius Foote 미국공사나 제임스 파크스James Parkes 영국 공사와 같은 서양 외교관, 마리 앙투아네트 손타크Marie Antoinette Sontag나 파울 묄렌도르프Paul Möllendorff와 같은 서울 거주 외국인 등이었다. 고종은 식사 후에 커피를 마시는 것이 일상일 정도로 커피를 늘 가까이했다. 힘든 시기를 살아야 했던 고종에게 커피는 위로의 음료였다.

이런 용도 때문에 우리나라는 서양 여러 나라와의 수교와 함께 커피를 수입하기 시작했다. 공식적으로 수입하는 커피 외에도 조선을 방문하는 서양인들이 마시기 위해 가져오는 커피, 외교관들이나 상인들이 선물용으로 가져오는 커피 등이 널리 퍼지기 시작했다.

조일수호조규, 이른바 강화도조약을 체결하고 개항한 후 외교사절 수신사가 1876년과 1880년 두 차례에 걸쳐 일본에 파견되었다. 제2차 수신사로 파견되었던 김홍집은 일본에서 돌아온 후 청나라 리훙장의 알선으로 미국과의 통상조약 체결을 본격적으로 추진하여 1882년 5월 22일 조미수호통상조약을 체결했다. 일본 물품에 대해 관세를 면제하는 조항이 포함되었던 강화도조약과 달리 조선의 관세권을 인정하는 조항이 들어 있었다.

이는 이후 체결한 모든 서양 국가와의 통상조약에도 반영되었다. 미국공사 푸트가 1883년 4월 조선에 부임하여 정동에 공사관을 개설한 이후 1883년에 영국과 독일, 1884년에 이탈리아와 러시아, 1886년에 프랑스 순으로 통상조약을 맺고 수교했다. 이때부터 이들 서양제국에서 많은 외교관, 사업가, 선교사가 입국했고 그들로 말미암아 커피가 본격적으로 반입되기 시작했다.

    미국공사 푸트의 제안에 따라 미국에 파견된 축하사절단 보빙사가 임무를 마치고 귀국할 때 고종의 초청으로 조선에 들어온 퍼시벌 로웰Percival Lowell은 서울에 머문 지 한 달쯤 지난 1884년 1월 어느 추운 날 서대문 밖 언덕에 있는 경기도관찰사의 별장을 방문했다. 당시 경기도관찰사는 세력가 김홍집이었다. 로웰은 저녁식사를 마치고 얼어붙은 강 위를 걸은 후 다시 별장으로 올라가 커피를 마셨다. '잠자는 물결'이라는 뜻을 지닌 누

퍼시벌 로웰이 쓴 한국 기행문 『조선, 고요한 아침의 나라 : 한국 스케치』의 표지. 안내원 자격으로 보빙사를 수행했던 미국인 퍼시벌 로웰은 임무를 마친 후 고종의 초청으로 서울을 방문했고 경기도 관찰사 김홍집으로부터 신상 커피를 접대받았다.

각에 올라 당시 조선에 처음 소개된 후식 커피를 마셨다. 보빙사 일원으로 미국을 다녀온 홍영식, 신사유람단과 영선사 수행원으로 일본과 청나라를 다녀온 어윤중이 함께했는데, 로웰과 함께 커피를 마셨을 것으로 짐작된다. 이 내용은 로웰이 극동 체류를 마치고 귀국한 후 1885년 하버드대학교 출판부에서 펴낸 『조선, 고요한 아침의 나라 : 한국 스케치Chosŏn, the Land of the Morning Calm: A Sketch of Korea』에 나온다. 베르뇌 신부에 이어 기록으로 전하는 우리나라에서 두번째로 커

피를 마신 외국인이다.

로웰이 커피를 최신상을 의미하는 "latest nouveauté"라고 표현한 점이 흥미롭다. 로웰을 대접했던 김홍집이나 그의 수행원 누군가가 커피를 그렇게 표현했든지, 아니면 푸트 미국공사나 주변 외교관 중 누군가가 로웰에게 커피를 대접하며 그렇게 설명했을 것으로 보인다.

김홍집이 로웰에게 커피를 후식으로 제공했다는 것은 그가 접대용으로 커피를 갖고 있었음을 말해준다. 김홍집이 1880년 5월부터 3개월간 새로운 문물을 시찰하기 위해 제2차 수신사로 일본을 방문했을 당시 일본에서도 커피는 서양에서 전해진 새로운 문물이었다. 이때 구입하여 가져왔을 수도 있다. 아니면 보빙사 일행이 미국에서 귀국하며 실세였던 김홍집에게 커피를 선물했을 수도 있다. 정부 고위 관료로 함께 일하던 묄렌도르프로부터 받았을 수도 있고 공식적으로 수입한 커피였을 수도 있다. 로웰이라는 미국인이 커피를 마신 기록보다 중요한 것은 그에게 커피를 대접한 조선인 김홍집이다. 1880년대 초반 조선 관리 김홍집이 손님 접대용으로 커피를 갖고 있었다는 사실에 주목해야 한다.

강화도조약 이후 일본이 독점하다시피 하던 조선과의 무역에 1884년 12월 갑신정변을 전후하여 중국, 독일, 러시아, 영국, 미국, 프랑스, 이탈리아 등 강대국이 모두 뛰어들었다. 그중 독일이 가장 성공적인 결과를 냈는데, 묄렌도르프의 영향이 매우 컸다.

관세 업무를 총괄하게 된 묄렌도르프는 1884년 독일계 무역회사 세창양행을 설립하는 데 앞장섰다. 세창양행이 조선에서 벌인 다양한 사업 중 눈에 띄는 것은 인천과 부평 일대에 농장을 만들어 뽕나무를 재배하고 누에를 키운 일과 서울에 공장을 세워 실크를 생산한 일이었다. 이 사업은 상하이에서 실크사업을 하던 독일인 아우구스트 마어텐스August Maertens가 맡았다. 세창양행을 통해 뽕나무를 들여온 마어텐스는 1889년 사업이 자금난으로 허덕이자 1884년에 입국하여 제물포에서 사업하던 독일인 사업가 알베르트 고샬키Albert Gorschalki에게 넘겼다. 1892년 고샬키는 이 뽕나무농장을 정리한 후 정동으로 이주하여 1895년 초에 식료품점을 열고 이 지역에 거주하는 외국인을 위해 커피를 비롯하여 주로 서양에서 수입한 물건을 판매했다. 조선 최초의 커피 매장이었다. 묄렌도르프를 매개로 한 독일인들의 조선 진출과정에서 커피가 자연스럽게 흘러들어온 것이다.

따라서 조선에서 커피를 마신 서양인으로 묄렌도르프를 빼놓을 수 없다. 1884년 3월 17일 조선 주재 영국부영사로 임명된 윌리엄 칼스William Carles가 4월 초 제물포로 입국했다. 서울에 도착한 칼스 일행은 묄렌도르프의 집에 초대받았다. 칼스는 박동(지금의 수송동) 소재 묄렌도르프의 집에서 "감사하게도 목욕하고 따듯한 커피를 마시는 호사를 누렸다"라는 기록을 남겼다. 칼스가 자신의 조선 방문 경험을 담아 출판한 『조선풍물지Life in Corea』에 기록한 내용이다. 묄렌도르프는 집에서 커피를 마셨고 방문객들에게 커피를 대접했음을 알 수 있다. 칼스는 1884년 부임하자마자 부산 조계지에서 근무했는데, 이때 조선 감리서의 해관 담당 관리 민건호에게 다과를

회사 앞에서 세창양행 설립자와 조선 관리가 함께 찍은 사진과 〈한성주보〉에 실린 광고. 우리나라 최초의 신문 광고는 세창양행이 1886년 2월 22일 〈한성주보〉에 실은 것이다.

접대했다. 1884년 4월 12일 민건호가 쓴 일기에 기록되어 있다. 칼스의 우리말 이름은 장연령이었다. 마신 차는 커피였을 것으로 짐작된다. 칼스는 4월 15일 부산을 떠나 서울로 돌아갔다.

이 기록을 보면 중국에서 10년 이상 체류했던 묄렌도르프는 조선에 입국하며 커피를 가져와 마시는 것은 물론 접대용으로도 사용했다. 그를 만난 많은 조선인이 커피를 대접받았을 것으로 보인다. 1885년까지 3년 정도 조선 정부 관리로 일한 묄렌도르프는 리훙장의 불만으로 해임되어 중국으로 돌아갔다.

미국 해군 군의관 조지 우즈George Woods는 군함 주니아타호를 타고 1884년 3월 서울에 도착했고 3월 28일 일기에서 머물고 있던 정동 미국공사관에서 아침에 일어나 커피를 마셨다는 기록을 남겼다. 미국공사관에서는 방문하는 손님들에게 으레 미국의 국민 음료 커피를 대접했다.

1880년대 초반 서울이나 부산에서 커피는 이미 조선의 고위 관리들과 외교관들이 손님 접대용으로 사용하는 사회적 음료로 통용되고 있었다.

조선 신문이 전한 커피 소식

조선 신문에 커피 소식이 전해진 것도 이즈음이었다. 1883년 10월에 창간된 조선 최초의 근대신문 〈한성순보〉는 1884년 2월 17일에 "태서의 운수론"이라는 기사를 실었다. 태서는 서양을 이르는 말이다. 서양 여러 나라에서 운수의 발달로 물품과 사람의 교류가 왕성하게 되었고 이것이 부국의 원천임을 보여주는 기사였다. 미국인들이 서인도제도의 커피를 마실 수 있게 된 것을 하나의 사례로 소개했다. 이 기사에서는 커피를 '가배珈琲'로 표기했는데, 1884년 3월 27일에는 이탈리아가 시칠리아섬에 커피나무를 시험 재배했다는 소식을 알리며 가배咖啡로 썼다. 5월 25일에도 미국의 수출입 동향을 소개하며 수입품 커피를 언급했는데, 역시 가배咖啡로 표기했다.

    1884년 12월 발행이 중단되었던 〈한성순보〉가 1886년 1월 〈한성주보〉로 제호를 바꾸어 다시 발간되었다. 우리나라 최초의 주간신문이다. 1886년 2월 22일 〈한성주보〉는 서양 여러 나라에서 시행하고 있는 소비세를 소개했는데, 영국에서 초기에 소비세 과세 대상이었던 28개 물품 명단에 커피가 포함되어 있었다. 이후 이중과세 논란으로 커피에는 관세만 부과하고 소비세는 부과하지 않게 되었다는 소식이었다. 5월 31일 〈한성주보〉는 다시 영국에서 전해진 소식을 보도했다. 아비시니아[荷阿羅, 에티오피아] 국왕이 자국에 온 모든 서양인을 숙이라고 명령했는데, 이 나라는 아프리카 동쪽에 있고 커피珈琲가 주요 산물이라는 소식이었다.[2]

    1880년대에는 같은 신문에서 두 가지로 표기될 정도로 커피는 애매한 음료였다. 여러 한자 표기를 거쳐 영어 발음 'coffee'에 가까운 '카피'라는 한글 표기가 등장한 시기는 1890년대였다. 중국식

---

2 커피는 1852년 『벽위신편』에서 처음 가비加非로 표기했고 이어서 1857년 『지구전요』에서는 가비加非와 함께 가비架非라고도 표기했다. 그 밖에도 가배珈琲·咖啡, 갑비차甲斐茶 등 여러 한자 표기를 사용했다.

```
A. GORSCHALKI.
Chong Dong, Seoul.
I have just received a new consignment of
European and American goods.
    Malaga raisins      Per lb.      $ .40
    Pudding raisins      ,,  ,,       ,, .25
    Dried apples         ,,  ,,       ,, .25
    Oatmeal              ,,  ,,       ,, .10
    Corn-meal            ,,  ,,       ,, .12
    Pearl Barley         ,,  ,,       ,, .12
    Serry Flour     per 50 lbs.      $ 2.55
    Extra Fine Flour ,,  ,,  ,,       ,, 2.70
    Newly Roasted Moka Coffee per lb. ,, .75
    Java Coffee                       ,, .70
    Japanese Coal is expected in a week.
Price (best quality) $12 per ton. Second class
$11.
    Flour, Cigars, Stoves, Olives, etc.
             Prices moderate.
```

우리나라 신문에 실린 최초의 커피 광고 사진. 1896년 9월 15일 〈독립신문〉 영문판에 독일인 고샬키가 서울 정동에 있던 자신의 상점 판매 물품 목록에 자바커피와 모카커피를 포함시켰다.

'카페이'나 일본식 '고히', 한자음 '가배'가 아니라 '커피'로 가는 길을 열어준 것은 〈독립신문〉이었다. 1898년경 〈독립신문〉에서 한글로 '카피차'라고 표기하기 시작했다. 이후 '카피'를 거쳐 현재의 커피로 정착되었다.

그리고 1896년 9월 15일 〈독립신문〉에 우리나라 신문 광고 최초로 커피가 등장했다. 아관파천으로 고종이 경복궁을 떠나 러시아공관과 덕수궁에 머물고 있을 때였다. 독일인 고샬키는 정동에 문을 연 자신의 식료품점에서 새로 로스팅한 모카커피를 1파운드에 75센트, 자바커피를 70센트에 판매한다는 광고를 실었다. 당시 미국에서 최고급 커피가 1파운드에 20센트 내지 25센트에 판매되고 있었던 점을 생각하면 터무니없이 비싼 가격이었다.

19세기 후반에 국제적으로 거래되는 커피는 70퍼센트 정도가 브라질산이었고 나머지는 코스타리카, 콜롬비아, 과테말라, 쿠바 등 중남미 지역 커피였다. 이런 커피가 미국에서 대량으로 가공된 후 수출되는 것이 보통이었다. 모카커피와 자바커피는 거의 사라진 시대였다. 예멘의 모카항은 18세기 중반에 불어닥친 흑사병과 자연재해로 항구 기능을 상실했고 예멘 지역의 커피산업은 19세기 후반에 만연한 커피 녹병으로 붕괴되었다. 자바커피 또한 1870년대 후반에 발생한 커피 녹병으로 생산량이 90퍼센트 이상 감소한 상태였다. 따라서 세계 커피 시장에서 진짜 모카커피나 자바커피는 찾아보기 어려웠다.

당시 미국에서 판매되는 자바커피나 모카커피는 대부분 가짜였다. 싸구려 브라질 커피에 유해 색소 등을 첨가하여 외형적으로 자바커피나 모카커피처럼 보이게 만들었다. 19세기 내내 명품 커피의 대명사였던 자바커피는 '거번먼트 자바Government Java'라는 별칭으로 많이 불렸다. 네덜란드가 자바를 통치할 당시 식민지 정부가 직접 운영하는 대형 농장에서 엄격한 관리 아래 생산하는 고급 커피라는 긍정적 이미지였다. 이런 이미지를 이용하여 축재하려는 커피 가공업자들의 가짜 커피 제조 소식은 신문에 자주 보도되었다. 1884년 5월 3일 〈뉴욕타임스〉의 "모든 커피에는 독"이라는 제목의 기사가 이런 현상을 잘 보여준다. 따라서 고샬키가 정동에서 판매한 모카커피와 자바커피는 가짜였을 가능성이 높다.

정동이 서양인 밀집 거주 지역이고, 공사관거리였던 만큼 외국인들이 주 고객이었던 것은 틀림없다. 그러나 불과 300명 내외의 외국인만을 대상으로 수익을 내기는 어려웠을 것이다. 그러므로 이 지역에 거주하던 조선인 고위 관리들이나 개화 지식인들도 고객이었을 것으로 짐작된다.

최초의 베이커리 카페도 고샬키가 열었다. 1897년 3월 20일 〈독립신문〉 영문판에는 고샬키가 정동에서 미국산 밀가루로 만든 빵을 제공하는 베이커리를 시작했다는 광고가 실렸다. 빵가격은 파운드당 8센트였다. 같은 무게 커피 원두의 9분의 1 가격이었다. 빵이 저렴한 것이 아니라 커피가 비쌌다. 좋은 자바커피 화물이 도착했다는 소식도 같은 광고에 게재되었다.

조선인이 연 최초의 커피 판매점도 〈독립신문〉 광고에 실렸다. 1899년 8월 31일이었다. 윤룡주라는 인물이 새로 개통된 전차의 종점이었던 홍릉역에 다과점을 열었는데, 이곳에서 차, 커피, 코코아 등을 제공한다는 광고였다. 외국인들을 우대한다는 내용이 있던 것으로 보아 고객 중에는 내국인도 적지 않았던 모양이다.

비슷한 시기 전차가 지나는 길에 또다른 커피 판매점이 등장했다. '송교 청향관'이라는 '가피차 파는 집' 광고가 1900년 11월 24일, 26일, 27일 〈황성신문〉에 연속으로 실렸다. 송교는 광화문에 있던 다리 이름이자 마을 이름이었다. 원래 '가피차 파는 집'이었던 청향관에서 새롭게 "진요리를 염가로 정결하게 제공"하니 많이 이용해 달라는 광고였다. '청향관 가피차 파는 집'이 언제 문을 열었는지는 알 수 없다. 그런데 인적이 드물었던 동대문 밖 홍릉 전차 정류장에 윤룡주가 다과점을 연 것이 1899년이었던 점으로 보았을 때 서대문 안이었고 전차가 지나는 길목에 있던 광화문 송교 청향관은 이보다 먼저 생겼을 것으로 보인다. 전차가 개통된 1898년 9월 15일에서 멀지 않은 어느 날, 늦어도 윤룡주 다과점 개업 이전이었을 것이다. 커피와 커피 파는 집이 신문 광고에 등장했다는 것은 커피가 서서히 대중에게 알려지고 있다는 신호였다.

커피, 선물과 뇌물 사이

서양과의 수교가 활발히 진행되던 1880년대 서울의 정동은 서양인의 집단 거주지로 발전했다. 대한제국 시기 서울에는 3000명 내외의 외국인이 거주했다. 그중 300명 정도가 서양인이었고 대부분 정동에 살았다. 왜 그들은 정동을 택했을까?

첫째, 권세권이었기 때문이다. 1883년 미국공사관 개설을 시작으로 영국, 러시아, 프랑스, 독일, 이탈리아 등 서양제국의 공관이 차례로 들어섰다. 임금이 거처하는 경복궁과 가깝고 조선 정부의 관료들이나 개화 지식인들이 많이 거주하는 서촌에서도 멀지 않았다. 도성의 출입구인 남대문이나 서대문과도 가까웠다. 1896년 2월 고종이 일본의 위협을 피해 정동 러시아공사관으로 거처를 옮기자 정동의 덕수궁이 권력의 중심지가 되었다. 권력의 혜택을 누리고자 하는 사람들이 정동으로 모여들었다.

둘째, 역세권이었기 때문이다. 우리 역사에 등장한 첫 역세권이 바로 정동이었다. 1899년 4월 8일 정동 경성역(유관순기념관 부근)에서 홍릉까지 아시아에서 두번째로 전찻길이 개통되었다. 1900년 7월에는 경인선 철도가 개통되었는데, 출발역이 경성역이었다. 1905년 경부선이 개통되면서 출발역인 남대문역이 지금의 염천교 앞에 신설되면서 기존의 경성역은 서대문역으로 개칭되었다. 남대문역과 서대문역에 이르는 중간 지대 정동은 역세권이 되었다.

서양 여러 나라 공사관이 정동에 자리를 잡고 서양인들이 거처를 마련하고 교회, 병원, 학교를 세웠다. 최초의 감리교회와 장로교회, 최초의 여성병원, 최초의 서구식 근대학교 등이 설립되었다. 개항과 함께 시작된 관세 업무를 총관하는 해관도 이곳에 터를 잡았다. 서양인들의 집단 거주지가 되면서 서양의 신상을 수입하여 판매하는 마트와 서구식 가구를 파는 가구점도 생겼다. 독일 무역회사 세창양행이나 영국 무역회사 이화양행이 위치한 곳도 정동이었다. 서양과의 협력으로 근대화를 이루고 독립하겠다는 개화파 인사들이 조직한 독립협회가 자리를 잡은 곳이기도 했다. 그에 따라 이곳 주변에서 생활하던 조선인들과 신상을 좇는 젊은 조선인들이 하나둘 모여들었고 이곳 서양인들과 교류하던 조선인들이 자연스럽게 커피를 접하게 되었다. 따라서 이곳은 자연스럽게 '랑데부가' 혹은 '연애가'로 불렸다. 커피가 정동에서 최초로 판매되었고, 정동에서 시작된 커피 문화가 주변으로 점차 퍼져나갔다.

그렇다면 기록에 남아 있는 커피를 마신 최초의 조선인은 누구일까? 1881년 조사시찰단 일원으로 일본을 다녀온 민건호다. 민건호는 1883년 12월 부산감리서의 세관 담당 서기로 부임했다. 부산감리서는 외국인의 무역과 상업, 개항장의 해관을 관리, 감독하는 관청으로 당시 책임자 이헌영 밑에 민건호를 비롯하여 여덟 명 내지 아홉 명 정도의 관리가 배속되어 있었다. 외국인이 모여 사는 조계지에는 중국, 영국, 미국, 네덜란드, 독일, 일본 등에서 세관을 두고 직원을 배치했다. 하루에도 여러 척의 상선과 연락선이 드나들었고, 근대적인 물품들이 실리고 내려졌으며, 사람들이 타고 내렸다. 원산, 인천, 일본 나가사키, 중국 상하이를 오가는 비선飛船(빠른 배), 화륜선火輪船(기선), 정기적인 연락선인 삭선朔船과 군함인 병함兵艦까지 오갔다. 일본, 영국, 독일, 미국, 중국 배들이 많았다. 묄렌도르프도 몇 차례 다녀갔다. 1885년 봄에는 묄렌도르프의 아내와 딸들이 내려오기도 했다. 이들을 보살피는 일도 감리서 담당이었다. 이들을 도운 민건호는 일기에서 "우리나라 일을 다른 나라 사람의 손에 맡겼으니 분개함을 이길 수 없다"라고 그 분함을 드러냈다. 열강의 영향을 받는 약한 나라 조선의 세관 담당 관리가 느끼는 분함이었다.

민건호는 1883년 11월부터 1885년 8월까지 부산에 머물렀다. 그는 부산에 머물며 쓴 일기 『해은일록海隱日錄』에 커피를 마신 기록을 여러 차례 남겼다. 민건호는 부산에 있던 외국인 중에서 중국 세관에 근무하는 사람들과 특히 교류가 많았다. 리훙장의 측근이며 묄렌도르프와 함께 입국한 탕사오이唐紹儀[3]와 그의 후임인 양쯔헝楊子衡과는 식사나 술자리를 자주 가졌다.

1884년 7월 27일 정오 무렵 민건호는 조계지 안에 있는 탕사오이의 집을 방문했다. 그곳에 머물며 중국어를 배우는 민건호의 친

---

[3] 부산 세관에 근무하던 1884년 7월 조선인 관리 민건호에게 커피를 접대한 인물이며 후일 신해혁명으로 탄생한 중국 최초의 공화국 중화민국의 초대 내각 총리에 취임했다.

구 윤정식을 만나러 간 것이다. 그때 해관 업무를 마치고 돌아온 탕사오이를 만나 갑비차甲斐茶와 우유, 백설탕 큰 종지 하나, 궐련 한 개비를 대접받았다. 같은 날 미국인 피에르 루이스 조이Pierre Louis Jouy(조선명 여위余偉)와 영국인 노블Noble(조선명 노부魯富)로부터도 궐련 한 개비씩을 선물로 받았다.⁴ 이틀 전인 7월 25일이 고종의 탄신일이었는데 마침 휴일이었고, 7월 26일은 대체 휴일이었다. 결국 이틀이 지난 이날 세관에 근무하는 외국인들이 임금 탄신일을 축하하는 의미의 선물을 준 것이다. 비록 임금 탄신일을 빙자하여 건넨 선물이었지만 외국 세관에서 일하는 사람들이 세관을 관리하는 조선인에게 준 선물이었으니 선물보다는 뇌물에 가까운 대접이었다.

『해은일록』의 커피 기록. 외국인 세관원들로부터 커피를 접대받은 사실을 남겼다. 우리나라 사람이 우리 땅에서 커피를 마신 가장 오래된 기록이다. 커피는 '갑비차甲斐茶'로 표기했다.

4   당시 자료 속 서양인의 국적과 이름이 명확하지 않다. 영국인 노부를 윌리엄 넬슨 러뱃William Nelson Lovatt으로 해석하는 경우(부산근대역사관, 『해은일록』 I)도 있으나 이는 오류다. 초대 부산해관장 윌리엄 넬슨 러뱃의 조선명은 노외추盧外椎다. 여위의 국적이 영국으로 표기된 문서도 있다. 여위와 노부는 부산해관에 근무했던 서양인이었음은 분명하다.

세관원과 감리서 직원 사이의 선물 교환이나 접대는 매우 일상적인 일이었다. 민건호는 이보다 2개월 전인 5월 25일 탕사오이의 집을 방문하여 다과와 궐련을 접대받았지만 어떤 차를 마셨는지는 기록하지 않았다. 그 밖에도 민건호는 많은 외국인 세관 직원들로부터 선물과 접대를 받았고 간혹 접대하기도 했다. 대부분의 식사나 술 접대는 우정의 표현으로 생각하여 큰 부담을 갖지 않았다. 예컨대 7월 20일에는 탕사오이로부터 당포도 한 송이를 접대받았다. 그는 일기에 "맛이 매우 맑고 강렬하여 우리나라 포도는 감히 비교할 수 없었다"라고 썼지만 그 어떤 부담감은 표현하지 않았다. 커피 접대 또한 일상적인 우정의 표현으로 받아들였을 뿐 부담을 느끼지 않았다.

그러나 음식 접대와 달리 선물은 간혹 과하다고 느끼기도 했다. 1885년 6월 어느 날 담배 세 근을 받고 난 후 일기에 "마음에 걸린다"라고 기록했다. 선물이나 접대가 업무에 영향을 주었는지는 알 수 없다.

친분을 쌓았던 탕사오이는 1884년 8월 19일 부산 근무를 마치고 서울로 떠났고 후임으로 양쯔헝이 왔다. 양쯔헝은 내려오자마자 8월 26일 민건호를 집으로 초대하여 차와 과자를 대접했다. 9월에만 네 차례 정도 만나 차 대접을 받았고 이런 교류는 양쯔헝이 떠나는 이듬해 3월까지 이어졌다. 1884년 12월 8일과 23일에는 양쯔헝을 만나 커피를 마셨다.

1885년 7월 12일에는 영국인 세관원 박토목博吐沐[5]의 집을 방문하여 무려 8차까지 접대받았다. 1차 술로 시작한 접대의 7차는 커피였고 8차는 담배였다. 한여름이었지만 비가 내렸기에 커피가 유난히 어울렸을 것으로 보인다.

민건호가 커피 접대를 자주 받았다는 것은 커피를 좋아했기 때문일 터다. 커피를 좋아하지 않았다면 굳이 외국인들이 그에게 계속해서 커피를 대접했을 리 없다. 그렇다면 민건호는 어떻게 커피를 접하게 되었을까? 아마도 과거 급제 이후 부산으로 내려가기 전까지 5년 가까이 정동에 살았기에 가능했을 것으로 보인다. 앞서 언급했듯 정동은 서양인 집단 거주지로서 미국공사관이 개설된 1883년 봄부터 서양 여러 나라의 공관, 교회, 주택, 학교, 병원, 그리고 그들이 이용하는 식료품점 등이 들어서 있었다. 공사관거리, 가구거리가 생길 정도로 서양 문물이 넘쳐났다. 그러므로 자연스럽게 커피를 접할 기회가 많았을 것이다. 해관 전문가였던 묄렌도르프와의 친분도 민건호가 커피와 익숙해지는 데 영향을 미쳤을 것으로 보인다.

민건호는 당시 외국인과 접촉했던 많은 조선인 중 한 명일 뿐이었다. 민건호처럼 개항장의 세관에서 일하거나 세관을 감독하는 감리서에서 일하며 외국인과 항상 교류하던 조선인 관료들만 해도 수십 명에 이르렀다. 그들 중 커피를 접대받았던 사람들은 많았겠지만 민건호처럼 기록을 남기지 않았을 뿐이다. 1880년대 중반 적어도 부산, 인천, 원산 등 개항장에서 커피는 더이상 낯선 음료가 아니었

---

5 박토목은 자료에 따라 영국인 혹은 네덜란드인으로 나타난다. 원어명은 알려진 바가 없다.

다. 왜냐하면 당시 커피는 지금보다 맛이 많이 순했고 보통 설탕과 우유를 넣어 마셔 단맛이 나는 숭늉 정도였기 때문이다. 그렇기에 굳이 기록에 남길 신문물로 느끼지 않았을 수도 있다. 커피가 아니더라도 배우고 기록할 만한 신문물이 넘쳐나던 시절이었다.

**이국땅에서 커피를 마신 조선인과
왕실에서 커피를 마신 서양 여성들**

그래서였을까. 커피를 마시고도 기록에 남기지 않은 이들이 적지 않을 것으로 여겨진다. 먼저 일본으로 파견되었던 수신사 일행이다. 물론 이들이 방문했던 1870년대 후반과 1880년대 초반에는 아직 일본에서도 커피가 유행하기 전이었기에 커피를 쉽게 접하기는 어려웠을 수도 있다. 일본에 최초의 깃사텐喫茶店이 등장한 것은 이보다 늦은 1888년이었고 그마저도 4년 정도 영업하다가 문을 닫았다. 하지만 이들이 일본에서 만난 서양의 외교관들이나 사업가들로부터 커피 접대를 받았거나 커피라는 새로운 물품에 대한 정보를 얻었을 수는 있다.

1883년 미국에 파견되었던 보빙사 일행도 안타깝게 커피를 마신 기록을 남기지 않았다. 민영익을 전권대신으로 한 이들 일행이 방문했던 당시는 세계적으로 제2차 커피 붐이 일기 시작한 직후였고 그 분위기를 이끈 것은 미국이었다. 1880년대에 접어들면서 미국에서는 이미 커피가 보통 사람들의 일상 음료로 자리를 잡았다. 미국 성인 1인당 연간 커피 소비량은 8파운드(3.6킬로그램)를 넘어섰다.

하루에 두 잔 가까이 마신 셈이다. 어디를 가나 커피 향이 진동했고 상점마다 커피가 넘치던 시절이었다는 점에서 보빙사 일행이 미국 체류중 커피를 접했을 가능성은 매우 높다. 대통령 초청 행사나 외교관들이 모이는 대부분의 공식 행사에서 커피는 빠질 수 없는 환영 음료였다. 당시 미국의 관례로 보면 민영익이 미국 대통령 체스터 A. 아서를 예방한 자리에 커피가 제공되었을 것은 분명하고 대통령이 제공한 커피를 입에 대지 않는 결례를 범하지는 않았을 것이다. 보빙사 일행 중에서도 현지에 남아 유학을 시작한 유길준이나 프랑스 등 유럽을 시찰하고 귀국한 민영익 일행이 커피를 접했을 것 또한 의심의 여지가 없다.

그렇다면 조선인 중 외국에서 커피를 마신 기록을 남긴 최초의 인물은 누구였을까? 개화 지식인 윤치호다. 1885년 6월 중국 상하이에서 커피를 마신 기록을 일기에 남겼다. 그는 갑신정변 실패 후 위협을 느끼고 상하이 중서서원에 유학중이었다. 자주 다니던 찻집에서 커피를 마시고 커피를 사서 거처로 돌아왔다는 기록을 남겼다. 윤치호는 중서서원을 수료한 후 커피의 나라 미국으로 건너가 밴더빌트대학교와 에모리대학교에서 공부했다.

외국에서 커피를 마신 윤치호와 달리 조선에서 커피를 마신 여성들이 있었다. 먼저 조선 주재 영국의 초대공사 해리 파크스Harry Parkes의 딸 매리언 플러머 파크스Marion Plumer Parkes다. 결혼 전이었던 그녀는 아버지를 따라 조선에 왔다. 돌아가신 어머니를 대신하여 스물네 살이었던 그녀가 아버지와 함께 조선에 머물고 있었다. 그녀

왕실 오찬 식단표 속에 디저트로 등장하는 커피, 1914년경. 개화기부터 조선 왕실에서는 외국인 방문객에게 커피를 대접했다.

는 1884년 5월 7일 조선 주재 미국공사 부인과 함께 명성황후의 초대를 받아 경복궁을 방문했다. 4시경 도착하여 기다리는 동안 케이크와 커피를 대접받았다. 그녀가 남긴 수기에 나오는 내용이다.[6]

이처럼 1884년 5월 조선 왕실에서 외빈 접대용으로 커피를

---

6 1934년 6월 28일 〈동아일보〉에 이선근이 기고한 "구미 열강과의 외교관계(十七) 二. 대영관계"에 기록되어 있다. 케직 부인이 롱퍼드라는 사람에게 보낸 "처녀시대의 수기"에 기록된 내용이라고 적혀 있다.

커피를 마시는 선교사들. 왼쪽에서 두번째 여성이 에피 브라이스 사이드보텀이다. 에피는 남편(조선명 사보담)과 함께 1899년에 입국하여 1907년까지 대구와 부산에서 활동했던 장로교 선교사다.

사용하고 있었다는 점이 매우 흥미롭다. 왕실의 식음료를 담당했던 사옹원 소속 내명부 궁녀가 이 낯선 음료를 어떻게 끓여서 어떻게 마시는지를 커피 재료와 커피 도구를 전한 누군가로부터 배웠음이 틀림없다. 가장 먼저 입국한 미국공사관 직원이나 묄렌도르프 일행이 그 역할을 했을 것으로 짐작된다. 왕이나 방문객에게 내놓기 전에 여러 차례 끓여서 시음하는 과정을 거쳤음은 의심의 여지가 없다. 이때 대접한 커피는 1883년 기록에 등장하기 시작한, 개항장을 통해 공식적으로 수입한 커피였을 것으로 보인다.

왕실에서 커피를 마신 기록을 남긴 두번째 여성은 뉴욕 출신

릴리어스 언더우드Lillias H. Underwood였다. 뉴욕 알바니 출신 의사였던 릴리어스 호튼은 1888년 3월에 입국하여 제중원 의사 겸 명성황후의 어의가 되었다. 릴리어스는 1년 후 1889년 3월 14일 선배 선교사 호러스 언더우드와 결혼했다.

두 사람은 신혼여행 겸 선교여행을 관서 지방(지금의 평안도)으로 떠났다. 여행길에 이들 부부는 커피를 가져갔다. 조선에 입국한 지 호러스는 4년, 릴리어스는 1년이 지났는데도 그들이 커피를 휴대하고 긴 여행을 떠났다는 것은 무엇을 의미할까? 이들 조선 거주 외국인들이 1880년대 중반 조선에서 원두를 구입할 수 있었다는 사실을 말해준다.

여행 중 그들이 평안북도 위원에 도착했을 때 원두는 남았으나 설탕이 떨어지고 말았다. 당시에는 커피에 설탕을 넣어 달게 마시는 것이 세계 공통 문화였다. 언더우드 부부는 그 지역을 다스리는 군수에게 서양 요리와 디저트를 만들어 대접했다. 그런 다음 커피를 끓여서 주었는데, 설탕 대신 꿀을 넣은 커피였다. 이런 신기한 광경을 구경하기 위해 많은 사람이 구름처럼 몰려들었다. 백인 신혼부부도 구경거리였고 백인들이 가져온 신기한 음료 커피도 볼거리였다.

릴리어스의 기록에 따르면[7] 당시는 조선의 최고 부자들이 이

---

7   릴리어스는 귀국 후인 1904년에 자신이 조선에서 관찰하고 경험한 이야기를 기행문 『언더우드 부인의 조선 견문록Fifteen Years among the Top-knots, Life in Korea』에 담아 출판했다.

제 막 커피의 용도를 알고 마시기 시작한 즈음이었다. 물론 보통 사람들은 엄두를 낼 수 없었다. 너무 비쌌기 때문이다. 1880년대 후반 커피는 이미 조선인들에게 알려진 음료였다. 문제는 가격 때문에 가난한 사람들이 접하기 어려운, 로웰의 표현대로 명품 수준의 신상이었다.

조선 땅에서 남편을 만나 결혼한 미국 여성은 또 있다. 애니 엘러스Annie Ellers다. 제중원 의사로 있던 호러스 앨런으로부터 의료 선교사로 와달라는 부탁을 받고 1886년 7월 조선에 입국하고 이듬해인 1887년 달지엘 벙커Dalziell Bunker(조선명 방거房巨)와 결혼하면서 방거 부인[8]이 되었다. 명성황후의 시의가 된 방거 부인은 1895년 어느 날 명성황후를 인터뷰하기 위해 경복궁을 방문했고 그날 인터뷰 전 대기실에서 기다리며 커피를 마셨다. 이는 우리나라 최초의 영문 잡지 〈코리안 리포지토리The Korea Repository〉에 남긴 기록이다. 그날 고종과 황태자도 자리를 함께했다.

조선에서 커피를 마신 기록을 남긴 이로 알려진 또다른 여성은 영국의 지리학자 이사벨라 비숍Isabella B. Bishop이다. 1892년 영국 왕립지리협회 첫 여성 회원이 되고 첫 여행지로 선택한 나라가 조선이었다. 비숍은 예순세 살이 되던 1894년 2월 말 조선에 입국했다. 그녀는 조선에 머무는 동안 서울 주변뿐 아니라 한강 상류를 거쳐 금

---

[8] 방거 부인은 시의로서의 공헌을 인정받아 정3품 벼슬을 받았으며 1887년 지금의 정신여자고등학교의 전신인 정동여학당을 설립하고 교장으로 재임했다.

강산 일대를 탐험했고 함경도, 평안도, 부산, 인천 등 관심이 가는 모든 지역을 여행했다. 비숍은 동학농민운동과 청일전쟁의 소용돌이와 을미사변 직후의 조선도 겪었다.

비숍이 고종과 명성황후를 처음 만난 때는 1895년이었고 이 만남을 주선한 이는 언더우드 부부였다. 그녀는 그날 커피를 마신 기록을 남겼다.[9] 접견실에서 기다리며 커피와 케이크를 대접받았고 서양 요리로 차려진 저녁 만찬을 즐겼다. 만찬 후에는 후식으로 다시 커피와 와인을 마셨다. 멋진 경회루 풍경, 지적인 외모의 명성황후, 품위 가득하고 풍성한 만찬이 비숍의 시선을 사로잡았다. 이날 모임 얼마 후 명성황후는 일본 낭인들에게 잔인한 죽임을 당했다. 이후 고종은 러시아공관으로 피신했고 해외 동향에 관심이 많았던 고종은 비숍을 몇 차례 더 궁궐로 불러 대화를 나누었지만 커피를 마신 기록은 남기지 않았다.

마지막으로 조선에서 커피를 마신 기록을 남긴 이로 알려진 흥미로운 여성은 개화기 우리나라 커피 역사에 항상 등장하는 여성이다. 프랑스 알자스-로렌에서 태어났으나, 1870년 전쟁에서 이곳이 독일에 점령됨으로써 독일 여성으로 살아야 했던 앙투아네트 손타크Antoinette Sontag다. 1885년에 부임한 조선 주재 러시아공사 카를

---

[9] 비숍은 1896년 조선을 떠나 중국 양쯔강을 탐험한 후 1897년에 고향으로 돌아갔고 1년 후인 1898년 조선에서의 경험을 담은 『조선과 그 이웃 나라들Chosun and Her Neighbours』을 펴냈다. 이 책에서 조선에 머무는 동안 고종과 명성황후를 만나 커피를 마신 이야기를 전했다.

이바노비치 베베르Karl Ivanovich Weber의 먼 인척으로 알려져 있다. 베베르 러시아공사와 함께 입국하여 경복궁의 양식 궁중요리사가 되면서 명성황후와 깊은 인연을 맺었다. 1896년 아관파천에 공을 세우기도 했고 그 공을 인정받아 덕수궁 근처에 있는 토지를 불하받았다. 이곳에 1902년에 세워진 현대식 호텔이 손탁호텔이다. 한동안 조선을 방문하는 외국인의 사교 장소로 이용되었다는 점에서 커피를 제공하는 카페가 있었을 것으로 추정된다. 아쉽게도 카페에 관한 기록이나 사진은 존재하지 않는다.

위로가 되지 못한 쓰디쓴 커피

커피를 마시며 눈물을 흘린 이범진

커피색만큼이나 어둡고 답답하던 시절 이역만리에서 커피를 마시며 눈물을 흘린 사람이 있다. 바로 이범진이다. 그는 과거에 급제한 후 농상공부협판, 이조참판, 형조참판, 공조참판 등을 역임하며 관료생활을 했으며 을미사변 후 친일 세력의 손아귀에 있던 고종을 궁에서 탈출시키려다 실패했다. 이른바 춘생문사건이다. 러시아로 잠시 망명했던 이범진은 귀국하여 아관파천에 참여했다. 그 공으로 이범진은 법부대신이 되어 을미사변을 조사했다. 일본의 책임을 밝히려 한 것이다. 그러나 춘생문사건 당시 동지였던 이완용이 친일 세력의 핵심이 되어 있었다. 결국 이완용 등 친일 세력의 공격을 받고 물러난 후 1896년 6월 주미전권공사에 임명되어 나라를 떠났다. 그

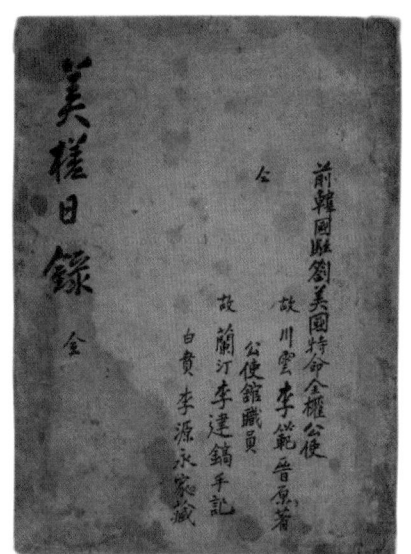

이범진이 남긴 일기 『미사일록』 표지. 이범진은 1896년 가을부터 주미전권공사로 근무하며 일기를 썼고, 커피를 마신 기록을 남겼다.

해 9월 워싱턴에 도착하여 공사 직무를 시작했다.

부임한 지 2개월 정도 지난 1896년 11월 어느 날 남아메리카 에콰도르 커피 항구에서 화재가 발생하여 가옥이 잇따라 불탔다. 거의 100명이 불에 타 죽었고 3만여 명이 집을 잃고 굶주렸다. 이 소식을 들은 미국 주재 각국 공사관은 차례차례 원조에 참여했다. 원조 참여를 요청하는 각국 공사가 연명한 문서가 공사관에 도착했다. 중국, 인도, 일본 등 여러 나라 공사가 원조할 금액을 쓰고 서명하여 보내온 문서였다. 문제는 당시 미국 주재 조선공사관이 공사관 운영 경비도 부족한 상태였다는 점이다. 연명서를 받아든 이범진은 결국 원조에 참여하지 못했다. 코리아라는 나라 이름 옆을 빈칸으로 둔 채 다음 공사관으로 보냈다. 이범진은 조선이 원조에 동참하지 못한 것을 다른 나라 공사들이 본다고 생각하니 "저절로 나도 모르게 부끄러운 마음이 든다"라고 1896년 11월 21일 그의 일기에 남겼다. 가난한 나라 외교관의 부끄러움이었다.

같은 해 11월 24일 이범진은 또다른 부끄러운 마음을 기록했다. 미국의 관리와 학자, 각국 사신에 이르기까지 매번 만날 때마다 조선이 국모의 국장을 아직 행하지 않은 이유와 군주가 왜 궁궐로 돌아가지 않는지에 대한 이유를 많이 묻지만 "대답할 말이 없어 당황스럽고 부끄러운 마음이 가슴에 교차한다"라고 썼다. 국모의 국장을 치르지 못하고 남의 나라 공관으로 군주가 피신해 있는 약한 나라 외교관의 부끄러움이었다.

1897년 새해가 밝았다. 새로 당선된 대통령 윌리엄 매킨리 William McKinley가 취임을 앞두고 있었기에 각국 공사가 앞다투어 다회를 연다고 초청장을 보내왔다. 처음 몇 번은 참석하여 대통령 당선자와 고위 관리들, 여러 나라 외교관들과 인사를 나누고, 음식을 먹고, 커피를 마셨다. 그러던 어느 날 초청은 받을 수 있지만 초청할 형편이 못 된다는 사실을 깨달았다. 초청받고 가지 않으면 외교에 지장이 있을 테고, 초청에 응해 간다면 마련한 음식을 먹고 커피를 마시기는 하겠지만 다회를 열 형편이 안 되는 것이 문제였다. 이범진은 몹시 부끄러웠다. 저녁 무렵 중국 다회를 다녀온 1897년 1월 12일 일기에서 이범진은 "얼굴이 붉어지도록 부끄러운 일" "다회의 초청장이 오면 눈썹이 찌푸려지고, 발길이 느려지며, 만부득이하여 문을 나설 때는 크게 탄식이 나온다"라고 술회했다. 가는 것도 난처하고 가지 않는 것도 난처했던, 가난하나 품위는 유지하고 싶은 나라 외교관의 부끄러움이었다.[10]

물론 외교관은 부끄러움을 알고, 부끄러움을 넘어서야 하는 자리다. 이범진은 어떤 방법으로 부끄러움을 넘어서려 했을까? 잘사는 일, 즉 웰빙이었다. 오랫동안 조선의 종주국이었던 중국, 조선 지배를 꿈꾸던 러시아, 지배 야욕을 위해 이웃 나라 국모를 살상한 일본에게 복수하는 길은 웰빙이었다.

이범진이 미국에게 배우고 싶었던 웰빙으로 가는 방법의 하나는 교육이었다. 공사관 주변에서 아침미디 남녀 아동들이 옷을 차려입고 책을 들고 학교로 달려가는 모습을 보며 "문명으로 진보하는 풍속이 날로 상승하니 부러운 마음이 든다"라고 했다. 그가 미국전권공사 직을 마치고 러시아공사 직을 수행하던 중 조선의 외교권은 사라졌고 그는 직에서 해임되었다. 귀국을 포기하고 러시아에 머물던 중 나라가 망했다. 부끄러움을 알던 이범진은 고종에게 보내는 유서를 남긴 채 자결로 생을 마감했다.

> 우리나라 대한제국은 망했습니다. 폐하는 모든 권력을 잃었습니다. 저는 적을 토벌할 수도, 복수할 수도 없는 이 상황에서 깊은 절망에 빠져 있습니다. 자결 외에 제가 할 수 있는 일이 없습니다. 오늘 목숨을 끊으렵니다.

그가 남긴 돈 1000루블은 블라디보스토크 한민학교 교사校

---

10 120여 년이 지난 오늘 이범진이 남긴 일기를 읽고 있자니 이범진이 느꼈을 부끄러움이 고스란히 전해진다. 커피 한 잔을 얻어 마셔도 갚아야 하는 이가 외교관이다. 그러므로 이범진이 느낀 수치심은 차마 말이나 글로 표현하기 어려웠을 것이다. 나라를 대표하기 때문이다.

㯡 신축에 기증되었다. 헤이그밀사 세 명 중 한 명이었던 그의 아들 이위종은 독립운동으로 아버지의 뜻을 잇다가 1924년 이후 행적이 묘연하다.

커피 마니아 고종의 방황

고종이 언제 커피를 처음 접했는지는 여전히 수수께끼로 남아 있다. 아마도 미국을 시작으로 서양 열강과의 조약이 속속 체결되기 시작할 즈음인 1880년대 초반 어느 시점이었을 것이다. 독일 여성 손타크가 입국하여 서양 음식을 담당하는 궁중요리사가 된 1885년보다는 빨랐을 것이 분명하다. 이후 1890년대 중반까지는 서구 열강의 견제로 한반도를 둘러싼 힘의 균형이 아슬아슬하게 유지되었다. 일본이 저지른 만행 을미사변 이후 고종은 1896년 2월 러시아공사관으로 거처를 옮기는 아관파천을 단행했다. 암울한 시절이었고 고종은 서양인들과 자주 커피를 마셨다. 우울함을 커피로 달래는 나약한 군주였다. 1897년 2월 11일 고종은 1년 만에 러시아공사관에서 나와 덕수궁으로 환궁하고 황제즉위식을 거행한 뒤 국호를 '대한'으로, 임금을 '황제'로 칭한다고 선포했다. 대한제국의 출범이었다.

아관파천 이후 조정은 친러파 인사들이 주도했다. 이에 독립협회가 입헌정치와 자주독립을 주장하며 저항했다. 고종과 친러파 정부의 미온적 대응과 러시아의 간섭에 대항하기 위해 독립협회 주도로 만민공동회가 개최되어 1만 명 이상의 시민이 운집, 러시아의 침략을 성토했다. 정부가 무력할 때 그 역할을 만민이 대신하는 역사는 이렇게 시작되었다.

이처럼 1898년은 조선 왕조 역사에서 일대 전환기였다. 대외적으로는 러시아와 일본의 쟁패, 대내적으로는 개화파, 수구파, 그리고 민중의 엇갈린 요구 속에 고종은 지킬 것과 버릴 것을 선택해야 하는 곤경 속에서 방황을 거듭했다. 커피조차도 그를 크게 각성시키지 못했다.

고종이 지키기로 한 것 중 하나는 자신의 자리였고, 버리기로 한 것 중 하나는 통역관 김홍륙이었다. 김홍륙은 아관파천으로 친러파가 권력을 잡은 후 왕명의 출납과 기록을 담당하는 시종원 시종에서 출발하여 단숨에 정2품에 올랐다. 러시아공사관과 궁궐을 오가며 러시아의 이권을 얻고 보호하는 일에 앞장섰다. 김홍륙은 일본인들뿐 아니라 윤치호 등 개화 지식인들에게도 경계 대상이었고 조롱 대상이었다. 공식 학력이 없는 역관 출신이라는 것이 이유였다.

1898년 4월 러시아공사관 통역관에서 면직된 이후 행적을 감추었던 김홍륙이 다시 궁궐을 출입한다는 기사가 6월 30일 〈매일신문〉에 실렸다. 8월 17일 〈독립신문〉은 김홍륙을 '정동대감'이라 칭하며 그의 높은 위세를 비난하는 한 독자의 편지를 게재했다. 김홍륙이 세간의 관심 인물이었던 것은 분명했다. 그러던 중 8월 25일 관보에 김홍륙을 유배하라는 고종의 명령과 그 죄상이 실렸고 독립협회에서 김홍륙을 제명한 사실이 〈독립신문〉〈제국신문〉〈매일신문〉 등에 연이어 보도되었다.

관보에 실린 그의 죄는 통역하며 사사로운 이익을 위해 황제의 뜻과 외국 대표의 뜻을 마음대로 전함으로써 두 나라가 서로 의심하게 만든 것이었다. 〈독립신문〉은 이 문제를 보도하며 그동안 김홍륙이 자신의 부귀영화를 위해 권력을 남용한 것을 지적하는 동시에 그의 죄가 크다고 해도 재판받을 권리는 대소 죄인 누구에게나 있으므로 재판 없이 유배되는 일이 없도록 할 것을 주장했다. 죄형법정주의를 내세우며 고종의 처분을 비난한 것이다.

이런 주장과 세간의 관심 속에 김홍륙은 8월 26일 새벽 전라도 흑산도로 종신 유배를 떠났다. 〈독립신문〉은 재판 없이 김홍륙의 유배형을 집행한 것에 대해 홍범(헌법)과 조칙(법률)이 정한 재판받을 권리를 무시함으로써 "정부를 위하여 애석히 여기며, 인민을 위하여 불쌍히 여기며, 국가를 위하여 탄식하노라"라고 다시 유감을 표했다. 러시아공사관에서는 외부(외교부)에 김홍륙이 잘못 통역한 부분이 무엇인지 조회했으나 외부에서는 응답하지 않았다.

법은 있으나 법치는 없던 시절, 고종이 선택한 것은 통역관 출신 세력가로 측근들의 비난을 사고 있던 김홍륙을 제거하는 것이었고, 김홍륙이 선택한 것은 법치를 하지 않는 고종을 제거하는 것이었다. 현명하지 못한 리더가 초래한 혼란 속에서 득을 보는 것은 외세였고 고통을 견뎌야 하는 것은 힘없는 백성들이었다.

김홍륙이 흑산도로 유배를 떠난 지 17일이 지난 1898년 9월 12일 저녁 고종과 황태자가 저녁 수라상을 물린 후 커피를 마셨다. 이후 황제는 구토하고 황태자는 실신하는 소동이 벌어졌다. 황제를 가까이서 모시던 김한종은 남은 커피를 반잔쯤 마시고 인사불성이

1898년 9월 14일 〈독립신문〉은 카피차를 마신 고종과 황태자가 미령하다는 소식과 독립협회에서 그 원인을 밝히라는 민중 집회를 벌이고 있다는 소식을 전했다.

되었다. 이른바 김홍륙 독다사건毒茶事件이었다.

이 사건을 계기로 '커피'라는 낯선 음료의 존재를 조선인 대부분이 알게 되었고 인인 규명을 요구하는 목소리가 빗발쳤다. 궁내부 대신 이재순, 의정부 참정 윤용선, 궁내부 특진관 심순택 등이 나서서 조사에 참여하겠다고 목소리를 높였다. 고종이 반복하여 답을 내렸다. "경무청으로 하여금 원인을 엄히 밝혀내게 하겠다." 9월 14일 법부 대신 신기선은 죄인들을 신문하는 과정에서 종신 유배형을 받은 죄인 김홍륙의 이름이 나와 그를 잡아다 심문하려는데, 그가 재판이 아니라 황제의 뜻으로 결정된 유배 죄인인 탓에 법부 마음대로 정할 수 없어 어떻게 할지를 묻자 고종은 "잡아서 심문하라"라고 답했다.

또한 낯선 서양 요리를 물릴 것을 청하는 목소리도 크게 들렸다. "서양 요리로 말하면 곧 서양 사람들만 먹는 것입니다. 대체로 우리나라 사람들의 장과 위는 서양 사람들과 달라서 보통 사람들도 먹을 수 없는데 더구나 더없이 귀한 폐하께 올리는 것이겠습니까. 삼가 원하건대 폐하는 특이한 음식과 맛이 다른 음식을 들지 말고……"라는 주장이 빗발쳤다.

『고종실록』에 따르면 10월 10일 사건 발생 28일 만에 법부대신 신기선은 고등재판소 질품서, 즉 신문조서를 인용하여 관련자들의 죄상을 고종에게 보고했다. 신기선이 신문한 바에 따르면 김홍륙은 유배를 보낼 것이라는 임금의 조칙을 받들고 유배지로 떠나던 길에 갑자기 흉악한 반역심이 생겨 아편 담배 한 냥가량(37.5그램)을 공홍식에게 주면서 임금에게 올리는 차에 넣으라고 지시했다. 공홍식은 은전 1000원을 수고비로 주겠다는 조건으로 보현당에서 일하던 김종화를 매수했다. 이 사건을 계기로 김홍륙과 공홍식, 김종화는 교수형에 처해졌고 김홍륙의 아내 김소사는 유배형을 받았다.

고종이 마셨던 커피 원두

김홍륙 독다사건이 실패에 그친 것은 고종이 사랑하는 음료가 커피였기 때문이다. 커피 애호가였던 고종은 당시 어떤 원두의 커피를 마셨을까? 마카오에서 베르뇌 신부와 김대건이 마신 커피는 무엇이었을까? 일본을 통해 원산항과 인천항으로 수입된 커피, 독일인 묄렌도르프가 중국에서 가져온 커피, 중국인 세관원 탕사오이가 민건호에게 접대한 커피, 미국인 선교사들과 외교관들이 고종과 함께 마신 커피 등은 한 종류였을까? 아니면 각기 다른 종류였을까?

먼저 기록에는 없지만 당시 커피 역사를 통해 유추해보면 아마도 인도네시아에서 생산된 커피 혹은 필리핀 커피였을 것으로 여겨진다. 1840년대에 인도네시아는 세계 커피 생산량의 25퍼센트 정도를 차지했다. 당시 세계 커피 시장의 40퍼센트 이상을 차지하던 브라질이 미국과 유럽에 커피를 공급했다면 아시아 지역의 커피 공급은 주로 인도네시아가 담당했다. 18세기 초반까지 세계 커피 생산을 독점했던 예멘은 거듭된 전쟁, 모카항 붕괴, 인도네시아와 카리브해의 커피 생산국 등장으로 세계 커피 시장 점유율이 1퍼센트 이하로 떨어졌다. 모카커피가 사라지자 인도네시아 자바와 수마트라, 필리핀 등 동남아시아에서 생산되는 일부 저급한 커피 원두에 초콜릿 향을 가미하여 모카커피라는 이름으로 유통되었다. 19세기에 세계 커피 시장에서 모카커피라고 불리며 판매되던 커피 대부분은 가짜 모카커피였다. 따라서 베르뇌 신부가 마카오에서 김대건과 함께 마신 커피는 인도네시아나 필리핀 등 동남아시아산 커피였을 가능성이 높다.

이후 1880년대와 1890년대 당시 조선을 방문했던 외국인들이나 그들을 통해 커피를 접한 조선인들이 마신 커피도 다양했을 것으로 짐작된다. 일본을 통해 원산항으로 수입된 커피는 자바커피였을 가능성이 가장 높다. 일본은 개항 이전부터 200년 이상 서구와의 무역을 네덜란드에 의존했다. '난학蘭學', 즉 네덜란드를 통해 받아들인 서양 학문을 통해 근대를 배웠을 정도였다. 따라서 네덜란드가 지배하던 커피 생산지 자바나 수마트라 산産 커피가 1800년대 후반 일본 커피 시장을 거의 독점했다. 물론 커피 녹병으로 동남아시아 커피 생산량이 급격히 감소한 1890년대에 접어들면서 브라질 커피가 자연스럽게 일본에 유입되기 시작했고 그것이 조선에 들어왔을 가능성도 있다. 묄렌도르프나 탕사오이가 중국을 통해 가져온 커피도 자바 등 동남아시아에서 생산된 커피였을 것으로 추정된다. 물론 미국인 외교관들이나 선교사들이 직접 가져온 커피는 당시 미국의 대형 커피기업들이 가공한 브라질과 중남미 지역 커피였을 것이다.

19세기 후반에는 당시 미국에서 소비되는 커피의 80퍼센트 가까이가 브라질산이었다. 고종이 마신 커피도 네덜란드 상인을 통해 수입되는 동남아시아산 커피에서 서서히 일본 상인들이 들여오는 브라질 산토스커피로 바뀌었다.

점점 다양화되는 커피 종류만큼이나 커피를 추출하는 방법에도 변화가 있었다. 베르뇌 신부와 김대건은 19세기 당시 가장 일반적인 튀르키예 방식으로 추출하여 마셨다. 주전자에 적당량의 커피 가루와 물을 넣고 20분에서 30분 정도 끓인 후 가루가 가라앉기를 기다린 다음 찌꺼기를 걸러내고 천천히 다른 용기에 따라 마셨을 것이다. 프랑스 전통에 따라 취향껏 설탕을 듬뿍 넣거나 우유를 넣어 마셨다. 고종도 이와 같은 방식으로 커피를 즐기다가 1890년대 유럽과 미국에서 사용되던 퍼컬레이터percolator가 조선에 등장하면서 1898년 다관이라 불리는 퍼컬레이터를 사용했다(김홍륙 독다사건 기록에 나온다).

퍼컬레이터는 물탱크, 물이 이동하는 튜브, 커피 가루를 담는 바스켓으로 구성되어 있는데, 바스켓 바닥에 작은 구멍들이 뚫려 있어 아래쪽 물을 끓이면 증기압으로 뜨거운 물이 튜브를 타고 위쪽 바스켓으로 이동하여 커피 가루를 적신 후 아래로 떨어지기를 반복하

우리나라에서 개화기와 일제강점기 때 사용하던 그라인더와 커피로스터기

며 커피가 추출된다. 20세기 중후반에 유행한 커피메이커의 전신이다. 끓는 물이 순환하기 때문에 매우 진한 커피가 만들어진다. 퍼컬레이터는 고종이 선물받은 것이었을 수도 있고 수입한 물건이었을 수도 있다. 신문에 수입 퍼컬레이터 광고가 일제강점기 중반에 등장한 점으로 보아 선물로 받은 것이었을 가능성이 크다.

    그 밖에도 19세기 유럽 일부에서는 양말 모양의 천 주머니에 커피 가루를 넣고 끓는 물에 담그는 침지식 커피 추출 방식을 쓰기도 했다. 천을 세탁하고 관리하는 번거로움 때문에 널리 보급되지는 않았다. 물론 프랑스에서 19세기 초에 벨루아 주교가 개발에 성공한 커피포트가 있었고 프랑스와 이탈리아에서 개량 기계가 발명되기는 했지만 널리 공급되지는 않았다.

    세상 사람들이 커피를 마시는 이유는 예나 지금이나 수없이 많다. 그렇다면 고종이 커피를 즐겨 마신 이유는 무엇일까? 커피 맛이 고종의 입맛에 맞았기 때문이었을까? 서양인과의 사교에 커피의 도움을 받고 싶었던 것일까? 아니면 힘든 세월 앞에서 커피로 위로받고자 했던 것일까? 그 뜻을 헤아릴 수는 없다. 분명한 점은 당시 조선이 필요로 했던 것은 커피를 통해 위로받고자 하는 통치자가 아니라 커피를 마시고 각성하여 나라를 구할 지도자였다는 사실이다. 일반 대중은 이제 겨우 커피라는 서양 음료 이름 정도를 듣던 시절에 고종은 퍼컬레이터로 서양 문물의 편리함에 홀로 빠져 있었다. 통치자와 백성이 다른 세계를 살고 있었던 것이다.

끽다점과 카페 등장

신상품 가배당

20세기가 시작되자 브라질의 커피 생산량이 급증하여 원두가격이 폭락하기 시작했고 저렴해진 커피는 유럽과 아메리카 대륙을 넘어 아시아로 흘러들어오기 시작했다. 1910년대 들어 잠시 오르던 국제 커피가격은 1914년 제1차세계대전 발발로 다시 떨어지기 시작하면서 조선 땅에도 커피를 파는 끽다점과 카페가 여기저기 생겼다.

커피 역사에서 우리나라의 20세기는 '가배당珈琲糖'과 함께 시작되었다. 가배당은 설탕 덩어리 속에 커피 가루를 넣어 만든 제품이다. 커피 가루를 물에 넣어 끓인 후 찌꺼기를 걸러내고 설탕을 넣어 마시는 것보다 간편했고 원두를 직접 갈아야 하는 불편함도 덜어

1901년 6월 19일 〈황성신문〉에 실린 '가배당' 판매 광고. 판매처는 서울 진고개에 있던 '구옥상전'이었다.

주었다. 커피계의 신상품이었다. 아직은 물에 녹는 인스턴트커피가 개발되기 전이었다. 신상품 가배당이 1901년 신문 광고에 등장했다.

1898년 9월에 창간된 국한문 혼용체 신문 〈황성신문〉 1901년 6월 19일 광고란에 서울 이현泥峴(지금의 충무로)에 있던 구옥상전龜屋商廛 광고가 실렸다. 구옥상전에 포도주, 전복, 우유, 밀감주, 맥주, 모과와 함께 가배당 등 물건이 많이 들어왔으니 사러 오라는 내용이었다. 이 광고는 6월 20일, 21일 사흘 연속으로 게재되었다. 1902년 7월 12일부터 8월 30일까지 6회, 1903년 7월 10일부터 7월 15일까지 5회에 걸쳐 같은 내용의 광고가 실렸다.

당시 등장한 가배당은 일제강점기 내내 꽤 인기가 있었다.

1923년 6월 11일 〈조선일보〉에 따르면 개성 고려삼업의 손봉상 사장은 인삼 제품을 네덜란드 식민지 자바에서 그해 7월 개최 예정인 박람회에 출품하기 위해 상하이총상회와 상하이 주재 네덜란드영사관과 협의하고 있었다. 고려삼업의 출품 목록에는 '인삼가배당人蔘珈琲糖'이 포함되어 있었다. 덩이리 설팅 속에 커피 가루와 인삼 가루를 섞은 제품이었다.

커피를 간편하게 끓여 마시기 위한 제품 가배당이 신문 광고에 등장한 것을 보면 1900년대 초반에 커피는 이미 상류층 사람들이 즐겨 찾는 음료가 되어 있었다는 사실을 알 수 있다. 가배당이라는 제품이 우리나라에서 개발된 고유의 아이디어 상품이었는지, 외국에서 수입한 유사한 제품의 모방이었는지는 알 수 없다.[11]

끽다점 등장

세계 커피 역사에서 매우 극적인 변화가 이루어진 시기는 19세기 후반과 20세기 초반이었다. 미국의 커피 소비 확대가 불러일으킨 제2차 커피 붐의 한복판이었다. 1820년대에 시작된 제1차 커피 붐이 유럽의 대중을 커피세계로 이끌었다면 제2차 커피 붐은 미국인

---

[11] 야후재팬이나 구글에서 커피당과 유사한 제품이 있었다는 기록이 검색되지 않는 것으로 보아 우리나라에서 개발된 아이디어 상품으로 보인다. 일본에서는 전후에 오사카에 있던 시미즈제과에서 커피당을 처음 만든 것으로 알려져 있다. 지금도 이 전통을 이은 고히당コーヒー糖이란 제품이 시마네현에 있는 니시하치제과에서 출시되고 있다.

누구나 커피를 마실 수 있게 만들었다. 비록 유럽과 북유럽의 이야기 지만 두 차례의 커피 붐을 통해 커피가 대중 음료로 등장했다. 미국이 촉발한 제2차 커피 붐을 타고 우리나라에도 끽다점이라는 커피 하우스가 생겼다.

1870년대에 아시아를 휩쓴 커피 녹병 때문에 1880년대 들어 세계의 커피 생산량은 급격히 줄어들었다. 그런 가운데 산업화에 성공한 미국의 등장으로 커피 소비는 오히려 증가했다. 커피 생두의 거래가격이 높게 형성되는 것은 불가피했다. 최대의 수혜국은 브라질이었다. 세계 커피 소비량의 2분의 1, 미국 소비량의 3분의 2를 브라질 커피가 차지했다. 뉴욕 커피거래소에서 커피 생두는 1파운드에 14파운드에서 18파운드로 비교적 높은 가격에 거래되었다. 이를 지켜보던 과테말라, 멕시코, 엘살바도르, 니카라과, 코스타리카 등에서 커피 생산을 본격화했고 브라질도 커피나무 재배를 확대했다. 이때 심은 커피나무에서 본격적으로 수확하기 시작한 1900년대 초반이 되자 국제적으로 커피가격이 급속히 하락하기 시작했다.

이로부터 10년간 낮은 커피가격은 지속되었고 가장 힘들었던 나라는 브라질이었다. 국가 재정에서 커피가 차지하는 비중이 높았던 브라질 경제가 위기를 맞은 것이다. 이를 타개하기 위한 방법으로 선택한 것이 커피농장 개척에 대한 세금 부과, 해외 금융기관과 브라질 커피 무역상들이 만든 신디케이트(공동 판매 카르텔)를 통한 커피 대량 수매, 해외 시장의 적극적인 개척이었다.

브라질 정부가 일본으로부터 커피 이민을 받아들이는 대가로 1909년부터 3년간 커피 500톤을 무상으로 제공한 것도 이런 정책의 하나였다. 일본 커피산업의 아버지 미즈노 류水野龍가 이룬 성과였고 일본에는 브라질 커피가 넘쳐나기 시작했다. 그 덕분에 1911년에는 일본 최초의 커피체인점 '카페 파울리스타'가 등장했고 지지부진하던 깃사텐과 카페 문화도 성장했다. 일본의 깃사텐 문화와 함께 커피가 우리나라에 본격적으로 들어오기 시작한 것도 이즈음이었다.

일제강점기에 커피를 마실 수 있는 업소 명칭은 다양했다. 일본식 끽다점, 유럽식 카페, 살롱, 티룸, 팔러, 그리고 우리식 다방, 다실, 다원, 다점 등이 있었다. 그런데 이들 명칭에 따른 차이가 엄격했던 것은 아니었다. 업소 명칭이 그곳이 어떤 곳인지를 말해주지는 않았다. 커피가 주인공인 곳도 있었고, 아닌 곳도 있었다.

그날 끽다점의 안중근

끽喫이라는 한자는 매우 낯설다. 담배를 피운다는 뜻인 '끽연'에 가끔 사용되는 정도다.『조선왕조실록』에 '차를 마신다'는 의미로 '끽다喫茶'라는 표현이 다섯 번(『중종실록』 한 번,『선조실록』 네 번) 나오는 것을 보면 쓰기는 했지만 흔한 표현은 아니었다.

그런데 갑자기 끽다점이라는 표현이 개화 바람을 타고 커피와 함께 나타났다. 우리나라 문서에 처음 등장한 것은 19세기를 마감하는 1900년 3월 17일 〈황성신문〉이었다. 이날 〈황성신문〉은 영국의 만국박람회 소식을 다음과 같이 전했다.

영국 글라스고우에서 1901년 여름에 개최할 만국박람회장에 끽다점을 설치한다.

20세기 전반기 조선의 커피 문화를 상징하는 단어 중 하나로 등장한 것이 끽다점이다. 서구 문명을 상징하는 작지만 큰 물질인 커피가 조선인 앞에 본격적으로 등장한 것도 이때였다. 조선에 주재하는 천주교 및 기독교 선교사, 외교관, 그 밖의 사업을 위해 조선을 찾은 서양인들과 왕실 사람들이 마시던 커피가 서서히 일반 대중에게 퍼져나가기 시작했다. 사업을 위해 1901년 조선에 온 프랑스인 폴 앙투안 플레장Paul Antoine Plaisant이 무악재를 넘어오는 땔감 장수들에게 따뜻한 커피를 주며 흥정을 벌였다는 이야기도 있다. 세기가 전환될 즈음 신상 커피는 벌써 조선인들의 환심을 사는 데 도움이 되는 음료였다.

그러나 한편으로 우리에게 20세기는 우울하게 열렸다. 탐욕스러움을 숨긴 채 늘어온 외세, 혼란 속에서 판단력을 상실한 군주, 무능하고 고집스러운 관료들이 저마다의 이익을 좇는 사이에 나라는 망가지고 있었다.

이런 상황에서 조국의 독립을 위해 항일 투쟁을 전개한 안중근은 스스로 지목한 죄인 한 명을 기다리며 끽다점에 앉아 있었다. 한 번도 본 적 없던 죄인의 얼굴을 상상하면서. 1909년 10월 26일 이른 아침이었다. 다행히 죄인을 처단한 안중근은 그 자리에서 체포되었고 이듬해인 1910년 2월 7일 열린 공판에서 이토 히로부미를 저격하던 날 아침을 다음과 같이 진술했다.

> 거사 당일 이른 아침 7시에 하얼빈 정거장에 도착하여 "모 끽다점에서 휴식하면서 차를 마시고 이토의 도착을 고대……."

안중근이 마지막으로 마신 차가 커피였는지, 다른 차였는지는 알 수 없다. 사람이 많이 모이는 기차역 등에 커피와 차를 파는 끽다점이 생기고 여기서 기차와 사람을 기다리는 문화는 이미 일본과 조선, 중국에 널리 퍼져 있었다. 기다리는 사람은 보통 반가운 가족이나 친구였지만 안중근이 끽다점에서 기다린 이는 민족의 공적 이토 히로부미였다. 스스로 질문을 던졌던 "누가 죄인인가?"의 바로 그 죄인을 기다리며 안중근이 마지막 차를 마신 곳이 끽다점이었다. 2월 14일 사형 선고를 받은 안중근은 3월 26일 뤼순감옥에서 교수형을 당했다. 안중근이 법정에서 일본을 향해 던진 질문은 한 세기가 지난 지금도 역사가 우리에게 던지고 있는 질문이다.

병원과 역에 들어선 끽다점

커피를 즐기던 고종은 헤이그밀사사건이 빌미가 되어 1907년 7월 20일 자리에서 물러났고 뒤를 이어 김홍륙 독다사건의 또다른 피해자 순종이 황제의 자리에 올랐다. 순종이 즉위하던 해에 우리나라 최초의 서양식 대학병원인 대한의원(지금의 서울대학교 부속병원으로 1900년에 설치되었던 내부 소관 서양식 병원인 광제원에 뿌리를 두고 있다)

이 새로 문을 열었다. 순종 즉위 이듬해인 1908년 10월에 대한의원 본 건물이 준공되었다(현재 대학로 서울대학교병원 내에 남아 있는 의학박물관 건물이다). 이 건물 준공식에 끽다점이 차려졌다. 1908년 10월 25일 〈황성신문〉 보도에 따르면 대한의원 낙성식에 다양한 물품 기증이 이루어졌는데, 그 명단에 '끽다점 오자와신타로小澤愼太郎'가 포함되어 있었다. 낙성식에 참석한 사람들에게 커피나 차를 제공하기 위해 임시로 마련된 끽다점이었는지, 이 병원을 방문하는 사람들을 대상으로 문을 연 우리나라 최초의 상설 끽다점이었는지는 확실하지 않다.[12]

1909년 1월 21일 〈대한매일신보〉 3면의 소설 "매국노―나라 팔아먹은 놈"에 카피차가 등장한다. 양기탁과 영국인 베델이 창간한 〈대한매일신보〉에 독일인 소덕몽의 소설이 '매국노'라는 제호로 번역되어 연재되었고 제6회에 다음과 같은 내용이 나온다.

> 요서(주인공 이름)가 매일 아침에 성년하수에 가서 목욕하고 돌아오면 상 위에 카피차 한 잔과 면포 두서너 조각을 준비하여…….

[12] 그런데 20년 후인 1928년 10월 19일 〈조선신문〉에 실린 일본 유명 배우 오카다 요시코 일행의 관극 공연 입장권 할인판매소 명단에 대학의원 끽다점이 포함되어 있다. 명단 기재 순서로 보면 이 끽다점은 원남동 경성제국대학병원에 있는 끽다점이다. 명확하지는 않지만 1908년에 등장한 끽다점이 20년 동안 유지되었거나 폐업했다가 다시 개업했을 수도 있다.

당시 서양인들에게는 이미 일상적인 문화로 자리잡았던 아침에 빵(면포)과 함께 마시는 모닝커피에 대한 묘사다. 비록 번역소설이기는 하지만 대중이 접하는 신문 연재소설에 자연스럽게 커피가 등장했다.

1909년 7월 18일 〈대한매일신보〉 3면 '외보'에는 독일에서 커피(카피로 표기)에 세금을 부과한다는 소식을 전했다. 같은 해 소설가 박태원의 숙부이자 의사였던 박용남이 찬술한 『가정구급방家庭救急方』의 두통 편에는 "두부에 냉수 또는 얼음 조각으로 찜질하거나 혹은 박하를 이마에 바르고 바로 뉘어 안정하게 하며, 가비차 또는 포도주를 조금 주고……"라는 내용이 나온다. 가정에서 취할 수 있는 두통 치료법의 하나로 커피 음용을 권장하는 내용이다. 이로 미루어보았을 때 당시 커피는 치료제로서의 의미를 지니고 있었고 이미 일반인들에게 그리 낯설지 않은 음료였다.

이렇게 확산되고 있던 커피를 전문적으로 판매하는 업소가 드디어 사람들이 오가는 기차역에 문을 열었다. 1909년 11월 3일 〈황성신문〉에는 "다좌개설茶座開設"이라는 제목으로 다음과 같은 기사가 실렸다.

남대문정거장에는 1일부터 끽다점을 개설하였다더라.

남대문정거장은 1900년에 개통된 경인선 철도의 서울 출발역이자 종착역이었다. 지금의 서울역보다 조금 북쪽에 있었고 역사

驛舍는 임시로 세워진 목조건물이었다. 1925년 9월 새로운 역사가 지금의 서울역 자리에 준공될 때까지 서울 교통의 중심이었다. 유동 인구가 많은 이곳에 커피를 파는 끽다점이 문을 연 것이다. 간단한 음식과 함께 커피를 팔았다. 이용객이 적지 않았다. 개업 5주년을 맞았던 1914년에 〈매일신보〉에서 조사한 바에 따르면 이 역의 한 달 승강객은 총 6만 5510명이었다. 그중 기차를 탄 사람은 3만 2527명, 기차에서 내린 사람은 3만 2983명이었다. 타고 내리는 사람 외에도 마중하는 사람이 1만 9912명이었다. 하루 평균 2847명 정도가 이 역을 이용했고 그중 끽다점에서 식사하고 차를 마시는 사람이 적지 않았다.

　　병원과 기차역에 끽다점이 생긴 것에서 이제 커피가 특별한 사람들이 아니라 일반인들도 쉽게 접할 수 있는 음료가 되었음을 알 수 있다.

일본과 조선에 동시 등상한 카페

　　프랑스어를 비롯한 라틴어에서 카페Café는 커피를 의미하는 동시에 커피와 음식을 파는 장소도 뜻한다. 반면 영어권에서 커피는 'coffee'라는 별도의 용어를 얻었고 'café'는 커피를 파는 장소만을 의미하게 되었다. 우리는 미국을 따라 커피와 카페를 구분하여 쓴다.

　　그렇다면 우리나라에 카페가 등장한 것은 언제였을까? 기록에 따르면 나라가 망한 이듬해인 1911년이었다. 그해에는 일본 도쿄에도 카페라는 명칭의 업소가 처음 등장했다. 음식을 먹으며 커피를

청목당 건물 3층에 1911년 가을에 문을 연 '카페 타이거'. 본정경찰서장이었던 고마쓰 간비가 〈경무휘보〉에 실은 사진을 토대로 그렸다.

즐기던 깃사텐과는 조금 다른 업소였다. 당시 일본 카페에는 깃사텐과 달리 커피와 음식뿐 아니라 술과 여종업원이 있었다. 1911년 봄에 등장한 일본 최초의 카페는 '카페 프랭탕'과 '카페 라이언'이었다.

흥미롭게도 같은 해 가을 우리나라의 남대문통 3정목(남대문로 3가)에 등장한 첫 카페는 '카페 타이거'였다. 첫 카페의 이름에 일본은 자신들이 좋아하는 사자를, 조선은 우리가 좋아하는 호랑이를 붙였다는 점이 흥미롭다.[13]

청목당은 1907년 4월에 본정(지금의 충무로) 입구에서 식료품 상점을 겸한 서양 음식점으로 문을 열었다. 일본 도쿄에 있던 청목당AOKIDO 주인의 동생이 운영하는 경성지점이었다. 사업이 번창

---

[13] 조선 최초의 카페 '타이거'가 개점했다는 사실을 기록한 이는 일본인으로 당시 본정경찰서장이었던 고마쓰 간비小松寬美였다. 경찰 잡지 〈경무휘보〉에 기고한 글에 나오는 내용이다. 주소로 보아서는 우리나라 청목당 3층에 문을 연 카페를 말한다. 경성 청목당 3층에 있던 카페 이름이 '라이언'이었다는 의견도 있다(박현수, 『경성 맛집 산책』, 한겨레출판, 2023). 그러나 〈경무휘보〉에 게재된 고마쓰 간비의 글에 삽입된 3층 건물 사진에는 '카페 타이거カフェータイガ-'라는 간판이 희미하게 보인다.

하자 1914년에 지금의 한국은행 맞은편, 남대문통 3정목에 3층 건물을 지어 확장, 이전했다. 1층은 식료품점, 2층은 커피와 수입 과자를 파는 커피숍, 3층은 서양 요리와 커피를 제공하는 유럽식 카페였다. 1911년 카페 타이거가 문을 열었다는 고마쓰 간비小松寬美의 기록을 보면 청목당은 확장, 이전하기 이전에 이미 커피숍이나 카페 영업을 시작했을 것으로 보인다.

나라가 망하고, 안중근 의사가 낯선 땅 중국 뤼순에서 사형당하고, 조선 주재 미국공사와 러시아공사를 지냈던 이범진이 러시아 땅에서 수치심을 이기지 못해 자결했어도 카페는 곳곳에 생겼고 나름 흥했다. 나라가 망했기에 카페가 흥했을 수도 있고, 카페가 흥해서 나라가 망했을 수도 있다. 당시 카페 풍경은 신문 지상에 자주 보도되었다.

지금의 서울 탑골공원에 '탑동 카페'가 문을 열었다는 기사가 1914년 6월 7일 〈매일신보〉에 큼직한 사진과 함께 실렸다. 카페라는 명칭이 우리나라 신문에 처음 등장한 것이다. 당시 30만 명의 서울 시민을 잠재 고객으로 생각하여 이 카페를 열었다는 것이 청목당 요리사 출신 사장의 개업 취지였다. 청목당이 건물을 신축하여 이전할 때 그만두고 나와서 창업한 것이다. 당시 일본인들이 경영하는 요리점에서 조선인 고객에게 불친절한 점을 통한하게 여긴 주인이 "값은 저렴하게, 조선인에게는 친절하게"를 구호로 내걸고 개점했다. 본인 뜻대로 조선에 일대 혁명을 일으켰는지 이 카페의 성패는 알려진 바 없다. 청목당 주방에서 일하는 모든 요리사는 일본인이었던 사실에서 유추해보면 탑동 카페의 주인은 일본인이었을 것이다. 일본인인 그가 조선인 고객에게 불친절한 청목당의 태도에 불만을 갖고 탑동 카페를 연 것은 신기한 일이다.

기사 제목에는 '탑동 카페'라고 쓰였는데, 기사 내용에는 카페, 다원, 끽다점, 다점 등 여러 명칭이 사용되었다. 커피를 취급하는 업소에 통일된 명칭이 없던 시절임을 잘 보여주는 기사다. 남대문역 끽다점이나 탑동 카페 모두 취급하는 음식은 서양식이었다. 샌드위치와 스테이크 종류가 많았다.

제 2 부

퇴폐 절정기, 다방의 등장

A Cup of Coffee,
a Cultural History

1917년 러시아에서 시작된 사회주의 혁명 열풍이 세계를 휩쓸기 시작했고 민족자결주의의 등장으로 많은 약소국이 독립을 쟁취했다. 세계사에서 '광란의 시대' '재즈의 시대' '역동의 시대'로 불리는 1920년대가 열렸다. 제1차세계대전 종전에 따른 경제적 부흥과 문화적 역동성 증가가 남녀노소 모두를 흥분시킨 시대였다. 우리나라에서는 모던보이와 모던걸이 거리를 활보하기 시작했다. 문제는 넘치는 자유였다. 카페나 끽다점은 퇴폐화의 길로 빠져들었다. 카페나 끽다짐의 주인공이 커피나 음식이 아니라 술과 서비스인 시대였다.

미국 경제가 1929년 10월 주식시장 붕괴로 갑자기 무너졌다. 이는 유럽 경제의 위기로 이어졌고 미국과 유럽 의존성이 크던 일본 경제에까지 영향을 미쳤다. 국제 커피가격은 폭락했고 산업국의 커피 소비는 위축되었다.

경제 대공황 여파로 조선사회에는 양극화 현상이 나타났다. 웨이트리스의 팁을 부담할 수 있는 유한계층은 홍등과 청등이 번쩍이는 모던카페에서 커피를 마실 수 있었지만 가난한 모던보이는 그럴 수 없었다. 이들 가난한 룸펜[1]이 커피를 마실 수 있는 장소가 등장했다. 가배당을 위한 쉼터, 다방이었다.

경제 대공황의 영향이 덜했던 조선에서는 커피 소비가 오히려 증가했다. 커피당들은 여름이 되면 아이스커피를 즐길 정도로 커피가 유행했다. 커피차를 마시는 애호가들이 상당히 많아져 아침마다 한 잔씩 마시지 않으면 기운이 안 난다는 사람도 있었다. 신문 연재소설, 각종 문학 작품 속에 커피 마시는 장면과 카페 풍경은 빠질 수 없는 요소였다.

---

[1] 독일어 룸펜Lumpen은 카를 마르크스가 처음 사용한 용어로 원래 사회에서 낙오된 최하층 사람을 일컬었다. 그런데 1930년대 조선에서는 공부는 했지만 직업이 없고 빈곤한 지식인이 스스로를 낮추어 부르는 자조적 표현으로 쓰였다.

광란의 1920년대, 광고에 등장한 끽다점

커피를 파는 다양한 업소

16세기 오스만튀르크에서 유행했던 커피하우스 문화가 유럽으로 건너가 꽃피운 시기는 18세기였다. 이후 커피를 파는 방식은 지역의 문화를 반영하여 다양해졌다. 20세기 초반 서양을 기준으로 살펴보면 크게 세 가지 방식이 있다.

첫째, 프랑스나 이탈리아 등 유럽의 라틴어권과 오스트리아에서 유행한 방식으로 음식점에서 커피를 팔았다. 커피만을 전문적으로 파는 곳은 거의 없었고 대부분 음식을 파는 곳에서 디저트의 하나로 커피를 팔았다. 커피와 가장 잘 어울리는 음식으로는 샌드위치가 등장했다.

둘째, 미국 방식으로 태번tavern, 펍pub, 바bar 등 술을 파는 곳에서 커피를 팔았다. 커피도 음료의 일종이기 때문에 생긴 문화였다. 오랫동안 미국 문화에서 커피는 집에서 마시거나 일터에서 마시는 것이지 그 밖의 공간에서 마시는 음료가 아니었다. 커피는 술집에서 부수적 메뉴의 하나일 뿐이었다.

셋째, 독일 방식으로 베이커리에서 키피를 팔았다. 독일에시 커피는 베이커리에서 빵과 함께 파는 음료였다. 따라서 빵을 파는 베이커리 출입이 많았던 여성들이 커피 소비를 주도한 것이 독일 지역 커피 문화의 특징이었다.

우리나라에 커피가 들어온 초기인 19세기 말과 20세기 초반에 커피는 이런 세 가지 문화가 일정한 순서에 따라 유행했다. 처음에 들어온 것은 베이커리 카페였다. 독일의 영향이었다. 1890년대 후반 정동에 독일인 고샬키가 열었던 카페나 1900년 조선인 윤룡주가 홍릉역에 열었던 업소는 베이커리 카페였다. 빵과 함께 커피를 팔았다. 기록이 진하는 우리나라에서 가장 오래된 커피 판매업소였다.

그다음에 들어온 것은 음식과 함께 커피를 파는 끽다점과 카페였다. 1910년 전후에 등장했고 이후 1920년대 중반까지 번창했다. 유럽에서 유행하던 방식이었다.

1920년대 중반을 지나면서 미국식 커피 문화가 들어왔다. 미국에서는 1919년 초에 내려진 금주령으로 공개적인 술 제조나 거래가 막히자 마피아가 주도하는 술 밀조, 밀매, 밀수입이 극성을 부렸다. 국가에 내야 할 술 세금을 마피아에 내는 꼴이었다. 술이 금지되자 커피와 콜라 소비가 폭발했다. 커피를 마시며 재즈음악을 즐기는 문화가 유행했다.

　　미국에서는 금주법으로 술 문화가 지하로 숨었지만 조선 땅에서는 서양식 술 문화가 오히려 번창하기 시작했다. 광란의 시대, 재즈의 시대가 조선에 도래했다. 카페에서 음식보다는 술을 열심히 팔았고 이야기 소리보다는 재즈음악이 더 크게 들리기 시작했다. 커피는 부수적인 음료가 되었다.

　　문제는 술을 팔기 위해 등장한 여종업원이었다. 이들은 급여를 받기보다는 고객이 주는 팁[行下]으로 생활했다. 팁을 받으려면 다양한 서비스를 필수적으로 제공해야 했고 팁을 매개로 카페는 점차 퇴폐의 길로 접어들었다.

'뽀이'와 '여뽀이'의 시대

　　영어 'boy'의 사전적 의미는 '소년, 어린 남자아이'다. 그런데 영국인들이 식민지를 경영하면서 현지인 하인이나 종업원을 '보이'로 불렀고 프랑스인들은 '가르송garçon'이라고 불렀다. 서양 문명이 물밀듯이 밀려오던 20세기 초반 어느 시점부터 일본과 우리나라에서는 '보이'가 된소리 '뽀이'로 불리면서 식당이나 호텔 등에서 손님을 접대하는 남성을 의미하기 시작했다. 종업원을 부를 때 큰 소리로 "뽀~이"라고 했다.[2]

　　이런 의미의 '뽀이'가 처음 사용된 업소의 하나가 바로 20세기 초기에 개업한 끽다점이었다. 1909년 남대문역에 처음 문을 연 끽다점에서 일하는 남자 종업원을 '뽀이'로 불렀다. 당시 남대문역 끽다점은 샌드위치라는 서양식 음식과 커피를 팔았기에 '뽀이'라는 영어 호칭이 어색하지 않았다. 아직은 여성이 이런 공개적인 장소에서 접대 업무를 하는 것이 용납되지 않던 시절이었다.

'뽀이'라는 단어가 처음 등장한 신문은 1909년 5월 20일 〈대한매일신보〉였다. 한일친목회 행사장에서 가무하던 일본 기생을 엿본 서울 부윤 장모씨를 일본 뽀이가 주먹으로 때린 사건을 보도한 기사였다. 1914년 5월 27일 〈매일신보〉에도 "금발 미인 참화 — 뽀이가 주인 부인을 참살"이라는 제목의 해외 토픽이 실렸는데, 5일간 같은 제목으로 연재되었다. 이처럼 신문에 '뽀이'가 설명 없이 자연스럽게 쓰인 것을 보면 이미 신문 독자들이 이해하는 단어였던 것으로 여겨진다.

음식점이나 끽다점 등 근대적 접객업소에서 오직 남성만이 일하던 시절은 오래가지 않았다. 근대화된 여성들이 남성 업무 영역에 들어오기 시작했다. 이때 새로운 호칭이 등장했다. 바로 '여뽀이'였다. '뽀이'인데 남성이 아니라 여성이라는 의미였다. 남성들 차지였던 근대적인 직종에 여성이 진출하자 그 직업 앞에 '여'라는 접두어를 붙여 구분하기 시작한 것이다. 남성 중심 사회가 만들어낸 희한

2 이런 호칭은 광복 이후 1970년대까지도 널리 사용되었다. 요즘 음식점이나 카페 등에서 종업원을 부를 때 많이 쓰는 '이모' '언니' '아가씨' '아줌마' '저기요' '여기요'의 원조는 '뽀이'였다. 서양에서도 19세기 후반에 음식점이나 호텔 등에서 허드렛일하는 남자를 영어 'boy'나 프랑스어 'garçon'으로 불렀다. 이런 문화는 20세기 중반까지 남아 있었다.

한 호칭이었다. 이는 이후 생긴 여교사, 여검사, 여순경, 여행원, 여군, 여사장 등 여성 차별적 호칭의 시작이었다.

1918년 10월 1일 대구역 신축과 함께 역사 안에 문을 연 끽다점에서 여성을 급사로 채용했다는 기사가 1918년 10월 6일 〈부산일보〉에 실렸다. 기사 제목은 "대구 끽다점 개업"이었고 부제는 "여뽀이의 애교"였다. 당시 등장한 뽀이에도 여러 부류가 있었다. 끽다점이나 요리점 뽀이 외에도 기선뽀이, 열차뽀이, 호텔뽀이 등이 있었다. 하지만 '뽀이 범죄'라는 말에서 알 수 있듯 뽀이든 여뽀이든 이들에 대한 사회적 인식은 부정적이었다.[3]

탑동 카페가 문을 연 1914년 여름에 발발한 제1차세계대전은 대구역에 끽다점이 들어서고 여뽀이를 선발하던 1918년 가을에 1500만 명이 넘는 희생자를 낳고 종식되었다. 영국과의 조약을 통해 전쟁에 참여한 일본은 승전국이 되었다.

봇물 이루는 끽다점 광고

제1차세계대전 승전국의 일원으로 일본은 중국 산둥성에 대한 이권과 적도 이북 남양군도에 대한 영유권을 확보했다. 이런 분위기 속에서 경제는 연 10퍼센트 가까이 성장했고 자유주의 열풍 속에 서구화의 속도는 더욱 빨라졌다. 일본 지배 아래 조선에도 일본의 경제적 여유와 자유주의 열풍이 불어닥쳤다. 다만 1919년 조선에서

---

3 '여뽀이'는 1920년대 중반 '웨이트리스'로 변했고 광복 이후에는 '레지'로 바뀌었다.

3·1운동이라는 정치적 변수가 발생하여 열풍을 잠시 식혔다면 일본에서는 1923년 간토대지진이라는 자연재해가 변수로 등장한 점이 달랐다.

근대적 신인류 모던보이와 모던걸이 등장했고 이 시대 커피 문화를 주도했다. 언제부터인가 모던보이는 '모뽀'로, 모던걸은 '모껄'로 줄여서 불렀다. 1920년대에 시작하여 1930년대 후반까지 지속된 '모뽀와 모껄의 시대'는 우리나라 고유의 커피 문화를 잉태한 흥미로운 시간이었다.

3·1운동으로 일본의 통치 방식에 변화가 온 것만큼, 아니 그보다 더 크게 조선인들의 삶에도 많은 변화가 찾아왔다. 근대식 직업, 근대식 주택, 근대식 의복과 음식, 근대식 교통수단, 근대식 학교 등 수많은 서구 문명의 표상이 조선인의 삶 가까이 혹은 삶 속으로 본격적으로 밀려들어왔다. 이 시대에 커피는 서구 문명을 상징하는 대표적인 표상의 하나였다. 커피를 판매하는 끽다점과 카페 이름이 신문에 자주 등장하기 시작했다.

미국에서 라디오 광고의 전성시대였던 1920년대에 조선에서는 신문 광고가 붐을 이루기 시작했다. 당시 끽다점과 카페 설립자는 대다수가 일본인이었기 때문에 광고는 〈조선시보〉[4] 〈조선신문〉 〈경성일보〉 〈부산일보〉 등 조선에서 발행되는 일본어 신문에 많이

---

4 〈조선시보〉는 명성황후 시해를 주도했던 미우라 고로三浦梧楼 일본공사의 측근 아다치 겐조安達謙藏가 창간한 재조선 일본인을 위한 일본어 신문이었다.

실렸다. 광고 형태로 등장하기도 했지만 개업이나 시설 확장을 알리는 기사 형태의 광고도 적지 않았다.

앞에서 언급한 고샬키와 윤룡주의 베이커리 카페, 남대문역 끽다점, 탑동 카페, 대구역 끽다점 등은 모두 신문에 실린 기사를 통해 일반 대중에게 알려졌다. 이후에도 신문에는 끽다점과 티룸, 카페 소식이 급격히 늘어났다.

1918년 10월 6일 〈부산일보〉에는 대전에 끽다점이 문을 열었다는 기사가 실렸다. 1923년 1월 5일 〈조선시보〉에는 경성 남촌의 중심인 본정 2정목(지금의 충무로 2가)에 '다리야' 끽다점이 개설된다는 광고가 실렸다. 1924년 1월 1일 신년호에도 '다리야' 끽다점 광고가 게재되었는데, 전화번호도 실렸다. '다리야' 끽다점은 〈조선시보〉에 이어 〈경성일보〉〈조선신보〉 등에도 1931년까지 광고를 적극적으로 실었다.

1923년 1월 1일 〈조선시보〉에는 부산 대정공원[5] 내 '견청다실見晴茶室'이 개업한다는 광고가 실렸다. 경성과 인천의 일본인들을 위해 발간되던 일본어 신문 〈조선신문〉의 1924년 1월 28일 광고에는 철도공원 내 암견여관岩見旅館에 끽다점이 문을 열었다는 소식이 실렸다.

〈조선시보〉를 창간한 아다치 겐조安達謙藏가 만든 또다른 일본

---

[5] 대정공원은 1912년 다이쇼大正 천황 즉위를 기념하여 착공한 운동장 겸 공원이다. 1918년에 완공되었다. 현재의 부산서구청 자리다.

가배당을 팔던 구옥상전 안에 생긴 금강산 끽다점 광고. 1920년대는 신문 광고 전성 시대였다. 커피 판매업소 중에서는 충무로에 있던 대만 끽다점, 금강산 끽다점 등이 광고에 많이 등장했다.

어 신문〈경성일보〉1924년 4월 30일자에 따르면 이 신문사는 진남포(평안남도 남포)에서 개최하는 곡물무역상연합대회장 내 끽다점을 설치하여 방문객을 대접했다.

1920년대 중반을 지나며 신문에 등장하는 끽다점과 카페 광고가 급격히 늘어났다. '카페에 - 런던'을 확장한다는〈부산일보〉1925년 5월 24일 광고, 부산역전 경상남도 상품 진열장陳列場에 끽다점을 설치한다는〈조선시보〉의 1925년 6월 27일, 7월 4일, 5일 연속 광고 등이다. 부산역전 끽다점은 "차 1인 금 2전, 고 - 히 내지 홍차 1잔 금 7전, 사이다 내지 시트론(1개) 25전, 다과 1인 앞에 금 10전"이라는 메뉴와 사진도 게재했다.

〈조선신문〉은 1927년 2월 4일에 '메가사' 끽다점, 1928년 1월 3일에 '후타미티루무二見ティールーム',[6] 1928년 6월 28일과 29일에는 '중촌' 끽다점, 1928년 8월 2일과 12월 29일, 1929년 2월 19일에는 '금강산' 끽다점 광고를 게재했다.〈경성신문〉도 1929년

---

[6] 티루무ティールーム는 티룸Tea room의 일본식 표현이다.

1월 10일부터 4월 28일까지 '금강산' 끽다점 광고를 다섯 차례 실었다. 끽다점과 카페 광고는 1930년대 들어서도 지속되었다. 〈조선시보〉에는 '스타' 끽다점, 〈경성일보〉에는 '보래옥寶來屋' 끽다점 광고가 자주 실렸다. '보래옥'은 케이크와 빵 맛을 내세우고 1935년 9월까지 헤아릴 수 없을 정도로 많은 광고를 반복하여 실었다.

신문에는 광고뿐 아니라 끽다점이나 카페 개설 소식, 끽다점과 카페에서 벌어진 이런저런 사건·사고 소식도 자주 실렸다. 1920년에 창간된 〈조선일보〉와 〈동아일보〉에도 카페나 끽다점 개설 소식이 자주 등장했다. 1921년 7월 30일 〈조선일보〉는 신의주역에 끽다점이 개설되었다는 소식을 전했다. 간편한 식음료를 제공하여 기차 이용객과 마중객으로부터 크게 환영받았다는 소식이었다. 이 신문은 1923년 3월 1일 본정 형사 한 사람이 '다리야' 끽다점 앞에서 술에 취한 세 명의 체조 교사에게 봉변을 당하고 있었는데, 지나가던 다른 순사의 도움으로 이들 세 명을 경찰서로 잡아들였다는 기사를 보도했다. 이들은 엄중히 나이듬을 받고 풀려났다. 세 명 모두 일본인이었다. 〈동아일보〉는 경상남도 창원군 주최 연합물산공진회 소식을 전했다. 벚꽃 시기에 맞추어 진해에서 1927년 4월 8일에서 14일까지 이 지역의 다양한 산업체가 연합하여 개최하는 일종의 산업박람회인 이 공진회가 세 곳에서 열리는데, 제1회장인 진해공립소학교에는 끽다점 코너가 별도로 마련되었다는 소식이었다. 당시 끽다점과 커피 유행을 보여주는 기사였다.

당시 본정에 문을 연 매우 흥미로운 끽다점 중 하나는 '대만'

끽다점이었다. 1925년 5월 23일 〈조선신문〉에 처음 등장한 '대만' 끽다점은 본정 2정목에 개업했는데, 꽤 평판이 좋았다. 우롱차를 비롯한 대만산 차, 음식과 함께 커피를 제공하는 찻집이었다.

  1920년대 후반 끽다점 광고에서 차지하는 '대만' 끽다점의 비중은 매우 높았다. 〈조선신문〉은 5월 31일, 6월 4일, 16일, 18일, 20일, 22일 신문에 계속하여 '대만' 끽다점 광고를 실었다. '대만' 끽다점의 〈조선신문〉 광고는 7월에도 이어졌는데, 7월 18일 광고는 만화 형식이었다. 만화 형식으로 구성한 끽다점 광고의 시초였다. 끽다점 앞에서 가족이 나누는 대화 형식이었다.

  본정 2정목 대만 끽다점
  남 : 여기다. 치이야가 좋아하는 깃사텐.
  여 : 그래요. 저도 그래요.

  이 신문의 7월 20일, 24일에도 같은 만화 광고가 게재되었고 27일에는 다른 만화 광고가 실렸다. 아이가 포함된 가족이 함께 대만 끽다점 안에서 나누는 대화 형식이었다. 〈조선신문〉에는 1925년 8월과 9월에도 같은 형식의 광고가 지속되었다.

  본정 2정목 대만 끽다점
  남자 : 이건…… 진기하군.
  아이 : 맛있는데요.

1925년 7월 18일 〈조선신문〉에 만화 형식으로 실은 대만 끽다점 광고

1925년 7월 20일과 24일 〈조선신문〉에 실린 대만 끽다점의 만화 광고

여자 : 진짜…… 싸기도 하네요.

1925년 9월 11일 〈조선신문〉 '대만' 끽다점 광고를 보면 양풍 A, B, C 요리 각 20전 균일이라는 내용이 나온다. 일종의 세트 요리를 제공한다는 광고로 9월 17일, 22일에도 소개되어 있다. '대만' 끽다점 광고는 1926년 4월 1일을 마지막으로 사라진다. 광고를 그만둔 것인지, 폐업한 것인지는 알 수 없다.

그 밖에도 1920년대 신문 광고에 자주 등장한 끽다점으로는 서울 본정 1정목의 '메가사' 끽다점, 본정 2정목의 '중촌' 끽다점 등이 있다. 서울 외에도 부산의 카페 '까모네' '다리야' 끽다점, 천안에 공주 갑부 김갑순이 연 카페, 원산 송도원 내에 승원여관이 경영하는 '승원' 끽다점 등도 신문 광고를 통해 그 존재를 알렸다.

1920년대에 끽다점은 신문 외에도 유명한 전시회나 공연 등 행사의 입장권 판매나 협찬을 통한 광고에도 적극적이었다. 1926년 10월 초 〈조선시보〉 주최로 대구에서 개최되는 밤줍기 행사에 입장할 수 있는 회원권 판매 장소의 하나로 부산 초량의 암야 끽다점이 같은 신문에 여러 날 소개되었다. 1928년 10월 19일 〈조선신문〉은 일본의 여배우 오카다 요시코岡田嘉子 일행 관극 할인권 발매소를 소개했는데, 그중 대학의원 소재 평산 끽다점이 포함되었다.

1920년대는 끽다점과 카페 광고의 홍수시대였고 대상은 대부분 일본인이었다. 광고가 실리는 매체도 주로 일본인을 독자로 하는 일본어 신문이었다. 따라서 당시 끽다점이나 카페 이용객 중 다수가 일본인 혹은 일본어를 할 줄 아는 일부 상류층이었다고 보아야 할 것이다. 광고를 실었던 끽다점과 카페 대다수는 남촌, 즉 청계천 남쪽 지역인 지금의 충무로, 명동, 소공동 쪽에 자리잡고 있었다. 이 지역은 일본인의 집단 거주지이자 일본식 문화 중심지로서 근대 문물이 넘쳐나는 번잡한 곳이었다. 이에 비해 청계천 북쪽의 종로나 경복궁 주변 지역은 조선인이 전통적인 삶의 흔적을 간직한 채 쏟아져 들어오는 근대 문물을 조심스럽게 바라보는 고즈넉한 곳이었다.

    1926년 조선총독부 건물이 북촌과 서촌 사이 경복궁 한가운데 들어서고 같은 해에 일본의 네번째 제국대학으로 경성제국대학이 동소문 안쪽인 종로 5가에 설립된 것은 북촌 사람들의 삶에 변화를 가져오는 계기가 되었다. 북촌에도 끽다점과 카페가 하나둘씩 들어서기 시작했고 차츰 북촌과 남촌의 경계가 무너져갔다. 밖에서는 무장독립운동이 거세지고, 안에서는 조선인과 일본인의 경계가 무너지는 시대로 빠르게 접어들었다.

브랜드 커피 등장

    1910년대 초반 잠시 상승하던 커피가격이 제1차세계대전 발발과 함께 하락했다. 브라질은 커피 수출을 제한하여 커피가격을 유지하려 노력했지만 콜롬비아 등 중남미의 신흥 커피 생산국들은 그런 브라질의 정책에 동참하기보다는 새로 생산하기 시작한 커피를 세계 시장에 쏟아내기 시작했다. 커피의 거래가격은 떨어졌고 전쟁의 소용돌이 속에 커피 소비는 위축되었다.

그리하여 제1차세계대전이 끝날 무렵 세계 커피 시장에서 차지하는 브라질의 위상은 조금 낮아졌다. 전쟁 직전에 4분의 3이었던 미국 커피 소비 시장에서 차지하는 브라질 커피 비율이 2분의 1 정도로 내려갔다. 커피가격 하락을 막으려는 브라질의 생산 억제, 커피가격 동향과 관계없이 생산량 확대를 꾀한 콜롬비아 등 중남미 국가들의 공격적 전략이 가져온 결과였다.

자메이카산 블루마운틴, 하와이산 코나, 코스타리카산 고급커피의 풍성한 맛과 향이 미국인들의 입맛을 사로잡기 시작한 것도 이즈음이었다. 아침식사가 커피로 대체되고, 대중화되기 시작한 자동차를 운전할 때 한 손에는 핸들, 다른 한 손에는 김이 나는 머그잔을 잡는 문화가 등장했다.

금주법 시행으로 커피가 모든 주류를 밀어내고 미국 음료로 성장했고 미국인 1인당 연간 커피 소비량은 6킬로그램을 넘어섰다. 〈뉴욕타임스〉가 "커피에 취한 뉴욕"이라는 기사를 내보내던 1923년 미국은 드디어 세계 커피 소비량의 2분의 1을 차지하게 되었다.

1910년대에 미국에서 커피는 아버클, 폴거스, 힐스브라더스, MJB, 맥스웰하우스, 체이스 앤드 샌본 등 대기업으로 말미암아 브랜드화의 길로 접어들었다. 그러면서 미국의 커피 시장은 몇몇 대기업의 지배가 절정에 달했다. 서부에서 출발한 커피기업 폴거스, 힐스브라더스, MJB, 동부를 대표하던 커피기업 체이스 앤드 샌본은 꾸준히 성장을 지속했고 방문판매업에서 커피체인점으로 진화한 A&P는 약진했다. 공통점은 광고에 열정적이었다는 점이다. 반면 한때 커피 시장의 공룡이었던 아버클은 전국적 광고를 소홀히 한 탓에 순식간에 무너졌다. 1929년 경제 대공황 직전 맥스웰하우스는 커피 비판 광고로 성장한 시리얼 회사 포스트에 흡수되었다. 포스트는 같은 해에 제너럴푸드로 기업명을 변경했다.

미국의 대형 커피 원두 기업들이 아시아 커피 시장을 점유하게 된 계기는 힐스브라더스가 시작한 진공 캔 포장이었다. 힐스브라더스에 이어 폴거스와 MJB 등도 진공 캔에 커피를 포장함으로써 브랜드별로 획일화된 커피가 소규모 진공 캔에 포장되어 대형 식료품점 선반에 진열되기 시작했다. 진공 캔 포장은 보다 안전하게 커피를 수송하고 맛과 향을 오래 유지할 수 있었다. 미국의 캘리포니아 지역에서 출발한 이들 기업은 미국 동부로 진출하는 것과 동시에 태평양을 건너 아시아, 특히 일본 시장에 본격적으로 진출했다.

브라질이 무상으로 제공한 원두 바람을 타고 깃사텐 붐이 불었던 일본에도 미국의 브랜드 커피가 나타나기 시작했다. '대만' 끽다점을 비롯한 조선의 커피 음료 판매소와 커피 원두 판매점에 진공 캔에 담긴 미국산 커피 원두가 들어왔다. 대부분 브라질산이었지만 서서히 중남미산 마일드커피도 등장했다.

퇴폐 절정기 악카페의 유행

카페의 변질

일본의 카페 문화는 1920년대 들어 급격히 변질되기 시작했다. 키피보다는 술과 여급의 서비스가 중심인 업소는 '카페'가 아니라 '카페에ヵベェ'라고 불렸다. 탄베 유키히로의 표현에 따르면 물장사를 하는 "화류계의 한 업태"였다. '카페에' 열풍은 1923년 9월 1일 간토대지진 이후 그야말로 전성기에 접어들었다.

일본의 '카페에' 문화는 현해탄을 건너 조선에 전파되었다. 카페, 끽다점, 티룸, 살롱 등 명칭은 다양했지만 여급의 외모와 베푸는 서비스가 장사의 성패를 좌우하는 것은 일본과 같았다. 술과 여자가 있고 사람이 모이다보니 이들 업소에서 벌어지는 각양각색의 사건과 사고 소식이 자주 신문에 보도되었다. 사람들은 커피를 마시고 음식을 즐기는 데서 멈추지 않았다.

끽다점이나 카페에서 일하는 여종업원의 풍기문제가 신문에 보도되기 시작한 것은 1925년쯤이었다. 여뽀이가 등장한 지 10년 만에 웨이트리스 문화가 시작된 것이다. 1925년 7월 6일 서울의 앵정정(지금의 인현동)에서 밤 12시가 넘은 시각에 카페에서 일하는 여급 사이에 다툼이 벌어져 경찰이 출동했고, 결국 두 명의 여급 모두에게 3원씩의 과태료가 부과되었다. 〈매일신보〉는 이 소식을 전하며 당시 시내 카페에서 너무 문란한 일이 많이 벌어지고 있음을 개탄했다. 그해 8월 28일 명치정 2정목(지금의 명동 2가) 48번지에 있는 카페 '홍양헌'의 웨이트리스 가와베 시즈코가 자살하는 소동이 벌어졌다. 카페에 출입하던 학생과 사랑의 관계를 맺었으나 실연당하자 비관하여 자살을 시도한 것이었다. 게다가 그녀는 평소 위장병이 있어 고민이 많았던 터였다. 가와베 시즈코는 열여섯 살이었다. 1925년 9월 22일 드디어 경찰은 서울 시내 끽다점 여급들의 행실이 불량하면 엄벌에 처한다는 경고문을 발표했다.

서울 못지않은 곳은 일본에서 가까운 부산이었다. 당시 신문보도를 보면 서울과 함께 부산은 이미 카페 도시였다. 1916년 1월 15일 〈부산일보〉에는 부산에 있던 카페 '에비스'의 밤 풍경이 매우 흥미롭게 묘사되어 있다.

부산에는 일본에서 건너온 웨이트리스가 적지 않았다. 1925년 5월 24일 〈부산일보〉에는 카페 '런던'이 시설을 확장하고 영업을 재개한다는 광고가 실렸다. 연회장 규모가 60명을 수용할 정도였고 여급 미인 12명을 두었으니 작지 않은 규모의 카페였을 것이다. 시설 확장 후 영업 재개 광고임을 보면 이 업소는 이보다 몇 년 전에 개업한 것이 틀림없다. 1927년 10월 10일 〈부산일보〉 사회면 머리기사 제목은 "근대인의 요구? 느낀 대로 행하는 것, 부산 카페의 신경향"이었다. '미카도' 등 부신 지역 가페를 중심으로 보이는 새로운 밤 풍경을 소개하고 있다. 재즈음악을 듣고 자유를 만끽하는 신세대가 점령한 1920년대 후반 부산의 모습이었다.

〈부산일보〉의 보도에 따르면 1927년 10월 당시 부산 지역에서 정식으로 등록하고 영업중이던 카페는 50곳 이상이었다. 물론 등록 없이 운영하는 카페도 많았다. 카페는 서울이나 부산뿐 아니라 천안, 남포, 군산, 마산 등의 도시에도 우후죽순 생겨났다.

카페를 중심으로 벌어지는 사건도 다양했다. 카페는 풍기 문란의 온상이었을 뿐 아니라 아편 밀매에도 관여했다. 본정 3정목에 있던 '다란데라' 카페 주인이 다량의 마약을 거래하나 적발되었는데, 드디어 이 사건이 확대되어 가택을 수사하기에 이르렀다는 소식이 전해졌다. 아편 밀매의 주인공은 일본인이었다. 카페에서의 아편 밀매 소식은 〈중외일보〉 1927년 7월 22일, 8월 4일 등에도 연이어 보도될 정도로 1920년대 당시에 이미 큰 사회문제였다.

카페 주변에서 폭력이나 절도 사건도 잇따랐다. 1928년 5월 31일 〈매일신보〉는 본정 카페 '백설'에서 술에 취한 손님 사이에 벌어진 난투극을 자세히 보도했다. 1927년 6월 8일 〈부산일보〉는 대구 시내의 카페를 돌아다니며 절도 행각을 벌인 7인조 미남자 절도사건을 대서특필했다.

카페를 중심으로 벌어지는 다양한 사건, 사고를 막기 위해 단속이 강화되고 카페 업주를 상대로 한 교육도 이루어졌다. 1927년 6월 15일 〈중외일보〉를 보면 본정을 관할하는 경찰서에서는 카페 영업자 53명을 모아놓고 경찰서장이 다음 두 가지를 엄중히 당부했다. 첫째, 고녀雇女(카페에 고용된 여직원, 즉 웨이트리스의 한자 표현)로서 손님 좌석에서 가무음곡을 하지 못하게 할 것 둘째, 고녀로서 손님의 음식 대금을 보증시키거나 또는 그를 지불하는 책임을 지게 하지 못할 것이었다.

일본 카페 풍경도 당시 신문에 등장하는 단골 기사였다. 1923년 6월 12일 〈매일신보〉는 도쿄의 카페 문화를 특집으로 다루었다. 도쿄의 경우 시내는 말할 것도 없고 시외라도 장소를 막론하고 카페 간판 없는 곳이 없다고 당시 분위기를 묘사했다. 유명한 카페 '라이언', 카페 '아메리카'를 상세히 소개하는 기사도 실렸다.

1923년 간토대지진 이후 급속히 승가하던 일본의 '카페에' 열풍은 1926년 12월 25일 다이쇼 천황 사망 이후 주춤했다. 추모 분위기와 함께 풍기 문란에 대한 경찰 단속은 더욱 심해졌다. 당연히 커피 소비도 위축되었다. 1929년 10월 일본 경찰의 '카페 바 등 단속 강령' 발표는 일본 유흥산업에 찬물을 끼얹었다. 곧이어 시작된 미국발 경제 대공황으로 인한 소비 위축도 일본의 유흥 문화를 주춤하게 만들었다.

이런 가라앉은 분위기를 피해 일본 '카페에'가 조선으로 옮겨오고 일본의 웨이트리스들이 조선으로 건너오는 일이 빈번해졌다. 특히 조선에서 가까운 오사카로부터의 진출이 많았다. 천황의 사망을 애도하는 분위기도 약하고 경찰 단속도 심하지 않은 조선으로 유흥여행을 오는 일본인도 늘었다. 일본 열도에 비해 조선의 분위기가 나쁘지 않았기 때문이다. 이는 커피 소비 경향을 보면 알 수 있다. 1920년대 후반에 이르러 조선에서의 커피 소비는 오히려 급증했다. 1929년 1년간 커피 수입은 7680근(4608킬로그램), 금액으로는 9470원에 달했다. 한 해 전에 비해 양으로는 34퍼센트, 금액으로는 149퍼센트 증가했다. 1920년대의 조선은 커피 소비나 카페 분위기에서 항상 일본의 영향을 받았지만 일본과 같지는 않았다.

광학 서비스, 에로 서비스

일본식 '카페에' 문화가 유입되자 등장한 것이 '악카페'였다. 술과 함께 이른바 '에로 서비스'를 위주로 하는 퇴폐적인 카페였다. 커피는 뒷전이었다. 악카페에서 제공하는 서비스는 다양했다. 술, 커피, 음악, 잡지 등은 기본이었고 에로 서비스, 구로 서비스, 난센스 문화가 더해졌다. 에로 서비스는 간단한 스킨십으로 시작하여 매춘까지 이어지는 웨이트리스의 고객에 대한 성적 쾌락 제공 행위였고, 구로 서비스는 영어 '그로테스크'가 의미하듯 기괴하고 이색적인 엔터테인먼트를 제공하는 것으로 특이한 장식과 분위기를 연출했다. 난센스는 논리적이지 않거나 비현실적인 상황을 통해 웃음을 유발하고 사회적 규범이나 권위를 풍자하여 고객에게 즐거움을 주는 유흥 양식이었다. 에로·구로·난센스 문화는 1920년대 후반 일본의 예술과 오락 분야에서 크게 유행했고 카페는 그런 문화를 즐기는 대표적인 장소였다. 이런 문화가 웨이트리스와 함께 조선에 유입되었다.

일본식 카페 문화 유입으로 조선 카페에 등장한 흥미로운 서비스 중 하나는 광학적으로 성적 도발을 유도하는 것, 당시 용어로 '광학 서비스'였다. 홍등과 청등, 즉 현란한 불빛으로 성적 흥분을 일으키는 서비스였다. 실내조명을 가능한 한 어둡게 하여 여급과 고객을 편리하게 해주는 서비스였다. 단속 대상이었지만 쉽게 사라지지 않았다. 1931년 10월 17일 〈매일신보〉에 따르면 본정경찰서는 영락정에 있는 카페 '미쓰와'에서의 흐릿하고 컴컴한 광선 사용을 문제 삼아 주인을 호출한 후 과태료 처분을 내렸다.

1932년 1월 7일 〈매일신보〉는 당시 카페를 "에로 백퍼-센트의 요염한 웨트레쓰"가 있는 곳으로 묘사할 정도였다. 물론 이런 풍기 문란은 서울에 한정된 것이 아니었다. 1932년 2월 5일 〈부산일보〉는 "카페의 에로"라는 제목으로 대구경찰서의 문란한 카페 단속 기사를 다루었고 3월 9일에는 부산 시내 "카페의 에로화", 3월 11일에는 상주의 "카페 만원 성황", 6월 16일에는 "카페만 느는 군산", 10월 10일에는 "마산 카페 적옥 호평" 등을 연이어 다루었다. 카페문제를 지적하는 기사인지, 이를 빙자하여 카페 출입을 부추기는 기사인지 구분하기 어려웠다. 에로 서비스에 이어 이른바 '정조 서비스'까지 등장했다. 모든 카페가 그렇지는 않았지만 일부 카페는 매춘업소와 다르지 않았다.

경찰이나 당국이 카페에서의 문란 행위를 근절하겠다고 큰소리쳤지만 실제 정책은 반대 방향으로 흘렀다. 1930년 가을에는 평양에 있는 유곽을 모두 카페로 변경하는 문제를 놓고 찬성과 반대 여론으로 나뉘어 시끄러웠다. 카페로 변경은 하되 커피, 홍차, 셰이크 판매 중심의 끽다점 정도로 제한하겠다는 당국과 이를 반대하는 유곽 종사자들의 의견 대립이 좀처럼 좁혀지지 않았다.

철도국에서 운영하던 경성역 2층에는 부인대합실이 있었다. 철도국은 1931년 11월 20일 지난 5년 동안 운영해오던 부인대합실을 없애고 끽다점을 설치하겠다는 계획을 발표했다. 철도국 발표에 따르면 적자 보충을 위해 내놓은 궁여지책이 끽다점이었다. 관에서 주관하는 끽다점이었기에 다른 카페나 바처럼 여급을 두거나 음악으로 질서를 문란하게 하는 일은 하지 않겠다는 각오를 밝히며 공사에 착수했다.

반년이 지난 1932년 6월 1일에 완공하여 끽다점을 개업했다. 그런데 요란하던 각오와는 달리 "시대의 요구에 부응하여 웨이트리스도 미인으로 4인을 두어 피곤한 여객에게 위안을 주는 곳"이라는 광고와 함께 문을 열었다. 미인 웨이트리스를 둔 일반 카페였다. 정부기관인 철도국이 오로지 경제적인 이유로 부인대합실을 끽다점으로 바꾸고, 여급을 고용하고, 질서를 문란하게 하는 일에 앞장서는 형국이었다. 시대의 요구에 부응하는 것이 아니라 시대를 빙자하여 공기업의 목적을 망각한 일이었다(한동안 유명했던 서울역 2층 양식당 그릴의 전신이다). 철도국의 광고인지, 경성역 주변 조폭집단의 업소 광고인지 구분이 되지 않았다.

여기에 그치지 않고 철도국에서 운영하는 열차 식당에도 웨이트리스가 등장했다. 1932년 5월 5일 〈조선일보〉는 "에로당에 희소식, 열차 식당에 여급"이라는 소식을 전했다. 열차 식당칸에도 웨이트리스가 등장한 것이다.

한 일간지의 표현대로 1930년대 초반 서울은 "카페의 전성시대"를 맞이했다. 100여 개의 카페에, 1000여 명의 웨이트리스, 청등·홍등의 희미한 불빛과 함께 흘러나오는 "환락의 짜스"는 서울의 밤을 더욱 음탕하고 어지럽게 만들었다. 권력도 동참했고 언론도 함께 춤을 추었다.

1932년 말 서울 시내에만 100곳 이상의 카페가 성업중이었다. 카페에 대한 비판이 일자 본격적인 단속과 함께 카페에 대해 새로운 세금 유흥세를 부과할 필요성이 제기되었다. 경성부는 구체적으로 부과율과 부과 방법을 논의하기 시작했다.

웨이트리스 백태

일반인들을 위한 당구장이 처음 문을 연 때는 1924년이었다. 광통교 거리에 일본 와세다대학 유학을 다녀온 조선인 임정호가 당구장 '무궁헌'을 개업했다. '무궁헌'은 출입에 신분 제한이 없었지만 비용이 만만치 않아 주로 여유 있는 지식층 남성들이 이용했다. 기록에 나오는 '무궁헌' 이용 인물로는 윤치호, 유진오가 유명했다. 귀족 이완용의 아들과 조카, 음악가 홍난파, 영화인 나운규도 당구 애호가였다. '무궁헌'에 이어 종로 1정목과 종로 2정목 일대에는 조선인들이 출입하는 당구장이 하나둘씩 늘어났다.

남성들이 출입하는 당구장에도 보조원인 웨이트리스가 있었다. 흥미로운 점은 당시 당구장과 카페 사이에 유명한 웨이트리스를 놓고 유치 경쟁을 벌였다는 사실이다. 조선 최초의 당구장 '무궁헌'에서 이름을 떨치던 스타 웨이트리스 김춘자가 1931년 5월 24일 인사동에 새로 문을 연 '락원' 카페에 스카우트되었던 것이 좋은 사례다. 이후 '무궁헌'이 문을 닫은 것으로 보아 웨이트리스가 당구장이나 카페 영업에 미치는 영향이 적지 않았던 것으로 보인다. 문제는 웨이트리스의 인기가 점차 퇴폐화로 이어졌다는 것이다.

일본에서의 '카페에' 단속은 1931년 9월 18일 발생한 만주사변으로 더욱 강화되었다. 만주 지역을 점령하기 위한 자작극 류탸오후 폭파사건을 계기로 시작한 침략전쟁이었다. 점점 심해지는 단속을 피해 일본 카페에의 조선지점도 생기고 일본에서 훈련받은 웨이트리스들이 조선으로 물밀듯 건너오기 시작했다.

1931년 4월에는 새로 문을 연 살롱 '알프스'에서 일하기 위해 일본 여성들이 서울에 도착했다는 소식이 전해졌다. 1931년 6월에는 오사카의 유명한 카페에 '미인좌'의 경성지점 개설 계획이 알려지면서 뜨거운 논쟁이 일었다. 결국 영업 허가를 받은 미인좌는 7월부터 신문에 광고를 대대적으로 하면서 본정에 지부를 설치했다. 당연히 오사카에서 온 경력직 웨이트리스들이 서비스를 주도했다. '미인좌'와의 경쟁을 선언하며 남산장에 문을 연 살롱 '아리랑'에도 일본

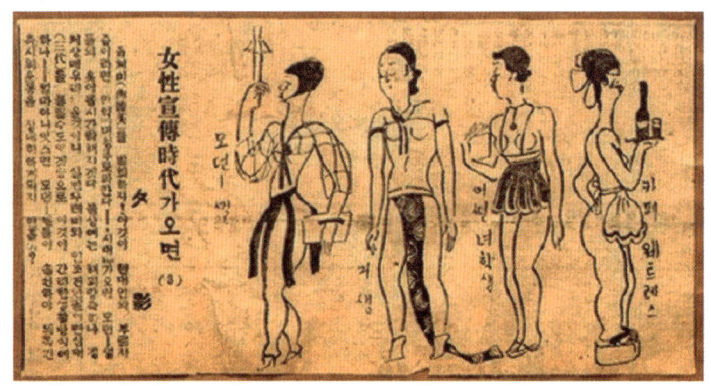

1930년 1월 14일 〈조선일보〉 안석영의 신문 만평 "여성선전시대가 오면(3)"에 등장한 카페 웨이트리스, 여학생, 기생, 모던걸의 모습. 카페 퇴폐화의 중심에는 웨이트리스가 있었다. 일본에서 건너온 웨이트리스, 독일이나 러시아 출신 웨이트리스, 고학력 웨이트리스까지 다양한 배경의 웨이트리스의 서비스가 카페의 성패를 좌우하는 퇴폐 전성시대가 되었다.

도쿄에서 훈련받은 웨이트리스 17명이 도착했다는 소식이 전해졌다. 일본에서 입국하는 웨이트리스들은 대부분 비행기를 타고 입국할 정도로 대단한 대우를 받았고 장안의 화젯거리였다.

화세를 일으키니 문을 연 '미인좌'는 고객으로 넘쳤고 신문에 '만원사례' 광고를 실었다. 그런데 개업 직후 '미인좌'와 '아리랑'은 외국인 웨이트리스를 고용한 혐의로 과태료 10원씩의 처분을 받았다. 외국인 웨이트리스 채용이 불법이었는데도 '미인좌'는 러시아 여자 마리아를, '아리랑'은 독일 여자 리레메를 채용한 사실이 적발된 것이다. 러시아 여자와 독일 여자가 취업을 위해 입국할 정도로 1930년대 조선의 카페는 성업중이었다. 과태료 처분에 놀란 '미인좌'는 일본군에 위문금을 납부하는 것으로 타협을 시도했다. 그러나 이후에도 '미인좌'는 전기세 체납 등 여러 문제로 휴업과 개업을 반복하던 끝에 1934년 봄에 폐업했고 그 자리에 '미가도회관'이 들어섰다.

카페에서 일하는 웨이트리스들의 학력도 만만치 않았다. 대개는 소학교 졸업생들이었는데, 고등과 출신, 즉 중등학교 졸업생도 상당히 있었다. 〈매일신보〉 보도에 따르면 1932년 2월 당시 종로경찰서 관할 내 카페는 16개소였고 웨이트리스는 140명에서 150명가량 있었다. 조선인은 대부분 보통학교를 졸업했는데 '락원회관' '킹홀' '목단' 등에는 숙명여자고등보통학교, 경성여자고등보통학교, 이화여자고등보통학교 졸업생도 있었다. 카페 웨이트리스 중에는 유명한 영화배우 출신도 적지 않았다. 1932년 11월 1일 발행된 〈별건곤〉 제57호에 실린 "카페 여급 언파레―드"에 소개된 서울 시내 카페 여급 여덟 명 중 낙원회관 소속 지쓰코와 마리코, 목단카페의 김보신과 조경희, 평화카페의 김메리 등 다섯 명은 영화배우 출신이었고 엔젤카페에서 일하던 아이코는 전 〈조선일보〉의 림사장 딸이었다(언파레―드는 '행진'을 의미하는 영어 on parade를 말한다). 일본인은 거의 심상소학교 출신이었지만 고등여학교 출신도 다섯 명이나 있을 정도로 학력 수준이 높은 편이었다. 당시 조선 여아 취학률이 약 20퍼센트, 전체 여성 인구 중 초등학교 졸업 이상의 학력을 가진 인구는 불과 2퍼센트 내외였다는 점을 고려하면 더욱 그렇다.

1934년 4월에는 카페에서 일하는 웨이트리스들이 쓴 글을 게재하는 잡지 〈여성女聲〉이 창간되었다. 창간을 주도한 카페 '백마'

의 운영자 오영철은 서문에서 카페에서 일하는 여성들을 '도색전사桃色戰士'라 칭하며 이들도 "인간의 일분자"이며 "의지가 없는 것도 아니"라는 점을 강조했다. 이들이 상부상조하는 데 도움을 주는 것이 그가 밝힌 이 잡지의 창간 목적이었다.

술이 있고 서비스가 난무하는 카페였기에 온갖 사건, 사고가 끊이지 않았고 대부분의 사건, 사고에는 웨이트리스가 연관되어 있었다. 1930년 7월 21일 인천 월미도 소재 카페 '미가도'의 웨이트리스 김합라가 카페 주인의 돈을 훔쳐 달아났다 검거되는 사건이 일어났다. 인천경찰서 유치장에서 처량한 여자 울음소리가 밤새 들려 부근 사람들의 아침잠을 깨웠다고 했는데, 이 여성은 경성의 모여자고등보통학교 졸업생이었다는 점에서 구설에 올랐다. 11월 27일에는 황금정 2정목(지금의 을지로 2가)의 '공작' 카페에서 일하던 인천 용동권번 기생 출신 박모양이 상하이에 유학중이던 영문학도 김모씨와 부부가 되기로 약속하고 사귀었으나 김씨 부모의 반대로 뜻을 이루지 못하자 함께 음독하는 사건이 벌어졌다. 이런 치정사건은 비일비재했다. 경성의전 재학생이 카페 '미쓰야'의 웨이트리스 지요코와 연애하다 낙제한 것을 비관하여 함께 음독했으나 지요코만 절명하는 안타까운 사건도 있었다.

우스꽝스러운 사건도 있었다. 황금정 2정목에 있던 또다른 카페 '백두산'의 웨이트리스 김모양은 카페 앞을 지나던 사복 차림 형사를 카페로 끌어들이려다 고발되어 과태료 5원 처분을 받았고, 웨이트리스 서모양은 남편의 강렬한 성적 요구에 함께 못 살겠다고

하고 이혼 소송을 제기했으나 조사 결과 카페 주인과 밀통했던 사실이 드러나 간통죄로 재판에 넘겨졌다. 카페 웨이트리스가 남자 고객과 눈이 맞아 함께 도주하는 사건도 빈번했다.

악카페 단속

1932년 1월 1일 〈중앙일보〉[7] 신년 특집호는 4면 전체를 "최근 조선사회에 유행하는 마작과 카페에 대한 비판—묵인할 것인가 반대할 것인가, 그 이유와 대책"이라는 제목의 기사로 채웠다. 카페 때문에 나라가 망할 것이라는 카페망국론을 제기한 이는 화가이며 언론인이었던 이여성李如星이었다.

이여성은 당시를 "조선 도시의 퇴폐 절정기"로 부르며 에로광들이 카페 문 앞에서 행렬을 짓고 있는 모습을 예로 들었다. 그는 카페가 조선을 에로와 알코올로 죽이려는 독살범이라 표현하며 묵인할 것인지, 반내할 것인지를 물었다. 시간적 독살범 마작과 에로직 독살범 카페, 양 악당을 퇴치하자는 주장이었다.

마작당은 조선을 시간으로 죽이랴 하는 독살범이요, 카페는

---

[7] 〈중앙일보〉는 1924년 창간된 〈시대일보〉의 후신인 〈중외일보〉를 이어받아 1931년 11월 27일에 발행한 신문이다. 1932년에 속간된 후에는 여운형이 사장에 취임하고 〈조선중앙일보〉로 신문 이름을 바꾸었다. 1936년 8월 손기정의 베를린올림픽 마라톤 금메달 소식을 전하며 〈동아일보〉와 함께 일장기를 지운 사진을 게재한 것이 문제가 되어 1937년 11월에 폐간되었다.

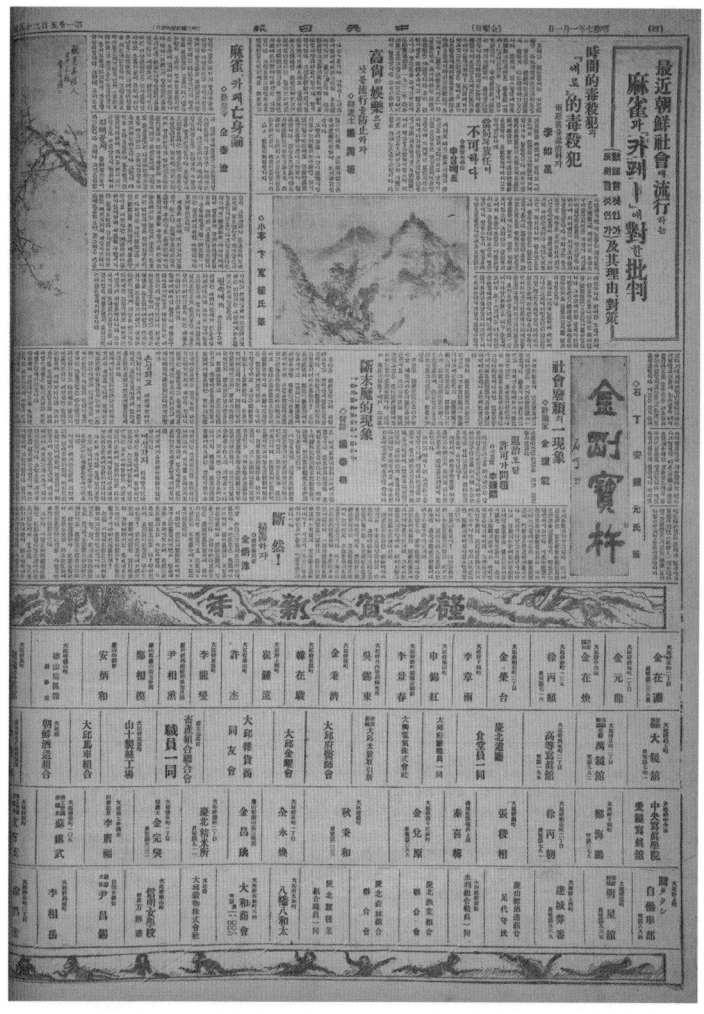

조선사회에 유행하는 카페와 마작을 비판하는 1932년 1월 1일 〈중앙일보〉 1면 특집 기사.
1930년대 카페는 마작과 함께 조선사회를 망치는 주범으로 지목되었다.

조선을 에로와 알코올로서 죽이랴 하는 독살범인 까닭입니다. 퇴폐적 유흥당들의 대부분이 유식계급에 속하는 청년이라 하면 조선을 위하여 조상할 일이 아니고 무엇이겠습니까.

이여성에 이이 각계 대표들이 찬반 의견을 제시했다. 양현여학교의 신알베트는 각 기관에서 여직원을 채용할 때 그 얼굴의 미추美醜를 표준으로 삼는 것을 문제삼았다. 일반 사회인의 도덕 관념 전환이 선행되어야 한다는 주장이었다. 평론가 김경재는 에로티시즘의 성행은 경제 공황의 파생물이고 이를 현대 자본주의 사회에서 퇴치하는 것은 공상에 지나지 않는다고 했다. 불경기에서의 에로 서비스 성행이 당연하다는 논리였다. 천도교 대표 이종린은 카페의 유행을 금하기는 어려우니 유곽처럼 한군데에 모아두는 것을 제안했다.

카페에 대한 비판이 거세지자 총독부는 단속을 시작했다. 카페가 많은 본정경찰서나 종로경찰서에서 풍기 문란문제로 카페 단속을 했다는 소식은 이미 1927년경부터 전해졌다. 물론 일본 영향으로 카페가 퇴폐화의 길로 들어선 1920년대 말부터 단속은 서서히 심해졌다.

1932년 12월 드디어 경무국은 모든 카페에 대한 단속령을 내렸다. 신문마다 "전 조선에 시행할 카페 취체령" 혹은 "에로적 엽기당 대타격"이라는 기사를 실었다. 이전까지 카페에 대한 단속은 법적 근거가 없었기에 음식점 단속 규칙을 편법으로 적용해오던 터였다. 이런 애매함을 해소하고 단속의 근거를 명확히 하기 위해 별도의 단속 규칙을 만든 것이다. 대체로 서울이 포함된 경기도에서 적용해오던 단속 기준을 표준으로 정하여 전국적으로 적용했다.

영업시간, 음향, 웨이트리스에 대한 부당 대우 금지 등 기존에 적용하던 규칙에 몇 가지를 추가한 것이었다. 추가된 내용을 보면 첫째, 영업소 외부 장식을 화려하게 하여 통행자를 불쾌하게 하지 말 것 둘째, 영업소 내부는 백색등으로 신문 등을 용이하게 읽을 수 있도록 밝게 하는 동시에 유색등은 될 수 있는 대로 사용하지 말 것 셋째, 의자는 한편을 광장으로부터 보이도록 개방할 것 넷째, 남녀 혼합석 외에 특별실은 절대로 두지 말 것 등 모두 11개 조목으로 되어 있었다.

단속 강화에도 불구하고 카페와 웨이트리스는 지속적으로 늘어났다. 1933년 당시 전국적으로 카페에 고용된 웨이트리스는 2489명에 달했다. 웨이트리스 중 일본인은 1988명, 조선인은 501명이었다. 서울이 포함된 경기 지역에 40퍼센트가량인 1030명의 웨이트리스가 있었다. 카페 중 4분의 1 정도가 서울에 있었고 나머지는 부산, 평양, 대구, 군산, 인천, 마산, 진남포, 원산, 상주, 천안, 나남 등 전국에 퍼져 있었는데, 카페 운영자는 일본인이 353명으로 80퍼센트 이상을 차지했다. 거의 일본인 사업이었던 셈이다. 카페 영업이 전성기였던 1936년에 이르자 전국적으로 카페에서 종사하는 여성은 4060명에 이르렀고 그중 일본인이 2661명, 조선인이 1399명이었다. 카페 운영자나 웨이트리스의 국적 비율과 비슷하게 카페 이용객 중 다수가 일본인이었을 것으로 보인다.

모껄이 블렌딩커피를 알았다?

1920년대까지 커피를 만드는 방법은 거의 한 가지였다. 1889년 미국인 핸슨 굿리치Hanson Goodrich가 개발한 퍼컬레이터, 1908년에 독일인 멜리타 벤츠Melitta Bentz가 발견한 종이 여과지를 사용하는 드립 방식은 아직 유행하지 않았다. 가장 널리 알려진 것은 주전자에 커피 가루를 넣고 끓이는 방식이었고 융 헝겊을 사용한 여과식이 새롭게 등장했다. 1926년 1월 21일 〈조선일보〉를 보면 짐작할 수 있다. 거칠게 간 원두커피로 차를 끓이는 방법을 다음과 같이 소개했다.

> 커피 한 컵을 주전자에 넣고 계란 껍질을 깨끗이 씻어서 넣은 후 더운물 다섯 컵을 붓고 불 위에 올려 끓인다. 끓거든 주전자를 내려놓고 냉수 한 컵을 붓는다. 그렇게 하면 위에 뜬 커피는 아래로 가라앉고 계란 껍질은 커피의 진을 다 빨아드려서 커피의 독특한 맛을 나게 한다. 이것을 찻주전자에 잘 따라서 다시 컵에 붓고 설탕, 우유는 자기의 성미대로 분량을 넣도록 딴 그릇에 담아서 그대로 내놓는다.

이어서 곱게 간 커피 가루를 사용하는 법도 소개했다.

> 극히 가늘게 가루로 만든 커피차를 만드는 법은 먼저 커피 한 컵을 떠서 놓고, 찻주전자에 정한 헝겊을 편 후에 커피를

붓고 뜨거운 물 네댓 컵을 천천히 부어서 커피가 물에 불어 찻주전자로 다 들어간 다음에 컵에 따라놓고 먼젓번과 같이 우유와 설탕은 딴 그릇에 담아 내어놓게 할 것이다. …… 한번 차게 식혔다가 다시 데우면 맛이 처음과 같이 좋지 못할 것이다.

1920년대 중반 우리나라의 커피 문화와 가정에서 커피를 끓여 마시는 방식을 잘 보여준다. 당시 커피 원두는 거친 것과 고운 것 두 종류가 있었고 서양식료품점에서 매우 손쉽게 구입할 수 있었다. 심지어는 웬만한 시골에서도 살 수 있을 정도로 널리 퍼져 있었다. 거칠게 간 커피 원두는 튀르키예식으로 주전자에 넣고 끓여서 마셨던 반면, 곱게 간 커피 가루는 천에 걸러 내리는 드립식을 사용했다. 융드립은 지금도 애용하는 방식이다. 거칠게 간 커피 원두를 끓일 때는 앞의 기사에서 말한 바와 같이 달걀 껍질을 함께 넣었다. 아랍과 유럽 등 세계 여러 지역에서 오래전부터 써온 방식이었다. 커피 맛을 좋게 한다고 믿었기 때문이다. 우리나라에서는 광복 이후까지 이어졌다. 설탕과 우유는 커피와 따로 놓아 취향대로 넣어 마실 수 있게 했다.

이와 같이 커피를 가정에서 직접 만들어 마시는 문화는 경제 대공황으로 커피가격이 하락하자 더욱 확산되었다. 1930년대에 조선에서 소비되던 커피는 브라질을 비롯하여 자바, 멕시코, 하와이, 과테말라, 살바도르 등에서 수입되었다. 〈매일신보〉는 1935년 10월 14일과 15일 연재 기사 "가배차 이야기"를 통해 이런 소식을 전하면서 커피는 원산지에 따라 각기 미묘한 맛의 차이가 있음을 강조했다.

당시 커피 재료는 생두로 팔거나 볶은 상태, 즉 원두로 판매했다. 상점에서는 생두를 구입하여 직접 볶아 판매하는 경우도 있었고 양철통에 담겨 수입된 제품을 판매하는 경우도 있었다. 볶은 원두는 분쇄하지 않은 온 콩 상태, 거칠게 빻은 상태, 곱게 간 가루 상태로 구분하여 팔았다.

가정에서의 커피 소비 증가에 따라 커피 재료 구입과 보관 요령도 신문에 자주 등장하는 주제였다. 1930년 2월 6일 〈중외일보〉는 구입하여 가져온 커피 양철통을 열거든 습기에 젖지 않도록 다른 그릇에 옮겨두어야 한다는 점을 강조했다. 1930년 11월 9일 〈매일신보〉는 "맛나는 커피를 잡수시려면 콩 사는 때 주의하시오"라는 기사에서 좋은 커피콩 고르는 법을 다음과 같이 상세히 소개했다.

첫째, 커피콩은 씹어보고 판단할 수 없으며 반드시 커피콩 가운데 금이 간 부분(센터컷)을 쪼개서 코에 대고 냄새를 맡아보아야 한다. 둘째, 볶은 커피콩은 표면에 기름기가 있고 광채가 나는 것은 지방이 분해된 것이므로 좋지 못하다. 셋째, 커피 재료를 살 때는 분쇄해놓은 것을 사지 말고 온 콩을 사서 직접 갈아 사용해야 한다. 넷째, 커피콩은 반드시 신용 있는 상점에서 구입하는 것이 좋다. 양철통에 담긴 콩보다는 직접 볶아서 판매하는 콩을 사는 것이 좋다.

1933년 12월 22일 〈조선중앙일보〉는 두 종류의 커피 원두를 섞어서 사용하는 것도 좋은 방법이라고 제안했는데, 이는 여러 가지 원두의 장점을 한 잔의 커피에서 즐기는, 이른바 블렌딩커피를 이르는 말이었다. 당시 인기 있었던 모카커피와 자바커피를 반반, 혹은 3:7 비율로 섞어서 사용할 것을 예시했다. 블렌딩 개념은 1890년대 미국과 이탈리아에서 탄생했다. 당시 원두가격이 지나치게 올라 고급 원두가격도 천정부지로 치솟았다. 싸구려 원두에 광택제를 넣고 비싼 커피에 싼 커피를 넣어 마치 비싼 커피인 것처럼 속여서 파는 일이 유행했다. 그래서 미국인 조엘 오슬리 치크Joel Owsley Cheek가 정직하게 두세 종류의 원두를 섞은 블렌딩커피를 개발했고 그 브랜드가 맥스웰하우스였다. 이런 블렌딩 개념이 이미 1930년대 초반 식민지 조선에 알려져 있었던 것이다.

커피 소식을 전한 〈매일신보〉〈중외일보〉〈조선중앙일보〉는 모두 한글로 간행되는 신문이었다. 한글을 읽는 사람들, 즉 조선인 독자들이 이런 커피 정보를 필요로 하고 있었음을 의미한다. 물론 〈경성일보〉〈부산일보〉〈조선신보〉 등 일본어로 간행되는 신문에도 커피 소식은 끊임없이 실렸다.

카페의 유행과 가정에서의 커피 소비 증가 현상이 나타났던 1920년대와 1930년대는 우리나라 역사에서 첫번째 커피 붐이 일었던 시기로 규정할 수 있다.[8] 이때가 우리나라 커피 역사에서 첫번째 커피 붐을 맞은 시기임을 보다 잘 보여주는 것이 다방의 등장이었다.

---

8 훗날 1990년대에 커피전문점이 우후죽순처럼 생겨났을 때 "원두커피 르네상스"라는 표현이 등장한 것은 1920년대에서 1930년대 원두커피 문화의 부활이라는 의미였다.

커피 온리 업소의 원조, '다방'

다방의 출현 배경

커피 한 잔을 주문하고 한 시간이든 두 시간이든 앉아서 쉬고, 책을 보고, 잡담할 수 있는 장소인 요즘 카페 문화가 우리에게는 전혀 어색하지 않다. 그런데 이런 문화가 모든 나라에 오래전부터 있었던 것은 아니다. 커피는 집에서 마시든지, 일터에서 마시는 음료, 혹은 음식과 함께 마시는 음료였지 커피만을 위한 제3의 장소가 있지는 않았다. 커피는 음식이나 술처럼 별도의 장소에서 마시는 독립된 음료가 아니었다. 커피는 음식이나 술을 파는 곳에서 곁들여 팔거나 디저트로 제공하는 음료였지 그 자체가 메인 음료는 아니었다. 19세기를 거치며 서구에서 커피가 대중화된 이후 매우 오랫동안 이런 문화가 지속되었다. 지금도 유럽 여러 나라의 카페는 음식을 파는 곳이지 커피만을 파는 곳은 아니다.

이런 오래된 문화에 변화가 생긴 것은 20세기 들어서였다. 몇 가지 계기가 작용했다. 첫째, 집에서 만들기 어려운 커피 에스프레소의 등장과 에스프레소를 만드는 전문 직업인 바리스타의 등장이었다. 이런 변화가 시작된 곳은 이탈리아였다. 1930년대 초반 에스프레소 음료의 유행과 함께 출근길에 빠르게 커피 한 잔을 마실 수 있는 제3의 장소 '바르bar'가 생긴 것이다. 바르 안에서 일하는 멋진 커피 전문가 바리스타도 등장했다. 골목마다 들어선 바르에서는 커피만 주문할 수 있었고 선 채로 커피를 마시는 것이 보통이었다. 샐러리맨들이나 노동자들도 부담스럽지 않은 매우 싼값에 에스프레소를 즐길 수 있었다. 지금도 이탈리아에서는 이런 전통을 잘 유지하고 있다. 1유로 혹은 1.5유로 정도의 저렴한 가격에 커피 한 잔을 마시는 공간 바르가 골목마다 하나씩 있다. 음식이 메인이고 커피는 곁다리 음료로 판매하는 카페와는 다르다.

둘째, 마일드커피라고 통칭되는 고급 커피의 등장이었다. 브라질산 저급 커피와 대비되는 의미의 마일드커피라는 명칭이 붙은 첫 사례는 20세기 초반에 등장한 콜롬비아커피였다. 이후 하와이 코나, 자메이카 블루마운틴 등 향이 뛰어나고 맛이 부드러운 비싼 커피가 속속 등장했다.[9] 더이상 커피가 음식이나 술의 보조 음료가 아닌

---

[9] 마일드커피를 넘어 1980년대에는 스페셜티커피라는 새로운 명칭으로 불리는 최상급 커피가 나왔다.

주인공 자리를 차지할 수 있는 계기가 만들어진 것이다.

셋째, 경제 대공황의 여파로 생긴 소비 양극화였다. 제1차세계대전 승전국이 된 일본의 야욕은 나날이 커갔고 군수산업을 비롯한 공업에 대한 투자 확대로 농업은 위축되고 도시는 팽창했다. 농촌 인구 감소에 따라 1918년 일본에서 대규모 식량 부족 사태가 벌어졌고 부족한 쌀을 확보하고자 식민지 조선에서의 수탈이 강화되었다. 조선인들의 삶은 점점 힘들어졌다. 3·1운동은 민족주의와 더불어 일본의 수탈 확대가 초래한 당연한 저항이었다. 반성 없이 1920년대 내내 일본은 식민지 수탈을 지속했다.

커피를 비롯한 음료 소비에도 변화가 불가피했다. 미국처럼 금주령이 내려지지는 않았지만 변화가 나타났다. 자연스럽게 생긴 소비 양극화였다. 웨이트리스가 있고 술이 있는 이른바 퇴폐 카페를 찾아 술을 마시는 것은 소수의 부자에게만 가능한 일이었다. 경제적 여유가 없는 사람 중 술을 좋아하는 사람을 위한 새로운 형태의 술집, 선술집이 등장한 것이 이즈음이었다. 앉을 자리도 없는 곳에서 선 채로 간단한 안주를 벗삼아 술을 마시는 곳이었다. 술 문화의 양극화였다.

문제는 커피였다. 커피를 제공하는 대부분의 업소는 유럽식이나 일본식으로 음식을 팔든지 미국식으로 술을 팔았다. 게다가 이런 업소에는 음식값이나 음료값에 버금가는 팁을 주어야 하는 웨이트리스가 있었다. 커피는 마시고 싶으나 비싼 음식을 주문하고 팁을 선뜻 내놓을 경제적 여유가 없는 사람들이 갈 만한 곳이 마땅치 않았다. 이런 절박함이 만들어낸 곳이 바로 조선식 다방이었다.

순끽다점의 원조는 조선

값비싼 음식이나 술이 중심이 아니라 커피 한 잔이 주인공인 '거리의 안식처'가 여기저기 등장하기 시작했다. 1927년에는 우리나라 최초의 영화감독으로 알려진 이경손[10]이 관훈동에 '카카듀'를 열었다. 우리나라 사람이 경영한 최초의 다방이었다. 영화감독으로 성공하지 못해 방황하던 이경손에게 1927년 어느 날 하와이 출신의 엘리스 현이 찾아와 서울에 카페를 내자고 제안했다. 이렇게 생긴 곳이 '카카듀'였다. 1927년 말이나 1928년 초였다. 이경손은 본업인 영화에 종사했고 운영은 주

이경손과 함께 카카듀를 운영한 하와이 출신 엘리스 현에 대한 안석영의 신문 기고문. 우리나라 사람이 개점한 다방 원조는 영화감독 이경손의 관훈동 '카카듀'다.

---

10 이경손은 1904년 개성 출신으로 동요 작가, 극단 배우를 거쳐 우리나라 최초의 영화사인 조선키네마주식회사 설립에 참여했다. 이후 영화감독 윤백남이 만든 백남프로덕션의 〈심청전〉을 통해 영화감독으로 데뷔했다. 영화 〈아리랑〉의 주인공 나운규를 발탁했고 소설 『상록수』의 작가 심훈을 영화 〈장한몽〉의 배우로 기용했다.

로 마담으로 불린 엘리스가 맡았다. "노랗고 붉은빛이 나풀거리는 머리에 붕어처럼 큰 눈"을 가진 엘리스 덕분에 처음에는 성공적으로 운영되었다. 예술포스터전람회, 톨스토이 탄생 100주년기념 외국문학연구간담회 등 문화 행사도 열었다. 그런데 엘리스가 독립운동에 관여하고 있다는 사실을 일본 경찰이 눈치챈 후 감시가 심해지면서 손님이 끊겼고 결국 2년여 만인 1930년에 문을 닫았다.

1927년 12월 18일 〈조선신문〉을 보면 서울 시내 본정 3정목에 "순끽다점"을 표방하며 새로운 메뉴를 선보인 '후타미티루무'가 인기를 끌었다. 커피와 양과자로 구성된 세트 메뉴가 특히 유명했다. 이 기사 어디에도 당시 끽다점이나 카페 광고에 빠지지 않고 등장하던 '미모의 웨이트리스'라는 문구는 보이지 않았다.

진고개에 있던 '금강산' 끽다점은 식료품점 '구옥상전' 내에 있었다. 신문 광고를 통해 '주류를 팔지 않는 끽다점' '저렴한 가격' '순 민중적인 업소' '사회생활의 안식소' '거리의 안식처'라는 점을 내세웠다. 1928년 8월 28일 〈동아일보〉에는 "아기들과 부인을 환영합니다. 가격은 저렴, 간편, 주류는 전연 없습니다"라는 카피와 함께 광고가 실렸다. 비싼 음식이나 술이 없는 순끽다점이었고 시민의 휴식처 다방이었다. 진고개에 있던 '푸라치나'도 순끽다점이었다.

고급 카페나 바가 많았던 청계천 이남 남촌의 일본식 향락 문화에 비판적이거나 적응하기 어렵던 조선인 지식층들이 북촌에 그들만의 보금자리를 만들기 시작하면서 순끽다점이나 다방은 북촌의 새로운 문화로 성장했다. 모뽀나 모껄 두세 사람이 다방에서 커피 한 잔만 마시고 10원짜리 지폐 한 장을 내놓으면 몇 시간을 앉아 있어도 문제없었다. 커피 한 잔에 10전에서 20전쯤이었다.

　　1928년에는 배우 복혜숙이 인사동에 '비너스' 다방을 개업했다. 8년간 운영한 비너스에는 윤보선, 조병옥 등 정치인과 이광수 등 당시 유명인이 많이 드나들었다. 문화예술인의 출입이 많았던 다방 중 빼놓을 수 없는 곳이 1929년 종로 2정목 YMCA 옆에 문을 연 다방 '멕시코'였다. 주변 카페나 요정에서 일하는 여성들이 많이 들락거렸으나 1931년에 문을 닫았다.

　　그 밖에도 극작가 유치진의 '푸라타너스', 영화감독 방한준의 '라일락', 음악평론가 김관의 '엘리자' 등이 있었다. 이름은 다방, 끽다점, 티룸 등 다양했지만 모두 술이나 웨이트리스, 간혹 음식조차 없이 커피나 차를 마시는 '순끽다점'이었다.

　　경제 대공황의 여파로 진행된 양극화 속에서 비주당들은 새로운 향락의 터를 찾기 시작했고 적은 돈으로 커피를 마시고, 음악을 들으며, 오랜 시간을 보낼 수 있는 장소로 순끽다점이 안성맞춤이었다. 순끽다점은 점차 다방이라는 우리식 이름으로 널리 불리기 시작했다.

　　그 밖에도 이상이 운영했던 청진동 '제비다방', 인사동 '쓰루つる(학)', 광교 '무기むぎ(보리)' 등은 청춘남녀들이 모여 커피 한 잔을 마시며 음악을 듣고 세상 이야기를 할 수 있는 휴식처였다. 평양에서 이효석이 즐겨 다녔던 '세르팡'이나 '낙랑'도 커피가 중심인 다방이었다.

흥미로운 것은 당시 일본이었다. 1920년대 후반으로 갈수록 카페는 더욱 퇴폐화되었다. 문란한 정도가 조선의 카페에 비할 바가 아니었다. 탄베 유키히로의 표현대로 카페는 "에로틱, 그로테스크, 난센스 시대의 밤을 장식하는 스타"가 되어 있었다. 이런 카페에 대해 일본 경찰 당국은 1929년 '단속강령'을 발표하여 규제를 시작했다. 경제 대공황으로 인한 소비 위축과 경찰의 카페 단속이 동시에 이루어지자 새로운 유형의 업소가 나타나기 시작했다. 술 중심의 카페와는 선을 긋고 커피와 간단한 식사만 취급하는 업소가 생겨났다. 탄베 유키히로의 주장에 따르면 1930년대 초반이었다. 커피가 메뉴의 중심에 놓인 새로운 형태의 끽다점이었고 '준킷사純喫茶'라고 불렀다. 조선에 순끽다점이 등장한 지 몇 년 후의 일이었다.

일본의 준킷사는 술만 없었을 뿐 여전히 커피와 함께 음식이 제공되는 점이 조선의 다방과 달랐다. 1920년대 후반에 순끽다점으로 등장하여 1930년대에 조선식 휴식처로 발전한 다방에서는 보통 음식 없이 커피와 차만 취급했다. 요즘 표현으로는 '커피 온리' 카페였다.

1920년대 후반 경제 대공황으로 조성된 소비 위축, 문란한 일본식 카페 문화에 대한 반감으로 생겼던 조선의 순킷다점이 준킷사 문화의 선배였다. 이후 조선에서 번창했던, 음식 없이 커피만을 즐기는 '사회생활의 안식소' 다방이 '커피 온리' 업소의 동양적 기원이었다. 역사학자 하워드 진의 표현대로 맥락 없이 등장한 역사적 현상은 없다는 것을 보여준다.

1931년 1월 14일 〈매일신보〉의 기사 "1931년 유행환상곡, 구로와 에로로 갈린 첨단 주점 출현"은 다음 문장으로 시작한다.

> 돈 많은 사람의 문화주택에서는 향락에 넘치는 웃음소리와 어울려 백옥같이 희고 풀솜같이 보드라운 마마님의 흰 손이 건반 위에서 춤을 출 때마다 창밖으로 피아노소리가 흘러나온다. 그 옆으로 다 떨어진 캡에다 검은 하피를 입은 노동자 한 사람이 술이 거나하게 취하여 지나간다. 피아노소리를 듣고 발을 멈추며 "저와 같이 찬란하고 굉장한 집도 우리들의 피와 땀을 다하여 지은 것이다마는……" 하고 한숨을 내쉰다.

노동자들이 선술집이라고 부르고 모뽀들이 구로-빠라고 부르는 이곳에서 술 좋아하는 노동자와 지식층 사이의 자연스러운 교류와 상호 이해가 가능하기를 기대한다는 기사였다. 아울러 비주당들을 위해서는 차만 마시고 즐길 수 있는 본정의 '금강산'이나 '푸라치나'와 비슷한 다점茶店이 북촌에도 많이 생기기를 기대하는 내용이었다. 이 신문의 기대에 부응이라도 하듯 1930년대 접어들어 다방이 여기저기 넘쳐나기 시작했다.

낙랑파라와 이상의 더치페이

우리나라는 역사적으로 경제적 여유를 누린 시절은 별로 없지만 함께 식사하거나 술을 마신 경우 나누어서 내기보다는 초대한 사람 혹은 여유 있는 사람이 모두의 식음료값을 지불하는 풍습이 있었다. 커피가 처음 들어오고 끽다점이나 카페가 처음 생겼을 때도 이런 풍습은 여전했다. 한 테이블에서 같이 차를 마셨을 때 그중 한 사람이 찻값이나 커피값을 내는 것은 하나의 관습이었다.

그런데 이런 전통적인 풍습에서 벗어나 자신이 마신 커피값은 자신이 계산하는 도시적인 면모를 보인 선구적 인물이 나타났다. 기록에 나와 있는 첫번째 인물은 흥미롭게도 커피를 즐겼던 천재 시인 이상이었다.

이상은 1933년 여름 서울의 북쪽 청진동에 자신의 아지트 '제비다방'을 열었음에도 불구하고 시간만 나면 남촌 입구인 소공동에 있던 다방 '낙랑파라'를 찾았다. 지금의 서울시청 앞 프라자호텔이 있는 자리다. 청진동에서 다동 쪽으로 내려와 친구 박태원이나 구본웅을 만나 광통교 다리를 건넜다. 남대문으로 향하는 길을 걷다 오른쪽으로 돌아서면 '낙랑파라'로 가는 길로 접어들었다. 이것이 그의 일과였다.

이상은 거의 매일 '낙랑파라'를 찾았다. 이곳에 가면 언제나 대화를 나눌 수 있는 친구들은 물론 그가 좋아하는 온갖 잡지와 음악이 있었다. 이상이 자신이 경영하는 '제비다방'보다 이곳을 찾았던 이유 중 하나는 연인 금홍의 일탈 때문이었다. 황해도 배천온천에서 요양하던 중 만나 함께 서울로 내려와 다방을 차렸던 금홍은 날이 갈수록 술 취한 모습으로 담배를 물고 푸념을 늘어놓는 시간이 많아졌다. 손님들과의 염문도 끊이지 않았다. 이상은 이런 모습을 피해 남촌의 '낙랑파라'를 자주 찾았던 것이다.

'낙랑파라'는 1930년대 다방의 모습을 잘 보여준다. 이상이 박태원의 신문 연재를 위해 그린 삽화와 잡지 〈삼천리〉 1933년 10월호에 실린 박옥화의 글에 '낙랑파라' 풍경이 남아 있다. 박옥화의 「인테리 청년 성공 직업」에 보면 '낙랑파라' 입구에는 "남양에서 이식하여 온 듯이 녹취 흐르는 파초"가 놓여 있었고 실내에는 "슈베르트, 데도릿지(독일 여배우 마들레네 디트리히) 등의 예술가 사진"과 "좋은 데생"도 알맞게 걸려 있었다. '낙랑파라'의 실내 분위기는 손님에게 안온함을 주었다. 이상이 마음의 위안을 위해 찾을 만한 분위기였다. 커피 또한 위안의 음료였음은 덤이었다.

흥미로운 점은 이상이 우리나라 사람으로는 처음으로 더치페

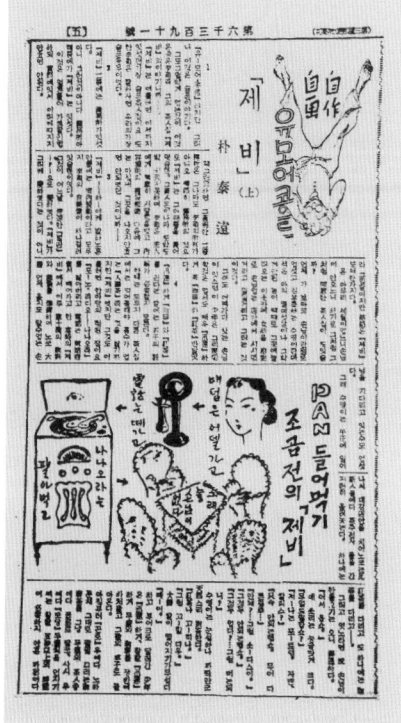

이상의 절친 박태원은 이상이 떠난 후인 1939년 2월 제비다방의 쓸쓸한 풍경을 신문에 소개했다. 박태원에게 이상은 '우리의 가장 슬픈 동무'. 제비다방은 우리의 '가장 슬픈 찻집'이었다. 이상이 제비다방을 떠난 것은 집세를 감당할 수 없어서였다. 이상이 떠난 후에는 누군가 제비다방을 인수하여 '수영이'라는 뽀이를 두고 커피와 차 두 가지 음료만 팔았다는 것을 알 수 있다. 박태원은 이렇게 슬픈 이야기를 "유모어콩트"로 풀었다.

이를 했던 곳이 바로 '낙랑파라'였다는 사실이다. '낙랑파라'에서 이상을 처음 만나 친구가 된 시인 김소운의 회고에 따르면 이상은 "희희낙락 담소하다가도 일어설 때는 제가 마신 찻값으로 10전 경화 하나를 테이블 위에 내놓는 것을 잊지 않았다." 김소운은 이런 이상의 모습을 '도회적'이라 표현했고 이상은 "그런 폐습을 탈피한 선각자"라고 평했다.

그렇다면 '낙랑파라'의 커피 맛은 어땠을까? 생각보다 좋았던 것은 아니었다. 이태준의 소설 「장마」의 주인공이 '낙랑파라'의 커피는 구미에 당기지 않을 만큼 형편없는 맛이었다고 이야기할 정도였다. 반면 〈동아일보〉에 연재되던 유진오의 소설 「화상보」의 주인공 영옥은 친구들과 들른 본정의 '가네보 프루츠팔러'에서 "커피는 이 집이 아마 서울서는 제일 좋을걸요?"라고 자랑하듯 말했다. 당시 서울의 커피 맛집은 진고개에 있던 '가네보 프루츠팔러'였다.[11]

다방은 다방 그것

사람마다 제비 하면 떠오르는 것이 다 다르다. 봄을 떠올리는 낭만적인 사람이 있는가 하면, 『흥부전』을 떠올리는 착한 어린이도 있고, 무도회장을 떠올리는 추억 여행자도 있을 것이다. 하지만 커피를 좋아하는 사람들에게 제비는 시인 이상과 일제강점기 다방을 떠

---

[11] 일제강점기 문학 작품 속의 낙랑파라와 가네보 프루츠팔러는 박현수의 『경성 맛집 산책』(2023)에 잘 소개되어 있다.

올리게 한다.

　　몇 년간 하던 건축기사 일을 그만두고 요양을 떠났던 이상이 연인 금홍과 함께 서울로 돌아와 북촌 한가운데 '제비다방'을 연 것은 1933년이었다. 제비가 봄을 알리는 지표 동물로 지정된 지 10년째 되는 해였다. 1932년에 양아버지였던 큰아버지가 세상을 떠나면서 이상에게도 약간의 유산을 남겼고 그것으로 1933년 7월 청진동의 한 건물에 다방을 낸 것이다. 이상은 통유리를 통해 거리와 소통이 가능한 모던한 모습으로 외부를 꾸미고 실내 벽에는 그가 좋아하던 프랑스 소설가 쥘 르나르Jules Renard의 에피그램 액자 몇 개를 걸었다. 당시 유행하던 에피그램은 한두 줄로 된 짧은 상징시였다.[12] '제비다방'이라는 상호는 쥘 르나르의 책 『박물지Histoires Naturalles』에 실린 제비 이야기와 이를 표현한 화가 피에르 보나르Pierre Bonnard[13]의 제비 삽화에서 유래했을 가능성이 매우 크다.

　　연인 금홍과의 사이도 악화되고 건강도 나빠져가던 1935년 여름 이상은 평안남도 성천으로 요양을 떠났다. 그곳에서 친구에게

---

[12] 1894년에 발표한 『홍당무Poil de Carotte』로 당시 문화계에 잘 알려져 있던 쥘 르나르가 커피 마니아였다는 점에서 이상과 닮은 측면이 있다. 그의 작품 『홍당무』만큼 유명한, "게으름은 피곤해지기 전에 쉬는 습관 이상 아무것도 아니다"라는 그의 주장은 일제강점기에 다방에서 소일하던 고학력 '룸펜'들에게 적지 않은 위안이었다.

[13] 피에르 보나르(1867~1947)는 20세기 초 프랑스를 대표하는 후기인상파 아방가르드 화가로서 프랑스에 일본 미술을 알리고 일본풍의 그림을 많이 그린 것으로 유명하다.

보내는 편지 형식으로 쓴 수필이 바로 「산촌여정」이다. 서울에 돌아오자마자 〈매일신보〉에 "성천기행 중의 멧절"이라는 부제와 함께 1935년 9월 27일부터 여섯 차례에 걸쳐 연재했다. 1면 중앙에 큼지막한 제목과 함께 연재된 것으로 보아 당시 이상의 인기를 짐작할 만하다. 그의 나이 겨우 스물다섯 살이었다. 첫번째 글의 시작은 다음과 같다.

> 향기로운 MJR의 미각을 잊어버린 지도 이십여 일이나 됩니다.

이상이 커피를 즐겼다는 이미지를 가장 잘 표현하는 글이다. 그가 말하는 MJR은 미국의 거대 원두기업 MJB의 오기였다. 다방을 운영하던 이상이 잘못 썼을 리는 없다. 신문사의 활자화 과정에서 이상의 글씨 B가 비슷한 R로 바뀐 것이다. 이로 미루어볼 때 '제비다방'에서 사용한 원두는 아마도 MJB였을 것으로 여겨진다. '제비다방'에서 MJB 원두를 사용했다는 것은 이상의 커피 취향이 매우 고급이었음을 보여준다. 1934년 12월 21일 〈동아일보〉에 소개된 "커피 만드는 법"에 다음과 같은 내용이 나온다.

> 커피에는 그 종류가 여러 가지가 있으나 맛이 좋은 것은 '엠, 쩨, 삐' 같은 것이지만, 그것은 너무 비싸서 경제상 어려우니까 '짜바' 같은 것이 좋을 줄 생각합니다.

1930년대 당시 우리나라에서 가장 저렴한 커피가 자바커피였다는 것을 알 수 있다. 이상의 '제비다방'은 개업 2년 만인 1935년 9월에 문을 닫았다. '제비다방'을 함께 운영하던 연인 금홍도 떠났다. 이후에도 이상은 카페 '쓰루' '무기' '69' 등을 차리거나 인수하려 했지만 뜻대로 되지 않았다. 당시 청춘들이 꿈꾸던 다방 창업에는 성공했지만 사업에는 성공하지 못한 것이다.

하지만 조선의 다방은 여전했다. 거리의 오아시스였고 청춘의 꿈이 있는 가장 조선스러운 곳이었다. 조선의 제1차 커피 붐이 막바지에 이르렀던 1937년 조선의 다방을 가장 잘 묘사한 글은 〈매일신보〉 1937년 1월 1일 신년호에 실린 기사 "감각의 삼매경, 정서 듬뿍 실은 다방"이었다.

> 다방은 차를 먹기 위한 곳이라며는, 그것은 다방을 잘못 이해한 것이다. 차를 사랑함으로 다방을 찾는다는 것은 잘못이다. 다빙, 그것을 사랑하여야 된다. 그것이란 분설할 수도, 설명할 수도, 이것이라 뚜렷이 지적할 수도 없는 것이다. 나 자신이 그 분위기 안에 동화되어서 감각하는 삼매경이다. 그곳은 도시 인테리들의, 소뿔죠아(소부르주아)들의 감정생활의 한 표현으로 볼 때 비로소 다방의 참다운 존재를 알게 되는 것이다. 가벼운 애수, 흥분, 그러한 다각한 감정이 봄날 아지랑이 같이 혼합한 공기가 다방의 매력이다. 다방은 15전의 '코-히'로 연상하며는 그것은 잘못이다. 다방은 '다방' 그것이다.

다방은 우리나라 제1차 커피 붐 시대의 중심이었다. 다방은 도시인들의 감정생활의 한 표현이었으며 다른 그 무엇과 견주거나 비교할 수도 없는 공간, 오직 그 안에 동화되어 느껴야만 알 수 있는 '삼매경'이었다.

쓰디쓴 커피 한 잔으로 우울을 씹어 삼키는 청춘

커피가 인체에 유해한지, 무해한지를 둘러싼 논쟁은 매우 오래되었다. 커피가 이슬람의 음료로 아랍세계에서 처음 탄생한 15세기부터 유럽에서 기독교 음료로 공인된 17세기를 거쳐 누구나 커피를 마시게 된 21세기 현재까지 끊이지 않고 반복되는 인류의 궁금증의 하나다.

우리나라에서 커피 유해론이 처음 등장한 때는 1898년 9월에 일어났던 김홍륙 독다사건 직후였다. 커피를 마시고 황제와 황태자가 쓰러졌으니 당연히 제기될 법한 커피 유해 주장이었다. 잠잠하던 커피 유해 논쟁이 다시 활발해진 것은 1920년대 후반이었다. 1920년대의 카페와 커피 대유행에서 비롯된 논쟁이었다. 1930년대의 다방 창업 열풍, 이로 말미암은 커피 소비 증가는 커피에 대한 경계심을 지속시켰다.

1927년 11월 3일 〈매일신보〉는 커피 과다 섭취가 소화불량, 변비, 불면증을 가져온다고 경고했다. 그러자 1928년 5월 9일 〈부산일보〉는 적당량의 커피 음용은 만인에게 영약이라고 응수했다. 1930년 6월 9일 〈매일신보〉는 범죄자의 증가 원인 중 하나가 커피에 있다는 해외 토픽을 통해 커피의 반사회성을 지적했다. 캐나다의 한 교수가 주장한 매우 논리적이지 않은 주장이었다. 담배를 피우는 사람들의 범죄율이 높은데, 조사해보니 담배를 피우는 사람은 모두 커피를 마시기 때문에 커피가 범죄를 불러일으킨다는 논리적 비약이 심한 주장이었다. 1930년 11월 20일 〈부산일보〉는 일본 총리대신의 말을 인용하여 나이가 들어도 커피는 나쁘지 않다고 주장했다.

이후에도 커피를 둘러싼 유해·무해 주장은 신문에 자주 등장했다. 1932년 3월 10일 〈매일신보〉는 뉴욕에서 검사관들이 커피의 유해 성분 함유 여부를 검사하는 장면을 담은 사진을 크게 실었다. 자극적인 기사로 관심을 끄는 경우도 생겼다. 1934년 7월 15일 〈조선일보〉는 "커피를 많이 먹으면 자식이 귀해"라는 제목의 기사를 실었다. 독일에서 쥐를 대상으로 한 실험에서 카페인을 많이 섭취한 쥐의 생식기에 탈이 났다는 연구 결과를 인용했다.

1932년 4월 28일 〈동아일보〉에는 "많이 먹지 아니하면 커피는 무해하다"라는 기사가 실렸다. 미국 뉴욕대학교 생리학자 쉐네 박사의 말을 빌려 하루에 150잔 이상 마시지 않으면 괜찮다는 내용이었다. 게다가 150잔을 짧은 시간에 계속해서 마셔야만 해롭다는 주장이었다. 이어서 〈매일신보〉는 취침 전의 커피 한 잔은 수면에 방해되지 않지만 두 잔 이상이면 수면 방해를 가져올 수도 있다는 시카고대학교 생리학연구소의 그럴듯한 연구 결과를 전했다. 커피 애호가들을 즐겁게 하는 희소식이었다.

미국에서 커피의 유해성 여부를 판단하기 위한 과학적 연구 붐이 일어난 시기는 1920년대로 대표적인 실험은 전미커피로스팅협회 의뢰로 수행된 MIT 교수 새뮤얼 프레스콧Samuel Prescott의 연구였다. 3년간 수행한 연구 결과를 1924년에 발표했는데, 커피는 "성인 대부분에게 안전한" 음료라는 결론이었다. 협회는 신문 광고를 통해 커피가 해롭기는커녕 기운을 북돋아주고 인내력 향상에도 도움을 준다고 주장했다. 커피당들에게 반가운 이 소식은 우리나라 신문에도 여기저기 보도되었다.

〈조선일보〉는 "커피차 이야기"를 두 차례(1937년 11월 30일과 12월 1일)에 걸쳐 연재했다. 1회에서는 새뮤얼 프레스콧 교수의 연구 결과와 함께 커피 한두 잔 속에 들어 있는 카페인은 인체에 해롭기는커녕 매우 유익하다는 내용을 다루었다. 커피 한 잔에 들어 있는 0.1그램에서 0.2그램의 카페인은 이해력을 돕고 피로를 없애주며, 0.2그램에서 0.25그램의 카페인은 심리 작용과 근육 작용을 활발하게 하고 이뇨 작용을 왕성하게 한다는 내용이었다. 기사의 제목 원문은 "호박빗갈 물결에 씨쳐지는 시름"이었다. 이 신문은 다음날 기사에서도 일본커피협회 회장이 위독한 환자에게 커피를 마시게 했더니 혈색이 좋아져서 기사회생했다는 일화와 장티푸스 환자에게 블랙커피를 한 컵 마시게 했더니 치료 기간이 단축되었다는 서양의 이야기를 소개함으로써 커피가 갖는 긍정적 생리 효과와 탁월한 위로 기능을 보도했다. 이날 기사 제목은 "도취의 선경에 인도하는 야릇한 향기의 정체"였다.

1937년 전후 우리나라 신문에 소개된 커피 끓이는 방법이나 커피 음용 방법을 보면 1930년대 말 우리나라 사람들은 커피에 설탕이나 우유를 넣는 풍습에서 서서히 벗어나고 있었음을 알 수 있다. 커피가 지닌 본연의 기능, 즉 위로의 음료 커피를 제대로 느끼기 시작한 것이다.

1938년 9월 12일 〈조선일보〉에 실린 경기중학 최재형의 시 「다방」은 우리나라 제1차 커피 붐의 마지막 순간에 다방과 커피가 가졌던 의미를 잘 보여준다.[14]

> 파초잎 밑에 푸른 항구의 진열
> 다방은 쫓기는 마음의 안식처다
> 항로에 지친 창백한 인테리
> 파이프에 하염없이 사색을 담아 피우고
> 차가운 대리석 위에 볼을 부비며
> 이태리 정원의 노래를 듣노니
> 낡은 신성 줄줄에 바틀거리는 음률
> 젊은 가슴에 잡혀진 추억의 실마리다
> 나는 거리의 외로운 코스모폴리탄
> 내일의 여정을 조롱 속 앵무와 속삭이고
> 쓴 커피 한 잔으로 우울을 씹어 삼키는 나의 청춘이여

[14] 작자가 교사인지 학생인지는 알 수 없다. 자신을 청춘으로 표현한 것을 보면 학생이거나 젊은 교사였을 것이다.

다방 오아시스는 내 푸른 사색의 요람
오늘도 파초잎에 고독을 맡기고 돌아오다

흥미로운 것은 당시 커피 유행을 불러온 배경, 커피 유해론 등장 배경 중 하나가 어린이들의 커피 음용이었다는 점이다. 커피가 학업에 도움을 준다는 이야기가 떠돌았고 이를 믿는 부유층을 중심으로 공부하는 어린이들에게 커피를 마시게 했다. 〈중앙일보〉는 1933년 4월 3일 기사를 통해 "한 잔 커피 중에는 피로를 회복하기에 넉넉하고 충분한 영양적 성분이 섞여 있어 노인, 부인, 아동들에게 주면 발육과 보건에 충분한 효과가 있으며, 더욱 두뇌를 쓰는 사람, 스포-츠맨들에게는 없지 못할 필수품이다"라고 보도했다.

실제로 1930년대 미국에서 발표한 자료를 보면 당시 6세에서 16세 사이의 어린이와 커피를 함께 마시는 가정이 전체 가정의 14퍼센트에 달했고 6세 이하의 어린이에게 커피를 마시게 한다는 가정도 4퍼센트나 되었다.

아이들 두뇌 발달에 좋다는 이야기를 들은 부모들은 주저하지 않고 아이들과 함께 커피를 마셨다. 경제 대공황의 여파를 이겨내고 1930년대 조선에서 커피 소비가 기하급수적으로 증가한 배경의 하나였다. 아이들의 신체 발달에 좋다, 두뇌에 좋다, 학업에 도움이 된다고 하면 예나 지금이나 이 땅의 학부모들은 물불을 가리지 않는다. 하물며 커피쯤이야.

드립커피, 블랙커피, '찬커'의 유행

커피차 맛있게 끓이는 법

모던걸이 드러내는 근대성에 대한 비판과 전통적인 도덕관이 결합하여 유행시킨 개념이 현모양처론이다. 1930년대에 이르자 이 땅의 여성들은 현모양처의 길을 가도록 권유받고 강요받는 분위기가 강했다. 근대식 학교에 여자아이를 입학시키는 이유는 이 여자아이가 한 인간으로서 자신의 삶을 제대로 영위하게 하려는 것이 아니라 남편과 자식을 위해 필요한 정도의 보조적 인간을 만들기 위함이었다. 무식하지 않아서 남편의 말동무가 되어야 했고, 글을 읽을 줄 알아서 남편의 책을 책장에 거꾸로 꽂지 않아야 했으며, 아이들의 가방에 교과서를 시간표에 맞추어 넣어줄 수 있어야 했다. 현모양처에게 요구되는 보조 인간 이미지였다.

현모양처가 되기 위해 새롭게 배워야 하는 것이 또하나 있었다. 바로 커피차 끓이는 법이었다. 당시 신문물이던 커피차를 제대로 끓여서 남편을 즐겁게 하는 일이 현모양처에게 필요한 덕목의 하나로 등장한 것이다. 연일 신문에 게재되던 커피 관련 기사 중에서 가장 많은 것이 커피차 맛있게 끓이는 법이었고 그런 기사의 대상은 여성, 특히 가정주부였다.

1930년 2월 6일 〈중외일보〉의 기사 제목은 "가정에서 커피차를 만드시려면"이었다. 이 기사 내용은 1930년 전후 이 땅의 커피 문화를 잘 보여준다.

"집에서 만드는 것은 다 나쁘다고 생각해버리는 것은 일종의 오해입니다." 당시에도 외식 문화가 꽤 발달했었다는 것을 보여준다. 커피도 끽다점이나 카페 혹은 다방에 가서 마시는 것이 집에서 마시는 것보다 좋다는 생각이 널리 퍼져 있었음을 보여준다. 요즘의 카페 유행은 갑자기 등장한 것이 아니다.

"커피를 사오시거든 습기에 젖지 않도록 다른 그릇에 옮겨둘 것을 잊어서는 안 됩니다." 원두 용기를 열어 커피가 공기와 접촉하면 곧바로 시작되는 산패를 막고 커피 고유의 맛과 향을 잘 유지하려면 밀폐 용기를 사용해야 한다는 것을 당시에도 알고 있었다.

"폰트의 커피는 40인분으로 되어 있는데…… 그저 눈짐작으로 덥석 부어가지고 만드는 것은 좋지 못한 일입니다." 폰트는 파운드를 의미하는데, 1파운드는 약 453그램이다. 따라서 1파운드의 가루로 40잔의 커피를 만든다는 것은 커피 한 잔에 11.3그램의 원두를 사용하는 셈이었다. 요즘 카페에서 커피 한 잔 내리는 데 보통 15그램 내외의 원두를 사용하는 것과 비교해도 크게 다르지 않다. 당시 커피 음용 문화가 요즘과 비교하여 결코 낮은 수준이 아니었음을 보여준다. 1930년대에 신문에 소개된 커피 끓이는 법에서 1파운드로 40잔을 만드는 것은 거의 공통된 의견이었다.

"우유를 넣을 때는 따듯한 것이라야 합니다." 비록 아이스커피나 찬 커피가 유행하기는 했지만 여전히 커피는 따듯할 때 마시는 것이 정통이었다. 우유를 넣더라도 따듯한 우유를 넣는 것이 원칙이었다. 물론 1926년 12월 22일 〈중외일보〉는 "커피 만드는 법"이라는 기사에서 커피 맛을 잃지 않으려면 우유보다는 조금 비싸더라도 크림을 넣는 것이 좋다고 제안했다. 크림이 커피의 보조 재료로 등장한 것이다. 1935년쯤에 이르자 커피에 우유보다는 크림을 넣는 것이 더 유행했다.

블랙커피, 드립커피, 인삼커피, 커피 강습회

1930년대에 우리나라 커피 문화에 몇 가지 변화가 생겼다. 첫째는 블랙커피의 등장이다. 1931년 3월 7일 〈매일신보〉는 당시 커피에 설탕을 넣지 않고 마시는 사람도 있음을 전하고 있다. 세계적으로 커피에 설탕 등 감미료를 넣던 시절에 우리나라에는 이미 블랙커피를 마시는 소비자가 등장했음을 알려준다. 1937년 가을부터 외국 물품 수입이 금지될 것이라는 소문 때문에 커피에 넣는 우유, 설탕 등의 가격이 크게 올랐다. 그러자 커피에 아무것도 넣지 않는 이탈리아식 블랙커피를 마시는 사람이 점점 늘어났다.

우리나라 제1차 커피 붐의 후반이었던 1930년대 커피 애호가들은 점차 튀르키예식 커피 만들기에서 벗어나 여과식으로 옮겨갔다. 1931년 3월 7일 〈매일신보〉는 5면을 "나라에 따라 다른 커피 타는 법"으로 채우며 당시 가정에서 커피를 만드는 다양한 방법을 소개했다. "쉬워 보이나 어려운 것, 브라질식이 제일 간단"이라는 부제가 기사 내용을 잘 요약하여 보여준다. 끓는 물에 10그램 정도의 커피 가루를 붓고 가라앉기를 기다린 다음 헝겊으로 만든 주머니 '네루(융을 의미하는 flanel의 일본식 약칭)'를 찻잔에 걸치고 그 위에 커피 끓인 물을 천천히 붓는다. 이렇게 추출한 후 바로 마시는 커피를 블랙커피 혹은 이탈리아식 커피라고 불렀다. 반면 프랑스식 커피는 우유 넷에 커피 여섯의 비율로 섞은 후 설탕을 넣는 식으로 만들었다.

커피 마시는 방법과 관련하여 당시 신문은 몇 가지 지켜야 할 규칙을 제시했다. 아침과 점심에는 조금 순하게, 저녁에는 조금 진하게 마시되 레몬이나 브랜디를 한 방울 타서 마실 것(1933년 12월 22일 〈조선중앙일보〉), 식은 커피를 다시 데워서 마시지 말 것(1930년 2월 6일 〈중외일보〉, 1935년 10월 14일, 15일 〈매일신보〉), 컵은 데워서 사용할 것(1935년 4월 3일, 1936년 9월 16일 〈매일신보〉) 등이었다.

커피메이커 광고도 본격적으로 신문에 등장했다. 1936년 9월 12일 〈조선일보〉에는 미국제 커피메이커가 4원 30전가량이라는 기사가 사진과 함께 실렸다. 커피를 거르는 그릇과 물탱크로 구성되어 있는데, 두 군데 모두 눈금이 표시되어 있어 언제나 편리하게 커피를 만들 수 있다는 설명이 더해졌다.

1930년대에는 매우 한국적인 커피 제품이 등장하여 외국인 관광객들에게 인기를 끌었다. 바로 인삼커피였다. 1920년대 초반에 등장한 인삼가배당人蔘珈琲糖이 발전한 상품이었다. 조선인삼원에서 개발한 커피로, 체력과 건강 회복, 정력 증진, 두뇌 발전, 산후 조리, 병의 회복 등에 효과가 있다는 광고를 앞세웠다.

점점 커져가는 커피에 대한 관심에 부응하여 '커피 감별과 내리는 법' 강습회 겸 시음회가 1933년에 처음 열렸다. 브라질커피연구회와 〈부산일보〉가 주관하는 행사였다. 브라질의 커피 생산 과잉으로 일본에 값싼 브라질 커피가 넘쳐나기 시작한 시절이었다. 강습회 사진을 보면 강사는 남성이었지만 참석자들은 모두 여성이었다.

1930년대에 등장한 인삼커피 포스터. 주로 일본인 관광객들에게 '정력 증진'과 '건강 회복'을 앞세워 홍보했다.

1930년대 우리나라에서 커피 만드는 방식은 하루가 다르게 발전했다. 서양 여러 나라에서 유행하는 모든 커피, 커피 만드는 모든 방식이 들어와 있었다고 해도 지나친 말이 아니었다. 물론 커피에 관한 상식을 알고 커피 만드는 방식을 익혀야 하는 책임은 남성보다는 여성에게로 향했다. 대부분의 커피 만드는 방법 관련 신문 기사 제목에 '주부가 알아야 할' 혹은 '가정에서'라는 문구가 포함되어 있었다. 1930년대는 원두 고르는 법, 커피 만드는 법, 커피를 마시는 예절 등을 소개하는 신문 기사가 넘치던 시절이었다. 당시에 발표된 장편소설이나 단편소설에서 커피 마시는 장면을 빼면 이야기 전개가 어려울 정도로 커피는 시대의 중심을 차지하던 음료였다. 우리나라 역사에서 제1차 커피 붐이라고 부르기에 손색없는 시대였다.

아이스커피보다는 '찬커'?

흥미로운 점은 1930년대 아이스커피의 대유행이다. 아이스커피는 프랑스인들의 애국심이 탄생시킨 제품이다. 프랑스 부르봉 왕조 마지막 왕 샤를 10세는 국내의 불만을 해외로 돌리기 위해 1830년 6월 북아프리카의 알제리를 침략했다. 1837년 타프나조약을 통해 프랑스가 알제리의 일부 지역에 대한 통치권을 인정받는 대신 나머지 지역에 대한 알제리인들의 통치를 승인했다. 조약은 체결되었지만 충돌이 계속되었고 1839년 2월 해안 도시 모스타가넴에 있던 마자그란이라는 작은 요새에서 전투가 벌어졌다. 전투가 길어지자 더위에 지친 프랑스군들이 커피 시럽에 찬물을 넣어 마셨다.

사실 마자그란전투는 프랑스군 100여 명 정도가 참여한 소규모 전투였다. 전투도 매우 싱겁게 종식되었다. 프랑스군에 화약이 부족하다는 사실을 모르고 알제리군이 갑자기 철수하면서 끝나버린 전투였다. 그런데 프랑스 언론이 이 전투를 프랑스의 승리로 대서특필했다. 부대장과 참여 군인들에게 메달이 수여되고 엄청난 명예가 주어졌다. 파리 샹젤리제에는 마자그란요새의 모형이 만들어졌고 마자그란거리도 생겼다.

이 전투를 기념하는 방식의 하나로 프랑스 파리 시내 유명 카페에서는 큰 유리잔에 커피를 부은 후 찬물, 탄산수, 얼음 등을 넣은 음료를 개발했다. 마자그란에서 프랑스군이 마신 음료를 흉내내는 애국심 마케팅이었다. 이 음료는 선풍적인 인기를 끌었다. 커피와 섞는 것이 무엇이든 이름은 마자그란커피였다. 프랑스군의 애국심과 언론의 애국심이 합쳐져 신화화한 것이 마자그란전투였고 그 결과물로 탄생한 음료가 마자그란이라는 차가운 커피였다. 20세기 어느 순긴 아이스커피는 서양 대부분의 나라 커피 메뉴에서 사라졌다. 잊을 만하면 발생하는 각종 수인성 전염병은 찬 음료에 대한 기피를 불렀다. 더운 여름에도 뜨거운 커피를 마시는 것이 교양이고 문화가 되었다. 커피는 뜨거운 음료라는 상식이 현실을 지배하게 된 것이다.

우리나라 신문에 아이스커피가 등장한 것은 1930년대 초반이었다. 당시 신문에 연재되는 단편소설이나 장편소설에도 아이스커피를 마시는 장면이 자주 등장했다. 1936년 6월 5일 〈조선일보〉에 실린 연재 단편소설 「아카시아」 제6회를 보면 등장인물 중 한 명인

1930년 7월 16일 〈조선일보〉 안석영의 신문 만평. 청춘 남녀가 아이스커피 한 잔을 시켜놓고 머리를 부비며 빨대로 마시는 모습을 묘사했다. 아이스커피가 유행한 것은 1930년대 초반부터였다.

과장이 일행과 함께 '빠-츄립'에 들어서자마자 일하는 뽀이에게 "얘, 아이스고히 두 잔만 가져와"라고 소리치는 장면이 나온다. 1939년 같은 신문에 연재된 우리나라 최초의 장편 탐정소설 김내성의 『마인』에도 아이스커피 마시는 장면이 수시로 나온다.

1939년 6월 6일 〈조선일보〉에는 아이스커피 만드는 요령이 실렸는데, 매우 흥미롭다. 당시 뜨거운 커피보다는 '찬커'가 대세라는 내용이었다. 뜨거운 커피를 일부러 식힌 찬 커피를 '찬커'로 줄여서 표기했다. 커피 맛은 더운 것만 못한데, 그 잘못은 찬 데 있는 것이 아니라 차게 만드는 방법에 있다는 것이었다. 커피에 직접 얼음을 넣으니 맛이나 향이 좋을 까닭이 없고, 그래서 진하게 하려고 치커리 같은 재료를 타니 맛이 더 고약해지는 것이 문제라는 지적이었다. '찬커'의 맛을 유지하는 해결책은 무엇이었을까? 이 신문은 제대로 된 커피를 병에 담아 얼음이나 냉장고에 넣어 차게 만들 것을 제안했다. 찬 커피일수록 맛이나 향이 고급인 원두를 골라 써야 한다는 점도 지적했다.

1936년 7월 1일 〈조선일보〉에는 안석영의 장편시 「성하풍경」 제3회가 실렸다. 그중 몇 구절이 흥미롭다.

아이스커피에 현대 도시인은 벌써 중독이 들었다.
얼마 있으면 커피 전쟁이 날지 모른다.
아편전쟁이 있었던 거와 같이
빨가숭이 아이들이 큰길에서 뛴다.
그 애들이 현대문명을 모르는 것이 행복이다.

1936년 7월 16일 〈조선일보〉는 여름이 되면 얼음산업이 폭발하는데, 그 원인 중 하나가 아이스크림, 빙수, 아이스커피의 인기라고 분석했다. 영화감독 서광제는 1938년 8월 9일 〈조선일보〉에 게재한 "나의 피서 안 가는 변"에서 다방을 순례하며 아이스커피 한 잔 마시는 것을 일종의 취미이며 도시인의 교양이라고 묘사했다.

1938년 6월 21일 〈조신일보〉에서는 '차니찬 거피' 만드는 법을 다루었다. 세 가지 요령을 지켜야 하는데, 먼저 커피를 너무 오래 끓이지 말아야 할 것 둘째, 설탕은 커피가 식은 후에 넣어야 할 것 셋째, 얼음을 넣지 말고 자연 상태에서 식힐 것 등이었다. 얼음을 넣어서 마시는 아이스커피가 아니라 차게 해서 마시는 '찬커'가 좋다는 주장이었다.

1941년 5월 22일 〈매일신보〉에는 "아이스커피 이렇게 만들면 좋다"라는 기사가 실렸다. 이 신문이 소개한 아이스커피 만드는 법은 두 가지가 핵심이었다. 첫째, 원두의 선택이었다. 반드시 자바커피를 써야 한다는 것이었다. 따듯한 커피에는 어떤 원두를 써도 상관없지만 아이스커피에는 반드시 자바커피를 써야 한다는 주장이었다. 이유는 무엇이었을까? 세상 모든 커피 중 자바커피에서만 단맛이 나기 때문이라고 했다. 사실에 꽤 부합하는 내용이었다.

1880년대 커피 녹병으로 전멸했던 자바 지역 커피는 1920년대에 부활했다. 그런데 품종은 커피 녹병에 강하지만 쓴맛이 심한 로부스타종이었기 때문에 수출 상품으로는 인기가 없었다. 그래서 수출용 커피에 초콜릿 향을 입히는 것이 유행했다. 1920년대 이후 세계 커피 시장에 소개된 많은 자바커피에는 초콜릿 단맛이 가미되어 있었다. 자바커피로 내린 커피에 얼음을 넣어 마시면 초콜릿 단맛이 느껴졌다. 당시 수입하는 커피 중에서 자바커피는 중남미 지역 커피에 비해 가격이 싸다는 것도 장점이었다.

아이스커피를 만드는 두번째 요령으로 〈매일신보〉가 추천한 방법은 아이스커피에 설탕과 크림을 넣는 것이었다. 요즘 여름 음료로 인기 있는 아이스라테였다.

세계적으로 1930년대에 아이스크림처럼 얼음을 바탕으로 한 기호식품이나 음료가 등장하게 된 것은 이때 시작된 냉장고의 대중화 덕분이었다. 프레온가스를 이용한 냉장고가 1920년대 후반에 발명되었고 1930년대에는 일반 가정에서도 냉장고를 사용하는 시대가 되었다. 우리나라 신문에 아이스커피 만드는 법이 자주 등장한 것도 냉장고가 일부 가정에서 사용되기 시작한 직후였다. 중남미 6개국이 소속된 범미주커피협회가 미국에서 아이스커피 광고를 대대적으로 했던 해도 1939년이었다.

커피와 축구선수 빠-터제

1930년대에 우리나라에서 다방이 유행하고, 아이스커피를 즐길 수 있었던 것은 브라질 덕분이었다. 브라질은 1920년대에 세계 커피 생산량의 70퍼센트를 차지할 정도로 많은 커피를 생산했다. 그런데 1929년 갑자기 시작된 경제 대공황으로 커피 거래가격이 무너졌다. 낮은 가격에도 커피를 찾는 나라가 없었고 브라질의 재정은 파탄 일보 직전이었다.

브라질 정부는 커피 심기를 금지하고 많은 양의 커피를 불태웠지만 커피가격 하락은 막을 수 없었다. 모든 방법이 동원되었다. 커피로 벽돌을 만들고 커피를 철도용 연료로 사용했다. 커피로 기름, 가스, 와인, 플라스틱까지 제조했지만 소용없었다. 1937년 한 해에 만 브라질에서 1720만 자루, 1억 3000만 킬로그램 이상의 커피가 불태워졌다. 전 세계 커피 1년 소비량의 3분의 2를 태운 것이다. 브라질은 주요 커피 수입국 중 하나인 일본에 엄청난 양의 커피를 무상으로 제공했다. 1937년 일본 요코하마항에만 5만 자루의 커피가 통관절차를 밟기 위해 대기중이었고, 무상으로 제공될 커피 1만 자루도 쌓여 있었다. 중일전쟁 이후 영국을 비롯한 유럽 국가들과 일본 관계에 금이 가기 시작했고 일본 정부가 외국 물품 수입 통제정책을 시작하면서 커피 수입이 금지될 것이라는 소문이 무성했다.

재정 위기 속에서도 브라질인들은 축구를 즐겼다. 시즌이 끝나면 선수 트레이드도 활발했다. 1938년 월드컵에서 3등을 했던 브라질이 우승국 이탈리아의 유명 축구선수와 자국 선수를 트레이드하고자 했다. 그런데 자국 선수가 더 우수하다고 생각한 이탈리아가 브라질 선수와 맞교환은 어렵다고 주장했고 브라질 선수 한 명에 커피를 일정량 얹어서 보낼 것을 요구했다. 축구선수에 커피를 끼워 파는 원플러스원 계약은 그렇게 성사되었다. 커피를 사랑하는 이탈리아는 축구선수와 함께 커피를 받았고 축구를 좋아하는 브라질은 커피를 보내고 축구선수를 얻었다.[15]

이 소식은 식민지 조선의 여러 일간지에 실렸다. "축구선수와 커피를 교환"이라는 제목의 기사 마무리는 "커피와 축구선수 빠-터제 성립"이었다. 이 기사를 읽은 조선인들의 반응이 어떠했을지 궁금하다. 우울함이 넘치던 일제강점기에도 해외 토픽은 흥미로웠다.

독신자용 커피포트 등장

커피는 탄생 때부터 여러 사람이 모여서 마시는 음료, 즉 사교 음료로서의 성격을 지니고 있었다. 즉 사적 음료가 아니라 사회적 음료로 출발했다. 아라비아에서 밤샘 기도를 중시하던 이슬람 분파

---

[15] 이런 투자와 열정 덕분에 브라질은 1958년 월드컵에서 첫 우승을 차지했고 축구 강국이 될 수 있었다. 커피 덕분이었다.

수피교도들이 잠을 이기고 기도하기 위해 수도원 주변에 모여서 마시기 시작한 것이 초기 커피였다. 일종의 종교적 사교 음료로 출발한 것이다. 유럽에 커피가 유행했던 17세기 후반에 도시마다 등장한 커피 마시는 장소 커피하우스는 혼자 커피를 즐기는 장소가 아니라 비슷한 관심을 가진 사람들이 모여 대화를 나누며 커피를 즐기는 곳이었다. 미국에서 독립전쟁을 준비하던 청교도들, 프랑스에서 시민혁명을 꿈꾸던 계몽주의자들도 토론하며 함께 커피를 마셨다. 남북전쟁, 양차 세계대전 중 군인들도 전쟁이 주는 공포나 추위를 이기려고 모여서 함께 커피를 마셨다.

20세기 들어 커피가 대중화되기 이전까지 커피를 혼자 마시는 풍습은 세계 어디에도 없었다. 직장에서든 커피하우스에서든 커피는 누군가와 함께 마시는 음료였다. 원두가격이 싸지 않았기 때문에 한 번에 적당한 양의 원두를 넣고 많은 물을 부은 후 끓여서 함께 마시는 것이 경제적으로도 합리적인 방식이었다. 한 번 우려낸 원두를 다시 사용하는 경우도 적지 않았다. 낭연히 여러 사람이 있을 때 만들어야 하는 음료가 커피였다. 베이커리 카페가 유행했던 독일에서도 커피는 주부들이 제과점에 모여서 수다를 떨며 함께 마시는 음료로 소비되었다. 커피를 혼자 마시는 풍습이 생긴 것은 20세기 들어서였다.

1920년대 후반 커피가격 폭락은 혼자 커피 마시는 문화를 가능하게 했고, 이런 문화가 생긴 곳은 이탈리아였다. 아주 빠른 속도로 찐한 에스프레소를 손쉽게 만드는 기계가 개발되면서 사람들은 출근길에 골목마다 들어선 바르에 들러 선 채로 빠르게 에스프레소를 한 잔 마시고 일터로 향할 수 있었다. 에스프레소용 커피 재료로 등장한 로부스타종 원두가격이 저렴했다는 것도 1인용 커피 소비를 가능하게 만든 배경이었다. 이어서 1930년대 들어 이탈리아에서 모카포트라고 하는 1인용 에스프레소 도구가 개발되면서 집에서 혼자 커피를 손쉽게 마시는 문화는 더욱 확산되었다. 이렇게 요즘 유행하는 홈카페 문화와 혼자 커피 마시는 문화가 출발한 것이다.

20세기 초반에 대중화된 커피포트도 당연히 다인용이었다. 커피포트 덕분에 집이든 직장이든 여럿이 모여 편리하게 커피를 마실 수 있었다. 노동자들이 힘겨운 노동을 하다가 잠시 휴식을 취하는 커피브레이크 시간에 마시는 커피도 다인용 커피포트로 만들었다. 혼자 생활하는 사람이 즐기기 어려운 음료가 커피였다.

그렇다면 혼자 생활하는 사람이 편리하게 사용할 수 있는 1인용 커피포트는 언제 만들어졌을까? 서구의 커피 관련 기록을 아무리 찾아보아도 확인할 수 없었다. 모든 커피포트나 커피메이커는 다인용뿐이었다.

그런데 신기하게도 우리나라 기록에 명확하게 "독신자용"이라고 표시된 커피포트가 등장했다. 1939년 6월 3일 〈매일신보〉의 "신품, 커피포트"라는 제목의 기사였다. 사진과 함께 소개된 이 제품은 바로 독신자를 위한 1인용 커피포트였다. 이 신상품 소개 이전에 이미 독신자용 커피포트가 있었으나 문제가 있어 개선한 제품이 이때 소개된 독신자용 커피포트였다. 기존에 출시된 1인용 커피포트는 위에 뚫려 있는, 커피 가루를 넣는 부분이 얕아서 "뜨거운 물에 채이는(물에 커피가 적셔지는)" 부분이 비교적 얼마 안 되는 것이 큰 결점이었다. 새로 나온 제품은 그런 결점을 보완한 것이었다. 즉 커피 가루를 넣는 부분이 넓어진 제품이었다.

이 제품은 서구에서 주로 사용되던 방식인 금속으로 만든 커피포트가 아니라 도기로 된 커피포트였다. 이 기사에서 "창작" 발매하게 되었다고 한 내용이 그동안 없던 '독신자용'이라는 용도를 강조한 것인지, 철제가 아니라 "도기" 제품이라는 소재를 강조한 것인지는 명확하지 않다. 어쩌면 두 가지 다 해당되는 나름 독창적인 커피포트였던 셈인지도 모른다. 이 창작품을 개발한 주체가 조선인이었는지 일본인이었는지, 조선인 회사였는지 일본인 회사였는지는 기록하지 않았다. "필요는 발명의 어머니"라는 오래된 격언을 떠올린다면 이 제품의 개발을 부추긴 것은 독신자의 불편함에 대한 배려였다. 기존의 커피포트가 너무 커서 점차 늘어나는 독신자가 사용하는 데 불편이 컸기 때문이다. 다수의 필요성이 아니라 소수의 불편함에 대한 배려였다. 소수에 대한 배려, 당시나 지금이나, 못살 때나 잘 살 때나, 전시나 평시나 우리가 함께 추구해야 할 덕목이다.

강요된 애국, 우울한 커피당

A Cup of Coffee,
a Cultural History

제3부

역사적으로 일본은 늘 조선 침략을 꿈꾸었고 조선 지배의 정당성을 보여주기 위해 온갖 노력을 기울였다. 문화적 우열을 떠나 이웃 국가를 지배하는 일이 자연스럽지 않다는 것을 그들이 모를 리 없었다. 그럼에도 일본의 침략에 동조하는 서구인들, 그리고 그들과 결탁하여 작은 이익을 취하던 조선의 지식인들이 입만 열면 조선 문화의 야만성, 조선 민족의 열등성을 들먹였다.

그러던 일본이 1937년 중일전쟁 이후 일본과 조선의 조상이 같다는 '일선동조론'을 앞세워 일본과 조선의 일체와, 이른바 내선일체를 적극적으로 추진했다. 황국신민서사를 통해 일본 천황에 대한 충성을 강요했다. 전쟁으로 빠져들고 있었다. 중일전쟁에 이어 일어난 1941년 12월 태평양전쟁, 그리고 반영·반미 운동의 회오리로 말미암아 커피는 설 자리를 잃어갔다. 다방의 푸른 꿈도, '아이스커피'도, '찬커'도 사라졌다.

일제는 전쟁 자금 마련을 위해 없던 세금을 만들었고 있던 세금은 대폭 인상했다. 심지어 커피를 마시고 웨이트리스에게 주는 팁에도 세금을 붙였다. 커피를 마시는 것이 아니라 세금을 마시는 것이었다. 커피, 카페, 런치 등 적성어 사용조차 금지되었다. 이로 말미암아 돌체다방은 경성다방으로 이름을 바꿔야 했다.

애국일 다방 풍경

애국일에 손님과 외박한 웨이트리스

1937년 7월 일본이 중국 본토를 침략하는 중일전쟁이 시작되자 미나미 지로南次郎 총독은 조선인의 '황국신민화'를 본격화하기 위해 그해 10월 '황국신민서사'를 제정하여 모든 국민이 암송하도록 강요했다. 또한 미나미 지로 총독은 매월 6일을 '애국일'로 정하고 전쟁에서 목숨을 잃은 일본 군인들을 추모할 것을 요구했다. 전국적으로 신사를 무려 2300개나 건립하여 모든 조선인이 일본 영령에게 참배할 것을 강요하는 일도 벌였다.

그러나 애국일이 잘 지켜지지 않자 1939년부터는 보다 기억하기 쉽게 애국일을 매월 1일로 변경했다. 애국일에는 카페나 다방, 음식점 등에 휴업이 강제되지는 않았지만 술을 팔거나 흥겨운 노래를 듣는 것은 금지되었다.

애국일 열풍이 불던 1939년 8월 1일 명동에 있는 카페 '77'에서 일하던 일본인 웨이트리스 두 명이 손님들과 외출하여 8월 2일에 돌아온 것이 발각되었다. 그들이 다녀온 곳은 온양온천이었다. 경찰 조사를 받았고 카페에 괴태료 처분이 내려졌다. 웨이트리스가 손님과 함께 1박 2일 외출한 일은 지극히 반애국적 행동이었다.

일본인 웨이트리스들은 왜 그런 행동을 했을까? 그들에게 누구인지도 모르는 군인들, 낯선 불특정 다수의 군인을 추모하는 날을 지정하여 지키도록 강요하는 것은 의미 없는 일이었다. 일본인 웨이트리스들도 그러한데 조선인들은 두말할 필요도 없었다. 일본인 웨이트리스조차 지키지 않는 애국일을 조선인들이 자발적으로 지킬 리 없었다. 그들이 강요하는 애국일 행사에서 조선인들의 형식적 추모는 추모일 수 없었다. 비록 강요로 조선인들이 눈을 감고 고개는 숙였지만 추모하지는 않았다.[1] 추모나 사과는 마음에서 우러나서 하는 것이 정상이다. 강요로 될 일도 아니고, 날짜를 정한다고 될 일도 아니며, 무엇을 세운다고 될 일도 아니었다. 80여 년 전 일본의 카페

---

1 9월 11일은 미국이 지정한 '애국일'이다. 2001년 발생한 9·11테러 희생자를 추모하기 위해 제정한 기념일이다. 러시아 대통령 블라디미르 푸틴은 2005년 미국을 방문했을 때 무역센터가 바라다보이는 뉴저지주 베이온에 추모비를 선물했다. 9·11테러 희생자들 이름과 함께 동판 위에 본인 이름도 새겼는데, 우크라이나전쟁 발발과 함께 그의 이름이 가려졌다. 전쟁을 도발한 그의 추모는 추모가 아니었기 때문이다.

웨이트리스들도 알던 사실이었다.[2]

빼앗긴 '다방골잠'

1898년 8월 12일 〈매일신문〉을 보면 서울 다방골에 사는 기생 옥진이 사망하여 발인하는 날 서울 시내 길거리 곳곳에서 남자들이 길을 막고 치제(제사를 올리는 예)했다고 한다. 옹진군수의 아들과 백년가약을 맺었지만 그가 다른 여성과 결혼하자 비관하여 생을 마감한 것이다. 다방골, 서울 청계천과 남대문로가 만나는 사거리 남서쪽, 즉 광통교 남쪽은 이렇듯 예부터 서울에서 스캔들이 많던 곳이다. 조선시대 왕실에서 행하는 다도와 차례를 주관하는 관청 사옹원이 운영하던 다방이 이곳에 있었기에 다방골이라 불렸다. 관에서 시도 때도 없이 주관하는 다도와 차례에 동원되던 기생들이 이곳에 많이 살았다.

조선이 망하자 관청에서 운영하던 기생제도가 사라졌다. 특히 총독부는 기부妓夫(기생을 후원하는 사내)가 있는 여성은 기생을 할 수 없도록 했다. 당시 서울의 기생들은 다수가 기부를 두고 있었던 반면, 지방의 기생들은 그렇지 못한 경우가 대부분이었다. 생계가 어려운 지방 기생들의 상경이 이어졌다. 특히 기생 문화가 융성했던 서도(평안도) 출신 기생 다수가 다동으로 모여들었다.

다동에 모인 기생들은 자신들의 권리를 지키기 위해 1913년

---

2   그래서 일본 정부에 식민지 지배를 사과하라고 강요하는 것은 무의미하다.

에 다동기생조합을 설립했다. 아마도 우리나라 노동조합의 시초일 것이다. 초기에는 자신들이 서울의 기생들과는 달리 후원자가 없는 '무기부'임을 강조하기 위해 무기부조합이라고 칭했다가 1915년부터 다동기생조합으로 개칭했다. 이 조합은 주로 다동 주변에서 다양한 공연 활동을 하며 생계를 유지했고 지방에서 올라온 기생들의 정착을 도왔다. 이런 면에서 다동에서 활동하던 기생들이 우리나라의 근대적 공연예술 문화의 씨앗을 뿌렸다고 볼 수 있다.

일제강점기 중반부터 다동에는 이들 때문에 많은 다방과 카페가 생겨났다. 이 업소에서 밤늦게까지 일하는 여성들은 아침에 늦잠을 자는 것이 일상이었다. 그래서 생긴 말이 '다방골잠'이었다. 이는 전날 늦은 시간까지 일하고 아침에 늦게까지 자는 달콤한 잠을 일컬었다.

그런데 일제 식민지 권력은 이런 다방골잠마저 빼앗아갔다. 이들이 지정한 매월 1일 애국일에는 늦잠이 허용되지 않았다. 아침 일찍 열리는 애국반상회에 참석하려면 7시 전에 일어나야 했다. 일제 식민지 권력은 이를 "총후 국민답게" 사는 모습이라고 표현했다. 억지로 반상회에 참여하는 모습을 보고 "게으르고 놀기 좋아하는" 조선인들이 "엄숙하고 점잖게" 변했다고 자랑스러워했다. 〈매일신보〉에 따르면 평상시에 "아침 커피"를 마시러 찾아가던 찻집 문도 이날은 열리지 않았다. 이 신문은 조선인들이 자숙의 뜻으로 문을 닫았다는 아전인수식 해석을 했다.

우리의 역사, 언어, 문화로부터 일상 생활용품까지 전쟁 목적으로 모두 빼앗아간 일제 식민지 권력은 시민의 아침잠까지 '자숙'의 이름으로 앗아갔다. 자숙해야 할 이들은 침략자들이었다. 그런데 자숙은커녕 죄 없는 우리에게 반성과 변화를 요구하던 뒤틀린 시절의 애국일 놀음이었다.

금강산 비로봉에도 들어선 다방

1930년대 후반은 전쟁의 광풍이 몰아치기 시작한 시기였다. 일본은 조선인을 전쟁터로 내몰기 위해 1938년 국민총동원법을 공포한 데 이어 1939년에는 국민총동원령을 내렸다. 이해부터 매월 1일 애국일에 모든 카페, 다방, 백화점, 극장 등의 영업을 금지했다. 애국일 24시간은 식민지 백성들에게 강요된 자숙의 시간이었다.

자숙해야 할 주체는 당연히 일본이었다. 그러나 현실은 반대였다. 이웃 나라를 침략하고, 수탈하고, 강제 동원을 일삼는 자신들이 완장을 차고 피해자인 우리 민족에게 자숙을 강요하는 일이 비일비재하게 일어났다. 자숙을 강요한 이들은 일본 지배자들이었지만 자숙을 외친 사람들은 그들만이 아니었다. 소설가 월탄 박종화는 "30대를 넘지 못한 새파란 청년들"이 "시계가 한 시 두 시를 가리키고 있는 대낮에" 다방에 앉아 턱을 괸 채 눈을 감고 있는 모습을 보며 "철학가인가? 시인인가? 음악가인가?"라고 반문한 뒤 우울로 가득 찬 "망국의 풍경"이라고 한탄했다.

그가 말한 망국의 '국'은 이미 망한 나라 조선이 아니었다. 이런 우울한 젊은이들 때문에 망할 수도 있는 나라 일본이었다. 그는 일본의 망함을 걱정하고 있었다. 자신들이 나고 자란 나라가 망해서 우울한 나날을 보내고 있는 젊은이들을 향한 빗나간 한탄이었다. 30대 후반의 소설가였던 그가 "30대를 넘지 못한 새파란 청년들" 운운하며 보여준 설득력 없는 한탄이었다. 그는 우울보다도 명랑을 갖고 싶다고 했다. 그러나 안타깝게도 그는 조선 청년들이 겪던 우울의 원인에는 무관심했다.

일제강점기 후반 조선에는 다방이 셀 수 없이 많았다. 대도시 골목마다 다방이었다. 요즘과 다르지 않은 풍경이었다. 수입품인 커피 소비는 권장하지 않았지만 커피를 파는 다방은 우후죽순 생겨났다. 왜 그런 일이 벌어졌을까? 바로 세금 수입 때문이었다. 일제강점기 중반 이후 커피와 차를 파는 다방, 끽다점, 카페, 바 등에서 거두어들이는 세금이 총독부 세입에서 차지하는 비중이 작지 않았다. 앞에서는 커피 등 수입 물품 소비 자제를 외치고 뒤에서는 세금 들어오는 업소의 창업을 반기는 이중적인 태도였다. 거두어들인 세금은 납세자들의 삶을 위해서가 아니라 전쟁 준비에 쓰였다.

당시 조선의 지식인들은 다 아는 사실이었다. 그런데도 다방을 열도록 허가해준 총독부 당국이나 다방을 운영하는 신흥 자본가들을 탓할 용기는 저버린 채 망국과 전쟁으로 우울한 조선 청년들을 비난하는 일은 그다지 보기 좋은 모습이 아니었다.

당시 다방 열풍의 배경을 보여주는 흥미로운 소식이 보도되었다. 1939년 8월 9일 금강산 비로봉 꼭대기에 돌과 나무로 50평가량 되는 다방을 준공했다. 여기에 그치지 않고 금강산 집선봉과 조양

폭포에도 가을 내에 다방이 준공될 예정이라는 소식이었다. 1939년 8월 10일 〈매일신보〉 보도였다. 탐승객(등산객)들의 희망을 빙자하여 비로봉 꼭대기에 다방을 개점한 주체는 금강산협회였다. 금강산협회는 1930년 8월 총독부가 금강산에 제반 시설을 갖추어 관광산업을 부흥하고자 일본인 전문가들을 동원하여 설립한 단체였다. 비로봉 꼭대기에 문을 연 다방에서 걷은 세금과 수익금은 물론 전쟁 준비에 쓰였다.

아무리 카페가 많은 요즘이라 해도 한라산 백록담, 설악산 대청봉, 지리산 천왕봉에는 카페가 없다. 북녘 묘향산, 백두산 꼭대기에도 다방은 없다. 다방 창업에 총독부가 앞장서던 시절에 조선 청년들의 다방 출입을 문제삼거나 커피 소비를 비난하는 일은 낯 뜨거운 억지였다.

세를 마시고, 세에 취하고

해괴한 카페 영업법

조선총독부는 일찍이 '의례준칙'을 공포하여 조선의 혼례, 상례, 제례 등 대부분의 전통문화를 "전부터 내려오는 폐단"이라 하여 일절 배척할 것을 요구했다. 예컨대 혼례 중 궁합이나 사주 등은 무식에서 생긴 폐단이며 혼인을 청할 때 예물로 보내는 납채는 매매혼인의 흔적이고 목기러기를 사용하는 전안례는 가치 없는 중국의 풍습이므로 폐지하는 것이 옳다는 식이었다.

진주만 공습으로 태평양전쟁이 시작되자 이제는 전시라는 이유로 온갖 해괴한 생활 지침을 발표했다. 한 신문의 표현대로 자고 나면 발표되는 '7·7 금지령' '8·1 조치'와 같은 온갖 명령과 규제로 일상을 피곤하게 만들었다. 1940년대에 접어들면서 벌이기 시작한 배영운동排英運動 영향으로 음식점이나 카페 명칭에 영어 사용이 금지되었고 미국이나 영국 등 적성국 음악은 가정이든 음식점에서든 틀어도 안 되고 들어도 안 되는 시대가 되었다.

이런 시대의 한복판이었던 1944년 6월 18일 '경성부내식당조합'에서 발표한 '음식점과 식당의 영업법'은 그 종결판이었다. 발표된 내용은 6월 20일부터 시내의 카페를 포함한 모든 요식업소에서 일제히 실시하도록 강요되었다.

그중에서도 흥미로운 부분은 첫번째 항목이었다. 첫째, 손님이 카페든 끽다점이든 음식을 파는 업소에 젓가락을 갖고 오지 않으면 음식을 내놓지 못하도록 했다. 그동안 음식점에서 쓰던 나무젓가락을 사용하지 못하도록 한 것이다. 다른 방침들은 6월 20일부터 실시했지만 이 우스꽝스러운 조치는 7월 1일부터 실시하기로 했다. 아마도 총독부의 판단으로도 젓가락을 들고 가야 음식을 주문할 수 있다는 점은 일정한 계도기간이 필요한 반상식적 조치였을 것이다. 문화민족이라고 자랑하던 일본인들이 젓가락을 들고 음식점 앞에 줄을 서는 진풍경이 벌어졌다. 수저를 들고 길거리를 돌아다니는 일은 걸인들이나 하는 행동으로 여기고 길거리에서 음식 먹는 것 또한 젊잖지 못한 행동으로 꺼리던 조선인들의 동참을 이끌어내기는 어려웠다. 젓가락을 들고 음식점 앞에 줄을 서게 하는 것이 문화민족을 자부하는 일본인들이었다.

둘째, 음식점의 점심 영업 시작을 일제히 11시로 했다. 그러면서 음식점 주인의 판단으로 11시 이전에 여는 것을 모두 금지했다. 10시부터 음식점 앞에서 문 열기를 기다리는 행동을 "사무와 작업 시간을 허비하는 일"로 규정하여 금지한 것이다. 아무리 배가 고파도 음식을 사먹으려면 11시까지 기다려야 했다. 배고픔도 시간을 지켜서 표현하도록 강요한 것이 문화민족 일본인들이었다.

셋째, 음식점 명칭에 이어 음식 명칭에도 적성어, 즉 영어나 프랑스어 사용을 금지했다. 이를테면 '런치' '커피' '오렌지' 등이었다. '커피'는 안 되지만 '고히'는 가능하고, '런치'는 안 되지만 '란치'는 가능한 시대였다. 자신들이 문명과 문화의 선구자라고 추종하던 서양풍을 배격하는 것이 문명국 일본이었다.

넷째, 음식점에서는 '반차[湯茶]'를 반드시 내놓도록 했다. 대중음식점에서는 식사를 마친 손님들에게 반드시 차를 내놓되 무료로 제공하도록 강제했다. 식사 후 카페나 다방을 찾아 커피를 마시는 양풍을 막아보자는 심리였다. 카페나 다방의 영업 자체를 금지하면 될 일이었지만 세금 수입을 포기할 수 없었던, 선쟁을 좋아하는 문명국 일본이었다.

돌체다방이 경성다방으로

돌체dolce는 음악 연주에서 '감미롭게' '부드럽게'를 의미하는 이탈리아어다. 우리나라에서는 음악 용어로 이해하는 사람보다는 다방이나 카페 상호로 알고 있는 사람이 더 많다. 지금도 전국에는 돌체라는 단어가 들어간 다방, 카페, 레스토랑이 수없이 많다.

우리나라에 첫 '돌체'다방이 등장한 것은 1940년이었다. 개

성상인의 피를 이어받은 일본 유학생 하석
암은 부친이 보내주는 학비를 공부보
다는 클래식 축음기판(SP음반) 구입
에 썼다. 예술가의 삶을 꿈꾸며 수천
장을 구입했다. 1940년 그는 귀국하
자마자 광주에서 서울로 올라와 서
울역 앞에 자리를 잡았다. 세브란스
의학전문학교 근처로 지금의 서울
스퀘어(옛 대우) 빌딩이 있는 자리였
다. 아내 정두형과 함께 이곳 주택가
살림집 2층에 다방을 차렸다. 일본
에서 구입한 클래식음반이 1만 장
가까이 있는 우리나라 최초의 음악

1930년 3월에 빅타레코드사에서 발매된 김연실의 SP음반 〈아르렁〉. 영화 〈아리랑〉의 주제가였다. 영화배우로 최고 인기를 누렸던 김연실은 1936년 문화예술인들의 아지트였던 다방 낙랑파라를 인수했다. 곧이어 일제는 다방이나 카페에서 듣는 음악도 통제하기 시작했다. 영업에 제약을 느낀 김연실은 2년 만에 낙랑파라를 폐업하고 만주로 떠났다.

다방이었다. 주 고객은 세브란스 학생 중 음악과 커피를 좋아하는
이들이었다.

　그런데 일제가 배영운동을 시작했다. 서양에서 만든 음반 사
용뿐 아니라 서양인이 만든 음악도 금지되었다. 카페나 음식점 명칭
에 영어 사용도 허용되지 않았다. 훗날 군부 독재자들이 흉내낸 문화
예술 탄압정책의 원형이었다.

　1941년 12월 7일 진주만 습격으로 태평양전쟁이 일어나자
일제의 단속은 더욱 심해졌다. 오후 5시 이전에 다방이나 카페에서
음반을 틀어도 안 되고, 오후 5시 이후라도 아무 음악이나 들을 수

없었다. 우울한 음악, 감상적인 음악은 트는 것도, 듣는 것도 금지였다. 카페나 다방에 앉아 커피를 마시면서 군가를 들어야 하는 분위기였다.

단속에 걸리지 않는 방법은 있었다. 음악을 틀기 전에 음반을 경찰서로 들고 가서 틀어도 되는지를 미리 알아보는 방법이었다. 경찰들에게도 음악 지식이 필요했다. 잘못 알고 허락했던 음악의 작곡가나 작사자, 연주자가 미국인, 영국인, 프랑스인이면 문제가 되었다. 경찰들도 함부로 판단하기 어려운 일이었다.

이즈음 돌체다방이 경성다방으로 바뀌었다. 영어식 명칭 사용이 금지되면서 생긴 일이었다. '돌체'는 영어가 아니라 일본과 같은 편이었던 이탈리아 단어였지만 무식한 그들이 알 리 없었다. 광복되고 돌체다방은 이름을 되찾았고 조금 넓은 건물을 찾아 명동으로 이전했다.[3]

---

[3] 돌체다방 이름을 되찾았고 유명 장소가 되었지만 곧이어 전쟁이 벌어졌다. 전쟁 초에 하석암은 총상으로 세상을 떠났고 음반을 지킨 이는 부인이었다. 피란지 부산까지 그 많은 축음기 음반을 가져가 부산 돌체다방을 열었다. 전쟁이 끝나고 문을 연 명동 돌체다방에는 수많은 문화예술인이 출입하며 추억을 쌓았다. 중학생 백건우가 아버지와 함께 들러 피아노 연주곡을 감상하던 곳, 화가 백영수가 죽치고 앉아 신문 만평을 그리던 곳이 돌체다방이었다. 명동 돌체다방의 커피는 커피 가루를 넣어 끓인 후 걸러서 마시는 튀르키예식이었다. 인스턴트커피가 대중화되기 이전이었다. 명동에 대중가요와 인스턴트커피가 넘쳐나고 커피 향도, 음악도 모르는 철부지들이 몰리기 시작한 1962년 돌체다방은 자진 폐업했다. 돌체가 사라진 지 60년, 명동에는 아직도 커피다운 커피와 문화가 없다.

세금으로 사라진 커피 향

일본 제국주의자들은 자신들의 침략 야욕이 부른 전쟁을 마치 동아시아 지역에서 서구 제국주의를 척결하는 성스러운 전쟁인 양 '대동아전쟁'이라 부르며 조선인 모두를 전쟁의 소용돌이 속으로 몰아넣었다. 전선이 태평양 전역으로 확대되면서 더 많은 자금이 필요했기에 일제강점기 후반에 접어들며 그들이 부과하는 세금은 거의 폭탄 수준이었다. 자고 나면 있던 세금은 오르고 없던 세금은 생겨났다.

세금 폭탄을 미화하기 위해 외친 구호가 '납세보국'이었다. 세금을 납부하여 나라를 보호하자는 희한한 운동이었다. 납세는 국민의 당연한 의무인데, 왜 납세보국이라는 거창한 말을 썼을까?

일제가 세금을 폭탄처럼 부과하기 시작한 것은 1937년 중일전쟁과 함께였다. 예컨대 1938년 4월 1일부터 '지나사변특별세'의 하나로 '교통세'를 도입했다. 열차, 버스, 연락선 등 모든 교통수단 이용자에게 세금을 부과한 것이나. 〈매일신보〉는 이를 보도하면서 "발에도 세금"이라는 제목을 붙였다. 극장에 '입장세'가 붙으면서 관객이 감소했다는 소식도 전했다. '물품특별세'가 생기자 물건값이 오를 것에 대비하여 사재기 열풍이 불었다. 1939년 3월 경성부가 재원 마련을 위해 쓰레기에 세금을 부과하기로 했다는 뉴스는 시민들에게 충격을 주었다.

증세는 끝없이 이어졌다. 1941년 12월 1일을 기해 '유흥음식세'가 대폭 인상되었다. 종로 네거리에는 기생을 태운 인력거의 그

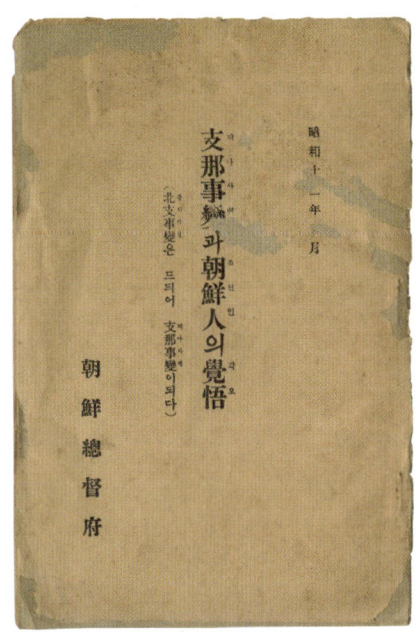

1937년 조선총독부가 펴낸 『지나사변과 조선인의 각오』라는 선전 책자. 일제는 1937년 중국 본토를 침략하며 조선인들의 참여와 지원을 독려했다. 납세보국운동은 조선인들에게 강요된 전쟁 지원 책동이었다.

림자가 많이 사라졌다. 왜일까? 기생의 화대에 10할, 즉 100퍼센트의 세금을 부과한 결과였다. 카페 웨이트리스에게도 팁을 주고 3할의 세금을 다 내야 했다. 손님 감소로 요정 수입은 절반으로 줄어들었고 카페도 30퍼센트 이상 수입이 감소했다. 그런데도 〈매일신보〉는 요정 주인이나 카페 주인이 시국을 원망하거나 실망하는 기색이 없었고 끝까지 국책에 순응하여 협력하고 "물이든 불이든 뛰어들 각오와 대책을 세우기에 바쁜 것이었다"라고 권력 편에 서서 보도했다. 나라가 망하는 이유는 문제가 많아서가 아니라 문제가 있다는 것을 모르는 국민이 많아서고, 다수의 국민을 이런 길로 이끄는 것은 본분을 잃은 언론임을 잘 보여주는 사례였다.

1942년에 이르자 납세보국운동이 대대적으로 벌어졌다. "나라의 힘은 세금으로부터"라는 구호가 온 나라에 울려퍼졌다. 심지어 조선에 거주하는 일본인이 일본 본토로 귀국할 때 세금완납증명서가 없으면 귀국이 허용되지 않았다.

일제는 1944년 2월 16일을 기해 비행기, 군함, 대포 등을 만들려고 물품세, 유흥음식세, 입장세, 특별행위세 등을 대폭 인상했다. 그중에서도 관심을 끄는 세금은 유흥음식세였다. 카페, 바, 다방, 끽다점에서 음식을 먹거나 음료를 마시면 그 값에 붙이던 6할의 세금을 13할로 올렸다. 식음료가격의 1.3배의 세금을 부과한 것이다. 배보다 배꼽이 컸다. 요정 음식에 부과하던 5할 세금은 10할로 인상되었다. 카페나 바보다 요정 음식에 부과하는 세율이 조금 낮았다. 일본인들은 요정을 즐겼고 조선인들은 카페나 바, 다방을 즐긴 데서 연유한 것일 수 있다. 세금에도 교묘한 차별이 존재했다.

언론의 표현대로 요정 등에서 호세를 부리던 층도 세를 마시고 세에 취하는 일을 삼갈 수밖에 없게 되었다. 대중음식점이나 숙박업소 세금도 결코 낮지 않았다. 2원 50전 미만의 음식에는 3할의 세금을, 10원 이상의 여관에는 7할의 세금을 부과했다.

세금 폭탄과 양풍배격운동 속에서 커피를 파는 카페, 다방, 바 등은 문을 닫거나 세금이 상대적으로 낮은 대중음식점으로 전향했다. 〈매일신보〉 기사에서 커피라는 단어가 마지막으로 등장한 날은 1944년 6월 18일이었고 카페라는 단어가 자취를 감춘 날은 1944년 3월 24일이었다. 커피라는 단어가 신문에 등장한 지 60년, 카페라는 표현이 신문에 등장한 지 30년 만에 사라졌다. 물가 폭탄, 납세보국의 소란함 속에 조선 땅에서 커피 향이 사라졌다.

일제강점기 후반 일제가 벌이고 언론이 동조했던 세금 폭탄, 납세보국운동 가운데 등장했던 가장 흥미로운 사건은 기생의 화대에도 세금을 부과하는 일이었다. 1944년부터는 무려 화대의 세 배를 세금으로 납부해야 했다. 언론의 표현대로 "유흥층에 통봉痛棒(좌선 때 집중 못 하는 스님에게 사용하는 몽둥이)"이 내려진 것이다. 아무리 언론이 국민의 눈을 가린다고 해도 팁이나 화대에도 세금을 부과하는 권력이 무너지는 것은 당연했다. 통봉을 들고 국민을 때리던 권력은 민주주의의 통봉을 맞고 붕괴되었다. 납세보국운동은 6·25전쟁 이후 이승만이 재현했고 그 또한 민주주의를 원하는 국민의 통봉을 맞고 무너졌다.

세금은 국가 관리의 한 방편이다. 국가는 나라를 경영해야 하기에 세금을 부과하는 권리를 갖고 있고 국민은 국가가 자신을 보호하는 것에 세금 납부로 보답해야 한다. 납세의 의무다. 민주주의가 성숙한 근대국가일수록 정부에 대한 국민 평가에서 세금으로 국민의 삶을 편하게 해주느냐, 세금으로 국민을 힘들게 하느냐가 중요한 기준으로 작동하는 이유다.

가짜 커피와 대용 커피

대용 커피는 커피 역사의 시작과 함께 등장했다. 커피 재료가 귀해 가격이 지나치게 높거나 전쟁으로 커피 재료를 구하기가 어려울 때 대용 커피가 유행했다. 유럽에서는 나폴레옹의 대륙봉쇄령 전후에, 미국에서는 남북전쟁 시기에 커피 대신 치커리 뿌리를 많이 이용했다. 양차 세계대전 당시에는 세계적으로 보리나 콩 종류를 사용한 대용 커피가 유행했다.

커피로 돈을 벌려는 자본가들이 커피 가루에 이물질을 섞어 파는 경우도 있었다. 대용 커피라기보다는 가짜 커피 혹은 불량 커피였다. 미국에서 커피 소비가 급증함에 따라 커피가격이 급격히 상승했던 1880년대에 자주 벌어졌던 일이다.

우리나라에서도 1920년대와 1930년대에 커피 붐이 일자 대용 커피 내지는 가짜 커피가 나돌았다. 1934년 12월 27일 〈동아일보〉는 "커피, 코코아, 홍차 사는 법과 택하는 법"을 크게 다루었는데, 이 기사를 보면 당시 우리나라에서도 커피 재료를 속여 파는 일이 적지 않았던 것으로 보인다.

(커피) 살 때는 신용 있는 가게에서 보고 있는 데 갈아달라고 하되 그렇지 못하면 신용 있는 상점의 상표를 보아 사도록 하십시오. 싸기만 한 커피 중에는 가끔 나무뿌리, 콩, 나무껍질 같은 것을 가루로 만들어 넣는 일이 있습니다. 만일 이러한 것을 알아보려면 컵에 물을 넣고 커피를 좀 넣어보아 선부가 가볍게 떠오르거든 좋은 물품으로 아십시오. 무거운 혼합물이 많으면 저절로 가라앉게 되므로 좋지 못한 것을 알게 됩니다. 끓여보아 빛이 엷고 향기가 높은 것이 좋은 것입니다. 커피는 조금씩 사는 것이 좋답니다.

중일전쟁은 대용 커피에 대한 관심을 다시 불러일으켰다. 〈동아일보〉는 1938년 5월 20일, 21일, 24일 세 차례에 걸쳐 '커피 대용품'을 소개하는 기사를 실었다. 첫날은 대용 커피를 만드는 법과 대표적인 재료를 소개했다. 대용 커피를 만드는 방식에는 커피에 일부 다른 원료를 섞어 사용하는 방식과 전연 다른 원료에 커피 향을 첨가하는 방식이 있었다. 대용 커피 원료로 사용할 수 있는 재료로는 무화과, 맥아, 대맥, 낙화생, 대두 등이 대표적이었다. 이들 재료를 깨끗이 세척한 후 볶아서 사용하는 방식이었다. 둘째 날은 구체적으로 현미 커피를 만드는 법과 그 이점을 다루었고, 셋째 날은 '마루타커피'를 소개했다. 맥주 양조에 사용하는 맥아를 가공한 커피였다. 유럽인들이 즐기는 치커리커피 소식도 함께 전했다. 같은 신문은 이듬해 5월에도 "커피 대용품 '오크라'는 무엇"이라는 특집 기사를 두 차례 연재했다. 오크라의 효능, 가을에 수확하는 오크라 열매로 커피 만드는 방법을 매우 상세히 다루었다.

  대용 커피에 지친 사람들에게 대만산 커피 소식은 큰 기대를 불러일으켰다. 1939년 4월 22일 〈동아일보〉는 일본이 식민지 대만에서 오래전부터 커피 재배를 시도해왔다는 소식을 전했다. 그러나 이후 대만산 커피의 수확이나 수입 소식은 전해지지 않았다. 1941년 대용 커피를 생산하는 공장이 설립되었다는 소식이 들렸다. 원산에 연 5000석의 대두를 가공하여 커피를 만드는 공장이 완공되어 생산을 시작했다는 소식이었다. 일본이 동남아시아 침략을 시작했고 미국·영국·네덜란드 정부가 자국 내 일본 자산 동결을 선언한 직후였다. 미국은 '미일수호통상조약'을 파기했고 일본은 '양키 타도'를 본격적으로 외치기 시작했다. 진주만 공격 이전에 일본과 연합국은 이미 적대관계에 들어서섰다. 동남아시아를 점령한 일본은 베트남, 필리핀, 인도네시아 등에서 생산된 커피를 잠시 들여올 수 있었으나 오래가지는 못했다.

모닝커피는 매국?

태평양전쟁이 본격화하면서 식민지 조선 또한 전쟁의 소용돌이, 전쟁의 광기에 빠져들었다. 한갓 음료였던 커피도 전쟁의 광풍을 피하기 어려웠다. 편안하게 커피 한잔 마시는 것이 쉽지 않았다. 수입품인 커피 부족이 일차적 원인이었지만 커피를 바라보는 따가운 시선이 더 큰 문제였다. 거리의 오아시스였던 다방은 낭만과 휴식이 있던 옛날 그 모습을 잃어버렸다. 1940년대 초반이 되자 다방은 우울함이 넘치는 곳으로 변했다. 낭만주의 작가 박종화의 표현대로 "음침하고, 답답하고, 우울한 풍경"을 지닌 낯선 곳이 되었다. 청년들은 전쟁터로 떠나고 커피가 사라진 세상에서 겨우겨우 버티던 많은 다방은 하나눌 눈을 감았다.

커피를 즐기던 조선의 문화예술인 중 커피를 서양풍이라고 하여 갑자기 매도하는 사람이 생기기 시작했다. 동양 음료인 차를 마시는 것은 괜찮았지만 서양 음료인 커피를 마시면 비난의 대상이 되었다. 갑자기 커피가 피해야 할 사치와 향락의 상징이 되었다. 당대인 중 차와 마찬가지로 커피가 동양에서 탄생한 음료임을 아는 사람은 당연히 없었다.

커피를 좋아했고 카페 출입을 즐겨 하던 영화감독 안석영이 갑자기 커피 매도에 앞장섰다. 안석영은 일본 유학을 마치고 귀국한 직후 나도향의 연재소설 『환희』의 삽화를 그리면서 유명해졌다. 당시 꽤 존경받던 영화감독이자 배우, 화가였다. 홍명희의 연재소설 『임꺽정』의 삽화를 그렸고 이경손과 함께 영화 〈심청전〉을 제작했다. 훗날 광복이 되고 분단이 가시화되던 1949년 "우리의 수원은 통일, 꿈에도 소원은 통일"로 시작하는 통일 노래를 작사하여 국민 동요로 만든 바로 그 인물이다.

안석영은 1942년 1월 19일 〈매일신보〉에 발표한 글에서 "대동아전쟁의 한가운데서 우리 국민에게 '유한'이란 두 글자는 아주 말살해버려야 할" 것이며 커피를 마시는 것은 "유한한 풍경"이기에 "보기에 미안스러운 일"이라고 주장했다. 그러면서 "커피를 마시되 적당한 때와 장소를 찾아서 적당한 절차를 지켜서" 마실 것을 요구했다.

그가 말하는 '적당한 때'는 언제일까? 그는 구체적으로 '오전'을 피해야 할 커피시간으로 지목했다. 그는 오전에 커피를 마시는 젊은이들을 "오전 커피-당"이라 부르며 강하게 비판했다. 오전에 커피를 마시는 젊은이들은 왜 비난받아야 했을까? 그에게 오전은 열심히 근로하여 국가에 봉사하는 시간이었다. 시국은 근로를 부르는데, 오전부터 한가로이 커피를 마시는 행동은 비난받아 마땅하다는 것이 그의 논리였다.

아마도 그의 눈에는 서양인들이 즐기는 모닝커피 풍습을 따라 하는 것조차 양풍 배격을 외치는 일제의 주장을 거스르는 미안스러운 일로 보였을 것이다. 적당한 시각에 커피를 마시는 것은 생활의 위안과 피로 회복을 위해 "해롭지는 않을지 모른다"라는 애매모호한 주장도 폈다. 적당한 시각이 언제인지는 물론 밝히지 않았다.

커피를 마실 수 있는 적당한 절차에 대해서도 그는 아무 설명을 하지 않았다. 안석영 자신은 자신만이 알고 있는 적당한 시각에, 적당한 절차에 따라 커피를 마셨을 것이다. 자신의 기준이 애국이고 다른 사람의 기준은 매국이라고 단언하는 엘리트들이 넘쳐나는 시대였다. 대부분 상식에 어긋나는 기준이어서 지키기가 어려웠다는 점이 문제였고 비극이었다. 일제가 벌인 전쟁 광풍 속에 커피가 사라지면서 존경받던 조선인도 하나둘 사라져가고 있었다.

일본 제국주의의 전쟁 광기가 최고조에 달했던 1940년대 초반 조선에서 수입품 커피는 점차 비판의 대상으로 여겨졌다. 커피 한 잔을 앞에 놓고 편히 쉴 수 있었던 다방은 사라졌다. 다방은 더이상 거리의 오아시스가 아니었다. 남림의 표현대로 다방은 이제 "피로한 신경이 더욱 피로히여져서 울며 겨자 먹는 격으로 커피를 마시는" 무너진 오아시스였다.[4]

커피는 서서히 사라졌다. 민족 신문을 외치던 〈동아일보〉에서 커피라는 단어가 마지막으로 쓰인 기사는 1940년 7월 28일 시인 김광섭의 칼럼 "우울의 서"였다. 백합원다방에서 커피 한 잔을 주문했으나 설탕이 없어 만들 수 없다는 말을 듣고 나왔다는 자조적인 표

---

[4] "다방의 풍속", 〈조선일보〉, 1940년 3월 1일.

현이었다. 〈조선일보〉에서 마지막으로 커피라는 단어가 보인 글은 1940년 8월 6일 노천명의 수필 『여중기』에서였다. 글쓴이는 달리는 기차의 차창을 내다보며 서울 본정통의 거리 모습을 떠올린다. 상자 같은 집 속으로 익숙한 사람들이 커피 냄새를 맡고 흡수되듯 들어갔다 다시 나오는 장면이었다. 이 기사가 나간 이틀 후인 8월 10일 총독부의 요구로 두 신문은 폐간되었다.

〈매일신보〉에서 커피 소식을 마지막으로 전한 날은 1944년 6월 20일이었다. 경기도에서는 '런치' '커피' '오렌지'와 같은 적성어 사용을 전면 금지하는 정책을 세우고 20일부터 전면 실시하게 되었다는 끔찍한 소식이었다. 일제는 수입 커피를 마시는 것은 물론 그 단어를 입에 올리는 것조차 금지했다. 커피를 입에 넣는 것도, 커피라는 말을 입 밖으로 내뱉는 것도 국가가 관리하는 세상이 되었다.

분단, 전쟁, 그리고 얌생이 커피

제4부

A Cup of Coffee,
a Cultural History

1945년 2월 소련의 휴양 도시 크림반도의 얄타[1]에서 미국의 루스벨트, 영국의 처칠, 소련의 스탈린이 참석한 회담이 열렸고 소련의 대일전 참전문제가 논의되었다. 결국 소련의 참전이 결정되었고 남북이 분단의 길로 빠져들었다.

제2차세계대전은 이탈리아, 독일에 이어 일본이 항복하며 종식되었다. 분단된 한반도 남쪽에는 커피의 나라 미국의 군인들이, 북쪽에는 차의 나라 소련의 군인들이 주둔했다. 국토의 분단과 함께 민족도, 역시도, 미시는 음료까지도 나뉘었다. 논쟁과 갈등 속에 민족과 국토는 갈라지고 남과 북에 서로를 증오하는 정부가 각각 수립되었다.

남쪽에서는 커피 논쟁이 벌어졌다. 커피를 비난하는 자, 커피를 칭송하는 자가 넘쳐났다. 누구도 원치 않는 분단은 결국 전쟁으로 이어졌고 모두의 삶이 무너졌다. 그래도 커피는 마셨다. 피란지 부산

---

[1] 현재는 우크라이나 크림자치공화국에 속해 있다.

에도, 전쟁이 할퀴고 간 서울에도 다방이 즐비하게 들어섰다. 갈 데가 마땅치 않은 사람들이 모여드는 곳이 다방이었다. 커피값이 아무리 비싸도 사람들은 문화인이 되고 싶어 커피를 마셨다.

      전쟁이 끝나자 사회 모든 분야에서 대미 의존도가 점점 높아졌다. 휴전 직후 높은 지지를 받던 이승만 정부에 대한 국민의 불만은 점차 확대되었고 이를 물리력으로 억누르고 장기 집권을 꾀하던 이승만 정부는 학생들이 주도한 혁명으로 무너졌다. 가난과 부패 속에서 커피는 귀했고 이를 통해 이익을 보려는 사람들의 불법과 편법, 폭력이 난무했다. 미군 부대에서 커피를 빼돌리는 '얌생이'는 이 시대를 상징하는 단어였다.

불완전한 광복, 넘치는 커피

카페를 차린 조선 왕족

1945년 8월 15일 한반도에는 100만 명 가까운 일본인이 거주하고 있었다. 이들은 하루아침에 식민지 지배자에서 패전국 국민 신세가 되었다. 그렇다면 이들 일본인은 모두 같은 생각을 하고 있었을까? 아니었다. 사람마다 달랐다. 일본으로 돌아갈 교통편에 쉽게 접근할 수 있는 부유한 사람들과 그렇지 못한 사람들이 있었고, 일본에서 태어나 조선으로 이주했기에 돌아가는 것이 당연하다고 생각하는 사람들과 조선에서 나고 자랐기에 돌아갈 곳이 마땅치 않은 사람들도 있었다. 조선인들과 가깝게 살았던 일본인들과 그렇지 않았던 일본인들 사이에도 해방 공간에서 느꼈던 공포감에는 차이가 있었다.

일제강점기 종식이 조선에 살던 일본인들에게 같은 의미가 아니었듯 조선인들에게도 같은 의미가 아니었다. 일본인들에게 핍박받던 조선인들에게는 한없이 좋은 일이었지만 일본인들과 함께 편안함을 누리던 조선인들에게는 불행이었다.

이와 같은 상황은 일본에서도 벌어졌다. 광복 당시 일본에 거주하던 조선인은 거의 200만 명에 달했다. 자발적 이주자, 징용이나 징병으로 일본에 머물던 조선인, 유학생 등이었다. 그들 역시 조선에 거주하는 일본인들과 마찬가지로 선택이 어려웠다. 광복을 맞은 조선이 그들 모두에게 같은 의미가 아니었기 때문이다.

대부분의 재일본 조선인들 앞에 놓인 길은 다양했지만 그래도 선택은 할 수 있었다. 지켜야 할 일이나 재산이 있는 사람들은 남는 것이 길이었고 그렇지 못한 사람들은 대한해협을 건너는 것이 길이었다. 강제로 이주한 사람들은 끌려온 길을 되짚어 제자리로 돌아가면 될 일이었다. 그런데 이들의 선택을 어렵게 만든 것은 높아져가던 분단의 벽이었다. 광복은 되었으나 둘로 나뉜 조국이 그들의 길을 가로막았다.[2]

선택의 시간에 길을 찾기 어려웠던 또다른 재일 조선인들이 있었다. 1910년 한일병합 이전 조선의 왕족, 즉 이왕가 일족이었다. 이왕가는 일본 항복 이전까지 일본 화족(백작 등 귀족)에 편입되어 일

---

[2] 80년이 지난 지금도 여전히 그들의 삶을 힘들게 하는 것은 불완전한 광복과 분단이 만든 질곡이다.

본 국고에서 적지 않은 생활비 지원을 받고 있었다. 일부는 미국으로 유학을 떠나기도 했다. 그러나 일본 패망으로 이런 지원이 모두 중단되었다. 이들도 어려운 선택의 길 앞에 섰다.

이들이 선택한 길 중 하나는 다방 개업이었다. 1947년 2월 26일 〈조선일보〉는 "전 이왕가의 최근 소식, 동경서 다방 경영"이라는 소식을 전했다. 〈마이니치신문〉 보도를 인용한 이 기사에 따르면 이왕가 일족은 도쿄 시부야에 카페를 차렸다. 종래의 생명선이었던 일본 국고의 보조금이 끊긴 상태에서 선택한 길은 커피를 파는 일이었다. 시종들을 고용원으로 썼다. 상궁과 나인이 웨이트리스가 되었다. 먹고살기 어려울 때 카페를 차리는 일, 그때나 지금이나, 왕후장상이나 서인이나 차이가 없음을 실감하게 했다. 역사 속 희극이며 비극이었다. 스스로 막지 못한 불행한 국망, 스스로 이루지 못한 불완전한 광복이 초래한 아픔이었다.

커피 배급제로 호감을 사려던 미국

희소 물품이나 서비스를 국가가 통제하여 균등하게 나누어 주는 제도를 배급제라 한다. 근대사회에서 배급제는 전쟁이나 재난으로 말미암은 물품 부족 사태를 해결하기 위해 도입되는 것이 보통이었다. 1857년 인도 독립전쟁 당시 고립되었던 영국인 거주지 러크나우에서 식료품 배급제를 실시한 것이 시초였다.

배급제는 20세기에 등장한 사회주의 국가에서 계획 경제의 하나로 시행하는 사례가 많았지만 사회주의 국가만의 고유한 정책은 아니었다. 그리고 배급은 무료가 일반적이지만 유료인 경우도 있었다. 이를테면 물건을 살 권리 혹은 시설을 이용할 권리를 배분하지만 유료인 경우도 적지 않았다. 배급제는 가격 안정이나 평등한 소비를 가져오는 장점도 있지만 암시장 형성이나 생산 의욕 저하 등을 초래한다는 단점도 있다.

현재 지구상에서 일반 가정에 커피를 배급제로 나누어주는 나라는 쿠바가 유일하다. 1인당 한 달에 4온스(약 113그램)씩의 원두를 나누어주는 전통이 사회주의 국가 건설 초기부터 지금까지 무려 70년 가까이 유지되고 있다.

자본주의 국가 미국에서도 80여 년 전에 커피 배급제를 도입한 적이 있다. 1941년 12월 7일 일본의 진주만 습격으로 미국의 참전이 본격화되면서 커피가격이 불안해졌다. 군대에서의 커피 수요가 증가하고 선박을 이용한 커피 수송이 불안해지자 커피가격이 급등할 조짐이 보였다. 이에 커피의 나라 미국은 일반인에 대한 커피 배급제를 선택했다.

배급제는 일반적으로 생필품 중 특정 품목이 희소하여 가격 급등이 염려될 때 실시되었다. 이것이 미국에서 커피 배급제를 시작한 첫번째 이유였다. 기호품을 모든 시민에게 공평하게 배급하고자 하는 생각에서 비롯된 것이다. 그리고 부족한 물품이었던 커피를 군대에 우선 배정하기 위한 것이 두번째 이유였다. 1942년 11월에 시작된 커피 배급제는 유럽에서 전세가 연합국에 유리하게 전개되기 시작한 1943년 7월까지 유지되었다.

국가는 배급제를 선택했고 미국 국민은 커피를 연하게 마시는 습관을 들였다. 적은 양의 커피에 많은 양의 물을 넣어 마시는 방식이었다. 전쟁 동안 익숙해진 연한 커피를 마시는 습관은 전쟁 이후까지 지속되었다. 아메리카노의 탄생 배경 중 하나다.

　　광복과 함께 우리나라에도 그동안 사라졌던 커피가 돌아왔다. 일본을 통해 들어오던 커피 대신 미국을 통해 들어오는 새로운 커피였다. 수만 명의 미군과 함께 커피를 포함한 미국 물품이 밀려들었다. 1946년 3월 20일 소련 군정의 「남조선정세보고서」에 따르면 인천항에는 옥수수, 육류, 식용유, 커피 등 미제 식료품이 쌓여 있었다.

　　커피가 넘쳐나면서 커피를 즐기는 사람들이 자연스럽게 늘어났다. 일제강점기 후반에 양풍이라 배격했던 커피가 이제는 유행의 첨단을 상징하는 물품이 되었다. 커피가 주는 매력에 너나없이 빠져들었다. 특히 여성들의 커피 사랑이 유별났다.

　　1946년 가을 서울 시내에는 인쇄된 경고문이 날아다녔다. 수치스러운 행동을 하는 사람은 누구든지 대중 앞에서 모욕당할 수 있다는 경고였다. 이를테면 서양인과 차량에 동승하는 여성, 짧은 영어로 서양인에게 윙크하는 여성, 껌을 씹으며 배회하는 여성, 야간에 서양인에게 속삭이는 여성, 커피와 초콜릿에 미쳐 댄스홀에 가는 여성이었다. 공짜 커피를 마시기 위해 미군 전용 댄스홀을 찾는 여성도 해당되었다.

　　1946년 봄이 되면서 미군에 대한 한국인들의 호감도가 갑자기 낮아지기 시작했다. 쌀값 폭등, 친일파 등용, 노동운동 탄압 등이 그 이유였다. 주한미군사령관 존 하지 중장은 "점령군의 가치는 정점에서 떨어지는 시점에 도달했다. 점령군의 지속적인 주둔은 제국주의적인 의도로 해석될 것이다"라고 연합국 최고사령관에게 보고하기에 이르렀다.

이런 분위기를 바꾸기 위해 취한 조치 중 하나가 1946년 8월 6일 미군정청이 발표한 커피 배급제였다. 인기 물품 커피를 별도로 나누어주는 것이 아니라 미군이 사용하는 휴대전투식량, 일명 시레이션C-ration에 다른 물품과 함께 넣어 배급하는 방식이었다. 필요한 물품만을 골라서 구입하는 것은 허용하지 않았다.

제2차세계대전 당시 제너럴푸드에서 만든 미군용 시레이션 커피. 광복 직후 미군정은 제2차세계대전 당시 미군 휴대전투식량 시레이션을 조선에 배급했다. 커피는 그 안에 들어 있는 신기한 물품의 하나였다.

휴대전투식량은 제2차세계대전 당시 미군이 전투용으로 만든 것이었다. 전쟁이 끝나자 필요성이 사라진 물건이었다. 마치 한국의 식량 부족문제에 도움을 주고자 펼치는 선심정책으로 발표했지만 실상은 필요성이 없어진 전투용 식량 처분이었다.

배급제였지만 무료가 아니라 유료였다. 베이컨, 훈육 햄, 감자, 고기, 쌀, 설탕, 우유, 마멀레이드, 담배, 비스킷, 비누, 종이, 수건, 초콜릿, 껌, 소금 등이 들어 있는 상자 하나 가격은 100원이었다. 다방에서 커피 한 잔 가격이 50원이던 시절이었다.

휴대전투식량 배급은 모든 국민이 아닌 가난한 가정만을 대상으로 시행되었다. 따라서 배급을 받으려면 서울시 부윤(부시장)이 발급한 증명서를 제시해야 했다. 극빈한 가정임을 인정하는 증명서를 받아야 미군정청이 판매하는 휴대전투식량 상자를 구입할 수 있었다. 커피를 마시려면 가난을 증명해야 하는 희한한 세상이었다. 이렇게 구입한 커피 중 상당량은 다른 미제 물건과 함께 암시장으로 흘러들어가 높은 가격에 거래되었다.

문제는 이렇게 유료로 배급된 휴대전투식량 상자에 담배가 포함되어 있었다는 점이다. 당시 미국 담배를 포함한 이른바 양담배는 피우는 것은 물론 소지하는 것조차 불법이었다. 미군정청은 불법인 물건을 파는 셈이었다. 흥미로운 해결책이 제시되었다. 미군정청은 다른 양담배는 몰라도 미군이 식량 배급으로 판매한 담배의 경우 조선인이 피워도 미국 헌병이 잡아가기는커녕 간섭조차 하지 않을 것이라는 정책 지침을 발표했다. 무엇이 합법이고, 무엇이 불법인지가 모호한 세상이었다.

당시 배급 형식으로 서울의 공인된 빈민 가정에 나누어준 휴대전투식량은 무려 5만 2000상자였다. 어마어마한 양이었다. 여기에 들어 있던 커피는 40그램짜리 5만 2000통, 총 2톤이 조금 넘는 분량으로 50만 잔의 커피를 만들 수 있었다. 식량은 부족하고 물가는 비쌌지만 커피가 넘쳐나는 새로운 시대로 접어들고 있었다.

미군이 배급한 커피는 일제강점기에 수입하던 커피와는 다른, 뜨거운 물에 넣으면 녹는 인스턴트커피였다. 스위스에서 만든 네스카페와 미국 맥스웰하우스 인스턴트커피였다. 전쟁터에서도 손쉽게 마실 수 있는 인스턴트커피는 스위스의 유아식 제조업체 네슬레에서 개발했다. 네슬레가 8년의 연구 끝에 개발한 신제품 네스카페는 1938년 4월 1일 출시되었다. 인스턴트커피가 처음 나왔을 때 사람들은 "이런 것도 커피인가?" 하고 이상한 눈으로 바라보고 잘 마시지 않았다. 그러나 전쟁터의 군인들은 뜨거운 물에 잘 녹는 네스카페의 편리함에 빠져들었다. 이어서 1942년에 미국의 제네럴푸드에서 맥스웰하우스 인스턴트커피를 개발했다. 전쟁중 생산된 네스카페와 맥스웰하우스 인스턴트커피는 모두 군에 제공되어 휴대전투식량의 주인공이 되었다.

커피와 생선만 먹고 살아야 할 서울 시민

1947년 11월 23일 〈동아일보〉에는 "구하라 백만 실업자"라는 제목의 특집 기사가 실렸다. 실업자가 넘치는 서울에서 "거리의 항구, 실업자와 모리배의 오아시스"인 다방에는 아침부터 많은 사람이 출입했다. 50원짜리 커피를 앞에 놓고 벽만 바라보고 있는 실업자 군상을 한탄하는 기사였다. 당시 서울에서 영업중이던 100여 개의 다방 한 곳에는 하루 평균 350여 명, 시내 다방 전체로는 3만여 명이 드나들며 커피 한 잔을 마셨다. 커피공화국 대한민국은 이런 모습으로 출발했다.

당시 신문에 시대 변화를 보여주는 흥미로운 기사 하나가 실렸다. 〈조선중앙일보〉는 1947년 11월 11일 사회면 머리기사로 "커피와 생선만 먹고 살아야 할 서울 시민"을 다루었다. 이 기사에 따르면 겨울은 다가오는데 석탄 배급량은 급격히 줄었고, 김장용 배추와 무는 생산이 턱없이 부족한데 쉽게 구할 수 있는 것은 오직 커피와 생선뿐이었다. 이 기사가 등장한 것은 서울시가 지난해 말에 사들인 커피 3000통을 일반에게 공매한다는 광고를 신문에 게재했기 때문이다. 서울시는 민생보다는 수입 상품 판매에 앞장섰다. 이 신문의 주장대로 머지않아 이 커피들이 시내 다방에 풀리자 "물만 마시고 사는 다당茶黨들"은 기뻐했다.

광복 직후에도 얼음을 넣은 식음료는 꽤 유행했다. 1947년 5월 11일 〈경향신문〉 기사를 보면 서울시 보건위생국에서는 각 요리업자에게 통첩을 보내 "얼음을 음식물에 직접 넣어 쓰지 않도록" 지시했다. 얼음과자는 아이스크림과 깨끗한 종이로 싸서 만드는 '아이스캔디'에 한해 제조를 허가하고 아이스케키는 제조를 허락하지 않았다. 이와 함께 얼음을 넣는 아이스커피도 금지했다. 끓이지 않은 물을 마시면 전파되는 콜레라 같은 수인성 전염병을 예방하기 위한 방책이었다.

1947년 5월 19일에는 서울 시내 안암동에서 콜레라로 의심되는 환자가 세 명 발생했다. 검사 결과 음성으로 판정되었지만 서울시 당국에서는 '아이스커피' 판매를 다시 금지했다. 그러나 사람들은 아랑곳하지 않고 커피에 얼음을 넣어 마셨고 서울시는 위반하는 커피 판매자를 단속하겠다는 엄포성 경고를 거듭 발표했다. 시민들은 콜레라의 위험 앞에서도 용감하게 아이스커피를 마셨다. 1947년 5월 9일 〈민주중보〉에는 "화학계의 신발명 커피 시럽"을 제조, 판매한다는 광고가 실렸다. 부산 소재 조선영양식품제조공장 제조, 태백무역사 판매 제품이었다.

파업과 동맹 휴학이 이어지고 콜레라가 창궐하는 불안함 속에서도 시민들은 아이스커피를 마셨다. 커피공화국 대한민국의 문이 열리고 있었다.

광복 직후에는 인스턴트커피만 마셨을까?

비록 1940년대 초반 4년에서 5년 정도의 침체기가 있었지만 1920년대와 1930년대에 조선인들은 아시아의 자바, 남아메리카의 브라질과 콜롬비아, 중남미와 하와이 등에서 생산된 다양한 원두를 다양한 방식으로 추출하여 뜨겁거나 차갑게 마셨다. 침체기는 순식간에 지나갔고 광복과 함께 다시 커피를 마시게 되었다. 비록 미군정 초기에 적지 않은 양의 인스턴트커피가 시중에 나돌았지만 맛과 향에서 조선의 커피당들을 만족시키지는 못했다.

미국에서도 상황은 비슷했다. 전쟁이 끝나자 미국인들이 자신들이 마시는 커피에 대해 비판을 쏟아냈다. 우선 대형 커피기업에서 표준화하여 제공하는 커피 가루로 만드는 커피 맛은 브랜드와 상관없이 비슷비슷하다는 점이 문제였다. 대부분의 커피기업은 브라질산 중저가 원두에 다른 나라의 원두를 섞어 비슷한 방식으로 포장하여 판매했다. 유럽에서 인기를 끌던 드립식이나 에스프레소에는 관심 없이 오직 퍼컬레이터나 커피메이커로 추출한 커피가 최고라는 착각 속에 살았다. 퍼컬레이터나 커피메이커로 내린 커피는 과잉 추출[3]로 향은 물론 맛도 좋지 않았다.

  네슬레와 맥스웰하우스에서 판매하는 인스턴트커피에 대해서는 "편리함을 위해 기꺼이 품질을 양보했다"라는 비난이 제기되었다. 실제로 당시 인스턴트커피에는 싸구려 로부스타 원두가 많이 사용되었고 업자들은 생산비를 낮추기 위해 과잉 추출을 일삼았다. 즉 같은 양의 원두에 두 번 세 번 뜨거운 물을 부어 원두를 절약하는 식이었다. 미국인들조차 그 맛에 쉽게 매료되지 않았다. 1940년대 후반 미국 커피 소비 시장에서 인스턴트커피의 점유율은 10퍼센트를 넘지 못했고 1952년에 이르러 15퍼센트를 간신히 넘겼을 뿐이다.

  인스턴트커피가 미군을 통해 한국에 유입은 되었지만 맛 때문에 커피 애호가들의 입맛은 사로잡지 못했다. 한국의 커피 애호가들이나 다방 운영자들은 여전히 일제강점기에 유행하던 융드립식으로 내리거나 튀르기에식으로 끓여서 마시는 커피를 선호했다. 광복 직후 명동에 생겨난 대부분의 카페나 다방 중에서 인스턴트커피를 사용하는 곳은 거의 없었다.[4]

---

[3] 과잉 추출 혹은 과다 추출이란 커피 성분이 불필요하게 많이 추출된 상태를 말한다. 끓이는 시간이나 내리는 시간이 길면 발생하기 쉽다.
[4] 우리나라에서 인스턴트커피가 유행하며 커피 맛이 미국처럼 저급해지기 시작한 시기는 1970년대 들어서였다. 인스턴트커피의 국산화와 커피메이커 유행이 불러온 비극이었다.

다방 홍수시대의 커피 논쟁

커피당의 커피 예찬

1947년 10월 미국이 주도한 국제연합 총회에 한국 독립문제가 제소되었고 남한만의 총선거와 외국 군대 철수, 그리고 이를 감시할 유엔한국임시위원단 파견이 결정되었다. 유엔한국임시위원단은 9개국으로 구성되었다. 위원단에는 한국인들에게 꽤 낯설고 먼 나라가 하나 속해 있었다. 중앙아메리카에 있는 작은 나라, 면적은 한국의 경상도 크기, 인구는 불과 190만 명 정도의 엘살바도르였다. 당시 신문은 엘살바도르를 "물산이래야 커피가 주요 생산품"인 "보잘것없는 나라"로 묘사했다. "보잘것없는 나라"라고 표현했지만 독립국이라는 사실이 부러웠다. 우리나라와 엘살바도르의 첫 인연은 이렇게 시작되었다.[5]

대한민국 초대 대통령 당선이 확실시되던 이승만이 1948년 5월 10일 미국의 UPI 특파원과 사저인 이화장에서 회견을 가졌다. 회견에 앞서 기자는 이승만의 부인 프란체스카 리가 만들어준 '훌륭한 커피'를 대접받았다. 프란체스카는 카페의 나라 오스트리아 빈 출신이었다. 이승만이 커피를 좋아하는 데는 부인의 영향이 컸다.

역사 속에는 커피를 좋아한 많은 위인 이야기가 넘쳐난다. 대부분 서양의 정치인이나 문화예술인이다. 그들이 커피를 좋아했다는 증거는 그들이 하루에 마신 엄청난 양의 커피로 확인할 수 있다. 대표적인 인물로는 정치인 나폴레옹·링컨·아이젠하워, 문인 발자크·볼테르·루소·헤밍웨이·랭보·괴테·사르트르·카뮈, 음악가 베토벤·바흐, 화가 반 고흐·피카소·드가 등이 있다. 우리나라 사람으로는 고종 황제, 이승만, 이효석, 박태원, 이상, 천경자, 김대중 등이 커피를 즐긴 것으로 유명하다.

커피를 싫어하는 이유는 몇몇 가지지만 커피를 좋아하는 이유는 수십, 수백 가지다. 어찌 보면 사람 수만큼 많은 것이 커피를 좋아하는 이유이기에 커피를 좋아하는 공통의 이유를 몇 가지로 정리하기란 쉽지 않다.

남과 북에 대립 정권이 수립되고 전쟁으로 달려가던 1940년대 후반의 우울함 속에서도 사람들은 커피를 마셨다. 당시 사람들은 우리가 지금 추측할 수 있는 것보다 커피를 훨씬 많이 마셨고 더러는

---

5 〈경향신문〉, 1948년 10월 22일.

사랑했다. 당시 커피를 좋아했던 인물 중에 우리에게 조금은 낯선 이가 한 명 있다. 언론인 김재경이다. 그가 커피를 대하는 태도는 아주 흥미로웠다. 김재경만큼 커피를 좋아하는 이유와 좋아하는 정도를 강렬하게 표현한 사람은 동서고금에 없을지도 모른다.

경상북도 의성 출신인 김재경은 중국 베이징대학교 문과를 졸업한 후 현지에서 생활하다 광복과 함께 귀국하여 일간지 〈현대일보〉의 기자가 되었다. 〈현대일보〉는 1946년 3월에 박치우를 발행 및 편집인으로, 이태준을 주필로 하여 창간한 좌익 신문이었다(이태준의 『불사조』를 연재하기도 했다). 그러나 미군정에 반대하는 논조로 1946년 9월 6일 미군 헌병대의 수색을 당한 후 불과 6개월 만에 무기 정간되었고 미군정이 대한독립청년단의 서상천에게 발행권을 넘겼다. 광복 이후에도 우익 계열의 신문으로 계속 간행되었다. 김재경은 기자를 거쳐 편집부장과 편집국장을 지냈다.

김재경은 1948년 10월 7일 〈현대일보〉에 "다방수필, 커피의 감칠맛"이라는 글을 실었다. 자칭 '신문쟁이' 김재경은 이 수필에서 자신이 커피를 즐기는 이유와 태도를 매우 재미있고 명쾌하게 써 내려갔다. 그는 커피가 보건위생상 해로운지, 이로운지는 자신에게 아무런 문제가 되지 않는다고 단언했다. 김재경은 '신문쟁이'를 냉정한 이지적 비판력으로 정치, 경제, 사회, 문화 등 각 방면에서 시비를 가리는 정신노동자로 규정했다. 김재경이 보기에 자신과 같은 정신노동자로 일을 마치고 나서 그럴듯한 다방을 찾아가 세상만사 다 잊어버리고 육체와 정신을 한꺼번에 쉬어가며 커피 한잔 마시는 재미를 모른다면 불쌍한 사람, 가엾은 인생이었다. 김재경이 커피를 마시는 첫번째 이유는 커피가 정신노동자의 휴식을 돕는 음료이기 때문이었다.

그가 커피를 좋아하는 두번째 이유는 맛이었다. 김재경은 커피가 주는 재미를 맛에서 찾았다. 미지근한 듯하면서도 따뜻한 맛, 좀 털털한 듯하면서도 달콤한 맛이 커피의 향취香臭, 커피의 신비력이었다. 이 매력적인 맛, 위대한 감칠맛 때문에 김재경은 스스로를 "커피의 노예" "커피의 포로"라고 고백했다. 자고 일어나서 입안이 텁텁할 때, 밥을 먹고 나서 속이 불편할 때, 원고를 쓰려고 기사 내용을 구상할 때 마시는 커피 맛은 매력적이었다.

그의 비유에 따르면 담배 맛이나 술맛쯤으로 이 커피 맛을 따라잡는 것은 족탈불급足脫不及이었다. 담배나 술이 맨발로 뛰어도 따라갈 수 없는 맛이 김재경이 느낀 커피 맛이었다. 커피당 김재경의 표현으로 담배나 술을 커피와 비교하는 일은 "어림없는 수작"에 불과했다.

한 잔의 커피가 지닌 "알뜰살뜰한 맛"을 알고 있는 김재경은 만사를 무릅쓰고라도 커피를 마셨다. 어느 정도였을까? 그의 표현에 따르면 커피를 많이 마셔 "모가지가 열두 토막으로 쪼개지는 한이 있더라도" "여름에 입고 다니는 겨울 양복을 잡혀서라도" "단 한 벌밖에 없는 마누라 치마를 몰래 훔쳐다 팔아서라도" 이 커피 한 잔 값 50원은 매일 준비해둘 작정이었다.

김재경은 자신의 커피 사랑을 몇 가지 일상사와 비유했다. 돌아가신 아버지 제사를 이렇게 정성껏 지냈다면 자신이 벌써 큰 효자로 이름났을 테고 부를 쌓는 데 커피 마실 때만큼 재미를 느꼈으면 벌써 장안의 갑부가 되었을 것이다. 젊은 시절 여자 꽁무니를 무던히 쫓아다녔지만 이 커피 맛에 반하듯 홀딱 반해보지는 못했다. 그런 자신이 지금은 여자가 아니라 커피와 연애하고 있었다. 거의 "미치광이"처럼 커피에 반한 김재경은 글을 이렇게 마무리했다.

> 천 놈이 천 소리 하고, 백 놈이 백 소리를 해도 커피 맛은 좋더라. 만일에 커피를 나쁘다고 욕하는 놈이 있다면 나는 커피의 존재를 위하여 목숨을 내어 걸고 싸우리라. 고금의 충신들이 위국진충 爲國盡忠하여 일사보국 一死報國하듯이 나는 일사보 一死報 커피차일배 커피茶一杯하리라.

김재경은 서울 종로 2가에 있던 용궁다방에서 커피 한 잔을 앞에 놓고 이 글을 썼다. 동서고금에 커피의 맛과 매력 앞에 이렇게 솔직했고 용감했던 인물이 있었을까 싶다.

당시 커피를 좋아하는 사람을 부르는 명칭도 다양했다. 술 좋아하는 주당에 빗대어 '커피당'이라 부르거나 직업은 없는데도 서구 문화인을 흉내낸다는 점에서 '무직문화인'이라고 불렀다. 또한 커피 한 잔을 앞에 놓고 벽화 모양으로 우두커니 앉아 있는 모습을 빗대어 '커피병환자'라고도 불렀다. 김재경을 닮은 커피당이 여기저기 넘쳐나던 시대였다. 〈경향신문〉은 이런 사회상을 '다방 홍수시대'가 도래했다고 보도했다. 커피 수입이 금지된 신생 독립국에서는 좀처럼 보기 힘든 현상이었다.

문제는 커피값이었다. 1948년에 50원 하던 커피 한 잔 값이 1949년에는 100원을 넘어섰고 1950년 초에는 200원에 이르렀다. 곳곳에서 커피당의 비명이 들렸다. 미군 철수 후에는 미군 부대에서 나오는 커피도 끊겼고 사치품으로 분류되어 수입 금지 품목에 올라 있었기에 커피값이 비싼 것은 당연했다. 국제적으로도 1949년부터 커피가격이 상승하기 시작하여 1950년대 초반까지 이어졌다. 6·25전쟁 발발로 비롯된 미국 군대용 커피 수요 증가도 세계적으로 커피가격을 상승시키는 데 작용했다.

수입이 금지되어 있었는데 어떻게 시내 수백 개의 다방에는 커피가 넘쳐났을까? 〈경향신문〉은 당시 커피를 비롯한 사치품 밀수입 루트를 보도했다.[6] 많은 종류의 일본 상품이 홍콩을 거쳐 한국으로 들어오는 방식이었다. 일본 상표를 붙이면 한국인들이 잘 사지 않기 때문에 미국이나 영국 상표를 붙인다는 것이었다. 이 신문은 "40년 동안 우리를 착취하던 일본인들은 이제 다시 우리의 정신과 생활을 좀먹는 사치품을 우리에게 팔아먹고 너털웃음을 웃고 있는 것"이라 보도했다. 이렇게 일본을 통해 들어온 커피는 비싸게 팔렸고 그 돈으로 다시 일본에서 커피 재료를 들여왔다. 커피의 경우에는 사회사업 단체나 교회를 통해 선물로 위장하여 들여오는 사례도 많았다. 일부

---

[6] 〈경향신문〉, 1950년 1월 10일.

신문에서는 외화 낭비를 들어 커피 판매 금지를 주장하고 나섰지만 통할 리 없었다.

커피가 죄인가, 시대가 죄인가

새로운 나라는 세워졌으니 살길이 막막하던 1948년 가을 사람들은 예민했다. 오래도록 다른 나라의 지배를 받고 살던 사람들에게 각자도생, 즉 각자 자기의 삶을 도모해야 하는 자유로운 시간이 주어졌다. 두렵고 긴장되는 시간이었다. 사람들은 사소한 것에도 시시비비를 가리려 했는데, 커피라는 기호 음료도 갑자기 그런 시빗거리가 되었다. 새로 출범한 나라에서 커피 마시는 사람들을 매도하는 분위기가 형성된 것이다.

〈경향신문〉은 "다방 문화풍속도"라는 기사를 통해 다방의 범람으로 '대한인大韓人'의 창자가 커피에 중독될 우려가 가득하다고 걱정했다. 광복이 가져다준 큰 선물 중 하나가 도시생활자의 사랑이요, 문화인의 사교장이라는 다방인데, 서울 시내 100여 개의 다방이 아침부터 만원인 것은 통탄할 일이라는 비판이었다.[7]

다방과 커피에 대한 비판은 당시 신문의 단골 주제였다. 언론은 다방을 잡담패설로 귀중한 시간을 허송하는 사람, 개인이나 단체를 중상함으로써 쾌재를 부르는 족속, 문화인의 긍지를 잃고 감상에 도취되어 시간을 허비하는 사람이 넘쳐나는 곳으로 묘사했다. 여성

---

7 〈경향신문〉, 1948년 10월 22일.

의 흡연이 가능한 장소라는 점도 남성들이 다방과 커피를 비난하는 이유의 하나였다. '여남동등시대'를 뽐내는 흡연 여성을 바라보는 것이 당시 남성들에게는 참기 힘든 일이었다.

당시 다방을 출입하던 사람 중에서 눈길을 끄는 이들은 무당과 점쟁이였다. 불안정한 시대의 사회상을 반영하고 민심의 약점을 파고든 무속인들이 즐겨 찾는 곳의 하나가 다방이었다. 이들은 다방에 앉아 개인의 운명이나 사주팔자를 논하고, 심지어는 남북통일이나 전쟁을 예언하기도 했다.

〈동아일보〉는 맹랑한 예언을 떠들고 다니는 무당이나 점쟁이의 격증을 우려하는 특집 기사를 실었다.[8] 다방은 점차 커피를 마시며 유언비어를 퍼뜨리는 온상지로 여겨졌다. 정부가 각 지방 경찰서에 이들, 다방에 모여 "정부와 민중을 이반케 하는 반역 도배들"에 대한 비상 대책을 수립하도록 특별 지시를 내렸다.

이래저래 다방은 정부 수립이 가져다준 자유의 상징이었고, 새로운 시대를 상징하는 선물이면서, 동시에 낭비와 불온함이 넘치는 곳으로 여겨졌다. 그리고 커피는 그곳에서 소비되는 사치품이었다. 이런 분위기를 타고 "피눈물 나는 현실에 다방 출입이란 무엇이냐, 좀더 현실을 직시하라"라고 외치는 이들이 많았다.

그런 시절에 낭만적인 수필 「커피의 가을」을 쓴 인물이 있다. 커피를 좋아했던 소설가, '명동백작'으로 불리던 이봉구였다. 1947년

---

[8] 〈동아일보〉, 1949년 8월 30일.

가을에 발표한 이 수필에서 이봉구는 살기 어려운 세상 커피 맛을 느낄 수 있어서 좋다느니, 다방 정취가 좋다느니 하는 감상을 솔직히 표현했다. 비난이 봇물 터지듯 쏟아졌다. 요즘 표현으로는 악플 세례였다. 어려운 세상인 줄 아는 지식인이 벌인 "철없는 짓" 혹은 "지각없는 짓"이라고 매도했다. 알 만한 인사들로부터도 "커피 맛이 좋으니 어쩌란 말이냐?"라는 질책이 쏟아졌다.

1년이 지난 1948년 가을이 저물어가던 시점에 이봉구는 다시 펜을 들었다. 1년 만에 쓰는 대댓글이었다. 「다독茶毒의 변辨」이라는 제목의 수필이었다. 이봉구는 다음과 같이 주장했다.

> 커피란 무어 운명을 좌우할 만한 음료수가 아니요, 다방이란 무어 사람을 망치는 곳이 아니다. 육십 원만 있으면 누구나 잠시 들러 한 잔 마시고 떠들다 오는 곳이다. 큼직하고 따스한 사랑방이 있어 친구들과 차를 마시며 음악이라도 들을 수 있다면 가라고 떠밀어도 없는 돈에 다방 출입할 사람이 없을 게다. 이건 참말 진리에 가까운 말이니…….

다방밖에 갈 만한 곳이 없던 시대였다. 다방에 가는 것이 옳다 그르다, 커피를 마시는 것이 옳다 그르다를 놓고 떠들 이유가 없는 세상이었다. 가을이 깊어가고, 나뭇잎이 허공을 날고, 벌레 울음소리가 밤새워 가슴을 적시는 철에 진한 커피를 마시며 아늑한 다방 한구석에 앉아 조금 쉬는 일은 시빗거리가 될 수 없었다. "알라스카와 같이 얼음판인 세상"을 살아야 하는 이봉구에게는 다방 출입이 누구도 간섭할 수 없는 최소한의 위안이고 취미였다. 커피에 중독되어도, 커피값이 부담스러워도 커피를 끊을 수 없었다. 다방 외에는 갈 만한 쉼터가 없었기에 생긴 시비였다.

다방 바나나 논쟁

전쟁으로 향하던 1950년 봄은 애국의 계절이었다. 정치인들은 입만 열면 북진통일을 외쳤고 언론에서는 근검절약과 국산품 애용을 주장했다. 저성장에 고물가, 전쟁 타령에 일반 백성들은 하루하루가 힘든 세상이었다.

당시 저성장 고물가를 부른 배경 중 하나는 '입초入超' 현상이었다. 수입이 수출을 초과하는 어려운 나라 경제를 상징하는 단어였고 국산품을 애용해야 하는 배경으로 언론에 자주 등장하는 단어였다. 요즘 말로 무역적자시대였다.

정부 수립 초기에 50원에서 출발했던 다방 커피 한 잔 가격이 1949년에는 100원이 넘더니 1950년 봄에는 200원에 이르렀다. 2년 사이에 네 배 이상 오른 것이다. 그야말로 살인적인 물가였다. 그런데도 서울 시내 100여 개의 다방은 늘 손님으로 북적였다.

그때나 지금이나 애국하는 모습에서 정부와 시민들은 달랐다. 정부는 양력으로 새해의 시작인 신정을 쇨 것을 강요했지만 시민들은 오래된 우리식 명절인 설날을 고집했다. 설날을 전후하여 시내의 많은 상점은 철시를 선택했고 정부는 경찰을 동원하여 문을 열도록 강제했다.

정부에서는 커피값을 통제하려 했지만 다방에서는 새로운 차를 개발하여 대응했다. 이때 등장한 음료가 이른바 '아까데미차'였다. 값비싼 커피 대신 국산 생강으로 만든 차가 등장한 것이다. 생강차라는 촌스러운 이름 대신 '아까데미차'라는 고급스러운 명칭으로 불리며 커피차에 대응했다. 애국하는 마음에서 '아까데미차'를 마시는 사람도 있었고 비싼 커피값이 부담스러워 '아까데미차'를 선택하는 사람도 있었다.

당시 가장 흥미로웠던 일화는 바나나를 둘러싼 논쟁이었다. 대중의 식생활에 그리 중요하지 않은 바나나가 흘러들어와 명동의 모모다방에서 고가에 판매되고 있는 것이 구설수에 올랐다. 출초出超의 시대라면 영양가 있는 바나나를 수입하여 대중의 구미를 돋우는 것이 좋겠지만 절약이 강조되는 시대에 과연 바나나 판매를 허용해야 하는가 하는 문제에 대해 〈동아일보〉에서 지상 토론이 벌어졌다.[9] 재무부 세관국장과 공보처 공보국장의 대립 의견이 실렸다. 세관국장은 "장차 국제무대에서 활약할 우리나라 외교관들이 바나나가 무엇인지 몰라서 껍질까지 먹는 일이 없도록 하기 위해서 바나나 맛은 잊어버리지 않아야 하고, 그러기 때문에 정식 수입은 못 하더라도 휴대품으로 들여오든지 세관의 눈을 속여 들여오는 것을 반대할 이유는 없다"라고 주장했다. 이에 대해 공보국장은 "바나나를 먹을 줄 몰

---

9 〈동아일보〉, 1950년 3월 17일.

라서 외교를 못 한다는 것은 되지 않는 말이다. 국민운동은 빈부귀천을 막론하고 해야 할 일이다. 바나나는 지금 먹을 때가 아니다"라고 반박했다.

바나나를 둘러싼 주장 자체도 흥미롭지만 정부의 두 부처 국장 사이에 이런 공개 토론이 가능했다는 점, 언론이 토론을 통해 여론을 형성하는 데 앞장섰다는 점이 놀랍다. 소신이 없는 공직자들, 정치의 시녀가 된 요즘 언론이 들여다보아야 할 역사라는 이름의 거울이다.

커피값 때문에 물러난 경제장관

"전쟁이 지옥이라면 커피는 군인들에게 구원이다"라는 말이 있다. 남북전쟁, 양차 세계대전, 6·25전쟁, 베트남전쟁 등 모든 전쟁은 지옥이었지만 전쟁에 참가한 군인들에게 커피는 위안의 음료로 인기가 높았음을 나타내는 표현이다.

광복된 지 5년, 정부가 수립된 지 채 2년도 되지 않은 1950년 6월 25일 한반도는 다시 전쟁의 참화 속으로 빠져들었다. 전쟁은 3년간 지속되었고 이 기간 동안 서울은 국군이 세 번, 인민군이 두 번 차지했다. 1950년 6월 28일부터 9월 18일까지, 1951년 1월 4일부터 3월 18일까지 인민군이 서울을 점령했다. 1953년 7월 27일 휴전협정이 체결됨으로써 전쟁은 일시 정지되었다. 전시작전권을 미국에 넘겨준 대통령 이승만은 휴전협정문에 서명하지 않았다.

커피 소비가 줄어든 것은 전쟁 초기 잠깐뿐이었다. 인민군이 두번째로 서울을 점령했던 1951년 2월 피란지 부산에서도 커피 소비는 증가했고 커피값이 올랐다. 400원 하던 커피 한 잔의 공시가격이 500원으로 인상되었다. 신문은 커피값 인상 소식을 전하며 "이래저래 곯는 것은 피란민뿐, 이모저모로 축재하는 것은 장사꾼들뿐"이라고 한탄했다.[10]

인민군이 38선 이북으로 물러가고 중부 전선 곳곳에서 피비린내 나는 전투가 지속되던 1951년 봄부터 휴전이 이루어진 1953년 여름까지 커피값은 멈추지 않고 계속 상승했다. 그중에서도 1951년 봄부터 1952년 여름까지의 1년여 기간이 가장 급격히 올랐다. 1952년 6월 10일 드디어 커피 한 잔 값이 2000원으로 인상되었다. 정부는 가격 인상을 발표하며 위반자를 단속할 것이라고 경고했다. 커피 2000원, 밀크셰이크 3000원, 오렌지주스 2700원이 고시가격이었다. 전쟁중에도 우리 민족은 커피뿐 아니라 이보다 비싼 밀크셰이크를 마셨다.

1952년 겨울로 접어들자 커피 소비가 증가했고 12월 3일 드디어 다방업자들의 요구를 받아들여 정부는 커피 한 잔 값을 2600원으로 인상 고시했다. 여기에 특별행위세 200원과 국채 200원을 더하면 커피 한 잔 값은 3000원이었다. 재료가격이 불안정한 밀크셰이크, 레몬티, 코코아, 오렌지주스 등의 가격은 판매자 임의로 정하도록 허용했다. 커피값이 인상되자 목욕업자들과 이발업자들이 반발

---

[10] 〈동아일보〉, 1951년 2월 17일.

했다. 커피 한 잔에 3000원인데 이발 요금이 4000원인 것은 형편에 맞지 않는다는 주장이었고, 결국 커피값 인상이 다른 물가 인상의 도화선이 되었다. 물가 상승 뉴스마다 커피는 빠지지 않는 품목으로 등장했다. 커피가 물가 인상의 주범으로 보이던 시절이었다.

커피 등 생활 물가 폭등에 대한 책임론이 일자 최순주 재무부 장관은 자리에서 물러났다. 임시 수도 부산의 초장동 입구에 있는 남의 집 문간방 하나를 빌려 '홀아범생활'을 하던 장관이 인플레이션에 대한 책임을 지고 물러난 것이다. 아내와 1남 3녀를 미국 샌프란시스코로 유학을 보내놓고 홀아범(기러기아빠)생활을 하던 그였기에 장관 사직에 따른 경제적 어려움이 예상되었지만 국정 혼란에 대한 책임을 진 것이다.

커피 문화인이 132만 5328명?

전쟁중이던 1953년 2월 17일 화폐 개혁이 단행되었다. 100원을 1환으로 조정하는 내용이었다. 물가는 일시적으로 안정되는 듯했지만 오래가지 않았다. 커피 한 잔 값을 30환으로 고시했지만 곧 시작된 여름과 함께 얼음 음료의 수요 증가로 가격이 무너졌다. 다방에 따라 얼음 한두 조각 넣고 커피 한 잔에 60환까지 받는 꼼수를 부렸다. 단속하려 하자 서울 시내 200여 다방 업자들은 불매운동, 즉 커피를 팔지 않겠다는 협박으로 맞섰다. 단속이 제대로 이루어지지 않았다.

도대체 전쟁중에 커피값이 왜 이렇게 올랐을까? 물론 원두의 절대적 부족도 요인이었지만 더 큰 요인은 커피 수요의 증가였다. 당시 언론 보도를 보면 우리나라 사람들의 별다른 커피 애호 분위기를 충분히 읽을 수 있다.

  당시에는 '문화인'이라는 말이 유행했다. 문화인이 무엇인지를 묻는 한 독자의 질문에 〈경향신문〉은 "과학, 예술 및 도덕적 정조를 혼합한 인간생활, 환언하면 진화된 학술 문화의 진보 및 발전에 뜻을 두고 이의 향상을 기도하는 동시에 이 속에서 호흡생활하는 층"을 문화인이라 규정한 후 "우리나라에는 자칭 문화인이 많고, 연기 자욱한 다방에서 커피를 꼭 마셔야 한다는 층에 '사이비 문화인'이 많은 것은 사실"이라고 응답했다. 이 신문은 흥미롭게도 자신들이 계산한 당시 문화인 총수가 132만 5328명이라고 보도했다. 132만여 명의 문화인에 속하려면 다방에서 커피를 마셔야 했다.

  1952년 여름 핀란드 헬싱키올림픽에 국가대표 승마선수로 출전했던 민병선은 올림픽 참가 이후 스웨덴과 독일에서 열린 승마대회에도 나가며 유럽 여러 나라를 돌고 느낀 감상을 정리하여 〈조선일보〉에 "구라파순례"라는 제목의 기행문을 실었다. 그는 이 기행문에서 "구라파에 와서는 하루에 잘 마셔야 커피 한 잔인데 한국에서는 어찌하여 그리 많이 커피를 먹지 않으면 안 되는지 알 수 없습니다. 그리고 세계에서 커피 잘 빼기는 한국이 제일이라는 것을 통감하였으며, 한인이 제일 많이 마시는 것도 알았습니다"라고 썼다.[11]

---

11 〈조선일보〉, 1952년 8월 28일.

당시 세계에서 1인당 커피 소비량에서 공식적 1위였던 핀란드와 커피 소비 강국이었던 독일이나 스웨덴을 경험한 민병선의 주장이었다. 마시기도 많이 마시지만 잘 빼기(만들기)도 한다는 표현에서 당시 우리나라의 커피 소비 열풍을 느낄 수 있다.

〈조선일보〉는 당시 우리나라 도시 풍경을 이렇게 묘사했다. "서울과 부산에는 한 집 걸러 다방이요…… 폐허의 서울에도 늘어만 가는 것이 다방이어서…… 다방골은 정말 다방촌이 되고 말았다. '인간 도처 유청산'이라더니 '인간 도처 유다방'이라 해도 무방할 듯."[12] 서울 북쪽에서는 전쟁이 계속되고 있었고 자고 나면 포성이 들리던 시절에도 도처에 다방과 커피 향이 가득했다. 자고 나면 느끼는 것이 다방이었고 다방마다 커피를 마시는 사람들로 붐볐다. 당시에 발표된 소설이나 수필 등 문학 작품에는 커피와 다방 풍경이 자주 묘사되었다. 신문마다 커피값 인상 소식이 넘쳐났다.

전쟁이 한창이던 1952년 가을 미국으로 건너가 8개월의 연구생활을 마치고 유럽을 시찰한 후 돌아온 유진오 교수는 신문에 "구미시찰담"을 게재했다. 1952년 9월 10일 〈조선일보〉에 실린 "본받을 내핍생활"이라는 글에서 유진오 교수는 영국인들이 커피 대신 콩가루 같은 대용품을 마시기 때문에 특별히 부탁하지 않으면 우리가 한국에서 마시는 그런 좋은 커피는 구경할 수 없었다고 기록했다. 영국인들이 전후 복구를 위해 내핍생활을 하던 당시 우리는 좋은 커피

---

[12] 〈조선일보〉, 1953년 6월 5일.

를 마시고 있었다. 대용 커피 이야기는 어디에서도 찾아볼 수 없었다.

　　우리는 아무리 가난해도 책을 가까이하고, 시를 짓고, 그림을 그리고, 차 마시기를 즐기던 나름 문화민족이었다. 식민지 지배와 전쟁은 이런 우리 민족에게 문화생활의 유보를 강요했다. 긴 시간 잠복해 있던 문화 결핍증이 광복과 함께 터져나온 것이다. 억눌렸던 교육열이 폭발했던 것과 같다. 그래서인지 광복과 함께 '문화'라는 말이 크게 유행했다. 지금도 쓰이는 '문화인' '문화예술인'이라는 말이 신문과 잡지에 많이 나왔다. 접두어로 쓰이는 '문화'는 품위 있는 사람이나 생활양식을 뜻했다. 커피를 마시는 사람이 문화인 대접을 받았다. 다방에서 커피를 마시는 사람은 '다방 문화인'이었다. 커피를 마시는 가정은 문화가정이었고 커피를 마시기에 적합한 서양식 집은 문화주택이었다. 연필과 책방 이름 등에 '문화'라는 단어가 많이 붙었다. 문화인이 되고자 하는 이런 욕구가 커피 열풍을 일으켰다.

　　1953년 1월 국제청년상공회의소 소장 필리핀의 뷔라누에바Villanueva 일행이 12개국에서 전달받은 구호품을 갖고 입국했다. 12개국에는 필리핀, 쿠바와 함께 과테말라가 포함되어 있었는데, 과테말라는 특산물인 커피를 다량 보내왔다. 이런 소식이 신문에 실렸고 한국인들은 환호했다. 한국인들의 커피 사랑 소식이 중앙아메리카의 낯선 나라에까지 알려져 있던 것이다. 커피를 포함한 구호품을 전달하면서 뷔라누에바는 한국인들이 "긍지 높은 국민으로" 다시 일어설 것을 기원했다. 70여 년 전 한국은 과테말라로부터 커피를 지원받고 필리핀으로부터 위로받던 나라였다.

얌생이가 빼돌린 커피

광복 10년 특산물 '얌생이'의 활약

양키Yankee라는 말은 미국 동북부에 거주하는 서유럽계 백인을 비하하는 명칭으로 출발하여 현재는 서유럽계 미국인 전체 혹은 미국인 전체를 경멸하는 용어로 미국 밖에서 많이 사용되고 있다.

우리나라 신문에 '양키'라는 단어가 처음 사용된 때는 1920년이었다. 미국산 시계 잉거솔Ingersoll을 판매한다는 테일러상회의 광고가 "양키 야명시계夜明時計"라는 카피와 함께 1920년 5월 8일과 12일 〈동아일보〉에 실렸다. 세계 최초로 개발된 야광시계였다. 잉거솔은 마크 트웨인, 토머스 에디슨 등이 사용하여 미국에서 매우 유명해진 시계였다. 수제시계가 유행하던 미국에서 잉거솔은 1892년 대량생산 시스템을 시계 제작에 적용함으로써 1달러짜리 시계를 출시하여 시계 시장을 점령했다. 1919년에는 세계 최초로 야광시계를 개발했는데, 당시 개발된 야광시계가 이듬해 조선에서 판매를 시작한 것이다.

'양키'라는 단어가 1920년대 신문에 자주 등장한 이유는 사실 미국의 프로야구팀 뉴욕양키스 때문이었다. 당시 미국 최고 인기 선수였던 베이브 루스가 소속된 팀이 뉴욕양키스였다. 신문에서 베이브 루스 소식을 자주 다루면서 '양키'라는 단어가 스포츠팬들 중심으로 널리 알려졌다. 예컨대 1920년 6월 25일 〈동아일보〉는 뉴욕양키스의 베이브 루스가 80년 미국 야구 역사상 처음 보는 장거리 홈런을 쳤다고 보도하면서 위대한 자연의 힘을 나타내는 것이 셋이 있으니, 하나는 나이아가라폭포, 둘은 베수비오산, 셋은 베이브 루스라고 표현했다.

우리나라 신문에서 '양키'라는 단어에 '제국주의'라는 단어가 결합하여 미국에 대한 비판적 의미로 쓰이기 시작한 시점은 1927년이었다. 1927년 3월 22일 〈조선일보〉는 브뤼셀에서 열린 '약소민족대회' 소식을 전하며 "양키제국주의"라는 비판적 표현을 썼다. 이후 양키라는 단어는 서서히 미국식 실용주의 소비 문화에 대한 비판 혹은 미국의 우월주의 정신을 상징하는 용어로 사용되는 빈도가 점차 늘어났다. 노출이 심하거나 교양 없이 가벼운 말과 행동을 일삼는 여성을 상징하는 단어로 '양키-껄'이란 표현도 생겼다. 1930년대 후반 이후에는 배영·반미 운동의 여파로 양키라는 단어가 미국에 대한 부정적 표현에 등장하는 일반적인 용어로 자리잡았다.

광복되고 전쟁을 치르면서 미국의 영향력이 커졌고 동시에 양키라는 단어가 여기저기 사용되기 시작했다. 서울, 부산, 대구 등 큰 도시에 있는 외국 물건을 파는 시장이 '양키 시장'으로 불렸다. 커피는 '양키 시장'에서 팔리는 대표적인 양키 물건의 하나로 시민들 앞에 등장했다.

〈동아일보〉는 양키 물건이 흘러나오는 경로를 상세히 보도했다.[13] 미군 부대에서 양키 물건이 시장으로 유입되는 경로는 크게 네 가지였다. 첫째, 규모가 크고 배짱이 센 '얌생이질'이었다. 미군 수송선에서 물품을 육지로 옮길 때 사전에 미군과 짜고 집채만 한 물건을 통째로 빼내는 방식이었다. 발동선을 동원하여 직접 싣거나 바닷물에 빠뜨렸다가 나중에 몰래 건지는 방식으로 이루어졌다.

둘째, 창고에 있는 미군 물품을 빼내는 방식이었다. 정기적으로 트럭을 동원하여 당당하게 군수품 수송대에 끼워 빼올 정도로 대담했다. 담당 미군 매수는 필수였다.

셋째, 각 부대에 배포된 물건을 피엑스PX에서 빼내는 방식이었다. 이 경우에도 트럭에 실어서 나올 정도로 과감하게 이루어지는 경우가 많았다. 이것을 성사시키려면 문지기로부터 양공주, 나아가 각급 요로에 이르기까지 질서 정연한 연락망과 동원 체계가 확립되어 있어야 했다.

마지막은 미군 부대 소속 개인들이 소지품 속에 숨겨서 갖고

---

[13] 〈동아일보〉, 1955년 5월 16일.

1950년대 대표적인 양키 시장이었던 부산국제시장 입구 모습

미국 CBS에서 1972년부터 1983년까지 방영된 드라마 〈매시MASH〉 출연진. 〈매시〉는 미군 야전병원을 배경으로 벌어지는 에피소드로 큰 인기를 얻었다. 역대 미국 드라마 시청률 1위를 자랑하는 이 드라마에 미군 부대 주변 '양생이'가 종종 등장했다. 미국에서 한국인에 대한 부정적 인식을 심어준 대표적 드라마였다.

나오는 방식이었다. 작은 물건이나 소규모 물품이 대상이었다.

　　이렇게 미 군수품을 빼돌리는 한국인들을 얌생이라 일컬었고 이들의 도둑질을 얌생이질이라고 불렀다. 부산 등 남쪽 지방에서 염소를 뜻하는 사투리인 얌생이는 어쩌다가 미 군수품 도둑을 가리키게 되었을까. 어느 날 철조망을 뚫고 염소가 미군 부대로 들어갔다. 부대 입구 초소를 지키는 미군은 염소 주인인 한국인이 염소를 데려가겠다고 해서 들여보냈다. 그다음 날도, 또 그다음 날도 염소가 들어가기를 반복했고 염소 주인이 들어와서 데리고 나갔다. 그러던 어느 날 염소 주인을 수상히 여긴 미군이 잡아 조사해보니 미 군수품이 그의 소지품 여기저기서 나왔다. 이 사건 이후 미군 부대에서 물건을 빼내는 도둑을 얌생이라고 불렀다.

　　얌생이질 대상 중 인기 있는 품목의 하나가 커피였다. 이런 얌생이질을 목격한 한 미군 보급부대장은 이런 말을 했다. "태평양전쟁도 미국이 일본하고 싸웠기에 이겼지, 한국하고 싸웠더라면 졌을 것이나. 한국하고 싸웠더라면 원자폭탄도 비행기에 싣기도 전에 한국 얌생이꾼한테 도적맞았을 것이다." 〈동아일보〉는 "해방 10년 특산물" 톱10의 다섯번째로 '얌생이'를 선정했다.[14]

　　1950년대 중반 서울의 다방 수는 500개가 넘었는데, 각 다방에서 끓이는 커피 재료는 모두 이런 경로를 통해 빼돌리는 미 군수품이었다. 커피 재료값은 당시 큰 통 하나에 7500환, 작은 통은 1500환

---

14 〈동아일보〉, 1955년 8월 20일.

이었다. 작은 통에 든 1킬로그램 커피 가루로 200잔의 커피를 만들어 1만 환을 벌었으니 수지맞는 장사였다.

문제는 얌생이를 통해 받은 물건을 파는 양키 시장 상인들을 등치는 '파리'들이었다. 양키 시장에서 양키 물건을 파는 상인들에게 양담배나 커피 단속을 나왔다고 협박하여 돈을 뜯어내는 가짜 취체관이었다. 상인들이 '파리'라고 불렀던 이들과 진짜 공무원 취체관을 구분할 수는 없는 점이 문제였다. 만에 하나 진짜 취체관에게 돈을 주지 않고 버티면 갖고 있는 모든 물건을 빼앗기고 벌금까지 물어야 했기 때문이다. 양키 시장을 감독하는 취체관에게 뇌물을 주는 것이 당연한 시대였고 이런 세태를 이용하여 가짜 취체관이 날뛰던 시대였다. 고양이에게 생선을 맡기고 살던 시절이었다.

구공탄에 끓여먹는 커피

1950년대 중반이 되자 우리나라는 전쟁의 공포에서 벗어나며 출생률이 급격히 높아졌다. 이때부터 시작된 베이비 붐은 1970년대 초반까지 지속되었다. 인구는 지금의 절반이 되지 않았지만 매년 출생아 수는 지금의 두 배 이상이었다. 1955년 출생아 수가 90만 명을 넘어섰다. 인구 증가를 뒷받침할 수 있는 산업이 발전하지 않은 상태였다.

휴전 직후 비교적 높았던 이승만에 대한 국민의 지지는 1950년대 중반에 이르자 무너지기 시작했다. 지속적인 가난과 사회적 혼란이 원인이었다. 이런 상황을 맞아 대통령은 국민의 고통에 귀를 기울이기보다는 부정선거와 독재로 장기 집권을 시도했다. 측근 관료들의 부패와 부정은 극에 달했다. 부패한 지도층은 범죄 조직과 공생관계를 형성하며 사회를 더욱 큰 혼란으로 빠지게 했다. 북에서는 전쟁 책임을 물으며 시작된 숙청 작업이 반복되면서 김일성의 유일 체제가 강화되기 시작했다. 남과 북이 닮아가고 있었다.

1957년 10월 소련의 인공위성 스푸트니크 발사 성공으로 세상은 매우 시끄러웠다. 미국은 소련을 따라잡기 위해 1958년 7월 항공우주국NASA을 설립했다. 세상 밖 변화에 아랑곳하지 않고 1958년 1월 이승만은 우리나라 초대 농림부장관과 제2대 국회부의장을 지냈고, 제3대 대통령 선거에 출마하여 30퍼센트 지지를 받았던 조봉암 등 진보당 간부 일곱 명을 간첩 혐의로 구속하여 재판에 넘겼으며, 이듬해 7월 31일 교수형에 처했다. 사형을 선고받은 조봉암은 "정치란 다 그런 것이다. 나는 만 사람이 살자는 이념이었고, 이박사는 한 사람이 잘살자는 이념이었다"라는 말을 남겼다.

기상 관측 이래 가장 더웠던 1958년 여름 어느 날 문학평론가이자 작가였던 팔봉 김기진은 시내를 걷다 진열장 안에 있는 낯선 물건을 보았다. 하나는 '원자시계'라는 표딱지가 붙은 삼각형 금시계였고, 다른 하나는 번쩍이는 '금수저'였다. 민생과 멀어지던 "사치하면서 부패하는 사회"를 보여주는 물건들이었다. 김기진의 표현대로 구공탄 불에 커피를 끓여먹는 족속들이 원자시계를 차고 금수저로 밥을 먹던 시절이었다.

한편에서는 외래 물건인 커피를 사치품으로 격렬히 비판했지만 신문 여기저기에 커피를 긍정적으로 묘사하는 기사가 넘쳤고 커피 소비 확대에 따라 다방 커피값이 하루가 다르게 치솟았다. 신문 연재물마다, 문학 작품마다 커피 마시는 풍경이 넘쳐났다.

당시 신문에 실리는 커피 관련 기사 중 가장 큰 비중을 차지하던 소재는 두 가지였다. 하나는 자고 나면 인상되는 커피값, 특히 다방 커피값이었다. 정부에서 고시하는 커피가격이 언제 오를지는 비단 커피를 좋아하는 소비자들뿐 아니라 커피값 인상이 초래할 파급 효과를 주시하는 모든 시민의 관심거리였다. 한 잔에 80환인 관허요금을 무시하고 150환을 받은 '나일구다방' 등 시내 다방 네 곳이 동시에 영업 정지 처분을 받은 일이 1957년 10월에 대서특필되었다. 결국 1958년 1월에 관허요금제를 폐지했고 이후 커피값은 천정부지로 오르기 시작했다. 또다른 하나는 커피를 둘러싼 각종 범죄 소식이었다. 주로 미군 부대에서 커피를 불법적으로 빼돌리다 적발된 사건이 보도되었고 이와 함께 밀가루를 커피로 속여 판매하거나 한번 사용한 커피 가루를 두 번, 세 번 재탕하다 걸린 다방업주 이야기 등이 자주 등장했다. 1950년대 내내 이런 뉴스가 반복되었다. 거리의 상품진열창은 안 보면 그만이었지만 뉴스는 피할 수 없었다.

1958년 당시 세상을 시끄럽게 했던 희대의 뉴스거리는 '판사의 살인사건'과 '교장의 광고사건'이었다. 전자는 술에 취한 판사 이모씨가 요정에서 기생 옷을 강제로 벗기려다 이를 말리려던 요정 주인의 아버지 멱살을 잡아 질식사시킨 사건이었다. 후자는 맹휴의 책임을 물어 퇴학 처분을 한 학생 일곱 명의 명단을 알리는 광고를 신문에 게재한 교장 이야기였다.

　　　이 두 사건에 대한 언론의 보도 태도는 같지 않았다. 교장 사건에 대해서는 사실 그대로를 보도했으나 판사 사건에서는 살인 판사에게 동정적 태도를 보였다. 살인을 저지른 판사가 2년형에 집행유예로 풀려났음에도 불구하고 신문에는 취중 살인이었고, 판사가 반성하고 있으며, 가족의 생계 책임이 있다는 등의 이유를 들어 동정적인 기사가 넘쳐났다. 어느 날 김기진은 다방에서 손님들의 대화를 들었는데, 한 손님이 말하기를 "여보게 판사가 살인을 하는 세상이 되었으니 이걸 어떡하면 좋지?"라고 하니 그와 함께 있던 친구가 한숨을 쉬면서 "국운이 이렇게 됐다고 할밖에"라고 대답했다.

　　"낙엽소리 하나를 듣고 천하에 가을이 온 것을 알았다"라는 말을 인용하며 김기진은 판사가 요정에서 살인하는 세상에서 우리가 무엇을 행해야 하고, 무엇을 생각할 것인가를 알지 못할 지경이라고 한탄했다.

1950년대식 커피 에티켓과 커피 상식

　　이런 뉴스 속에서도 흥미로운 커피 소식들이 자주 전해져 커피당을 즐겁게 했다. 아프리카 라이베리아 삼림에서 지금까지 알려져 있던 그 어떤 커피보다도 향이 좋은 새로운 커피가 발견되었다는 해외 토픽이 1957년 12월 23일 〈동아일보〉에 보도되어 커피 애호가들의 가슴을 뛰게 했다. 그런가 하면 "커피는 만병통치약"이라는 고문서가 일본에서 발견되었다는 반가운 소식이 1958년 3월 14일 〈조선일보〉를 통해 전해졌다. 일본 오사카의 한 쓰레기 청소부가 옛날 문서를 주웠는데, 이는 80년 전 문서로 커피의 여러 가지 치병 효능과 함께 커피가 1만 가지 질병을 고칠 수 있다는 반가운 내용이 기록되어 있었다.

가을이 깊어가던 1958년 한 신문에는 커피를 마실 때 지켜야 할 에티켓이 소개되었다.[15] 내린 커피를 마실 때는 더운물에 담가두었던 컵에 따른 후 기호에 맞게 설탕이나 우유를 섞어 마실 것을 권했다. 커피잔 무늬가 손님을 향하도록 하고 커피잔 손잡이와 스푼은 컵 오른쪽에 놓는 것이 예의라는 설명도 포함되었다.

이 신문은 특별히 커피를 대하는 여성의 바람직한 태도를 제시했다. 여성이 커피 대접을 받으면 쓸데없이 체면을 차리느라 사양하는 것을 예의라 인식하고 있지만 사양 말고 뜨거울 때 맛있게 마시는 것이 오히려 주인에게 실례가 되지 않는 에티켓이라는 내용이었다. 여성의 경우 커피를 마시고 난 다음 컵에 입술연지가 묻었을 때 남몰래 살그머니 닦아 없애는 정숙한 마음씨도 필요하다고 부연했다.

커피의 유행을 보여주듯 '커피의 상식'이라는 기사가 신문에 자주 게재되었다.[16]

---

[15] 〈경향신문〉, 1958년 10월 16일.
[16] 〈동아일보〉, 1958년 11월 6일.

따끈한 한잔의 커피는 피로를 회복시키고 마음의 휴식을 주는 동시에 생각하는 기회를 마련해준다. 우리나라에 커피가 처음으로 들어온 것은 약 60여 년 전 초대 미국공사 부임과 동시이지만 이제는 우리들이 항상 즐거이 마실 수 있는 차가 되고 말았다. 된장국에 깍두기를 먹는 위장에 커피가 이로울 리 있겠는가라고 말하는 사람도 있지만 고혈압, 심장, 신장, 위병이 있는 사람과 아이들은 마시지 않는 것이 좋고 공복과 취침 전에만 엄금. 커피의 주성분은 카페인, 이것이 졸리듯 흐릿한 기분을 거두어버리고 개운한 기분을 만든다. 커피를 마시면 잠이 오지 않는다는 원인. 그러나 정말 커피 때문에 잠이 오지 않는 사람은 드물고 대부분은 기분적인 데서 오는 것이 많다. 하루에 대여섯 잔쯤은 해롭지 않다고. 다만 커피에 타는 설탕에 의한 당해를 조심해야 한다. 커피가 제맛이 나지 않는 것은 끓는 물이 식었거나 커피가 양이 적은 데서 오기 쉬운데 이 두 가지만 조심하면 언제나 맛있는 커피를 마실 수 있다.

이런 기사를 읽으면 커피가 당길 수밖에 없다. 기사는 낙엽이 지는 가을 끝자락에 실렸다. 당시 지식인들은 커피가 우리나라에 본격적으로 들어온 시기는 아관파천보다 10여 년 앞선 1883년 초대 미국공사 부임 무렵임을 이미 알고 있었다.

커피의 유행과 함께 커피를 마시면 몸에 어떤 영향을 미치는 지도 관심사로 떠올랐다. 1950년대 신문에는 커피가 인체에 미치는 영향을 다룬 기사가 적지 않게 실렸다. 그때나 지금이나 커피의 효능에 대해서는 상반된 주장이 난무했다. 1959년 12월 1일 〈동아일보〉는 커피가 중추신경계를 자극하여 깊이 사색하도록 만들어주고 육체적 능력을 진전시켜주는 반면, 커피를 과디하게 마시면 위장 장애를 일으킨다고 주장했다. 이런 특성 때문에 잠이 오지 않게 하는 부작용이 있다는 설명도 덧붙였다. 이에 반해 1959년 3월 23일 〈경향신문〉은 "수면의 과학" 기사에서 "커피가 우리를 자거나 또는 못 자게 하는 것이 아니라 우리의 마음가짐에 달려 있다"라고 했다. 1959년 9월 29일 〈동아일보〉 "카페인의 득실" 기사에서는 커피를 "적당히 마시면 약이 되고 지나치면 해롭다"라는 매우 평범하지만 정확한 의견을 내놓았다. 1950년대 말 대한민국은 커피에 관한 상식이 넘치던 시대였다. 1957년에는 커피에 관한 주요 일간신문 기사가 100건이 넘었다.

어렵고 어둡던 1950년대 후반 낯선 수입 음료 커피는 누구나 즐기고 싶은 음료로 각광받았다. 커피에 관한 상식을 다룬 신문 기사도 범람하기 시작했다. 물론 살기 힘든 서민들에게 커피는 여전히 사치품이었다.

인스턴트커피보다는 드립커피

커피는 끓이는 것인가, 내리는 것인가, 타는 것인가, 뽑는 것인가. 커피 만드는 행위를 표현하는 방식은 시대에 따라 변했다. 커피의 역사에서 커피는 가장 긴 기간 동안, 끓여서 만드는 음료로 생각되었다. 커피 가루를 물에 넣고 끓이는 방식은 커피가 처음 발견된 15세기부터 20세기까지 500년 이상 이어져왔다.

19세기부터 커피포트, 드립 도구, 에스프레소 머신, 모카포트 등 다양한 도구가 등장하면서 커피를 만드는 방식이 다양해졌다. 그런데 무엇보다 큰 변화를 가져온 것은 인스턴트커피의 발명이었다. 끓는 물 외에 특별한 도구가 필요 없는 인스턴트커피의 등장은 하나의 혁명이었다. 그렇다면 인스턴트커피가 우리나라에 처음 소개되었을 때 어떤 반응이었을까? 끓여 마시던 불편함을 버리고 인스턴트커피의 편리함에 순식간에 빠졌을까?

1950년대에는 커피 가루를 끓이고 여과하여 마시는 전통적 방식이 여전히 우세했다. 인스턴트커피는 생각보다 크게 유행하지 않았다. 한 신문의 표현대로 이른바 인스턴트커피가 "시장에 나와 돌아다니고 있지만" 사람들은 여전히 커피 가루를 물에 끓여 만드는 세너토 된 커피를 선호했다. 1950년대 나방을 상상하는 명동의 돌체 다방에서도 당연히 커피 가루를 주전자에 넣고 끓인 후 천천히 따라 마셨다. 인스턴트커피를 사용하지 않았다.

1958년 10월 16일 〈경향신문〉에는 커피 만드는 법이 소개되었다. 커피의 향과 맛을 제대로 원한다면 여과법이 가장 적당하다는 것이 핵심이었다. 물을 펄펄 끓인 다음 찻병 위에 헝겊 주머니를 걸쳐놓고 커피 가루를 큰 수저로 가득 담아 넣은 후 끓인 물을 세 번에 나누어 천천히 붓는 방식이 소개되었다. 당시 유행하던 융드립식이

당시 많이 사용하던 미제 커피. 1950년대에도 대부분의 다방에서는 원두를 갈아 물에 끓이는 방식을 사용했다. 돌체다방을 비롯하여 명동에 있는 다방에서는 인스턴트커피를 사용하지 않았.

었다.

〈조선일보〉에는 커피를 "손쉽고 맛있게" 만드는 법이 소개되었다.[17] 이 신문이 소개한 방식 역시 인스턴트커피를 손쉽게 '타는' 방법이 아니라 원두를 갈아서 '끓여 마시는' 방법이었다. 끓여 마시는 커피가 그 맛을 제대로 즐기는 방법이라는 것이 상식이던 시대였다. 이 신문 기사에서는 당시 유행하던 원두도 소개했다. 미국산 '에무제트MJB'가 빛깔도 좋고 맛도 제일 좋은 커피로 언급되었다. 그 밖

---

17 〈조선일보〉, 1959년 1월 16일.

에 멧시월(맥스웰), 쌈뽕(샌본) 커피도 소개되었다. 미국의 대형 커피 기업들이 진공 포장 방식으로 만들어 유통한 제품이었다. 원두에 이어 소개한 것은 커피 끓이는 도구였다. 이 신문에 따르면 당시 보통 가정에서는 '파코레라(퍼컬레이터)'라고 하는 커피 끓이는 주전자를 더러 사용하고 있었다. 그런데 '파코레라'보다는 융을 사용한 드립식이 맛있게 커피를 만들 수 있는 최고의 방법이라고 추천했다. 커피가루 두세 티스푼으로 한 잔 만드는 것을 권했는데, 이는 요즘 드립에 사용하는 원두의 양과 큰 차이가 없다. 맛 좋은 커피를 마시려면 신선한 물을 사용할 것, 융을 비누로 빨지 말고 물에 담가두는 방식으로 세척할 것, 커피는 데워서 마시지 말 것 등의 주의할 점을 나열했다.

이 기사들을 통해 알 수 있듯 1950년대에도 인스턴트커피보다는 원두를 갈아 드립하여 내리는 방식이 유행했다. 아직은 미국인들처럼 커피 맛 대신 편리함을 선택한 상태는 아니었다. 만드는 방법이 조금 번잡하고 불편하더라도 커피의 맛이나 향을 즐기기 위해 여과식 커피를 선호했다.

미국인도 모르는 커피 맛?

제2차세계대전 직후 미국에서도 인스턴트커피가 보급되었지만 여전히 커피는 끓여서 마셔야 제맛이라는 분위기가 한동안 지속되었다. 그러다 빠른 속도로 인스턴트커피 소비가 늘어났다. 1948년 인스턴트커피는 미국 커피 총소비량의 5퍼센트인 7000만 파운드를 차지했다. 그런데 10년이 지난 1958년에 이르러서는 5억 파운드에 달하여 미국 커피 총소비량의 3분의 1 내지 5분의 1을 차지하기에 이르렀다.

인스턴트커피 소비량의 이런 증가에도 불구하고 미국인들은 이 커피를 좋아한다는 말을 대놓고 하지는 않았다. 인스턴트커피는 가족용으로만 사용할 뿐 손님 접대용으로는 사용하기를 주저했다. 인스턴트커피를 손님에게 내놓는 것은 결례였다. 이것을 커피라고 부르지 않고 '채소 가루'라고 불러야 한다고 주장하는 사람도 있었다. 커피는 여전히 끓여 마시는 것이지 타서 마시는 것이 아니었다.

1959년 4월 16일 〈조선일보〉는 "미국인도 모르는 커피 맛"이라는 흥미로운 기사를 실었다. 미국에서 인스턴트커피 소비가 늘고 있는 것을 보면 "보통 미국 사람들이 진짜 커피 맛을 알고 마시고 있는 것이 아니라는 것을 증명하는 것"이라는 해석을 덧붙였다. 1950년대 말 우리나라가 비록 미국의 경제 원조에 상당히 의지하여 살아가고 있었지만 커피를 보는 시각은 그들을 따르지 않았다. 커피를 대하는 태도에서는 어찌 보면 미국인보다 우월한 모습이 엿보였다.

제5부

커피 탄압기,
위스키는 되고
커피는 안 되고

A Cup of Coffee,
a Cultural History

1960년대는 세계적으로 저항과 자유주의 열풍의 시대였다. 냉전은 지속되었지만 인권 의식이 태동하고 반권위주의 문화가 크게 확산했다. 베트남전쟁 반대운동, 68혁명, 프라하의 봄 등으로 미국과 유럽대륙이 뜨거웠다. 비틀스가 등장했고 히피 문화가 퍼졌다.

우리나라도 1960년대가 뜨겁게 시작되었다. 4·19혁명으로 이승만 시대가 막을 내리고 민주당 정부가 탄생했다. 중단되었던 통일운동이 활발해지는 등 사회 변화를 지향한 다양한 목소리가 터져나왔다. 결국 다양한 목소리를 혼란으로 몰아세우며 박정희가 쿠데타를 일으켰다. 대통령이 된 박정희는 한일 국교 정상화를 통해 한미일 공동 안보 체제를 완성했다. 이를 바탕으로 베트남 파병이 이루어졌고 베트남전쟁 특수를 활용하여 경제는 성장을 시작했다. 커피는 수입도, 거래도, 음용도 금지된 특정 외래품에 포함되어 단속 대상이었지만 거리마다 다방이 빽빽하게 들어섰고 커피는 도시인의 일상 음료로 자리잡았다.

1960년대 후반 커피를 운반하는 미군 화물열차를 습격하는 갱단이 등장했고, 북한 특수부대원의 청와대 습격사건이 벌어졌고, 미국 군함 푸에블로호가 동해에서 북한에 나포되었다. 세상은 시끄러워도 커피와 다방의 인기는 식을 줄 몰랐다. 다방 재벌이 등장한 데 이어 국내 최초의 커피 가공기업 동서식품이 탄생했다.

    1971년 3월 31일 미국 시애틀에서 세 명의 청년 제리 볼드윈, 고든 보커, 제브 시글이 카페 스타벅스를 창업했다. 그러나 당시 스타벅스의 존재를 아는 한국인은 거의 없었다.

커피를 노린 열차 갱단

커피타임

전쟁, 혼란, 가난, 부패 등 1950년대가 넘겨준 수많은 해결 과제를 안고 1960년대가 시작되었다. 물론 최대 과제는 경제 건설이었고 그러려면 국민 각자가 각성하여 내 나라 것을 먹고, 내 나라 것을 입고, 일치단결하여 검소하게 살아가야 했다. 그런 구호가 넘치던 시절이었다.

검소한 생활을 외치는 사람들에게 외래품인 커피는 사치의 상징이었다. 4·19혁명 직후인 1960년 5월 24일 〈동아일보〉는 "언제부터 배운 커피이기에" 이를 수입하여 1년에 10억 잔을 마시고 2000만 달러를 소비하느냐고 비판했다. 하지만 시민들이 커피 마시기를 포기하거나 커피에 관한 관심은 줄어들지 않았다.

우리가 커피를 마시기에는 가난한 나라임을 증명하려는 언론도 있었다. 〈조선일보〉는 커피 1파운드 가격에 해당하는 돈을 버는 데 소요되는 노동시간은 미국 16분, 캐나다 34분, 스웨덴 60분, 노르웨이 71분, 영국 81분, 네덜란드 93분, 벨기에 97분, 스위스 100분, 프랑스 110분, 서독 180분, 이탈리아 216분이라는 소식을 전했다.[1] 1960년 미국의 1인당 국민소득은 9895달러, 이탈리아는 4564달러, 우리나라는 90달러였다. 국민소득이 우리나라와 비슷하거나 조금 높았던 나라로는 짐바브웨, 잠비아, 아이티, 앙골라, 방글라데시 등이 있었다. 환산해보면 커피 1파운드 구입을 위해 한국인은 최소한 1800분(30시간) 정도를 노동해야 했다. 미국인이 16분 노동으로 버는 돈을 한국인은 1800분 노동으로 벌던 암울한 시절이었다.

1960년 9월 12일 아침 당시 커피 문화를 보여주는 흥미로운 사건이 발생했다. 오전 9시 45분경 100명 이상의 승객을 태우고 서울 금호동 고개를 내려오던 버스가 브레이크 고장으로 미끄러지며 마주 오던 시발택시 두 대와 충돌한 후 낭떠러지로 전복되는 참사가 벌어졌다. 이 사고로 승객 두 명이 현장에서 사망하고 90여 명의 중경상자가 발생했다. 버스가 굴러떨어진 낭떠러지에 있던 판잣집 주민도 다수가 다쳤다. 그런데 이 참사와 커피가 무슨 상관이 있을까?

마침 이날 오전 한 시민이 아이의 병 치료를 위해 국립의료원을 찾았다. 그런데 10시부터 10시 30분까지 기다려도 접수처에 사

---

[1] 〈조선일보〉, 1960년 5월 10일.

람이 없었다. 이때 갑자기 응급환자를 가득 태운 트럭이 들어왔지만 응급실과 접수처가 모두 닫혀 있어 인사불성인 환자들을 대합실에 눕힐 수밖에 없었다. 직전에 벌어진 금호동 버스 전복 사고 부상자들이었다. 접수처는 왜 닫혀 있었을까? 문제는 커피였다. 이 병원의 모든 의료 요원과 사무 요원이 오전과 오후 한 번씩 정해진 '커피타임'을 가졌는데, 마침 그 시간이 오전 10시였다.

이 시민은 "애타는 생生"이라는 가명으로 〈동아일보〉에 독자 투고를 했다. "커피보다 인명 치료를 부탁한다"라는 제목의 글에서 이 시민은 "커피타임을 갖고 싶거든 일에 지장이 없도록 윤번제라도 마련하였으면 좋겠다"라고 제안했다.

1960년대 초반 노동자들에게 '커피타임'을 허용했던 병원이 있었다는 사실이다. 1950년대부터 미국의 노동 현장에 널리 보급되었었던 '커피브레이크' 문화가 '커피타임'이라는 이름으로 행해지고 있었던 것이다. 물론 모든 노동 현장에서 볼 수 있는 일은 아니었다. 당시 국민소득 수준이 세계 최하위권 국가였음에도 불구하고 노동자들의 노동조건을 경제 선진국 수준으로 보장하려는 움직임이 사회 일각에 있었다는 사실은 매우 중요한 일이다. 노동조건 보장에서 경제 수준의 높고 낮음은 고려 대상이 아니라는 점을 일깨워준다. 진료하는 의료진뿐 아니라 접수를 담당하는 의료 지원 인력에게도 동일하게 '커피타임'이 주어졌다. 노동조건 보장에서 노동의 위계는 고려 대상이 아님을 보여준 흥미로운 사례다.

버스 한 대에 100명이 타야 했던 시절, 서울 시내에 판잣집이 즐비했던 시절, 외국의 구호 물품에 의지하여 살던 시절에도 노동자에게 정당한 휴식을 보장하려던 아름다운 직장, 정상적인 사람들은 있었다.

국가 경제를 좀먹는 커피

4월 혁명의 완수를 다짐하는 주장과 각오가 넘치는 가운데 1961년 새해가 밝았다. 민주주의적 질서를 세우고 우리의 정신적·물질적 빈곤을 퇴치하는 것이 당시 언론에서 주장하는 혁명의 완수였다. 언론인 류달영은 이 혁명의 완수를 가로막는 장애물은 "혁명에 대한 진정한 이해의 결핍과 혁명 완수에 대한 열렬하고 진지한 성의의 부족"이라고 설파했다.

이런 주장에 부응하여 다양한 운동이 벌어졌다. 그중 하나가 학생들이 벌인 '커피'와 '양담배' 배격운동이었다. 이름하여 '신생활계몽운동'이었다. 사치생활을 하지 말자는 운동의 상징이 커피와 양담배 배척이었다.

학생들뿐 아니라 교사들도 신생활계몽운동에 적극 참여했다. 서울 시내 교원들로 조직된 '신생활교원동지회'가 다음 5개 항을 실천 목표로 발표했다.[2] 1. 의복은 해져 못 입을 때까지 기워 입는다. 2. 밥은 잡곡을 섞어 먹는다. 3. 커피는 안 마신다. 4. 옳지 않은 금품은 안 받는다. 5. 부형에 따라 학생을 차별하지 않는다. 이렇듯 커피

---

2 〈조선일보〉, 1961년 2월 21일.

는 반혁명을 상징하는 대표 물품이 되어 배격되었다.

　　　이런 운동에도 불구하고 시민들의 커피 사랑은 좀처럼 식지 않았다. 일제강점기부터 시작된 다방의 유행, 전쟁도 막지 못한 커피 붐이었다. 커피의 불법 유통도 여전했다. 밀수나 미군 부대를 통해 흘러나온 커피가 다방에서 불티나게 팔렸다. 미국 피엑스 물건을 운반하는 트럭을 습격하여 3만 달러어치 커피와 담배를 턴 "7인조 절도단 체포",[3] 부산 세관에서 커피 등 "밀수품을 적발 열차로 탁송 중"[4]과 같은 뉴스는 거의 일상적이었다. 혁명은 혁명이고 커피는 커피였다.

　　　당시 커피의 유행은 다방 수가 보여주었다. 서울 시내에만 1200여 개의 다방이 성업중이었다. 누군가 말했듯 "불경기니, 물가 앙등이니 해도 커피 맛을 잊을 수 없는 모양"이었다. 부산 지역에도 서울의 절반 가까운 468개의 다방이 있었고 다방마다 빈자리가 없을 정도로 손님이 많았다. 전국 방방곡곡 시골 산촌에까지 다방 간판이 나붙었다.

　　　〈조선일보〉에 "한국 관광은 다방 구경?"이라는 기사가 실렸다.[5] 외국 원조로 세워진 상공회의소 건물 아래층 다방 옆에 또하나의 다방이 들어선 것을 풍자하는 기사였다. 한 건물, 같은 층에 다방이 두 개가 생길 정도로 다방과 커피 유행은 막을 수 없는 흐름이었다.

3 　〈경향신문〉, 1961년 2월 10일.
4 　〈동아일보〉, 1961년 4월 21일.
5 　〈조선일보〉, 1961년 4월 23일.

그런데 갑자기 커피 배격을 법으로 강제하려는 움직임이 나타났다. 이른바 '특정외래품판매금지법(안)'이 1961년 4월 29일 국내 여러 일간지에 발표되었다. 국내산업 보호와 건전한 국민 경제 발전을 꾀할 목적으로 같은 해 5월 10일에 발효된 이 법에 따라 커피, 코코아 등 외래 음료의 수입 및 판매가 전면 금지되었다. 금지된 외래품을 팔다가 적발된 사람이 외래품을 취득한 경로를 자백하면 그 형을 감해주는 조항이 들어 있는 희한한 법률이었다.

이 희한한 법이 발효된 지 6일째 되는 날 서울 시내에는 탱크 소리, 군화소리와 함께 '혁명'을 외치는 군인들이 활보하는 더욱 놀라운 세상이 열렸다. 5·16군사정변이었다. 쿠데타 2주일 후인 5월 29일 아침을 기해 다방에서 커피가 일제히 자취를 감추었다. 다방업자들이 자진하여 커피 판매를 중단했다고 했지만 실제로는 쿠데타 세력이 취한 강제 조치였다. 강제 조치가 아니었음을 강변했지만 믿는 사람이 없었다. 치안국장은 "어제 28일 다방업자들을 불러서 막대한 외화를 소비하고 있는 커피를 되도록 팔지 말고 생강차나 기타를 대용하여 팔도록 함이 어떻겠는가라고 권장했다"라고 발표했다.[6] 강제로 커피를 팔지 말라는 말이 아니었음을 거듭 강조했다.

예외도 있었다. 외국인이 많이 출입하고 기업인이 자주 이용하는 반도호텔 커피숍은 예외였다. 이 호텔에서만 커피 판매를 허용했다. 덕분에 이 호텔은 하루 판매량이 200잔 이하였던 커피를 600잔

---

[6] 〈조선일보〉, 1961년 5월 29일.

이상 팔았다. "커피 있는 이방 지대"였다.[7]

반도호텔 커피숍 외의 모든 다방은 손님이 5분의 1로 감소했고 공무원의 다방 출입은 금지되었다. 커피 한 잔 값을 150환에서 100환으로 내려도 손님이 없었고 버티기 어려우면 전업하거나 폐업하는 것 외에는 방법이 없었다. 광복 이후 최초로 맞는 '다방 수난기'였다. 잠시였지만 이 땅에서 다방이라는 이름조차 기억할 수 없는 상황에 이르게 되는 것이 아닌가를 염려할 지경이었다. 커피나 양주는 심지어 외국인에게도 팔면 안 되는 물품이었다.

1961년 7월 22일 오후 쿠데타 세력은 4월 혁명 세력이 제정한 '특정외래품판매금지법'을 구현하기 위해 특정 외래품을 지정하여 고시했고 지정된 물품은 9월 1일부터 판매뿐 아니라 영리 목적으로 소유 또는 점유하는 행위까지 금지했다. 커피는 당연히 금지 품목에 포함되었다. 4월 혁명 정신을 이어받은 5·16군사정변 세력이었다. 이어 9월 5일부터 커피 판매에 대한 단속이 시작되었다. 신문 여기지기에 '헌신해진 다방' 풍경이 소개되었다.

자고 나면 외국산 커피 단속 소식이 전해졌다. 12월 1일까지 3개월간 단속한 결과 서울 시내에서 적발된 다방은 377개였고 그중 62개는 1개월 영업 정지, 63개는 과태료 부과 등 행정 처분을 받았다. 영업중이던 다방의 3분의 1 정도가 적발된 셈이었다. 부산과 대구에서도 비슷한 단속과 적발이 이루어졌다. 적발 결과를 수시로 발

---

[7] 〈조선일보〉, 1961년 6월 4일.

표하면서 경찰 당국은 커피 파는 일을 "국가 경제를 좀먹는 행위"로 규정했다.

그런데 아무리 커피를 단속해도 마실 사람은 마셔야 했고, 아무리 처벌해도 커피는 유통되었다. 그해 가을이 되자 다시 입시 시즌이 시작되었다. 학교를 다녀온 초등학생 아이에게 엄마가 "오늘 몇 점 받아왔니?"라고 물으면 이어서 아버지가 묻고, 가정교사가 묻고, 식모까지 물어보는 세상이었다. 초등학생에게 몇 번씩 세수를 시키고, 커피를 몇 잔씩 마시게 하면서 밤이 이슥하도록 교과서를 외우게 해야 일류 중학교에 들어가는 시절이었다. 이런 가정에는 어떤 경로를 통해서든 커피가 전해졌다. 그래서일까. 1961년 11월 들어 커피 판매가 다시 증가했고 커피 단속이 재개되었다.

이때 색다른 커피 소송이 벌어져 신문에 오르내렸다. 명동 소재 명지다방 주인 한모씨가 그 소송의 제기자였다. 1961년 11월 30일 그는 자신의 다방에 대해 10일 영업 정지 처분이 내려지자 '행정처분효력정지가처분신청'을 서울 지방법원에 제출했다. 자신은 외래 커피 판매를 한 적이 없다는 주장이었다. 이에 대해 한 신문은 "다방의 이름을 알리기 알맞겠다고 생각하여" 시장을 상대로 영업 정지 취소 소송을 한 것이라고 비꼬았다. 노이즈 마케팅이 아니냐는 의심이었다.[8] 이 소송은 12월 7일 서울시측의 승소로 마무리되었다.

커피 판매가 금지되자 커피를 함유한 신제품 커피 캐러멜이

---

8 〈경향신문〉, 1961년 12월 1일.

일간신문에 실린 해태 커-피-캬라멜 광고. 5·16군사정변으로 정권을 잡은 군부가 커피를 탄압하자 커피 캐러멜이 등장하여 인기를 끌었다.

인기를 끌었다. 신문마다 "포켓트 커피" "포켓트 속에 전용 다방" "문화인의 캬라멜" "언제나 커피의 미각을 즐길 수 있는 해태 커피 캬라멜" 광고가 넘쳐났다. 커피 캐러멜의 인기가 지속되면서 광고도 더욱 활발했다. 커피 캐러멜 광고 속에 커피의 역사를 담는 친절함도 보였다.

> 커피는 아프리카 원산으로 '아라비아커피' '리베리아커피' '로브스타커피' 3종으로서 그중 아라비아커피가 널리 재배됩니다. …… 1554년 …… 최초의 커피점 '카페 카네스'가 생겼고, 이를 전후하여 유럽에 소개되어 현재까지 여러분의 벗인 것입니다.
> 캬라멜은 어린이의 것만이 아닙니다.
> 본 캬라멜은 양보다 질적으로 우수한 현대인의 최고급 캬라멜입니다.
> 해태 소프트 커-피-캬라멜, 값 30원.

물론 '아라비아커피'는 '아라비카커피'를 잘못 기록한 것이고, 리베리아커피는 리베리카커피를 잘못 적은 것이다. '카페 카네스'는 '카흐베 하네Kahve hane'의 오기다. 약간의 오류는 있지만 캐러멜 광고에 커피의 역사를 서술한 것은 꽤 품위 있는 홍보였다. 동양제과에서도 "나도 아빠처럼 커피를!"이라는 광고를 내세우면서 어린이들을 겨냥한 오리온 소프트 커피 캐러멜 신제품 광고를 시작했다. 가격은 커피 한 잔과 동일한 30원이었다. "커피의 진미는 라일락에서"라는 카피는 남양유업에서 종래의 커피 프림 카네이션을 대체할 신제품으로 개발한 '라일락'을 알리는 광고였다. 서양에서 광고의 시대가 1920년대였다면 우리나라에서는 1960년대 후반이 광고의 시대로 가는 출발점이었고 커피 캐러멜 광고는 이를 보여주는 대표적인 사례였다.

1년 전 4월 혁명을 칭송하던 신문들은 다방에서 커피가 자취를 감추고 난 이 강산에 새로운 기풍이 진작되기 시작했다고 쿠데타가 만든 희한한 세상을 찬양하기 시작했다.

엄포는 엄포, 커피는 커피

우리나라 커피 역사에서 1962년과 1963년은 커피 탄압 절정기였다. 일제강점기보다, 6·25전쟁기보다 커피가 푸대접받은 시기가 바로 5·16군사정변 이후 박정희 정권이 출범한 1963년 말까지의 2년이었다. 민주당 정부 아래 대학생들 주도로 시작한 외래품사용자제운동이 '특정외래품판매금지법' 실행으로 옮겨졌고 군부의 등장과 함께 외국산 커피와 커피 도구는 수입과 거래, 판매 모두 금지되었다.

이런 분위기 때문에 커피에 대한 신문 보도는 횟수도 줄어들었고 내용도 빈곤해졌다. 신문에 등장하는 커피 관련 뉴스는 외국산 커피 단속과 단속에 걸린 다방 이야기가 거의 전부였다. 진짜 커피를 마시기 어려웠던 당시 커피 애호가들의 답답함을 풀어주는 것은 가끔 보도되는 희한한 커피 뉴스들이 전부였다.

1962년 1월 14일 일간지들은 '외국인을 위한 특정 외래품 판매소 설치 계획'을 일제히 보도했다. 외국인만 이용할 수 있는 판매소가 설치되고 그곳에서는 정부에서 공식적으로 수입한 '커피, 버터, 우유, 오렌지' 등을 판매한다는 소식이었다. 실제로 4월 2일 용산에 판매소가 문을 열었다. 한국은행에 돈을 미리 입금한 후 이용하는 시스템이었다. 당시 외국인 등록자 수는 1227명이었는데, 판매소 이용을 위해 돈을 입금한 세대는 230세대였다. 등록 외국인의 4분의 3쯤이었다.

암울한 시대에 시내 서점에서는 때아니게 『브라질어 입문』이라는 책이 잘 팔린다는 소식이 전해졌다. 정부에서 해외 이민을 권장했고 첫 대상 지역의 하나로 커피의 나라 브라질이 떠올랐기 때문이다. 〈경향신문〉에는 "커피 마시게 이민 서둘러"라는 제목의 기사가 실렸다.[9]

9 〈경향신문〉, 1962년 1월 14일.

실제로 우리나라 최초의 해외 이민이 이루어진 때는 1962년 12월이었다. "커피밭에서 해가 솟아, 커피밭으로 해가 진다"라고 알려진 브라질로 이민을 떠난 이들은 30가구 273명이었다. 흥미로운 점은 이민을 보내는 목적이었다. 신문에 게재된 이민을 통해 얻게 되는 효과는 인구정책의 적정화, 국민 경제의 안정, 국위 선양이었다. 이민을 통해 국위를 선양한다는 신기한 생각이 먹히던 시절이었다. 그래서였을까. 이민 가구에 200달러씩 보조금을 지급했고 법으로 "정신병자 및 심신쇠약자, 알코올중독자, 마약중독자, 귀머거리, 장님, 벙어리 등 장애를 가진 사람"에게는 이민 자격 자체를 부여하지 않았다.

　당국에서는 브라질 이민자들에게 현지 적응을 위해 두 가지를 당부했다. 하나는 브라질에 있는 일본 이민자 50만 명의 텃세를 조심해야 한다는 것, 다른 하나는 버스에서 키스하는 등 성에 대해 몹시 개방적인 곳이기에 주의를 기울여야 한다는 점이었다. 매우 친절한 정부였다.

　〈조선일보〉는 1962년 7월 25일부터 8월 2일까지 아홉 차례에 걸쳐 이탈리아의 파시스트 지도자 베니토 무솔리니의 최후를 연재했다. 붙잡힌 날 목마르다고 커피를 받아 마시고는 침묵에 잠겼던 무솔리니, 포로가 된 날 애인 클라라 페타치와 함께 이송중 새벽녘에 머물게 된 농가에서도 커피를 받아 마시고 잠자리로 향하는 모습 등이 그려졌다. 나폴레옹과 마찬가지로 무솔리니가 지상에서 마지막으로 마신 음료는 커피였다.

　커피의 역사도 전해졌다. 3월 25일 〈조선일보〉에는 종로에 있던 한국 최초의 다방 중 하나였던 '멕시코'의 주인 김용규의 회고록이 실렸다. 1929년 11월 3일에 개업했던 조선 문화예술인들의 아지트였던 다방 이야기였다. 그런데 같은 해 5월 6일 〈경향신문〉은 1920년대에 문을 연 '귀거래' '아세아' 등이 우리나라 다방계의 효시라고 주장했다. 3월 26일 〈조선일보〉는 '만물상' 코너에서 "커피는 회교도들이 고행을 견뎌내기 위하여 15세기 초부터 사용하였다"라는 사실도 알렸다. 커피가 아프리카에서 10세기 이전, 심지어는 기원전부터 음용되었다는 요즘 떠도는 가짜 뉴스보다 역사적 사실에 충실한 기사였다.

당시 커피 관련 신문 기사 중 가장 흥미를 끈 내용은 아마도 국내에서의 커피나무 재배 소식일 것이다. 1962년 12월 2일 〈조선일보〉는 "열대식물 무럭무럭, 제주도에 황금의 꿈"이라는 제목의 기사를 실었다. 농촌진흥청이 주관하여 제주도에 커피, 파인애플, 캐나프(양마)를 시험 재배했다는 소식이었다. 커피 열 알을 서귀포에서 파종하여 그 발아기 아주 좋았으니 이를 제주시로 옮겨 심은 후에 날씨 탓인지 생육이 과히 좋지 않았다는 내용이었다. 다음해에는 많은 양을 여러 곳에 파종하여 다시 시험해볼 예정이라는 소식도 전했다.

1963년 1월 9일 〈경향신문〉도 국내에서의 커피나무 재배 소식을 전했다. 제목은 "영하 속의 푸른 성장, 열대의 포근한 미소"였다. 이 기사에 따르면 당시 창경원 식물원에는 커피나무가 무성하여 고염만 한 빨간 열매가 한창 무르익었다. 약 2미터 정도 높이의 5년생 나무였는데, 커피 열매가 약 200여 개가 열렸다고 한다. 커피 수입이 금지된 나라에서 커피나무 재배가 성공하기를 바라는 간절한 마음이 담긴 기사였다.

외래 커피 단속 소식은 끊이지 않았다. 단속을 강화한다는 소식을 넘어 적발된 커피를 인천항이나 부산항에서 바다로 가져가 소각했다는 뉴스도 전해져 외래품 배격에 대한 정부 당국의 의지를 만천하에 보여주었지만 큰 효과는 없었다. 자고 나면 단속이었고 단속에 걸려 영업 정지를 당하는 한이 있어도 커피 암거래와 숨겨 팔기는 반복되었다.

1962년 6월 27일 밀수가 심한 지역의 하나였던 경상남도의 경찰국장이 담화로 발표했다. 공무원으로서 커피를 마시거나 사다가 적발되면 바로 고발, 파면 조치할 것이라는 경고였다. 일반인의 경우에는 주소, 성명, 직위 등을 신문 지상에 공시할 것이라고 엄포도 놓았다.

그러나 엄포는 엄포, 커피는 커피였다. 경상남도의 경찰국장 담화 일주일 후인 7월 4일 부산지검은 부산 남포동 3가 12번지 '내집다방' 마담 이복란을 구속, 기소했다. 외래 커피 두 잔을 팔다 적발된 이복란에게 부산지법은 징역 6월을 선고했다. 7월 13일 부산 중부경찰서는 광복동 1가 29번지에 있던 '파리잔다방'의 마담 홍정애를 같은 혐의로 구속했다.

밀거래는 커피에 국한되지 않았다. 당시 미국에서 유행하던 커피포트도 인기 있는 밀거래 품목이었다. 1962년 7월 11일 서울 동대문경찰서는 종로 5가 대진상회 주인을 '특정외래품단속법' 위반 혐의로 검거하고 홍콩제 커피포트 1000개를 압수했다. 9월 17일에는 부산에서 커피 단속을 벌이는 경찰을 피하던 다방 주인이 건물 2층에서 떨어져 중상을 입기도 했다. 동두천에서는 빈 커피병에 바닥과 위에만 커피를 넣고 중간에는 휴지를 넣어 판매한 깜찍한 아가씨 두 명이 입건되었다. 이 사건을 보도한 〈경향신문〉 기사 제목은 "미인계로 판 가짜 커피"였다. 1963년 5월 8일에는 동두천의 미군 부대 종업원 나모씨가 커피를 운반하다가 검거되어 벌금형이 선고되었으나 납부할 도리가 없어 비관 자살을 했다는 소식이 전해졌다.

이런 단속과 규제 속에서도 도심지에는 한 집 건너 다방이었다. 서울 시내에만 1400개소에서 1500개소가 성업중이었다. 다방에서 판매하는 차와 커피류에는 영업세, 소득세, 유흥음식세, 특별행위세, 물품세, 가옥세, 부가세 등 온갖 세금이 붙어 차를 마시는지, 세금을 마시는지 모르던 시절이었다. 점심은 굶어도 친구들과 만나면 다방에 먼저 들어갈 만큼 다방 출입은 도시민들의 한 생리로 바뀌어버린 시대였다. 직업이 없는 실업사가 넘치던 시설이었고 "실업인의 직장"이 다방이었던 암울한 시절이었다. 다방의 낭만은 사라져갔다. 음악다방의 효시로 22년 동안 문화예술인의 보금자리였던 명동의 돌체다방이 1962년에 문을 닫았다. 낭만은 사라지고, 돈만 남아 있는 명동에 음악다방이 어울리지 않는다는 창업자 가족의 결정이었다.

커피를 노린 열차 갱단이 출현했다고?

1966년 12월 16일 당시 커피의 유행을 보여주는 흥미로운

1966년 12월 15일에 벌어진 커피를 노린 미군 열차 습격사건을 보도한 〈조선일보〉. 기사 제목은 "열차갱 그 전모"였고 갱단 계보도도 함께 실렸다.

사건이 벌어져 중앙 일간지들이 연일 대서특필했다. 1966년 12월 16일 〈경향신문〉 사회면 기사 "달리는 열차에 갱, 범인 도주"와 함께 실린 사진의 설명은 "갱단이 열차에서 꺼내 던진 미제 커피 100상자"였다.

이 신문에서 보도한 사건의 전모는 이러했다. 12월 15일 새벽 0시 55분쯤 서울발 부산행 제61호 미군 전용 정기 화물열차가 충청남도 대덕군 회덕리 북쪽 1500미터 지점 언덕바지를 달릴 무렵 갱단이 화물차에 올라타 문을 부순 후 미군 보급품 커피 100상자를 철로 변에 던지고 화물열차 열 량을 분리하여 털려다 뒤를 따라 달려오던 목포행 33열차에 발각되어 미수에 그쳤다. 범인들은 모두 도주했다.

〈동아일보〉는 미리 타고 있던 갱들이 열 량의 화물열차를 분리하여 다량의 군수물자를 훔치려다 미수에 그쳤다고 보도했다. 범행 장소에 빼돌린 커피 상자를 옮길 트럭이 대기했던 흔적으로 보아 사전에 치밀한 계획을 세운 대규모 갱단의 범행으로 여기고 수사를 진행하고 있다는 내용이었다. 마치 서부영화의 한 장면을 보는 듯한 사건이었다.

이 사건이 벌어진 지 8일이 지난 12월 23일 밤 경찰은 해당 화물열차의 차장 이모씨 등 세 명을 특수절도 혐의로 구속하고 주범 중 한 명인 허동순을 체포하여 구속영장을 신청했다고 발표했다. 또 다른 주범인 김덕문과 그의 아내 외에 모두 검거했는데, 이들은 이미 9월 21일에도 같은 화물열차에서 동일한 수법으로 미제 커피 40상자를 훔친 것으로 밝혀졌다.

크리스마스 다음날인 12월 26일 〈경향신문〉은 이 사건을 다시 보도하면서 미군 물자 상습 절도단이 개입되었고, 경찰이 잡힌 범인을 놓아주었으며, 군 기관원이 이들과 연락하여 현장에 나타났고, 철도 직원이 가담하여 열차를 정차시켜준 사실을 알려 세상을 놀라게 했다. 12월 27일 〈조선일보〉도 "부평 모의에서 회덕 범행까지—열차갱 그 전모, 마치 서부극"이라는 제목의 기사를 통해 사건의 모의부터 실행까지를 상세히 보도했다.

이 사건 주모자들이 사건을 모의한 아지트, 공범을 만난 장소 모두 다방이었다. 보도에 따르면 부평 D다방이 이들의 아지트였다. 추석에 미군 화물열차에서 커피 46상자(당초 발표보다 6상자 증가)를 털어 재미를 본 허동순, 김덕문 등이 또다른 범행을 모의한 것이다. 김덕문이 미군 화물열차의 차장과 기관사를 만난 곳은 서울역 앞 종착역다방이었다. 장물 운반은 김덕문이 군 기관에 부탁했다.

주범 김덕문과 그의 아내 김혜숙이 12월 30일 밤 강원도 경찰에 검거되었다. 주범 김덕문은 범행 직후 허동순 등과 함께 체포되었으나 서울 압송 도중 삼각지에서 도망쳤다는 사실이 알려져 여론의 뭇매를 맞았다. 도망이 아니라 연루된 경찰이 일부러 놓아준 정황이 분명했기 때문이다. 1967년 1월 1일 〈동아일보〉 신년 특집 사회면에 주범 부부의 사진과 함께 이 사건의 전말이 대대적으로 보도되었다. 같은 신문 2면에 게재된 대통령 신년사에 실린 박정희 대통령 사진보다 이들 범인 부부의 사진이 더 컸을 정도로 열차 갱단 커피 탈취사건은 세간의 관심거리였다.

다방 재벌 탄생

커피 수입 자유화

5·16군사정변 이후 단행된 특정 외래품 수입 및 판매 금지 조치 여파로 언론에서의 커피 관련 보도는 확실히 줄었고 이런 분위기는 5년이 지난 1966년까지 이어졌다. 1964년 1년간 〈경향신문〉〈조선일보〉〈동아일보〉〈매일경제〉 등 4개 일간지에 보도된 커피 관련 기사는 연재소설에 등장하는 커피 표현까지 합해도 166건에 그쳤고 1965년에는 더 감소하여 107건에 불과했다. 1966년에도 147건 수준이었다. 커피에 관한 전문적인 취재 기사는 거의 사라진 상태였다.

커피에 대한 언론의 무관심과는 달리 시민들 사이에서의 커피 유행과 다방의 인기는 전혀 식지 않았다. 단속과 규제를 강화하면

할수록 커피의 인기는 오히려 올라가는 기현상이 벌어졌다. 외래 물품 단속과 압수가 잦았지만 대용 커피를 파는 곳은 거의 없었고 국산 차를 마시기 위해 다방을 찾는 사람도 드물었다. 다방에서는 모두 진짜 커피를 팔고 있었고 다방을 점령하고 있던 진짜 커피는 거의 대부분 미군 피엑스를 통해 흘러나왔다.

정부는 결국 손을 들었다. 1964년 7월부터 경제기획원이 특정 외래품 단속 범위를 축소하기로 결정했고 커피와 같이 국내 생산이 불가능하고 실질적으로 단속할 수 없는 품목은 양성화할 것이라는 소식이 들리기 시작했다. 양성화란 수입을 허용한다는 의미였다. 브라질에서 우리나라 사과를 수입해가는 것을 조건으로 브라질 커피를 수입해온다는 이른바 구상무역이 추진되고 있다는 흥미로운 소식도 있었지만 브라질은 이 뉴스가 사실이 아니라고 부인했다.

드디어 정부는 1964년 9월 26일 커피를 특정 외래품 판매 금지 대상에서 제외하기로 의결했다. 10월 4일 상공부에서 커피를 수입 금지 품목에서 공식적으로 삭제했다. 이후 커피는 수입쿼터제를 통해 정식으로 수입되기 시작했다. 1964년 사사분기에는 커피 5만 달러, 1965년 일사분기에도 5만 달러의 커피 수입이 승인되었다. 수입이 승인되는 커피는 완제품이 아니라 원료인 생두였다.

복잡한 승인과정을 거쳐 정식으로 수입된 생두가 국내에서 가공되어 시중에 나왔지만 인기가 없었다. 미군 피엑스를 통해 불법적으로 유통되는 커피와의 경쟁에서 밀렸던 것이다. 당시 생두를 로스팅하는 전문가가 전혀 없는 상태에서 이루어진 졸속 행정이 빚은

참담한 결과였다. 생두 수입은 거의 중단되었다. 1965년 7월 정부는 원료를 수입, 가공하여 판매하는 국산 커피를 제외한 다른 커피는 다시 특정 외래품으로 지정, 강력히 단속할 방침을 발표했다. 민간무역으로 들여온 커피가 피엑스에서 흘러나온 많은 양의 불법 커피 때문에 팔리지 않아 사실상 커피의 민간 수입이 끊겨 있는 실정이었다.

여전히 인기 있는 것은 숨겨놓고 파는 미제 커피였다. 커피 1000여 상자를 실은 미군 트럭이 잠적하는 사건(1965년 3월 12일), 가짜 커피를 미제 커피로 속여 팔다 적발되는 사건(1965년 1월 14일), 미군 피엑스에서 빼돌린 커피 150상자를 불광동 산속에 숨겨두고 시중에 팔아온 혐의로 미군 피엑스 종업원 박모씨 등 네 명이 검거되는 사건(1965년 11월 10일) 등 진짜 커피를 둘러싼 사건이 끊임없이 벌어졌다.

수필가 김소운의 표현대로 제주의 3다多가 바람, 돌, 여자라면 서울의 3다는 사장, 기원, 다방이었다. 황실다방, 황제다방 등 거룩한 이름부디 별다방, 솔나방, 억선나망 등 흔한 이름에 이르기까지 온갖 이름의 다방이 등장했다. 도보 5, 6분 거리에 이름이 서로 같은 다방이 있을 정도였다.

흥미로운 커피 뉴스도 점차 시민들의 눈길을 사로잡았다. 1965년 3월 11일 〈조선일보〉 광고를 통해 순 브라질 커피만을 파는 음악감상실 '카페-아카데미'가 아카데미극장 옆에 등장했다는 소식이 전해졌는데, 대학생 이상만 입장할 수 있었다. 다방 입장에도 학력주의가 적용되었다.

온양에서 커피를 생산했다는 소식도 전해졌다. 1965년 4월 30일 〈경향신문〉은 온양읍에 사는 이모씨가 1962년 한미재단 주선으로 치커리종 커피 재배를 시작하여 드디어 성공했다고 전했다. 무형태의 커피라는 설명이 이어졌다. 심지어 인도 정부로부터 연간 700톤의 커피를 수입하겠다는 제안을 받아 연간 30만 달러의 외화 획득이 가능하다는 흥분되는 내용도 포함되어 있었다. 물론 치커리는 우리가 아는 쌈 채소다. 대용 커피의 재료인 치커리 재배 소식이 커피 생산 소식으로 와전된 것이었다.

1966년 6월 22일 커피 분쇄기, 즉 커피밀이라 불리는 그라인더가 우리나라에서 처음 생산되기 시작했다는 보도가 있었다. 당시 유통되던 외제 그라인더 가격의 3분의 1인 3만 원 정도로 책정되었다. 6월 25일에는 김기수가 니노 벤베누티를 이기고 프로복싱 세계 주니어미들급 세계챔피언에 올랐다는 기쁜 소식이 온 나라를 뒤흔들었다. 한국인이 프로권투에서 세계챔피언이 된 최초였는데, 함께 전해진 소식 또한 흥미로웠다. 김기수의 코치인 보비 리처즈가 하루에 커피 20잔 정도를 마신다는 뉴스였다. 자바섬에서 커피농장을 지키는 데 훈련된 호랑이를 사용한다는 소식도 전해졌는데, 이 융통성 없는 동물에게는 뇌물이 통할 리 없으므로 물 샐 틈 없는 방위망이 기대된다는 소식이었다.

서서히 커피 관련 뉴스가 증가하기 시작했다. 상공부는 1966년 11월 30일 커피 수입의 전면 자유화를 결정했다. 대통령 선거가 다가오고 있었다.

1960년대 후반 다방 풍경

"네가 가는 카페가 어딘지 말해주면 네가 어떤 사람인지 알려주겠다"라는 말을 한 이는 오스트리아의 국민 시인 페터 알텐베르크Peter Altenberg였다. 서양이든 동양이든 출입하는 음식점이나 카페가 사람의 품위나 지위를 말해주던 때가 있었다. 커피가 귀하던 시절 커피를 마신다는 것은 그가 특수한 계층임을 상징했다.

커피 원료 수입 자유화와 함께 커피의 대중화 속도가 빨라졌다. 다방이 급격하게 증가했고 다방은 특별한 사람이 아니라 누구나 드나드는 공간으로 변했다. 커피 대중화로 가는 길목이었던 1967년 4월 29일 〈동아일보〉는 "소비생활 합리화와 다방"이라는 흥미로운 기사를 게재했다. 보건사회부 실태 조사를 토대로 작성한 것으로 당시의 커피 문화를 잘 보여주는 기사였다. 이 기사를 통해 다음과 같이 1960년대 후반 다방 문화를 엿볼 수 있다.

첫째, 당시 다방은 전국에 3447개소, 서울에만도 1298개소가 있었다. 이 신문 표현에 따르면 직장이 있는 주변에는 반드시 다방이 있었다. 즉 일터가 있어서 사람이 모이는 곳 주변에는 으레 다방이 생겼다. 다방은 적당한 휴식을 취하는 자리인 동시에 커피 한 모금을 마시는 '거리의 사랑방'이 되어 우후죽순 들어섰다.

둘째, 다방은 늘어났지만 좋은 휴식처는 아니었다. 다방이 좋은 휴식처가 되기 어려웠던 이유는 두 가지 때문이었다. 하나는 시끄러운 전축소리였다. 당시 거의 모든 다방에서는 전축을 마련해놓고 최신 유행하는 팝송이나 국내 가요를 틀어주는 것이 일상이었다. 고객의 취향과 무관한 음악 서비스였지만 휴식을 위해 다방을 찾는 손님에게는 소음이었다. 또다른 하나는 광복 이후 생긴 여자 종업원의 새로운 명칭 '레지'의 과잉 서비스였다. 손님, 특히 남성 손님이 들어오면 레지가 주문을 받는 동시에 손님과 함께 앉아 자신도 비싼 차를 주문하여 마시는 것이 풍습이었다. 레지가 마시는 음료값은 손님이 부담해야 했다. 피하기 어려운 과잉 서비스였다.

셋째, 커피 한 잔 값 30원이 자신의 수입에 비해 비싸다는 사람보다 싸다고 대답한 사람이 많았다. 정부의 단속에도 불구하고 공정가격 30원을 무시하고 35원, 40원으로 올려 받는 다방이 생겨나는 배경이었다. 당시 자장면 한 그릇은 40원이었다. 자장면 한 그릇과 커피가 거의 같은 수준의 가격이었다.

넷째, 다방을 가장 많이 이용하는 직업군은 공무원과 정치인이었다. 보건사회부가 공무원, 학생, 교육자, 회사원, 공공단체(정치인), 상인, 군인, 가정주부 등 서로 다른 직업인 100명씩 모두 800명을 대상으로 조사한 결과였다. 이들 공무원과 정치인의 반수 이상은 하루 한 번 이상 누구 돈으로 마시든 다방을 출입했다. 공무원뿐 아니라 일반 직장인도 4분의 1쯤은 1일 1회 이상 다방 출입을 하는 것으로 나타났다. 이 신문은 하루 한 번 이상 다방을 찾는 직업군에는 가정주부도 포함된다는 것과 가정주부 100명 중 17명이 1일 1회 이상 다방을 출입하는 것은 놀라운 일이라고 보도했다.

다섯째, 다방족이 즐기는 차는 절대다수가 커피였다. 우유는 7분의 1 정도, 홍차는 이보다 더 적었다. 이에 대해 한 영양학자는

"육식도 못 하는 우리가 기름진 것을 먹는 외국인들처럼 커피를 하루 몇 잔씩 마셔도 좋을까" 하는 의문을 제기했다.

여섯째, 다방을 출입하는 목적은 '약속'이 대부분이었고 이용시간은 오후가 많았다. 문제는 직장인이 근무시간에 약속이 있다는 이유로 다방을 무상출입하는 분위기였다. 다방의 본고장인 서구에서처럼 티타임 혹은 커피브레이크를 이용하여 잠깐 마시는 커피로 피로를 회복한 후 다시 일에 집중하는 것이 아니라 습관적으로 다방에 출입하는 것은 문제로 지적되었다. 한 번 대접을 받으면 다시 갚아야 한다는 체면치레 때문에 이유 없이 다방을 반복적으로 찾는 것도 문제였다.

이런 다방 문화 개선을 위해 보건사회부 부녀과는 다방에서 차나 커피 등 음료와 함께 간단한 식사 제공을 허가하는 방안을 제시했다. 소비생활 합리화를 위해 다방에서 빵을 비롯한 일종의 대용식을 팔게 하자는 운동을 제안한 것이다. 문제는 여론 조사 결과였다. 조사 대상자 대부분이 다방에서의 음식 제공을 반대했다. 다방은 차를 마시는 곳이지 음식을 파는 곳이 아니라는 의견이 다수였다. 그런 면에서 한국인들이 다방에 부여하는 이미지는 예나 지금이나 서양과는 다른 분명한 특징이 있다. 다방은 말 그대로 차를 마시는 곳이지 음식이나 술을 파는 곳이 아니다. 일본의 깃사텐 문화와도 다르다.

당시의 커피 유행에 대해 동국대학교 영문과 이창배 교수는 "사이비 멋"이라는 제목의 신문 칼럼[10]에서 "우리 이웃집 미스김은 판잣집에서 거지 같은 생활을 할망정⋯⋯ 다방에 들러 아이스커피

한 잔을 들 만한 멋은 안다"라고 풍자했다. 북한의 중앙통신 부사장 이수근이 판문점에서 유엔군측 차량에 뛰어올라 탈출하고 부정 선거 시비 속에 박정희가 두번째로 대통령에 당선되던 1967년, 도금시대 대한민국을 지배하던 것은 다방과 이를 둘러싼 사이비 멋이었다.

최초의 로스터리 카페 탄생

1968년은 반세기의 냉전 역사 중 '가장 시끄럽고 사건이 많았던 해'였다. 새해 시작과 함께 세계인의 주목을 끄는 사건이 일어난 곳은 한반도였다. 1월 21일 북한 무장 공비의 청와대 습격사건이 벌어졌다. 잡히지 않은 무장 공비를 수색하는 군인과 경찰을 위해 홍제동 주변 주부들이 커피를 끓여 대접하는 미담이 신문마다 사진과 함께 보도되었다. 커피는 위로와 격려의 음료였다. 미국에서는 베트남전쟁 반대 시위, 유럽에서는 청년 세대의 저항인 이른바 68운동이 뜨거웠다.

이런 격변의 해 1968년에는 우리나라 커피 역사에서도 한 획을 긋는 사건이 벌어졌다. 국내 최초의 본격적인 커피 가공기업 동서식품이 탄생함으로써 커피 국산화의 첫발을 내디딘 것이다.

예비 징후가 없었던 것은 아니다. 1968년 새해가 시작되자마자 커피 소비 시장에 무언가 큰 변화가 있을 듯한 조짐이 보였다. 5월 28일 커피를 포함한 18개 품목에 대한 수입세가 인하된다는 소식이

10 〈동아일보〉, 1967년 8월 17일.

전해졌고 6월 19일에는 커피를 포함한 다방 찻값의 자유화 방침 소식이 전해졌다. 정부 발표를 보면 다방의 커피값은 자유로 하되, 다방 입구에 정찰가격을 붙여 손님이 찻값에 따라 선택해서 들어갈 수 있게 하겠다는 것이었다. 다방별로 시설이 좋고 나쁨에 따라 커피값에 차등을 두는 것이 합리적이라는 입장이었다. 커피값을 비싸게 받는 다방에서는 세금을 많이 걷게 되어 "나라 살림에도 보탬"이 된다는 것이 당국의 설명이었다. 커피는 무장 공비를 수색하는 군인과 경찰에게는 위로의 음료였고 국가에는 살림에 보탬을 주는 애국적 음료였다.

8월 26일에 열린 외자도입심의위원회 결정 사항이 언론에 일제히 보도되었다. 동서식품이 신청한 커피 가공시설을 위한 150만 달러의 차관을 통과시키지 않고 보류했다는 소식이었다. 커피 가공공장을 허가함으로써 소비를 조장해야 할 단계가 아니라는 것이 발표된 승인 보류의 이유였다. 반면에 일본 산토리 위스키의 기술 도입은 승인되었다. 위스키는 되고 커피는 안 되는 이유가 무엇인지는 발표하지 않았다.

2개월 조금 지난 11월 4일 동서식품이 다시 제출한 커피공장 건설 계획과 이를 위한 외자 도입 계획이 외자도입심의위원회를 통과했다는 소식이 전해졌다. 파나마 UDI에서 공장 건립에 필요한 자금 150만 달러를 유치하려는 계획이 위원회를 통과했다는 내용이었다. 보도에 따르면 1969년부터 커피를 생산 시판할 예정인 이 공장은 경기도 부평에 세워지고 브라질 원두 1450톤을 들여와 물에 녹여 마시는 인스턴트커피 연 300톤, 물에 끓여 마시는 레귤러커피 연 373톤을 생산할 예정이었다.

11월 7일에는 "국산 커피가 나온다"라는 제목의 신문 보도가 이어졌다. 이스라엘의 커피기업 엘리테ELITE가 기술 원조를 한다고 보도했다. 이듬해 4월까지 공장을 완공하여 670톤의 커피를 생산하고 1970년부터는 동남아시아로 수출도 한다는 야심 찬 소식이었다. 당시 국내 커피 소비 추정량 700톤 내지는 900톤을 거의 충족시키는 규모였다. 생산, 판매될 국산 엘리테 커피의 맛은 모르겠지만 가격은 외제 커피 시중 판매가격의 절반 정도가 되리라 예측했다. 커피당들이 환영할 뉴스였다.

국산 커피가 출시된다는 소식을 전하면서 국내 신문들은 한결같이 "커피를 사치로 생각한 것은 옛말"이 되었고 외제 커피를 마시던 커피당들이 이제는 국산 커피를 마시게 되었다고 기대감을 드러냈다.

그러나 동서식품의 외자 도입과 공장 건설 계획은 예상대로 수월하게 진행되지 않았다. 당초 준공 예정이었던 1969년 4월에도 필요한 외국 자본은 조달되지 못했고 커피는 시중에 출하되지 않았다. 이스라엘의 텔아비브에서 로이터통신을 통해 엘리테가 100만 달러를 투자하여 한국에 커피 가공공장을 설립하기 위한 계약을 체결했다는 소식이 다시 전해진 때는 1969년 8월 12일이었다. 이후에도 커피 생산공장 설립 소식은 반복되었지만 커피 생산 소식은 좀처럼 들리지 않았다.

1968년 커피의 나라 에티오피아의 하일레 셀라시에 황제가 우리나라를 방문했다. 셀라시에 황제는 에피오피아 군대의 6·25전쟁 참전을 기념하기 위해 춘천에 문을 연 카페에 '이디오피아 벳'이란 이름을 붙여주고, 외교 행낭으로 생두를 보내왔다. 이렇게 하여 우리나라 최초의 로스터리 카페가 탄생했다.

다방 재벌 등장

1969년 여름에 내린 때아닌 서리 때문에 브라질의 커피 생산량이 예년에 비해 50퍼센트 감소했다. 예고도 없이 일어나 세계 커피 애호가들을 불안에 떨게 만드는 자연재해였다. 그런데 그해에는 또다른 재해가 나타나 세계 커피인들에게 공포감을 불러일으켰다. 브라질 커피농장에서 '커피 녹병'이 발견된 것이다.

커피나무 잎에 마치 녹이 생기는 것처럼 보이게 만들어 '커피 녹병'이라고 부르는 이 병은 1867년 실론섬(스리랑카)에서 발견된 후 20년 동안 실론, 인도 남부, 인노네시아의 사바 지역 커피산업을 붕괴한 바 있다. 이 무시무시한 병균이 100년 만에 세계 커피 생산량의 절반을 차지하던 브라질에서 발견되었다는 소식은 세계 커피 시장을 뒤흔들었고 순식간에 커피가격이 급등했다. 커피 재고 감소와 투기꾼들의 사재기가 커피가격 불안을 가중했다. 국제적 커피 거래가격은 12년 만에 최고치를 기록했다.

우리나라 사람들은 1969년 한 해 동안 다방에서 45억 원어치의 커피를 마셨다. 국세청의 과세 자료를 보면 다방의 연간 판매액

62억 5500만 원의 60퍼센트가 넘는 45억 원이 커피 판매액이었다. 과세 자료이기 때문에 실제 커피 소비량은 이보다 훨씬 많았을 것이다. 하루 평균 다방 한 곳에서 소비되는 커피 원두를 3파운드(150잔 내외를 만들 수 있는 양)로 계산하면 다방에서 소비되는 커피 원두의 양은 연간 2500톤, 가정에서의 소비량까지 합하면 3000톤 이상이라는 추산이었다. 당시 정식 수입이 가능했던 반도호텔 등 소수의 관광호텔 사용분을 제외한 대부분의 커피는 미군 피엑스를 통해 유출된 불법 물품이었다. 다방은 1969년 말 당시 전국에 4613개에 달했다. '커피망국론'이 등장하기도 했지만 커피의 '습관성 마력'은 실생활 깊숙하게 자리잡아가고 있었다.

당시 커피 유행을 타고 '다방 재벌'도 등장했다. 왕실다방에서 출발한 이모씨 이야기였다. 이씨는 당시 다방 하나와 그릴 여덟 개를 소유한 예비 재벌이었다고 한다. 전국의 다방 순위를 보면 서울의 '해남'이 1위, 다음이 '티파니' '파레스' '오림프스' '한일' '동양' '회정' '극동'(부산) '성궁' '라일구' 순이었다.[11]

브라질의 커피 수확이 급감하고 뉴욕 커피 거래 시장에서 브라질 산토스 4호 커피가격이 1킬로그램당 81센트에서 1달러 20센트로 상승하자 콜롬비아나 과테말라 커피가 어부지리로 날개 돋친 듯 팔리는 현상이 벌어졌다. 이른바 마일드커피시대로 가는 출발 신호였다.

[11] 〈조선일보〉, 1970년 4월 21일.

신기한 것은 커피의 주 소비지인 미국과 유럽에서 들리는 비명소리에도 불구하고 우리나라 커피 시장은 평화로웠다는 사실이다. 국내 커피 시장이 동요하지 않은 이유는 피엑스 경제 덕이었다. 미국이 해외 주둔 미군에게 대량 보급하는 저렴한 커피가 우리나라의 커피 시장의 동요를 막았다는 흥미로운 사실이다. 커피 공식 수입액은 1억 8000만 원인데, 소비액은 45억 원(〈조선일보〉) 내지 125억 원(〈동아일보〉)이었다.

커피를 마셔야 하는 '문화인'이 있고, 눈감아주는 당국이 있고, 피엑스 경제의 재미를 보는 상인이 있는 덕에 한국은 세계에서도 유례없는 '다방 문화의 꽃'을 피우고 있었다.

환영받지 못한 커피공장 설립

정부에서 국산 커피공장 착공 소식을 발표한 것은 해가 바뀐 1970년 7월이었다. 보건사회부는 7월 3일 언론 보도를 통해 "지난 5월 22일 미국 맥스웰하우스 커피회사와 합작투자 및 기술제휴 계약을 마치고 내자 3억 원, 외자 130만 5000달러(약 3억 4000만 원) 등 총 6억 9000만 원으로 연간 2000톤 생산 규모의 커피공장을 인천시 부평동에 착공했다"라고 발표했다. 정부의 승인 이유는 "미군 부대 등에서 연간 부정 유출되는 외제 커피로 약 60억 원의 세수 결함을 가져오는 것을 막고 커피의 거래를 양성화시키기 위함"이었다.

그렇다면 우리나라에 커피공장이 세워진다는 소식에 대한 시민들의 반응은 어땠을까? 이 소식을 전한 〈경향신문〉의 "겉도는 검소·절약 구호, 외자 들여 커피공장"이라는 기사 제목이 당시 여론을 보여준다. 이 신문은 시민들의 몇몇 의견을 전했다.

공무원 이치영은 "우리 형편에 커피공장까지 만들 수 있느냐, 하는 일들이 왜 이렇게 답답하냐, 세수 증대라는 이유는 우스운 일이 아닐 수 없다"라고 말했다. 대학생 이춘만은 "수출은 한다지만 백해무익한 커피공장을 만들어 국민들의 낭비를 조장하기 전에 건실한 기간산업 공장 건설이나 서두르는 것이 앞서야 되지 않겠는가?"라고 반문했다. 주부 김영자는 "언제는 외제 커피를 못 팔게 하고 단속을 하더니, 이번엔 또 합작투자를 한다니 무슨 일을 하는 건지 모르겠다"라고 답답함을 토로했다.

국산 커피 가공공장 설립에 대한 시민들의 부정적인 의견만이 전해졌다. 국산 커피 소식을 환영하는 커피당들의 의견은 보이지 않았다. 언론은 커피를 통해 정부정책에 대한 비판을 표출하기 시작했다. 1970년대 중반 박정희 정부와 언론의 충돌은 갑자기 드러난 문제가 아니었다. 역사적 맥락이 있는 사건이었다.

국산 커피 등장과 다방망국론

드디어 국산 커피

동서식품에서는 1970년 8월에 커피공장 시운전을 시작했고 한 달 후인 9월에 시제품을 출시했다. 완공된 공장은 레귤러커피를 연 3000톤, 인스턴드커피를 500톤 생산힐 수 있는 규모였다.

동서식품은 이스라엘의 차관 120만 달러로 설립된 호남정유 계열사였다. 처음에는 이스라엘 식품회사 UDI와 합작하여 커피 가공공장을 세우려 하다가 도중에 투자선을 바꾸어 미국의 맥스웰하우스와 최종 계약을 체결하고 공장을 완공한 것이다. 동서식품은 신문에 대대적으로 광고하기 시작했다. "세계의 맥스웰 국내 생산 판매 개시" "짙은 향기 구수한 맛"을 내세웠다. 처음 판매된 제품은 끓여 마시는 레귤러커피였다.[12]

1970년 9월 10일 〈조선일보〉에 실린 커피 국내 생산 판매 개시를 알리는 광고. 우리나라 최초의 커피기업 동서식품은 1970년 9월 첫 제품을 출시하며 대대적으로 광고했다.

물에 녹여 마시는 인스턴트커피 생산 소식이 전해진 것은 그해 12월 12일이었다. 동서식품에서 미국제 맥스웰하우스 인스턴트커피와 동질의 시제품 생산에 성공, 시중 출하를 서두르고 있다는 내용이었다. 용량은 150그램짜리와 50그램짜리 두 종류였고 가격은 각각 700원과 270원으로 책정되었다. 12월 16일부터 시작된 신문 광고 카피는 "언제 어디서나 안심하고 사실 수 있는 세계의 커피"였다.

1970년 12월 20일 우리나라 최초로 물에 녹는 인스턴트커피가 판매되기 시작했다. 동서식품은 이 신제품을 홍보하기 위해 사은판매 전략을 폈다. 커피 용기 뚜껑에 부착된 사은권 12매를 모아서 가져가면 레귤러커피 450그램짜리를 무료로 교환해주는 행사였다.

12 〈조선일보〉, 1970년 9월 1일.

신문마다 사진과 함께 광고가 실렸다. 미국 맥스웰하우스의 유명한 광고 카피 "Good to the last drop(마지막 한 방울까지 맛있는)"이 선명하게 새겨진 큼지막한 커피 용기 사진이 시선을 사로잡았다.

국산 커피의 본격적인 시장 진출로 커피 소비가 폭발적으로 증가했다. 1971년 〈조선일보〉 신년 특집호 기사 "나의 소원"에 등장한 30대 회사원 한소영씨는 "커피값이라도 아껴서 피아노나 한 대 마련하겠다"라는 희망을 밝혔다. 피아노가 쌌을 리 없다. 커피가 비쌌던 시절에 등장한 국산 커피였다.

동서식품이 커피의 생산과 판매를 시작한 지 2년 만인 1972년에 국내 커피 시장의 50퍼센트를 점유할 수 있었던 비결은 맥스웰하우스의 모회사 제너럴푸드GF의 공격적인 광고 전략 효과였다. 판매 시작과 함께 신문마다 맥스웰하우스 커피의 "짙은 향기 구수한 맛"을 강조했고 인스턴트커피 판매를 시작한 1970년 12월부터는 "언제 어디서나 안심하고 사실 수 있는 맥스웰하우스 인스턴트커피"를 내세웠다. 1972년 6월부터는 영화배우 김신규가 등장하여 '시원한 맥스웰 아이스커피'를 광고하면서 여름 음료수 시장까지 점령하기에 이르렀다. 맛이 아니라 광고로 커피를 판매하고, 맛이 아니라 브랜드 이름으로 커피를 선택하는 미국의 커피 소비 문화가 범람하기 시작한 것이다.

1972년 7월에는 경쟁기업이 등장했다. 미주산업이 홍콩에서 브라질산 생두를 수입하고 독일에서 로스팅 기계를 들여와 7월 말부터 커피를 생산할 예정이라는 소식이 전해졌다. 이후 미주산업은 동서식품과 커피 시장을 놓고 20년 정도 경쟁을 벌이면서 인스턴트 커피 유행에 이바지했다.

국산 커피가 등장한 1970년에는 해태제과에서 '부라보콘', 롯데제과에서 '왔다껌', 삼양식품에서 '쇠고기면' 등 스테디셀러가 출시되었다. 정부와 언론이 앞장서서 "아들딸 구별 말고 둘만 낳아 잘 기르자"라고 외쳐댔지만 신생아 수가 처음으로 100만 명을 넘어섰다. 고급스러운 음악다방에서는 그해 4월에 해체된 비틀스의 마지막 발표곡 〈렛 잇 비Let It Be〉가 흘러나왔고 동네 다방에서는 펄 시스터스의 〈커피 한 잔〉이, 대학가에서는 김민기의 방송 금지곡 〈아침 이슬〉이 요란하게 들리기 시작했다. 7080 문화가 열리고 있었다.

도끼빗 꽂은 뮤직박스 DJ 오빠

1971년은 세계적으로 록음악의 전성기였다. 존 레논이 〈이매진Imagine〉을 발표한 것도 그해였다. 레논은 "무엇을 위해 죽여야 하거나 죽을 필요가 없는" 그래서 "종교조차 필요 없는" 평화로운 세상을 절규했다. 3년 전 프랑스에서 시작되어 서유럽 전체, 미국, 일본까지 번졌던 이른바 68혁명 세력이 꿈꾸는 세상이었다. 〈이매진〉이 울려퍼지던 그해 들어 68혁명의 열기가 서서히 힘을 잃기 시작한 것은 아이러니였다.

물론 이 노래는 우리나라에서 금지곡이었던 탓에 들을 수 없었다. 가사에 나오는 "나라가 없다고 상상해보세요"가 무정부주의(아나키즘)를 부추긴다는 것이 이유였다. 그해에 발표된 김민기의

〈친구〉나 양희은의 〈아침 이슬〉도 금지곡이었다. 금지곡 리스트에 오르지 않은 김추자의 〈님은 먼 곳에〉, 라나에로스포의 〈사랑해〉, 나훈아의 〈머나먼 고향〉, 남진의 〈마음이 고와야지〉 등이 방송을 지배했다.

　3선 개헌으로 실시된 4월 28일 선거에서 박정희가 세번째로 대통령 자리에 오르고 학원 병영화 정책에 따라 교련교육을 강화하자 대학가를 중심으로 교련 반대 시위가 격하게 벌어졌고, 주요 언론사를 중심으로 언론 자유 수호 투쟁이 본격화되었다. 어용학자는 있었으나 기레기는 없던 시절이었다. 정권 연장에 사활을 건 정부와 엘리트집단의 갈등으로 대학가와 언론이 술렁이던 당시에도 대학 주변 다방은 번창했다. 시위를 준비하는 대학생들도, 범죄를 도모하는 사기꾼들도, 정치 지망생들도 대화가 필요할 때 다방으로 모여들었다. 1969년 말 4613개였던 다방이 1971년 말에는 1만 2000개를 넘어섰다.[13]

　외제 기피를 필딘 다방 7곳 입건, 카빈총을 는 10대 눌 다방서 난동, 다방 레지 반라로 피살, 연탄 과열 다방에 불, 커피값 불법 인상 업소 입건, 기획원 커피값 환원 지시 등 귀에 익숙한 커피 관련 뉴스가 넘치던 시절에 매우 흥미로운 소식이 전해졌다. 새 직종인 다방 DJ 소식이었다.

　DJ는 'Disc Jockey'의 약어다. 영어 단어 'Disc'는 원반을 의

---

[13] 〈동아일보〉, 1971년 9월 25일.

미한다. 음악이 녹음되어 있는 판이 원반을 닮아 붙여진 별칭이 보통 명사화되었다. 'Jockey'는 기계를 다루는 사람을 의미한다. 그래서 DJ는 청중에게 녹음된 음악을 틀어주는 기술자다. 1935년 미국의 라디오 평론가 월터 윈첼Walter Winchell이 당시 라디오 방송에서 녹음된 음악을 틀어주던 아나운서 마틴 블록Martin Block에게 붙여준 데서 비롯되었다. 이 용어가 인쇄매체에 처음 등장한 것은 1941년 잡지 〈버라이어티Variety〉를 통해서였다. 이후 1950년대부터 1970년대까지 라디오 DJ의 영향력은 최고였다. 새로 나온 노래의 인기나 음악 장르의 유행을 좌우하는 것은 라디오 DJ의 몫이었다. 자본을 앞세운 기획사나 언론사의 파워가 아니었다.

이런 DJ 문화가 우리나라에 퍼지기 시작한 시기는 1960년대였다. 1964년에 동아방송에서 〈탑튠쇼〉를 진행한 최동욱이 최초의 라디오 DJ였다. 최동욱은 이후 〈세 시의 다이얼〉 〈최동욱쇼〉 〈추억의 팝송〉 등으로 엄청난 인기를 누렸다. 'DJ는 역시 최동욱'이라는 평판이 따라다닐 정도였다.

그즈음 대중적인 인기에서 라디오 DJ와 견줄 수 있는 한국적 특성을 지닌 새로운 DJ 집단이 등장했다. 도시를 중심으로 다방이 번성하면서 낳은 묘한 직업이었다. 당시 〈경향신문〉은 서울 인구 500만 명 돌파를 기념하여 1970년 10월 1일부터 서울의 이모저모를 소개하는 연재물 "서울 새 풍속도"를 싣고 있었다. 1971년 7월 22일부터는 서울의 중심가 명동을 다루었다. 8월 10일 이 신문이 "부업에서 새 직종 된 DJ"라는 기사를 통해 묘사한 명동의 13번째 풍속은

"젊은이들이 아르바이트 삼아 택하는 다방 레코드플레이어"로 바로 다방 DJ였다.

서울을 중심으로 DJ를 둔 음악다방이 늘어난 것은 1960년대 후반에 시작된 새로운 흐름이었다. 광복 이후부터 1960년대 초까지는 음악감상실이 있었다. 전문 DJ 없이 음악을 틀어주는 업소였는데, 5·16군사정변 이후 풍기문란의 온상으로 지적되어 단속 대상이 된 후 서서히 자취를 감추었다. 고등학생들의 출입이 문제였다. 이를 대체한 것이 음악다방이었고 주인공은 DJ였다.

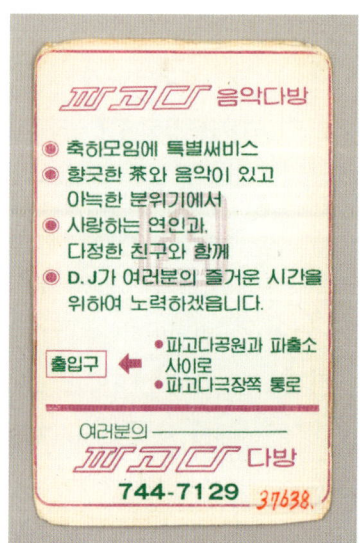

당시 음악다방 광고 전단. 다방 DJ는 1960년대 후반에 등장하여 1970년대에 크게 유행했다.

1971년 당시 명동을 중심으로 서울에만 50여 개의 음악다방이 있었고 이곳에서 일하는 DJ는 서울 시내에 모두 80여 명에 달했다. 초기 DJ는 대부분 남성이었기에 'DJ 오빠'라는 별칭이 붙여졌다.

당시 DJ 한 명이 월 1만 5000원 정도의 급여를 받고 오후 3시부터 밤 9시 넘어까지 작은 뮤직박스 안에 앉아 틀어주는 음악은 무려 180여 곡이었다. 극한 직업이었다. 물론 크고 유명한 몇몇 다방에서는 여러 명의 DJ가 시간을 나누어 진행했다. 손님들은 커피 맛이 아니라 자기가 좋아하는 DJ가 진행하는 시간에 맞추어 다방을 찾았다. 손님들이 메모지에 적은 간단한 사연을 읽어주고 신청하는 음악을 틀어주는 방식이었다.

인기 있는 DJ에게 데이트를 신청하는 쪽지가 전달되는 경우도 적지 않았다. DJ들이 도끼빗이라 불리던 커다란 빗을 뒷주머니에서 꺼내 긴 머리를 빗어 넘기는 등 외모에 신경을 썼던 이유이기도 하다. 난골손님이 들어오면 DJ가 알아서 그가 좋아하는 음악을 들어주는 특혜를 주고 손님은 DJ에게 커피 한 잔을 전하는 장면은 다방 분위기를 훈훈하게 만들었다.

DJ들이 들려주는 애환은 자못 흥미로웠다. "안 틀어주면 나갈 때 재미없다"라는 협박성 메모 쪽지를 받기도 했고 이름이 알려지지 않은 삼류 가수들이 자신의 곡을 홍보하기 위해 DJ에게 뇌물을 건네기도 했다. 실제로 이런 과정을 통해 신인 가수의 노래가 방송을 타는 경우도 있었고 이런 일이 반복되면서 음악 시장이 왜곡되기도 했다. 반대로 뇌물에 맛을 들인 DJ 중에는 가수를 찾아가 금품을 요구하는 불상사도 생겨났다.

다방 DJ 중에서는 음악에 대한 지식이 대단한 수준에 이른 사람, 이야기 솜씨가 뛰어난 사람, 여러 개의 턴테이블과 레코드를 조작하여 기묘하고 환상적인 음악을 만들어내는 기술을 스스로 습득한 사람 등이 나타났다. 그중 일부는 방송국 DJ나 음악 PD로 진출하여 동종 업계 종사자들의 부러움을 사는 일이 적지 않았다. DJ가 취미 수준의 부업이 아니라 유행의 첨단을 달리는 새로운 직종으로 바뀌었다.

1971년 10월 15일 박정희 정권은 대학에 위수령을 발동한 후 10개 주요 대학에 휴교령을 내렸다. 이어서 12월 6일에는 국가비상사태를 선포하기에 이르렀다. 군사독재에 대한 저항의 불꽃이 타오르던 그해 12월 25일 오후 서울 남대문에 위치한 21층짜리 대연각호텔에서 화재가 발생했다. 옥상으로 통하는 문이 잠겨 있던 탓에 사망자 166명, 실종자 25명, 부상자 68명에 이를 정도로 피해가 컸다. 불길을 피해 고층에서 창문을 열고 뛰어내리는 장면이 TV를 통해 생중계되는 비극이었다. 세계 최대, 최악의 호텔 화재라는 기록으로 남은 이 비극이 시작된 장소는 2층 커피숍이었다. 커피숍의 프로판가스통이 폭발하면서 일어난 화재였다. 반성은 없었다. 이후에도 1972년 시민회관 화재(51명 사망), 1974년 대왕코너 화재(88명 사망)를 겪었다. 역사는커녕 경험으로부터도 배우지 못하는 민족에게 밝은 미래가 없다는 것을 보여주었다.

다방에서 생긴 사건과 사고

통행금지가 엄격했고 머리가 길어도, 치마가 짧아도 경찰이 단속하던 시절이었다. 시민의 가방이나 핸드백을 경찰이 마구 뒤져도 항의조차 하지 못할 정도로 폭주하는 권력이 살아 있던 때였다. 당시 모습을 가장 잘 보여주는 곳이 다방이었다. 마을마다, 골목마다, 건물마다 있던 다방에서는 당대인들의 희로애락을 보여주는 사건과 사고가 끊임없이 일어났다. 1971년 한 해만 해도 다방을 배경으로 벌어진 사건, 사고, 해프닝이 참 많고 다양했다.

3월 25일 남대문경찰서는 중구 다동 모다방 홍마담을 상해

혐의로 입건했다. 전날 손님 정모씨가 차 한 잔 시켜놓고 너무 오래 앉아 있다고 말다툼하다가 정씨의 얼굴에 물잔을 던져 전치 2주의 상처를 입힌 혐의였다. 정씨의 신고로 경찰에 잡혀간 홍마담은 "차 한 잔 마시고는 온종일 앉아 있으니 영업 방해가 아니냐?"라고 기세를 부렸다고 한다. 비슷한 사건이 반복되었다. 5월 7일에는 종로에 있던 모다방 김마담이 입건되었다. 김마담은 차를 마시지 않고 나가던 장모씨에게 "어디 이따위가 있느냐?"라며 시비를 걸고 신고 있던 하이힐을 벗어 장씨의 얼굴, 가슴 등을 때려 전치 1주의 상해를 입혔다.

다방 사건에 가장 자주 등장하는 주인공은 탈영병이었다. 3월 26일 새벽 6시쯤 대전 모부대 소속 김모 일병이 카빈총을 들고 부대를 이탈했다. 서울의 모대학 경영학과에 재학중이던 김일병은 등록금을 내지 못해 학교를 중퇴하고 입대했다. 입대 후 충주 시내 다방 레지로 있던 박모양과 사귀기 시작했으나 박양이 새로운 남자를 만나 갑자기 서울로 떠났다는 소식을 듣고 탈영한 것이었다. 택시를 타고 박양을 만나러 서울에 온 김일병은 택시 기사와 요금 지불을 놓고 다툼을 벌이다 우발적으로 카빈총을 난사하여 택시 기사를 살해한 후 도피하다가 검거된 사건이었.

5월 19일에는 대구에 있는 '77다실'에서 고모 일병이 부대 탄약고에서 빼낸 수류탄을 들고 13시간 동안 경찰과 대치하다가 어머니의 설득으로 자수하는 사건이 벌어졌다. 가난으로 진학하지 못한 신세를 비관하던 고일병이 훈련마저 힘들어지자 탈영하여 저지른 사건이었다. 따지고 보면 만연해 있던 가난과 일상화된 군대 폭력이 문제였다.

비슷한 사건은 끊이지 않았다. 8월 17일 밤 영등포에 있던 대호다방에서 카빈총을 든 10대 두 명이 종업원과 손님 10여 명을 인질로 잡아놓고 3시간 이상 군경과 대치하면서 총을 난사하여 일대를 아수라장으로 만들었다. 설득하던 경찰관과 구경하던 행인 등 두 명이 이들이 쏜 총에 맞아 사망했다. 결국 손님 두 명이 결투하여 범인들을 검거했고 경찰보다 용감한 시민으로 표창을 받았다. 무모한 용기를 부추기는 사회, 생명의 고귀함을 외면한 사회였다. 강원도 영월이 주소지였던 이들 10대 두 명은 마을 예비군 무기고에서 소총과 실탄을 훔쳐 서울로 올라온 후 대호다방에서 아이스커피, 우유, 홍차 등을 마시고 난 후 요금을 지불하는 과정에서 시비가 붙으면서 범행을 저지른 것이었다. 이들의 범행 동기도 가난 때문에 포기한 중학교 진학, 그로 인한 반항심이었다. 두 명 중 김모군의 경우 형은 사범학교 진학 후 교사가 되있지만 자기는 경제적 이유로 중학교 진학을 못하면서 부모에 대한 원망이 컸다. 사건을 보도하는 언론의 관심은 가난이나 빈부격차 문제가 아니라 예비군 무기고의 경비 강화였다.

뜨거웠던 그해 여름 신안군 자은면에서 나고 자란 갓 스무 살이 된 청년 박모군은 부푼 청운의 꿈을 안고 무작정 상경했다. 그런데 서울에서의 생활은 만만치 않았다. 학력이 없는 박군이 기댈 곳은 없었다. 결국 자포자기한 박군은 면도용 칼을 들고 을지로에 있던 '청호다방'에 뛰어들어 손님들을 인질로 잡고 난동을 부렸다. 경찰에 잡혀 철창에 갇힌 박군은 눈물을 흘리며 "세상이 너무 매정하다"라고 소리쳤지만 들어주는 사람은 아무도 없었다.

6월 24일에는 초등학교 교사 이모씨가 서울 남대문에 있는 B다방 2층 계단에서 현금 6500원이 든 박모 여인의 핸드백을 날치기하여 달아나다 행인에게 붙잡혀 입건되는 사건이 벌어졌다. 부천에서 13년간 교사생활을 해오던 이씨는 중학교 2학년 딸의 등록금 7300원을 내지 못했고 등록금을 내지 못하면 제적하겠다는 학교의 통지를 받았다. 학교를 못 가는 딸을 보고 있던 이씨는 아내의 손목시계와 금반지, 처제의 금목걸이 등을 팔기 위해 서울로 향하는 버스를 탔다. 그런데 버스에서 옆자리에 앉은 박모 여인과 눈이 맞았다. 함께 다방으로 향하던 중 순간적으로 돈이 든 박 여인의 핸드백에 욕심이 생겨 저지른 사건이었다. 웃어야 할지, 울어야 할지 모를 사건이었다. 이씨는 경찰에서 "다시 건전한 새 생활을 할 수 있게 해달라"라고 읍소했다고 한다. 부정不正한 사회를 살아가야 하는 부정父情이 낳은 부정不淨한 사건이었다.

당시 우리나라 사회의 진풍경 중 하나는 즉결 심판이었다. 머리가 긴 남자, 치마가 짧은 여자, 고성방가를 한 사람, 통행금지를 위반한 사람, 백 없는 노점 상인이나 윤락 여성 등이 경범죄 위반으로 즉결 심판을 받는 대표적 인물이었다. 속전속결로 심판이 끝나면 벌금형의 경우 본인이나 가족이 벌금을 내면 바로 풀려났다. 벌금을 못 내는 사람들은 다시 호송차에 실려 관할 경찰서로 되돌아가 하루 500원씩의 몸값을 쳐서 벌금 대신 구류를 살아야 했다. '돈이 없으면 몸으로 때워야 하는 세상'임을 실감하는 곳이 즉결 심판 현장이었다.

1971년 서울의 경우 15개 경찰서에서 하루 평균 1600여 명의 이른바 보안 사범이 즉결 심판에 넘겨졌다. 이들에게 적용되는 법규는 경범죄처벌법에 규정된 47개 조항이 중심이었지만 그 밖에도 수백 개의 각종 행정 법규 및 세칙이 적용되었다. 따지고 보면 인간의 행동 중에 여기에 걸리지 않을 행동이 거의 없었다. 거리에서 큰 소리로 노래를 불러도 잘 부르면 버스킹이고 못 부르면 고성방가로 처벌 대상이었으니 "귀에 걸면 귀걸이, 코에 걸면 코걸이"식 재판이 즉결 심판이었다.

서울 중구 초동에 있던 한 다방에서 일하던 레지 이모양은 밀린 월급 2만 3000원을 받으러 갔다가 주인과 말다툼 끝에 서로 삿대질을 했는데, 이양만 즉결 심판에 넘겨져 3000원의 벌금형을 받았다. 돈이 없는 이양은 6일간 유치장 신세를 져야 했다.

경기도 파주군 문산리에 있던 R다방에서 레지 김모양이 단골 손님 이모씨에게 청자 담배 한 갑을 종이에 싸서 슬그머니 주었는데, 이를 지켜본 옆자리 손님이 나도 한 갑 달라고 하자 김양은 "댁은 처음 보는 손님이라 줄 수 없다"라고 응대했다. 화가 치민 손님이 김양의 뺨을 때렸고 김양은 손님을 물어뜯는 활극이 벌어졌다. 문제는 청자였다. 다방에서 담배를 판매하던 시절이었다. 당시 한 갑에 100원 하던 고급 담배 청자의 인기로 공급 부족이 심해지자 다방업자들은 담배 판매상으로부터 한 갑에 110원 내지 120원에 사다가 단골손님들에게 100원에 파는, 말 그대로 밑지고 파는 장사를 감수했다. 이런 분위기에서 단골손님에게 청자 한 갑을 몰래 주는 행동은 지켜보는 애연가를 화나게 할 만한 일이었다.

이런 어수선한 세상에 독특한 사건도 발생했다. 1971년 9월 어느 날 고려대학교 한국민족사상연구회 소속 40여 명의 대학생이 이화여자대학교 교정에서 사치풍조배격운동 궐기대회를 열고 교문을 나서려다 경찰의 제지를 받는 일이 벌어졌다. 이날 고려대학교 학생들이 "사치와 향락은 망국의 근원"이라는 현수막을 들고 행진하며 외친 내용에는 "하이힐을 벗고 단화를 신어라, 다방으로 향하는 그대들의 발걸음을 서점으로 돌려라, 귀부인과 같은 그 손가락으로 쌀을 씻어라" 등이 포함되어 있었다. 대단한 오지랖이었다. 경찰 제지를 피한 이들 고려대학교 학생들은 인근에 있던 연세대학교 학생들과 합세하여 교련 강화 반대 시위를 벌였다.

그해 봄 남북적십자사는 이산가족 상봉에 극적으로 합의했다. 남과 북은 1979년까지 실무회의, 예비회담, 본회담 등 회의만 수십 차례 반복했다. 정작 만나야 할 이산가족은 무시한 채 정치인들끼리의 만남만 거듭되었다. 적대적 공생관계를 즐기던 남과 북 독재정권이 보여준 드라마였다. 모든 회담에서 이들이 마시는 음료는 커피였다. 마치 커피가 평화의 음료인 듯 보였다. 그러나 평화는 오지 않았다. 미국 시애틀에 스타벅스 1호점이 문을 연 해도 1971년이었다. 이 소식을 아는 사람도, 관심 두는 사람도 없었다.

모나리자가 시집가다니

다방이 등장한 1920년대부터 1950년대까지 다방의 마담은 주인 여성을 부르는 호칭이었다. 그런데 1960년대부터 다방에서 마담을 고용하기 시작했다. 직업적 마담이 손님 접대에 적극적으로 나서기 시작한 것이다. 이른바 '가오마담'이라 불리는 서른 살 전후의 마담은 손님을 안내하고 손님의 비위를 맞추는 '다방의 꽃'으로 자리잡았다. 그들은 화장품이나 옷 구입에 적지 않은 돈이 필요했기 때문에 급여도 일반 레지에 비해 월등히 높았다. 유명한 마담을 모시기 위한 쟁탈전도 벌어졌다.

일제강점기에 엘리제다방이 있던 유네스코 앞 골목에는 '모나리자'라는 다방이 있었다. '모나리자'는 6·25전쟁 직후 명동에서 가장 먼저 영업을 재개하면서 명동을 찾는 문화예술인들의 보금자리 구실을 했다. 1953년 백영수 화백이 첫 개인전을 열었던 곳이고 소설가 이봉구를 비롯하여 박인환, 김수영, 조병화, 서정주, 조지훈, 이중섭, 이해랑, 전혜린 등 문화예술인들이 드나들던 곳이다. 다방에 들어서면 〈모나리자〉 그림이 걸려 있었고 마담은 항상 웃음 띤 얼굴로 손님을 맞았다.

그러던 어느 날 '모나리자'의 꽃이었던 홍마담이 다방을 그만두고 시집을 가게 되었다. 단골손님들은 "모나리자도 시집간다"라고 탄식하며 발걸음을 돌렸다. 다방을 지배하던 정은 점차 사라지고 상혼이 앞서는 시대가 도래했다. 시인 조병화가 어느 날 "돈만 남은 명동"이라 한탄했던 그 모습이었다. 1969년 12월에는 세금 체납

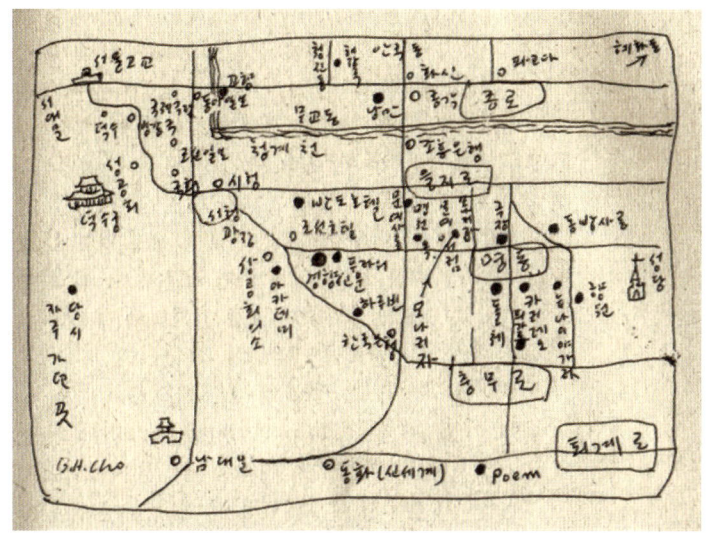

시인 조병화가 그린 1970년대 초반 명동 다방 지도. 1970년대로 접어들면서 다방의 낭만은 점차 사라졌다. 다방은 더이상 '거리의 안식처'가 아니었다.

으로 무기한 영업 정지 처분을 받은 다방 명단이 신문 지상에 크게 발표되었는데, '모나리자'도 포함되어 있었다. 결국 '모나리자'는 문을 닫았다.

　1970년대 초반 다방의 중심은 커피나 낭만이 아니라 한복 입은 마담과 짙은 화장을 한 레지였다. 특히 상업 중심지로 탈바꿈한 대도시 중심 지역 다방은 그랬다. 문화예술인들이 모여 조용한 시간을 보내는 '거리의 안식처'였던 다방의 본모습은 사라지고 자리에 앉기 무섭게 마담이나 레지가 달려와 차 주문을 요구하는 각박한 공간으로 변해 있었다. 다방에 걸려온 전화를 받은 마담이 "김사장님

전화요" "이사장님 전화요" 하면 대여섯 명이 일어나는 진풍경이 벌어지는 곳이었다.

다방망국론

변화하는 명동의 다방 모습을 아쉬워하는 글이 신문과 잡지에 자주 등장했다. 때마침 다방을 소재로 한 우리나라 최초의 석사학위 논문이 발표되었다. 이종철의 논문 「료식에 대한 소비자 구매 행동 연구 : 명동 지역을 중심으로」가 연세대학교 경영대학원 석사학위 논문으로 제출되었다. 명동 지역을 중심으로 한 음료 소비 실태를 분석한 이 논문에 따르면 당시 한 사람이 매월 사용하는 찻값은 20.4퍼센트가 500원 이하, 나머지 70퍼센트는 500원에서 2000원 정도였다. 월평균 1000원 이상이었다. 다방 레지와 DJ의 월 소득이 1만 5000원 내지 2만 원이었음을 기준으로 보면 적지 않은 금액이었다. 찻값을 가장 많이 쓰는 사람은 상인과 무직자였다. 이들이 매월 찻값으로 쓰는 돈은 평균 5000원에 달했다. 상인은 모르겠지만 무직자에게는 가혹한 부담이었을 것이다.

당시 명동에서 소비자들이 다방을 찾을 때 고려하는 요소로 첫째는 분위기였고 음료 때문에 다방을 선택하는 것은 25퍼센트에 불과했다. 다방에 들어갔으나 앉지 않고 나오는 이유는 '시끄럽다'가 첫번째였고 다음으로는 '공기가 탁하다' '레지가 불친절하다' 순이었다. 다방을 다시 찾는 이유는 차 맛, 음악, 레지의 서비스 순이었다.

당시 외국어 사용이 유행이었는데, 1960년대 들어 다방 간판에 외국어 사용이 급격히 늘어나면서 다방 명칭에도 이런 유행이 반영되었다. 이 논문은 이런 변화에 대한 시민들의 반응을 분석했다. 다방의 경우 한국어 간판이 좋다는 사람은 46퍼센트였고 외국어가 좋다는 사람은 21.3퍼센트였다. 주점의 경우 한글 간판 선호는 42퍼센드, 상관없다는 37.3퍼센트, 외국어 선호는 16.8퍼센트였다. 남자보다는 여자, 그리고 고소득자가 외국어 표기를 더 좋아했고 나이가 많을수록 외국어 표기를 싫어하는 경향을 보였다.

다방에서 들려주는 음악에 관해서는 외국 음악에 대한 선호가 높았고 그중에서 재즈가 48.5퍼센트, 가벼운 고전음악이 38.2퍼센트, 정통 고전음악이 13.3퍼센트 순으로 좋아하는 것으로 나타났다. 이 논문의 결론에 따르면 당시 명동 지역 다방은 대형화 추세였고, 주로 외국 음악을 틀어주었으며, 무뚝뚝한 레지가 불친절한 서비스를 일삼는 곳이었다.

다방 명칭에 대해 보다 전문적인 연구 결과도 발표되었다. 오산고등학교 국어 교사 강헌규는 〈국어교육〉에 기고한 글에서 다방 명칭에 나타난 외래어를 분석했다. 대전 지역의 다방 명칭을 보면 한글, 한글+한자, 한글+로마자 순으로 많았다. 1955년에 국어학자 이희승이 조사한 것과 비교하면 한글이나 한자로만 된 명칭은 감소하고 혼용은 증가했다. 서울의 경우에는 한글, 한글+영자, 한글+한자, 한글+한자+영자 순이었다. 외국 문화에 개방적이었던 서울의 영문 명칭 증가가 두드러졌다.

당시 명동 지역 다방의 또다른 특징은 '주간 다실, 야간 주점'

이었다. 대형화한 다방의 주인이 높은 임대료, 비싼 세금, 늘어나는 종업원의 급여를 감당하기 위해 밤에는 술집으로 업종을 바꾸어 영업하는 방식이었다. 적지 않은 다방 벽에는 "맥주 팝니다"라는 종잇조각이 나붙었고 레지가 손님 옆자리에 앉아 맥주를 따라주는 풍경이 주간과 야간을 가리지 않고 펼쳐졌다.

다방을 중심으로 한 소극장운동도 1960년대 말 명동을 상징하는 변화의 하나였다. 전통적인 다방 영업으로는 비싼 세금이나 임대료를 부담하기 어려워졌고 때마침 젊은 층을 중심으로 연극에 대한 관심이 증가한 것이 배경이었다. '테아트르' '설파' 등이 차와 연극이 있는 다방이었다. 입장료를 받고 관객을 모았는데, '테아트르'가 입장료 300원을 받은 것이 식품위생법 위반으로 말썽을 빚기도 했다.

1960년대 후반부터 시작되어 1970년대 초반까지 극에 달했던 다방의 변질은 다방망국론이라는 주장까지 불러왔다. 물론 다방에 대한 비판이 아무리 거세도 다방은 점점 늘어갔다. 다방망국론보다는 다방옹호론이 더 많았기 때문이다. 시인 박성용은 한 잡지에 기고한 "다방이론茶房異論"에서 "도시인의 하루 일과는 다방에서 시작"된다고 말하며, 특히 "서울 거리에 허구 많은 것이 무엇이냐"라고 묻는다면 누구나 선뜻 "다방"이라고 말할 것이라고 단언했다. 박성용의 표현에 따르면 서로 얼굴을 마주한 채 사랑을 속삭이고, 인생을 논하고, 고독을 나누면서 시간을 땜질하는 장소가 1970년대 초 다방이었다. 새로운 건물이 올라간다 싶으면 여지없이 다방이라는 아크

릴 간판이 나붙기 마련이었다. 당시에도 도시인들은 이미 점심값보다 비싼 돈을 커피값이나 찻값으로 지불하고 있었다. 아무리 다방이 상업화되고, 커피값이 비싸고, 음악이 시끄러워도 시민들의 유일한 안식처요, 대화의 광장인 다방은 필요하다는 것이 박성용의 마음이었다.

황금만능시대로 가는 길목이었던 1970년대 초반 다방이 지녔던 아늑한 정취가 서서히 사라져가는 모습을 가장 잘 보여주는 곳이 서울의 명동이었다. 산업화와 경제 성장의 그늘이 다방의 낭만도 조금씩 잠식하고 있었다.

북이 가져온 커피세트

탁구가 세계인의 관심을 끈 해는 1971년이었다. 1971년 4월 6일 열린 나고야 세계탁구선수권대회에 출전한 미국 선수단이 4월 10일부터 17일까지 중화인민공화국을 방문하여 저우인라이 총리와 면담을 가졌다. 이들 미국 선수단의 아침식사에도 커피는 빠지지 않았다고 해외 토픽이 전했다.

미국 선수단은 중국의 주요 도시를 순방하며 탁구경기를 했다. 그해 7월에는 소문난 커피마니아 헨리 키신저 미국 국가안보담당 보좌관이, 그리고 이듬해 2월에는 리처드 닉슨 미국 대통령이 중국을 방문하기에 이르렀다. 세계를 놀라게 한 이른바 핑퐁 외교였다. 핑퐁 외교는 결국 1979년 1월 1일을 기해 미국이 중화민국과 단교하고 중화인민공화국과 수교하는 것으로 절정에 이르렀다. 중화민국을 '자유중국'이라는 우호적 이름으로 부르고 중화인민공화국을 '중공'이라는 적대적 이름으로 부르던 대한민국에게는 충격적인 사건이었다. 탁구에서 시작된 격변이었다.

아시아태평양 지역 국제 정세 변화에 따라 우리나라에 진출하는 외국인 기업도 증가했고 이들 외국인 기업에 대한 관심도 점차 커졌다. 그중에는 맥스웰하우스 커피를 제조, 판매하는 미국의 식품회사 '제너럴푸드'도 있었다. 〈경향신문〉은 1972년 1월 10일부터 한국의 외국인 기업을 소개하는 기획 기사를 연재했다. 그 세번째 기업으로 동서식품과 합작으로 커피를 생산하던 '제너럴푸드'를 선택했다.

1970년 9월부터 커피 판매를 시작한 이 합작회사의 투자 비율은 동서식품이 66.5퍼센트, 제너럴푸드가 33.5퍼센트였다. 당시 제너럴푸드가 진출한 25개국 중에서 한국만이 합작 투자였을 뿐 일본을 포함한 나머지 24개국은 모두 본사 100퍼센트 투자, 직접 경영 체제였다. 따라서 사장도 한국인이었다. 물론 기술 원조를 담당했던 제너럴푸드에서 부사장, 이사, 공장장 등 세 자리를 차지하고 커피의 생산과정을 엄밀히 관리했다. 판매 부문에도 직접 관여했다. 세 명의 외국인 임원은 미국인이 아니라 모두 제너럴푸드 일본법인에서 파견한 일본인이었다.

제너럴푸드가 한국에 커피공장을 설립한 것은 중국 시장에 진출하기 위한 준비였다. 그러나 미국의 자본도 중국의 차 문화를 커피 문화로 바꾸는 데는 성공하지 못했다. 결국 우리나라 소비 시장 확대에 주력했다. 우리나라에서 커피사업이 성공한 비결은 광고 덕분이기도 했다. 제너럴푸드는 동서식품에 대해 판매액의 일정 비율을 광고비로 사용할 것을 계약서에 명시했고 광고를 게재할 신문사를 결정하는 일도 일본인 임원들이 할 정도로 광고에 많은 관심을 기울였다.

당시 우리나라가 다방 붐, 마담 전성시대를 구가하고 있었지만 커피 소비량이 세계 수준에는 아직 이르지 않았다. 이 기사에 따르면 당시 1인당 커피 소비 1위 국가는 스웨덴으로 국민 한 명이 1년에 1115잔을 마셨다. 미국은 789잔으로 세계 5위였던 데 비해, 한국은 26잔으로 미국의 30분의 1 수준에 불과했다. 1972년 말에 이르면 한국의 1인당 연간 커피 소비량은 29잔으로 일본의 31잔과 큰 차이는 없었지만 서구 국가에 비하면 여전히 적은 양이었다.

커피와 관련하여 매우 신기한 광경도 펼쳐졌다. 온 국민의 관심 속에 열렸던 1972년 남북적십자회담 공식 선물로 커피세트가 등장했다. 회담 소식을 전하는 뉴스마다 커피세트 선물 소식을 전했다. 8월 29일부터 열렸던 평양 본회담에 우리측이 커피세트 네 개를 선물로 가져갔고 9월 12일부터 열렸던 서울 본회담에 참석한 북측 대표단이 가져온 선물에도 커피세트 네 개가 포함되어 있었다. 남북 경쟁이 교환하는 선물에도 드러나던 씁쓸한 시절이었다.

우리나라 커피 역사에서 1970년대 초는 '알커피'라 부르던 레귤러커피에서 '가루커피'라 부르던 인스턴트커피로 소비가 바뀌는 전환기였다. 1971년 9월 25일 〈동아일보〉에 따르면 당시 우리나라에서는 알커피가 소비량의 90퍼센트를 차지했다. 다방 등 유흥업소에서는 주로 알커피를 사용했다. 나머지 10퍼센트가 인스턴트커피였는데, 이는 주로 가정용이었다. 동서식품에 이어 미주산업의 인스턴트커피까지 등장하면서 커피는 끓여서 마시는 것이 아니라 타서 마시는 것으로 서서히 바뀌었다. 미국식으로 편리성을 위해 맛을 포기하기 시작한 것이다.

당시 매우 흥미로운 전시회가 열렸다. 상공부가 주최한 이른바 '시작품試作品전시회'였다. 세계 우수 상품을 잘 모방한 회사를 선정하여 상을 주는 전시회였는데, 실은 짝퉁 전시회였다. 1972년 11월 17일부터 12월 7일까지 덕수궁에서 열렸다. 세계의 우수 상품 1146점과 국내 기업이 이를 모방하여 만든 시작품 1205점이 비교 전시되었다. 정부가 이런 전시회를 주최한 목적은 세계 제일의 우수 상품을 그대로 모방하여 만들게 함으로써 국내 기업의 기술 수준을 높이고 수출 상품의 고급화를 유도하기 위해서였다.

이 전시회에서 대통령상은 서독의 '티어쉔로이드' 도자기를 흉내낸 밀양도자기가 받았다. 상공부장관상을 받은 제품 중에는 서독 '두마' 제품을 모방한 국내 기업 '세라아트' 공예의 커피잔도 있었다.[14]

정부가 앞장서서 세계적인 상품을 모방하고 흉내내던 당시에도 커피만은 우리식으로 마셨다. 달콤한 커피의 유행이 시작된 것이

---

[14] '티어쉔로이드'와 '두마'가 어떤 기업인지는 확인하기 어렵다. 독일 도자기기업에서 발음이 비슷한 곳으로는 '티어쉔로이트Tirschenreuth'와 '뒴러 앤드 브라이덴 Dümler & Breiden' 정도가 있다.

코리아나호텔 커피숍 광고. 1973년 1월 비엔나 커피가 처음으로 신문 광고에 등장했다.

다. 1972년 11월 24일 〈경향신문〉에는 커피 끓이는 비법이 소개되었고 "커피 가루 1, 설탕 2, 우유 1"이라고 하는 우리식 달짝지근한 커피 레시피였다. 달고 부드러운 비엔나커피가 최초로 광고에 등장했다. 1973년 1월 5일 〈조선일보〉에 실린 코리아나호텔 커피숍 광고였다.[15] 인스턴트커피 유행에 따라 그즈음 커피 자동판매기가 나왔다. 1973년 2월 8일 서울시청 시민홀이었고 커피 한 잔에 30원이었다.

우리나라 최초의 커피 책

1972년은 국제연합이 정한 '세계 도서의 해'였다. 인류사회에서 책이 차지하는 역할에 더욱 관심을 갖자는 목적으로 선포되었다. 당시는 책이 의사소통의 핵심 수단이었다. 낮은 비용으로 높은 수준의 책을 발간함으로써 대중이 쉽게 책에 접근할 수 있는 시대를 열고자 한 것이다. 책으로 세계가 변화하고 있다는 의미에서 국제연합은 '책혁명'이라고도 표현했다. 세계적으로 책을 읽는 인구가 급

---

[15] 이 신문에는 "나이는 만으로, 몇 살 몇 달까지 부르게"라는 주부클럽연합회 캠페인 기사가 실렸다. 실제로 이렇게 변하기까지 50년이 걸렸다. 명동 소재 다방 '가무'에서 비엔나커피를 팔기 시작하여 청춘남녀들을 길거리에 줄 세우기 시작한 것은 2년 후인 1975년이었다. 가격은 일반 커피의 여섯 배였다.

격히 증가했고 이를 뒷받침하듯 도서관 설립도 유행했다. 이는 비록 서구 선진국에 국한된 이야기였지만 급속한 경제 성장을 시작한 우리나라에서도 책에 대한 관심이 서서히 증가하고 있었다.

1972년은 우리나라의 문화사에서도 의미 있는 해였다. 그해에 『직지심체요절』이 현존하는 가장 오래된 금속활자본으로 공인받았다. 『직지심체요절』은 1377년에 금속활자본으로 청주 흥덕사에서 인쇄된 책으로 현재 프랑스국립도서관에 소장되어 있다. 1972년 '세계 도서의 해'를 기념하는 프랑스국립도서관의 책 전시회에 등장하여 세계인의 관심을 받았고 2001년에 유네스코 세계기록유산으로 등재되었다.[16]

1972년 9월에는 우리나라 커피 역사에서도 주목할 만한 매우 의미 있는 책이 출간되었다. 『커피』라는 제목의 이 책은 아마도 우리나라에서 간행된 커피에 관한 최초의 단행본일 것이다. 맥스웰 커피를 생산하는 '동서식품'이 106쪽 분량의 이 책을 기획하고 원고를 준비했고 '합동통신사' 광고기획실이 편집과 발행을 담당했다. 인쇄는 서울 을지로에 있던 '웅선문화사'가 맡았다.

이 책 서문에 해당하는 "발간에 즈음하여"에서 동서식품 대표이사 신원희는 18세기 프랑스 외교관 샤를 모리스 드 탈레랑 Charles Maurice de Talleyrand의 커피 예찬, "커피는 악마와 같이 검고, 지

---

[16] 현재 우리나라는 세계기록유산 보유 아시아 1위, 세계 5위의 나라다. 책의 나라다운 면모다.

옥처럼 뜨겁고, 천사같이 아름답고, 사랑처럼 달콤하다"라는 표현을 인용했다. 책의 서문은 커피가 우리나라에 상륙한 지 100년, 이제는 현대생활에 없어서는 안 될 기호 음료로서 "우리 국민의 절대적인 총애를 받고" 있다는 점을 강조했다. 이런 때를 맞아 커피에 관한 올바른 지식을 제공하기 위해 이 책을 발간하게 되었음을 밝혔다.

『커피』는 총 9장으로 구성되어 있다. 제1장 "커피의 역사"로 시작하여 커피 재배와 관리, 커피 생산국과 소비국, 커피의 종류, 인스턴트커피, 커피의 성분과 영향, 커피 조리법, 전설과 일화, 그리고 마지막 장 "커피 연표" 순이다. 한마디로 말해 반세기 전 커피에 관한 모든 정보를 수록한 커피 교과서 내지는 백과사전이다. 참고문헌이 나와 있지 않아 정확하게 어떤 자료를 활용하여 썼는지는 알 수 없다. 내용에 일본 커피 이야기가 몇 군데 등장하는 것을 보면 일본 서적을 참고했을 가능성이 높다. 당시 동서식품 임원에 미국 제너럴 푸드 일본법인 소속 일본인이 다수 있었다는 점에서도 그렇다.

책에는 흥미로운 내용이 많다. 커피에 관한 세계 최초의 기록과 관련해서는 10세기의 이라크 의학자 라제스Rhazes, 11세기 아라비아 의학자 아비센나Avicenna 이야기를 소개했고, 커피에 관한 유럽 최초의 기록은 사학자이자 식물학자였던 찰스 구루시아스가 1574년에 쓴 커피 성분에 관한 글이라고 밝혔다.[17] 1582년 독일의 여행가 레온

---

[17] 아쉽게도 찰스 구루시아스라는 인물에 대해 혹은 그의 커피 글에 대해서는 더이상 확인할 수 있는 정보가 없다.

하르트 라우볼프Leonhard Rauwol가 쓴 시리아 여행기에서의 커피 음용 기록과 이탈리아 식물학자 프로스페로 알피니Prospero Alpini의 커피 기록도 언급했다. 라우볼프의 기록은 현재 유럽인 최초의 커피 관련 기록으로 받아들여지고 있다.

이 책은 인류 최초의 커피가 10세기 전후 에티오피아에서 음용되기 시작했고 이것이 아라비아로 건너가 이슬람 음료로 정착하게 되었다고 서술했다. 최초의 카페는 15세기 메카에 생겼고 이후 16세기에 이집트 카이로와 오스만제국 콘스탄티노플에도 커피하우스가 문을 열었다는 내용도 언급되었다. 이후 커피에 대한 탄압이 예멘과 콘스탄티노플을 중심으로 이루어졌다는 일화와 18세기 영국에서 벌어졌던 커피하우스 폐쇄령 등이 서술되었다.

흥미로운 내용 중 하나는 지구상에서 생산되는 커피를 브라질커피와 마일드커피 두 종류로 구분했다는 점이다. 이는 미국을 중심으로 당시 유행하던 구분법이었다. 브라질에서 생산되는 커피는 향이나 맛에서 부족함이 많지만 가격이 싸다는 장점이 있었고, 브라질 외의 지역에서 생산되는 마일드커피는 향미와 산미가 강하며 모양도 예쁜 특징이 있었다. 물론 브라질커피에 비해 가격이 비쌌다. 이런 특징으로 브라질커피는 가격의 커피, 마일드커피는 질의 커피라고 부른다는 내용이었다.

이 책에는 1946년 기준 세계의 국가별 커피 소비량이 소개되어 있다. 미국이 전 세계 소비량의 무려 63퍼센트, 유럽이 19퍼센트, 기타 18퍼센트를 차지할 정도로 20세기 중반 미국이 커피 소비의 왕국이었던 모습을 보여준다. 당시 미국인들은 하루에 평균 2.5잔을 마셨다. 흥미로운 점은 아시아 제1의 커피 소비국 일본이었다. 일본은 1년에 1인당 0.1파운드(45그램)의 커피를 소비했는데, 이는 미국의 120분의 1 수준이었다.

『커피』에서 가장 중점을 두고 서술한 내용은 인스턴트커피 제조과정이다. 이 책이 간행되기 불과 2년 전인 1970년 12월에 인스턴트커피 생산을 시작한 동서식품의 관심 사항을 반영한 것이다. 20여 단계에 이르는 인스턴트커피 제조공정뿐 아니라 제조과정에서 발생하는 찌꺼기 처리문제에 이르기까지 상세히 설명되어 있다.

커피의 성분과 인체에 미치는 영향도 이 책의 관심사 중 하나였다. 커피를 둘러싼 유해론과 무해론을 소개하고 있으나 공정하지는 않다. 커피 음용을 지지하는 찬성론의 핵심 내용은 두 쪽에 걸쳐 여섯 가지로 서술하면서 반대론은 아홉 줄로 요약했다. 게다가 반대론의 내용도 단순하다. 신경질적인 사람이 마시거나 너무 많이 마시면 나쁘다는 것이다. 결론적으로 커피는 적당한 양을 마시면 아무 문제가 없다는 내용이었다.

이 책에서 가장 흥미로운 부분은 커피를 제대로 끓이는 비결이다. 커피를 잘 끓이는 비법은 "기술적인 우열에 달려 있다기보다는 끓이는 사람의 마음, 다시 말해서 '애정'에 있다"라는 주장이었다. 커피에 대한 애정이라는 말뜻은 첫째, 커피 본래의 향미를 보존하겠다는 마음 둘째, 쓰이는 기구를 청결하게 하려는 마음 셋째, 컵을 미리 뜨겁게 하고 분량을 알맞게 하는 마음이라고 정리했다. 커피

전문가들이 지금도 마음에 담아야 할 내용이다. 미국식 퍼컬레이터 방식을 소개하면서 이 방식으로 추출한 커피의 질은 드립식이나 사이펀식의 커피보다 못하지만 "질보다 양을 따지는 미국 같은 나라에서는 가장 널리 보급되어 있다"라는 점을 지적했다. 당시 미국에서 커피를 마시는 사람의 80퍼센트가 쓰는 방식에 대한 약간의 조롱이 담긴 표현이었다.

아이스커피에 관한 서술도 매우 신기하다. 이 책에 따르면 커피는 본래 뜨겁게 마셔야 제격이며 삼복더위에도 뜨겁게 마시는 것이 정상이다. 그러나 사람의 기호는 다르므로 아이스커피를 즐기는 사람도 있기 마련이다. 이 책에는 벌꿀아이스커피, 트로피컬아이스커피, 커피넥타, 프로스티드커피하와이, 커피아이스크림소다, 모카프로스티드, 커피스페셜, 커피줄레프 등 여덟 종류의 아이스커피 레시피가 나와 있다. 그 밖에도 비엔나아이스커피를 비롯하여 여덟 종류의 아이스커피 이름이 추가로 소개되어 있다. 아이스커피에 대한 대단한 관심이다.

이 책 마지막 부분에는 커피 마시는 꿀팁 하나가 소개되어 있다. 쓴맛은 설탕을 넣으면 없어지고 산미는 크림을 넣으면 중화된다. '세계 도서의 해' 1972년에 간행된 비매품 단행본 『커피』는 1970년 전후 우리나라의 커피 문화를 보여주는 좋은 거울이다.

커피 암흑기, 다방의 눈물

A Cup of Coffee,
a Cultural History

제6부

커피 역사에서의 암흑기는 커피 소비가 급격하게 줄어든 시기, 커피 맛이 최악인 시기, 커피에 대한 사회적 관심이 줄어든 시기 등을 말한다. 1970년대 초반부터 1980년대 후반까지는 우리나라 커피 역사에서 이런 여러 모습이 동시에 나타난 암흑기였다.

커피 암흑기는 여러 요인에서 비롯되었다. 우선 국내 정치 불안이 커피 소비를 위축시켰다. 박정희의 장기 집권에 대한 시민의 저항, 신군부의 출현, 그리고 민주화운동으로 이어지는 정치적 격변이 1980년대 후반까지 지속되었다. 커피의 주 소비자였던 중산층이 한가하게 커피를 마실 여건이 아니었다. 커피는 낭비의 주범, 경제 위기의 주적으로 몰리는 처지가 되었다. 믹스커피, 자판기커피, 꽁초커피가 유행했고, 다방은 퇴폐의 길로 들어섰다.

신군부가 펼친 이른바 3S sports, sex, screen 정책으로 프로스포츠시대가 열렸고, 유흥산업이 기지개를 켰으며, 에로영화와 비디오 문화 전성기를 맞았다. 커피는 이들 퇴폐문화와 결합하며 저급화의 길로 들어섰다. 한편에서는 과분수와 사치의 상징으로 여겨져 배척

되고, 다른 한편에서는 음주 문화에 밀리는 처지가 되었다.

　　민주화운동을 이끌던 지식인들과 학생들이 모여드는 곳이 대학가 다방이었다. 우리에게도 익숙한 서울의 학림다방과 독수리다방, 광주의 우다방, 전주의 가톨릭센터다방 등이었다. 암울한 시절, 다방은 우리 역사에서 마지막으로 공론의 장 역할을 담당했다.

커피 암흑기 도래

희생양이 된 커피

사무실이든 집이든 손님이 오면 손님의 취향과는 관계없이 커피를 끓여 내오는 '새 예절'이 유행하던 시절이 있었다. 1973년 기준 노동자가 하루 일하고 받는 일당이 300원이던 때 커피 한 잔은 100원이었고 우리나라의 연간 커피 원두 소비량은 3500톤을 넘어섰다. 그러던 중 그해 10월 갑자기 불어닥친 오일 쇼크는 커피에도 검은 그림자를 드리웠다. 우리나라 커피 역사에서 암흑기가 시작된 것이다.

커피가 다시 희생양으로 등장했다. 신년 초부터 언론에서는 "도심 다방들 커피값 인상" "협정료 위반 다방 집중 단속" "커피값 올리면 조처" 등의 소식이 끊이지 않았다. 전국의 경찰관들이 내뿜

생활 캠페인을 벌인다는 소식이 전해졌다. 각 경찰서 게시판에 "커피를 마시지 말자"라는 구호가 나붙었다.

한 신문사는 "탈낭비시대, 위기 속의 가계를 절약으로 지키자"라는 캠페인을 시작하여 정부의 정책에 적극 호응했다.[1] 열 차례에 걸쳐 게재한 캠페인 연재에서 주적은 커피 등 외래품이었다. 이 신문은 '다방 안 가기' '가더라도 설탕 덜 타먹기' '커피 한 잔 덜 먹기' 운동으로 정부의 가계절약운동에 동참할 것을 제안했다. 다수 언론이 정부의 정책을 비판하고 외면하던 시절이었다.

급기야 보건사회부가 국산 차를 적극 개발함으로써 커피 소비를 줄이기로 하고 그 방안으로 앞으로는 시중 다방에서 커피 판매를 금지하고 커피 애호가를 위해 따로 커피하우스를 신설할 것을 검토하기로 했다는 소식이 전해졌다. 정부가 주관하는 모든 회의에서는 커피 대신 국산 차를 대접하는 방안도 제시되었다. 한국부인회 총본부가 주최한 '소비 절약 아이디어 공모전'에 응모한 참신한 아이디어 중에는 당연히 '커피 대신 생강차나 귤차'로 추운 겨울을 나자는 안도 포함되어 있었다. 이래저래 커피는 낭비의 주범으로 몰리고 구박받는 시절이 다시 온 것이다. 원유가격 상승이 불러온 고환율, 고물가가 지속되었지만 커피가격 인상은 허용되지 않았다.

그래서 '3분의 1 커피'가 유행했다. 가격은 정부 고시가격인 50원 그대로였지만 커피가 잔에 3분의 1쯤 담겨 나오는 커피였다.

---

[1] 〈조선일보〉, 1974년 2월 9일.

다방업자들의 자구책에 소비자들의 불만은 커졌고 커피 향미는 하루하루 줄어들고 있었다. 커피가격 자유화를 검토하고 있다는 소식이 전해지면 수일 내로 정부에서는 자유화 계획을 취소했다고 발표하기를 반복했다. 한 신문은 당시 분위기를 "커피다운 커피 한 잔 마시기도 어려운 세상이 되어가고 있다"라고 표현했다.[2]

다방은 커피를 마시는 곳이라기보다는 새로 등장한 장거리 자동전화DDD를 사용하는 장소, 혹은 고교 야구나 프로복싱 경기를 시청하는 장소로 변했다. 1972년 서울 - 부산 간 자동전화 시스템이 도입된 이후 1973년에는 서울 - 인천, 1974년에는 서울 - 대구, 서울 - 안양으로 그 범위가 확대되었다. 문제는 1974년부터 도입된 거리·시간에 따른 시외전화 요금 가산 방식이었다. 다방에 설치된 전화로 시내전화를 하는 척하면서 장거리 통화를 하는, 이른바 '위장전화' 손님이 문제였다. 카운터 레지에게 전화하는 손님을 감시하도록 하거나 아예 다이얼을 지키는 보이를 별도로 두는 업소도 생겼다. 그러면 손님들은 너무 인색하다고 불평하여 이 또한 쉽지 않았다. 부산 남포동의 K다방 주인은 한 달 통화료가 1만 2000원 수준이었는데, DDD 전화 개통 첫 달에 7만 원이 나왔다고 불평을 털어놓았다.[3]

1974년 청룡기 고교 야구 결승전은 경북고와 경남고의 대결이었다. TV가 있는 다방에는 입석 손님까지 받았고 아이스커피 한

---

2 〈조선일보〉, 1974년 7월 4일.
3 〈조선일보〉, 1974년 6월 14일.

잔에 150원을 받아도 불평하는 손님이 없는 진풍경이 연출되었다. 경남고가 7:9로 패하자 부산의 다방에서는 중계를 보던 손님들이 커피잔을 TV에 던지는 사고가 일어났지만 처벌받지는 않았다. 지역 경찰들도 근무지를 이탈하여 다방 TV 앞에 모여 소리를 지르고 있었다. 커피도, 다방도 변질되고 있었다.

커피 소비 억제를 위해 정부는 신규 다방 허가를 최소화하고 주간 다실, 야간 주점 겸업은 금지했다. 이어서 보건사회부는 '다방 분위기 단속'을 선언했다. 단속 대상은 다방에 별실 설치, 저속한 음악 혹은 생음악 연주, 착색 조명으로 퇴폐적 분위기 자극 등이었다. 사람들은 음악을 저속과 비저속으로 나누는 기준이 무엇인지, 누가 그 기준을 정하는지, 왜 사람의 기호나 취미에 권력이 개입하는지를 묻기 시작했다. 일제강점기 말기와 큰 차이가 없었다.

그해 12월 18일 정부는 커피가격 자유화를 발표했다. 전국다방조합연합회는 커피 한 잔 값을 80원으로 할 것을 결의했고 정부는 그런 결정을 취소하고 다방의 자율에 맡길 것을 지시했다. 기호품인 커피를 놓고 지시와 결의가 난무하는 희한한 시대였다. 커피값이 인상된 첫날 다방 손님은 평소의 20퍼센트로 급감했다. 지나치게 인상하여 폭리를 취하는 다방에 대한 정부의 단속과 규제, 처벌 소식이 신문 사회면에 끊임없이 실렸다. 커피값은 올랐지만 커피 맛이 좋아지지는 않았다.

최초의 커피 축제

우리나라 커피 역사의 암흑기가 시작되고 맞이한 두번째 해인 1975년은 오일 쇼크가 정점에 이르러 세계 많은 나라가 심각한 물가고와 불황을 겪었다. 그해 봄 북베트남이 사이공(호찌민)을 함락하고 베트남이 사회주의 국가로 통일되었다. 이에 위기를 느낀 박정희 정권은 긴급조치 9호를 발동하여 민주화 세력을 극단적으로 억압했다. 유신헌법을 반대하는 당사자, 이를 보도하는 언론인을 영장 없이 체포했다. 헌법에 보장된 언론 자유를 억압하는 조치였다. 고등학교와 대학교의 학생회를 폐지하고 학도호국단을 부활시켰다.

이 암울한 시절에 〈동아일보〉 광고 탄압사건이 벌어졌다. 1974년 12월부터 1975년 초에 걸쳐 일어났다. 정부가 미리 계약된 광고를 강제로 해약하자 신문사는 광고면을 백지상태로 발간하는 방식으로 저항했다. 국가정보원이 광고주를 불러 광고 게재를 하지 않겠다는 서약서를 강요한 것이 발단이었다. 이렇게 시작된 백지 광고에 이어 1975년 1월 3주 차에는 시민들의 응원 광고로 백지가 채워지는 저항운동이 시작되었다. 자비 광고 1호는 국회의원 김대중이었다. 3월 들어 〈조선일보〉도 언론 탄압 저항운동에 가세했다. 정부는 윤형주, 이장희, 이종용 등 유명 연예인들을 대마초 흡연 혐의로 구속한 후 이름과 혐의를 대대적으로 보도했다. 시민들의 관심을 정치에서 멀어지게 하려는 얄팍한 술수였다.

암울했던 1975년 한 해 동안 〈조선일보〉를 제외한 대부분의 신문은 커피 관련 기사를 쓰지 않았다. 〈조선일보〉 〈동아일보〉 〈경향신문〉〈매일경제〉 등 4개 일간지에 실린 커피 관련 기사는 총 154건으로 암흑기 도래 이전의 절반에 불과했는데, 그중 128건이 〈조선일보〉 보도였다.

〈조선일보〉는 신년 특집 기사로 "불황을 이기는 알뜰 의식주"를 실었다. 이 기사는 고려대학교 식품공학과 유태종 박사의 말을 인용하여 손바닥만 한 마당이라도 채소를 심어 부식비를 줄일 것, 커피를 줄일 것을 권했다. 경제가 어려울 때면 늘 등장하는 제안이었다. 이 신문은 내 분수에 맞게 떳떳하게 사는 것이 '진정 잘 사는 방법'임을 모두가 실감하는 한 해가 되기를 기원했다. 대다수 신문은 정부 주도의 소비절약운동을 외면하는 방식으로 소극적 저항을 하던 때였다.

커피값 자유화 이후 커피 한 잔 값은 80원을 거쳐 100원을 넘어섰다. 서울 시내 다방에서는 50원짜리 국산 차를 다섯 종류 이상 판매하는 것이 의무 사항이었지만 이윤이 적다는 이유로 지켜지지 않았다. 국산 차 판매는 기피되었다. 서울시는 국산 차 판매 지시를 어긴 다방과 협정가격을 위반한 다방을 적발하여 영업 정지 처분을 내렸다. 신문에 보도된 위반 업소는 참다방, 화신다방, 한일다방, 서린다방, 함지다방, 맘모스다방, 무교동다방, 오림프스다방, 돌샘다방, 티나다방, 나폴레옹다방, 부루셀다방, 주리바다방, 커피하우스 등 14개 업소였다.

커피 관련 기사 감소 속에서도 커피가 건강을 위협한다는 소식이 전해졌다. 커피 소비를 억제하려는 정부의 의도에 맞추려는 움직임이었다. 치즈와 함께 마시면 커피가 발암물질 분비를 촉진할 가능성이 있다는 영국 런던대학교 브라이언 챌리스Brian C. Challis 박사의 전문가 주장,[4] 많이 마시던 커피를 끊으면 두통, 피로, 혹은 복통을 겪게 될지도 모른다는 런던의 임상약학 교수 폴 터너Paul Turner 박사의 주장[5] 등이었다.

커피 암흑기였던 1975년 5월 1일부터 31일까지 신세계백화점에서 우리나라 최초의 커피페스티벌이 열렸다. 요즘 도시마다 개최되는 커피축제, 카페쇼, 커피엑스포의 원조 격인 행사였다. 한국차연구소 주최로 열린 이 행사에는 산지별 커피 생두를 비롯하여 커피 도구류, 커피 관련 사진 등이 전시되었다. 커피 시음 행사도 열렸고 차 생활 상담도 이루어졌다. 요즘 열리는 각종 커피 축제와 크게 다르지 않은 행사였다. 우리나라의 커피 역사에서 가장 암울했던 1975년에 최초의 커피 페스티벌이 개최되었다는 사실은 역사의 아이러니다.

원두가격 폭등에 대처하기

1975년은 우리나라뿐 아니라 세계적으로도 커피 역사에서 암흑기였다. 커피 녹병의 공포에서 벗어난 지 5년 되던 1975년 7월 17일과 18일 이틀 동안 브라질의 대표적인 커피농장 지역인 파라나 주의 기온이 영하로 떨어지고 때아닌 서리가 내렸다. 이른바 검은 서

---

[4] 〈조선일보〉, 1975년 5월 7일.
[5] 〈조선일보〉, 1975년 9월 6일.

리였다. 수확기를 앞두고 있던 브라질 커피나무 절반이 넘는 약 15억 그루의 커피나무가 죽는 재앙이었다.

나무를 새로 심으면 4년 내지 5년을 기다려야 수확할 수 있었기에 세계 커피 소비국들은 불안에 휩싸였다. 적어도 4년 내지 5년 동안 커피 수확량의 지속적 감소가 예상되지 뉴욕의 커피 선물 시세가 세 배로 폭등했고 브라질 정부는 일시적으로 커피 수출 금지 조치를 취했다. 이후 커피 수출은 재개되었지만 커피 수출가격은 예상대로 대폭 인상되었다. 세계 커피 시장에서 가루 인스턴트커피는 파운드당 1.25달러에서 1.75달러로, 냉동 건조 인스턴트커피는 2.15달러에서 2.80달러로 인상되었다.

그해에 벌어진 변고는 브라질의 검은 서리 재앙뿐만이 아니었다. 아시아와 아프리카 커피 생산국들의 정치적 불안도 문제였다. 오랜 전쟁과 새로 등장한 사회주의 정권으로 베트남의 커피산업은 거의 붕괴되있다. 세계 인스턴트커피 재료의 상당 부분을 공급하던 베트남 커피의 소멸은 국제 커피가격 상승을 가속화했다. 아프리카에서는 커피 생산국이었던 앙골라와 에티오피아에서의 내전 발발로 커피농업 붕괴, 우간다에서의 이디 아민 독재 강화로 말미암은 커피산업 위축, 케냐에서의 노동자 파업으로 커피 수출 중단 등이 1975년 한 해에 일어났다. 그야말로 커피 생산과 유통 부문에 닥친 대재앙이었다.

1975년 여름 브라질의 검은 서리 사건에서 시작된 커피 생산량 감소가 절정에 이른 해가 바로 1977년이었다. 1975년에 브라질

커피나무의 절반 가까이가 서리 피해를 입었고 이 나무들은 죽어갔지만 새로 심은 나무들은 아직 꽃을 피우지 못하고 있었다. 브라질의 검은 서리 사건에 이어 또다른 커피 생산국인 과테말라에서 지진이 발생하여 커피 생산량이 감소했다. 여기에 세계적으로 활동하던 대형 커피 수입업자, 가공업자, 도매업자의 사재기가 공급 부족을 악화시켰다.

커피가격은 지속적으로 상승하여 1977년에는 1975년 대비 소매가격이 지역에 따라 75퍼센트에서 300퍼센트까지 올랐다. 미국에서 1975년까지 5센트를 유지하던 커피 한 잔 값이 10센트, 15센트를 넘어 25센트로 치솟았다. 우리나라도 커피가격을 인상했다. 레귤러커피 공장도가격을 49퍼센트, 인스턴트커피 공장도가격을 51퍼센트 인상하는 것을 허용했고 다방 커피 한 잔 값은 80원에서 130원으로 인상을 허용했다. 우리나라의 1년 커피 생두 수입액이 1000만 달러를 돌파한 것도 이해였다. 외화 낭비에 대한 비난과 함께 커피 안 마시기 운동이 너욱 서세섰나.

이런 운동에 앞장서는 모습을 가장 먼저 보여준 이들은 국회의원들이었다. 당시 여당이었던 공화당 국회운영위원장은 "국산 차도 좋은 게 많은데 막대한 외화를 써가면서 커피를 마시는 건 낭비"라고 주장하며 국회를 찾는 손님들에게 커피 대신 국산 차를 대접하라고 특별 지시를 내렸고 신문은 이것을 "커피 사라진 국회 사무실"이라는 제목으로 보도했다. 이 발표를 했던 국회운영위원장 집무실은 마치 국산 차 전시장 같았다. 국내의 국산 차 제조업자들이 이 발표에 찬사를 보내며 국산 차 견본을 보내왔기 때문이다. 이 광경 또한 신문에 보도되었다. '입으로' 국민을 위하고 '말로' 민생을 책임지는 데 누구보다 앞장서는 정치인들이었다.

커피 생두가격 폭등에 더욱 민감한 반응을 보인 나라는 커피 소비를 주도하던 서구 선진국들이었다. 나라별로 대응책을 내놓기 바빴다. 크게 두 가지 운동이 벌어졌다. 하나는 대용 커피 개발이었다. 스위스 네슬레는 치커리를 섞은 커피를 개발하여 시판을 시작했고 미국의 제너럴푸드는 소맥을 배합한 커피를 개발하여 출시했다. 콩과 당밀을 섞은 대용 커피를 판매하는 회사도 있었다. 대용 커피 40퍼센트를 넣은 커피는 20퍼센트에서 30퍼센트 낮아진 가격에 판매되었다. 소비자들의 부담을 덜어주는 전략이었다.

또다른 하나는 애국심에 호소하는 것이었다. 커피를 줄이고 차를 마시자는 운동이 대표적이었다. 커피보다 차를 즐기던 영국인들은 너나없이 커피를 포기하고 차를 마시기 시작했다. 문제는 차 소비가 급증하면서 찻값이 1년 사이에 네 배로 폭등한 것이다. 그래도 커피값의 4분의 1밖에 되지 않았다. 1977년 당시 커피 소비량이 우리나라의 100배인 연 30만 톤으로 세계 3위 커피 소비국이었던 프랑스에서는 공무원들이 나서서 "커피잔을 조금 덜 채우고 대신 애국심을 담자"라고 호소하기에 이르렀다.

커피가격 상승으로 커피 소비 1위 미국과 생산 1위 브라질의 갈등이 심각하게 불거졌다. 때마침 출범한 카터 행정부가 외국의 인권문제에 관여하기 시작한 것이 계기였다. 이른바 도덕 외교였다. 미국 국무성에서 발간하는 인권보고서에 인권 탄압국으로 분류되는 나라는 미국과의 관계가 악화되기 일쑤였다. 1977년 인권보고서에서 브라질이 인권 탄압국의 하나로 표기된 것이 문제였다. 브라질은 내정 간섭이라고 주장하며 두 나라 사이의 방위조약을 폐기하는 강수를 두었다. 이에 맞서 미국 시민들 사이에서는 브라질 커피 불매운동이 벌어졌다. 일부 시민단체는 커피 안 마시기 운동을 벌여 모든 커피 생산국을 더욱 자극했다. 누구도 이길 수 없는 전쟁이었다.

세계적으로 커피가격 전쟁을 벌이고 있던 이 시절에 일본에서는 때아닌 커피 목욕이 유행하여 세상 사람들을 어리둥절하게 했다. 이를 보도한 〈조선일보〉에 따르면 일본 도쿄 북쪽에 위치한 커피 목욕 전문업소 고소사우나센터는 문을 연 지 6년이 지났는데 성업중이었다. 커피 목욕이 피부 미용에 좋다는 소문이 퍼져 외국인 고객도 증가하고 있다는 것이었다. 깊이 1.5미터, 길이 4미터의 둥근 통에 25톤의 커피와 파인애플을 짓이겨 넣은 시설이었다. 이곳을 찾는 고객들은 주로 비행기 조종사, 미군, 사업가, 주부였는데, 목욕 방법은 탕에 들어가 약 20분 동안 목까지 푹 담그는 것이었다. 사람이 술 원료에 들어가 마치 발효되는 모습이었다. 한 번 이용하고 나면 체중이 1파운드씩 빠진다는 소문에 손님이 끊이지 않았다. 커피 값이 비싸도 장사가 잘되는 이유는 피부가 고와지기를 바라는 여성들 때문이라는 것이 이 센터 종업원들의 이야기였다. 탕 속의 커피와 파인애플이 비쌌기 때문에 6개월에 한 번씩 교체하며 입장료는 1500엔이었다. 우리나라에서 커피를 25잔 정도 마실 수 있는 비싼 가격이었다.

1977년에는 씨스코라는 기업에서 우리나라 최초의 캔커피 2종을 시판했다. 신문 광고를 보면 "미국풍의 본격 커피 '타임커피'"와 "프랑스식의 분위기 커피 '카페오레'"였다. 동서식품에서는 그동안 판매하던 부드러운 맛의 원두커피에 이어 강한 맛의 유럽식 '네오·칸' 원두커피를 판매하기 시작했다.

일일다방의 명암

1970년대는 우리나라 역사에서 '다방적 도시 문화'가 번창하던 시대였다. 그만큼 다방은 1970년대 우리나라 도시 풍경을 설명할 때 빼놓을 수 없는 장소였다. 당시 다방을 표현하는 데 사용된 용어는 다양했다.

도시의 유랑민 혹은 피란민의 '공동응접실'이라는 표현을 보면 다방이 지닌 공동시설로서의 특징이 나타난다. 다방은 공동체 의식이나 의례가 살아 있던 농촌을 떠나 도시로 넘어온 유랑민 및 전쟁으로 고향을 떠난 피란민에게 대체 공동체 혹은 유사 공동체 체험을 할 수 있는 장소였다. 본래 삶의 터전에서 떠나 새로운 장소에 정착하지 못한 경계인들이 드나드는 공동시설이었다. 다방은 '대중사교장'이라는 표현도 크게 다르지 않았다. 호텔 커피숍이나 고급 레스토랑을 이용하기 어려운 대중들이 사람을 만나는 곳이었다.

구직에 필요한 정보를 교환하고, 직업이 없는 사람들이 적은 비용으로 시간을 죽이는 장소로서의 다방은 일종의 '실직자 대기실'

이었다. 당시 다방 풍경을 담은 사진 속 손님들의 표정에서 느껴지는 쓸쓸함을 잘 보여주는 표현이었다. '실향민 모임터'라는 표현도 도시와 향촌의 경계선에 있던 쓸쓸한 사람들을 느끼게 하는 용어였다.

다방은 '사회운동 아지트'로도 불렸다.[6] 1970년대 우리나라 다방은 프랑스대혁명이나 미국독립혁명에서 카페가 담당했던 역할과 유사한 기능을 했다. 의식 있는 젊은이와 지식인, 노동운동가, 문화예술인이 민주화운동이나 인권운동을 도모하기 위해 도심의 다방으로 모여들었다.

1970년대 일부 다방은 여전히 '문화인 살롱'으로 불렸다. 광복 전후 커피를 마시는 고상한 사람들을 표현하던 용어 '문화인'들이 드나드는 장소라는 의미였다. 대부분의 다방은 문화인의 범주에 속하지 않는 평범한 사람들의 휴식처였지만 일부 다방은 여전히 고상한 음악이 흐르고 문화적 취향이 비슷한 사람들이 출입하는 곳으로 남아 있었다. 상류층이 자주 찾는 대형 호텔의 다방은 '커피숍'이라는 별도의 명칭으로 불렸다. '내종 살롱'이라는 애매한 표현도 등장했다.

---

6 '아지트'라는 용어는 비합법적 운동을 하는 사람들의 비밀 연락처나 은신처를 의미하는 러시아어 아기트푼크트agitpunkt에서 비롯되었다. 앞글자 '아기트'가 구개음화되어 아지트가 된 것이다. 6·25전쟁 전후 지리산이나 한라산의 빨치산이 사용하던 비밀 은신처를 아지트라고 불렀는데, 1960년대에서 1970년대에는 간첩들의 접선 장소를 표현하는 단어로 자주 쓰였다. 이후 반정부운동이나 민주화운동을 하는 사람들이 모이는 곳을 아지트로 일컬음으로써 공권력과 언론이 이들에 대한 사회적 혐오를 조장했다.

1970년대에 다방으로 불리며 등장했지만 정식 다방이 아니라 하나의 문화였던 흥미로운 현상이 있었다. 바로 '일일다방' 문화였다. 이후 '일일찻집'이라는 표현으로 바뀌면서 지금까지도 지속되고 있는 문화 현상이며 모금운동의 한 양상이다.

우리나라 언론에 일일다방이 소개된 첫 사례는 1972년 4월이다. 부산시 거제3동 부녀교실에서 일일다방을 경영하여 모은 5만 원을 새마을사업을 위한 성금으로 내놓았다는 소식이 전해졌다. 서울 답십리3동 어머니회에서 5월 13일 관내 신원다방에서 일일자선다방을 열어 수익금 10만 원을 모아 불우이웃돕기 성금으로 기탁했다는 소식도 보도되었다. 5월 26일 부산진구 부녀교실연합회가 서면다방에서 일일다방을 열어 수익금 10만 원을 구청에 전달했고, 6월 27일에는 여성크리스천클럽이 서울 국립극장 앞에서 일일자선다방을 열어 수익금을 일선 장병과 경찰관 돕기에 기탁했다. 이처럼 초기에 열린 일일다방을 주최하는 이들은 대부분 주부였다.

일일다방을 통한 성금모금운동은 모든 일터에서 유행처럼 벌어졌다. 1974년 7월에는 서울 시내 모범운전사들이 일일다방을 열어 모금한 3만 2000여 원을, 9월에는 사당3동 예비군중대에서 일일다방을 운영하여 모금한 2만 410원을 방위성금으로 기탁했다. 1974년 8월 5일에는 당시 인기 드라마 〈꽃피는 팔도강산〉에 출연중이던 배우 한혜숙과 민지환이 방위성금모금을 위한 일일다방을 부산 시내에서 열었다.

청년들도 1974년 즈음에 일일다방을 하기 시작했다. 1974년

2월 16일 YWCA 청소년 Y틴클럽지도자회가 일일다방을 열었는데 임성훈, 정광태 등 인기 가수들이 노래 손님으로 참여했다. 이렇게 시작된 일일다방 문화는 1974년을 전후하여 대학가에서 하나의 유행으로 번졌다. 연세대학교 사학과 1학년 학생 일동이 일일다방 수익금 2만 원을 수재의연금으로 〈조선일보〉에 기탁했다는 소식과 서울 봉천동 일대에서 야간학교를 운영하던 대학생들이 일일다방을 열어 운영비를 모금했다는 소식 등이 언론에 보도되었다.

　　초기에는 대부분 동아리에서 주도하는 각종 봉사 활동 자금 마련을 위한 행사로 기획되었으나 점차 아르바이트로 변질되면서 사회적 비난의 대상이 되기 시작했다. 시내 다방을 일정한 돈을 내서 빌리고 티켓을 만들어 주변 친구들에게 판매한 후 당일 직접 차를 만들어 팔았다. 이렇게 하여 남은 수익금을 필요한 일에 사용하는 것이 일반적이었다. 문제는 주변 사람들에게 티켓을 강매하는 일, 일일다방 참여를 이유로 학교 수업을 소홀히 하는 일, 건전하지 않은 목적으로 일일다방을 여는 일이었다.

　　일일다방이 확산되는 데는 공직사회도 기여했다. 재무부 주최 일일다방 소식이 전해졌다. 재무부는 1975년 6월 10일 청사 6층 회의실에 일일다방을 차렸다. 고위 공무원들이 엄숙한 회의를 하던 장소에서 은은한 선율의 고전음악이 흘러나왔고 영문을 모르고 복도를 지나는 사람들은 고개를 갸우뚱거렸다. 이날 일일다방에서 커피를 나르는 일은 여직원들이 맡았다. 정규직인지 아닌지는 모르겠지만 공직사회에 소속된 여성 공무원 혹은 여성 공무 지원인력들이었다. 이들이 커피를 타고 나르는 일에 거리낌 없이 동원되던 시대였다. 신문 기사에서 이들을 "아가씨"라고 표기했다는 점도 신기한 일이다. "아가씨(여직원)들이 부산히 찻잔을 들고 다니며 커피 냄새가 구수하게 번지는 다방으로 회의실이 변했다. 여기저기에 직원들이 모여 기피니 콜라를 마시고 있었다." 회의실 문 앞에는 커다랗게 "불우이웃돕기 1일 휴게소"라고 써붙여놓았다.

'원호대상자(국가유공자)'를 위한 모금을 하려고 "전 여직원을 동원하여 서비스를 시키면서 차를 판 것"이었다. 이날은 마침 재무부 소속 외청장 회의를 하는 날이어서 회의 참석자들은 좋든 싫든 일일다방 손님이 되어야 했다. 참석한 모 은행장은 1만 원을 내놓기도 했다. 당시 커피 한 잔 값이 100원이었다는 점을 고려하면 지금 돈으로 50만 원쯤 되는 액수였다. 이날 하루 동안 이곳을 들른 사람은 400여 명, 모금액은 모두 13만 원이었고 전액 원호처(국가보훈처)에 전달했다.

이렇게 1970년대 중반에 시작된 일일다방 문화는 일일찻집이라는 이름으로 변화하면서 지난 50년간 우리나라 모금운동의 한 형태로 자리잡았다. 일일다방은 커피가 사람을 돕고, 사회를 따뜻하게 만드는 유용한 음료임을 잘 보여주는 아름다운 문화였다. 물론 일일다방에서 학생들이나 주부들이 만들어 제공하는 커피의 맛과 향이 훌륭할 수는 없었다. 일일다방에서 사용하는 커피는 처음에는 편리한 인스턴트커피였다가 1970년대 후반에는 더욱 편리한 믹스커피로 바뀌었다.

'양탕국'은 가짜 뉴스?

긴장과 혼란 속에서 커피에 대한 언론의 관심은 여전히 차가웠다. 커피 관련 보도는 양적으로도 최하 수준이었고 질적으로도 최저였다. 읽을 만한 소식이 없었다는 표현이 맞을 것이다. 〈동아일보〉 〈조선일보〉 〈경향신문〉 〈매일경제〉 등 4개 일간지에 1년간 실린 커피 관련 기사는 148건에 불과했고 그중 131건이 〈조선일보〉에 게재되었다.

〈조선일보〉에 실린 기사 중에서 '양탕국' 이야기를 빼놓을 수 없다. 커피라는 낯선 음료가 우리 땅에 들어온 초창기에는 다양한 이름으로 불리고 표기되었다. 일제강점기 중반부터는 커피라는 용어가 일상화되었다. 그런데 특이한 이름 하나가 커피의 별칭으로 사용되었다는 이야기가 언제부터인가 나돌았다. 서양에서 전해진 탕국이라는 의미의 '양탕국'이 그것이다. 지금은 커피 역사를 다루는 이런저런 글에, 커피전문점의 상호에, 심지어는 커피인문학 저술이니 논문에도 덩연한 듯 인용되고 있다. 근거가 있는 용어일까?

'양탕국'이라는 단어는 개화기로부터 일제강점기를 거쳐 광복 이후 1968년까지 발행된 우리나라 고신문과 근대신문 99종 그 어디에도 사용된 적이 없다. 물론 소설이나 수필에서도 찾아볼 수 없다. '양탕국'이라는 단어가 우리나라 신문에 처음 등장한 때는 1968년 12월 26일이다. 이날 발간된 〈조선일보〉 6면의 특별 연재 '개화백경' 58번째 연재물 "차"에서다. 내용은 다음과 같다.[7]

1910년 전후 서울 세종로 중부소방서 뒤편에는 부래상富來祥이라고 하는 프랑스 사람이 나무 시장을 벌이고 있었다. 자하문과 무악재를 넘어오는 나무장수들은 황톳마루(세종로 네거리)를 지키고 있는 부래상의 눈에 띄면 그에게 나무 짐을 넘기기 일쑤였다. 그는 어깨에 화살통만 한 보온병을 메고 있다가 나무장수가 다가오면 "고양 부씨입니다" 하고 인사를 청하고는 보온병에 들어 있는 가배차를 따라주었다. 이 사람과 경쟁하며 땔감 나무 시장 세 곳을 운영하고 있던 최순영이라는 사람이 있었다. 최씨는 당시 나무장수들 사이에서 '양탕국'이라고 알려진 이 커피가 고종 황제와 순종 황제를 독살하는 데 사용되었던 그 '독아편'이라는 유언비어를 퍼뜨렸다. 황제를 커피차로 독살하려 기도하였던 그 사건 이야기는 당시 유명했다.

이듬해인 1969년에 〈조선일보〉 논설위원 이규태는 『개화백경』이라는 제목의 4책 분량 전집을 간행하면서 이 내용을 포함시켰다. 잠잠하던 이 이야기는 1976년 3월 31일 〈조선일보〉에 다시 실렸다. 이날 〈조선일보〉 1면 가십 기사인 '만물상' 코너에는 '쳇골'이라 불리던 광화문우체국 자리의 지명에 얽힌 이야기가 소개되었는데,

---

7 이 연재물의 필자는 기록되어 있지 않으나 전후 사정으로 보아 이규태 논설위원이었을 것이다.

이 기사에서 부래상의 '양탕국' 이야기가 다시 나온 것이다. 1968년 원본 기사와 다른 점은 두 가지였다. 하나는 부래상이 "나는 고양 부씨입니다"라고 아양을 떨었다는 표현이고, 다른 하나는 최순영이 "데마(허위 선전을 의미하는 demagogy의 약어)를 퍼뜨려 부래상은 하루아침에 망하고 말았던 것이다"라는 내용이다.

'양탕국'이라는 말을 처음 소개한 이규태의 신문 기고물을 엮어 출판한 『개화백경』. 양탕국 이야기는 출처가 명료하지 않다.

이 기사에 나오는 부래상의 원래 이름은 폴 앙투안 플레장Paul Antoine Plaisant이다. 플레장은 1871년 프랑스 마르세유 출신으로 1900년에 열렸던 파리 만국박람회 조선관을 관람한 후 동생과 함께 입국하여 이런저런 사업을 벌이고 있었다. 첫 사업이 땔감나무 장사였는지는 확실치 않다.

이후 기록을 보면 플레장은 여러 사업을 하며 조선에서 오래도록 머물렀다. 1908년에는 그가 우리나라 최초로 연탄을 제조, 판매했다는 기록이 있다. 프랑스에서 기계를 도입하여 난방용 연탄을 제조, 판매한 것이다. 1920년대에는 화장품과 향수 사업을 벌이기도 했다. 플레장과 함께 입국한 후 결혼하여 아이까지 낳고 살던 세 살 아래 동생은 1928년에 서울 땅에서 먼저 사망했지만 형은 이후에도 계속 조선에 거주했다. 플레장은 1934년까지 성북동의 70여 평 서양식 건물이 딸린 꽤 넓은 저택에 살았다. 이 살림집과 부지는 간송 전형필에게 매각되어 현재의 간송미술관이 지금 자리에 들어서게 된 것이다. 전형필에게 이 집과 대지를 매각할 당시 플레장은 석유 판매상을 했던 것으로 기록되어 있다. 플레장은 땔감으로 시작해서 적어도 30년 징도 조선에서 연탄, 석유 등 난방 물품사업을 했던 것은 확실하다. 직접 지은 70여 평의 서양식 주택에서 살았던 것을 보면 땔감나무 장사에서 실패했다는 〈조선일보〉의 가십 기사는 사실과 다른 가짜 뉴스라고 보는 편이 맞을 것이다. 플레장은 조선에서 사업을 위해 장기 거주했던 흔치 않은 유럽인이었음은 분명하다.

1939년에 네덜란드 명예총영사 신분으로 죽첨정(지금의 충정로)에 살고 있었다는 사실을 보아도 플레장이 조선생활에 비교적 잘 적응하고 있었음을 말해준다. 그의 조선 체류 후반부는 비극으로 마무리되었다. 명예총영사 신분을 이용하여 가짜 프랑스 명품 화장품 '세봉'을 제조하여 판매한 혐의, 그 과정에서 탈세한 혐의 등으로 재판을 받은 후 추방되었다.

이 흥미로운 인물의 이야기 속에 등장한 '양탕국'이라는 표현이 정말 1910년 전후 고양의 땔감나무 장사들 사이에서, 심지어는 일반인들 사이에서 쓰였다는 근거는 전혀 남아 있지 않다. 이 글을 쓴 이규태도 이 용어의 출처를 제시한 적이 없다. 누군가에게서 들은 이야기일 수도 있고, 지어낸 이야기일 수도 있다. 그가 전한 부래상의 이야기에 정확성이 결여된 점으로 보았을 때 양탕국 이야기도 믿기 어렵다. 물론 시중에서 쓰이던 용어가 모두 신문이나 잡지 등 인쇄매체에 쓰이는 것은 아니지만 어느 시기에 널리 사용되던 용어라면 '카피차'나 '가배'처럼 한 번이라도 등장하는 것이 상식일 터다. 근거가 부족함에도 불구하고 '양탕국' 이야기는 1976년 이후 우리나라 커피 역사를 이야기하는 많은 글 속에 사실처럼 기록되기 시작했다. 필자나 언론사의 영향력이 만든 역사로 보인다.

　'양탕국' 이야기는 역사적인 근거나 사실보다는 재미가 사람들에게 더 잘 스며든다는 사실을 보여준다. 예나 지금이나 가짜 뉴스가 판을 치는 이유다. 1976년은 가짜 커피의 대명사 '꽁초커피'가 유행하여 커피 애호가들의 마음을 쓰리게 한 해였다. 커피도, 커피 역사도 진짜와 가짜를 구분하기 어렵던, 매우 어둡던 시절이었다.

꽁초커피, 자판기커피, 믹스커피

다방커피의 비밀, 꽁피

1970년대 후반으로 들어서면서 정치적 불안은 더욱 심해졌다. 유신 체제를 지속하고자 하는 세력과 민주화를 요구하는 세력 간의 충돌이 극으로 치달았다. 정부가 민생을 포기한 가운데 커피의 대중화는 지속되었다. 당시 커피 대중화를 가져온 계기는 동서식품의 커피믹스 발명과 커피 자판기의 유행이었다. 맛보다는 편리함을 좇는 심리가 커피믹스 등장과 커피 자판기의 대유행을 불러왔다. 황금만능시대, 오직 돈만을 좇는 심리는 꽁초커피(꽁피)를 등장시켰다. 다방커피에 대한 공포 속에 전국의 다방 수가 잠시 줄어드는 일이 발생했다. 커피는 고유의 맛과 향을 완전히 잃었고 커피라는 음료에 대한 소비자들의 관심은 쇠퇴했다. 커피는 맛이 아니라 습관적으로 마시는 음료가 되었다.

때마침 풍문으로 떠돌던 꽁초커피가 사실이었다는 뉴스가 전해져 충격을 주었다. 1976년 5월 29일 일간지와 방송에서는 "담배 가루 섞어 커피 양산" 소식을 전했다. 서울 시내 일부 다방이 양을 늘리기 위해 커피에 담배 가루를 섞어 끓이고 있다는 정보에 따라 서울지방검찰청이 수사에 나서 종로 장안다방 주방장 박모군(18세), 중구 유리다방 주방장 김창식씨(23세) 등 두 명을 식품위생법 위반 혐의로 구속하고, 종로 6가 동궁다방 주방장 손철호씨(28세)와 중구 귀부인다방 주방장 이희익씨(33세)를 검거하여 조사중이라는 내용이었다. 이와 함께 장안다방 주인과 유리다방 주인도 입건하여 주방장들과 공모했는지

꽁초커피를 보도한 당시 신문 기사. 소문으로만 들던 꽁초커피가 실제 판매중이라는 충격적인 소식이었다.

여부를 조사하고 있다는 소식이었다. 검찰에 따르면 장안다방 박군은 커피 1파운드에 보통 100잔 정도 나오는 양을 담배 가루와 소금을 넣어 250잔 내지 300잔을 만들어 하루 600여 잔씩, 유리다방 김씨는 하루 700여 잔씩 팔아왔다는 것이다. 커피 가루 4파운드를 사면 2파운드에 담배 가루를 섞어 4파운드 분량의 커피를 만들고 나머지 커

피 가루를 빼돌리는 수법을 쓴 것이다.

이들은 손님들이 피다 버린 담배꽁초를 연탄 화덕에 올려 말린 후 가루로 만들어 커피에 섞는 수법을 썼다. 니코틴 맛이 느껴지지 않도록 달걀껍데기와 소금을 함께 타기도 했고 손님들이 맛에 둔감한 시각인 오후 늦은 시간에만 꽁초커피를 내놓는 주도면밀함도 보였다.

그런 일을 벌인 이유는 부족한 월급 때문이었다. 이들은 "커피에 담배를 섞는 것은 다방 주방에선 널리 알려진 사실"이라고 주장함으로써 시내 다방에서 비싼 돈을 내고 커피를 즐겨오던 커피당들의 분통을 터지게 했다.

당시 보도를 보면 꽁초커피 소문은 거의 1년 전부터 퍼져 있었지만 관계 당국에서는 "설마 그럴 리가"라고 무시해왔다는 것이다. 1년 동안 허송세월하던 검찰이 결국 정보를 입수한 후에야 서울시내 15개 다방의 커피를 수거하여 서울시 보건연구소와 전매청(한국담배인삼공사) 기술연구소에 감정을 의뢰하게 되었다. 그 결과 4개 다방의 커피에서 니코틴과 담배 찌꺼기가 검출되었음을 통보받고 수사에 착수한 것이다.

당시 언론들은 이를 "천인공노할 범죄" "가증, 개탄스런 악덕 상혼" "악질 상업주의"라고 비판하는 동시에 국민의 건강권을 도외시해온 "무위, 무능한 정부"를 질타했다. 그리고 정부가 스스로의 존재 가치를 더이상 떨어뜨리지 말 것을 요청했다. 돈을 벌기 위해, 자신의 이익을 위해 국민의 건강권을 수단화하려는 모든 인간에 대한 울분이 꽁초커피를 통해 폭발한 것이다.

꽁초커피사건은 연일 신문과 방송에 오르내렸다. 꽁초커피에 이어 니코틴커피, 살인커피라는 단어가 등장할 정도였다. 담배를 통해 간접적으로 흡입하던 니코틴이 커피를 통해 직접적으로 체내에 들어왔을 때 인체에 미치는 해악이 매일 보도되었다. 이런 끔찍한 일이 발생해도 정부가 취하는 조치는 '일제 단속'을 한다는 엄포가 전부였다. 당시 정부는 사건이 터진 지 1개월이 지난 7월 1일부터 '불량 식품 일제 단속'에 나섰다. 감사원, 보건사회부, 내무부, 법무부, 농수산부, 국세청, 서울시 등 7개 기관이 합동으로 벌이는 유사 이래 최대 규모의 단속이라는 언론의 '정부 발표 받아쓰기 수준' 보도가 이어졌다.

그해 9월 17일 꽁초커피로 구속되어 재판을 받은 장안다방 주방장 박군에게 징역 단기 8월에 장기 1년의 선고가 내려졌다. 주인에게는 벌금 30만 원이 선고되었다. 지금 물가로 계산하면 1500만 원 정도다. 적용된 법률은 식품위생법이었다. 그런데 11월 26일 열린 귀부인다방 주방장 이씨와 주인 윤모 여인에 대한 서울형사지방법원 선고 공판에서는 두 사람 모두에게 증거 부족으로 무죄가 선고되었다. 재판부는 "단속반원이 적발, 수거한 커피와 커피 찌꺼기 등 4종의 증거물 가운데 한 가지에서만 니코틴이 함유된 것으로 나타났으나 문제의 니코틴은 수거 감정과정에서 흡입될 가능성도 없지 않아 무죄를 선고한다"라고 밝혔다.

꽁초커피를 비롯하여 각종 불량, 부정 식품류가 유행한 데는 근본적인 이유가 있었다. 1970년대 중반의 살인적인 물가 폭등이었다. 급여는 일정한 상태에서 급격히 오르는 생활 물가는 모든 사람에게 위협으로 느껴질 수밖에 없었고 보통 사람들이 이런 위협에서 벗어나는 길은 절약하거나 쉽고 빠르게 돈을 버는 방법 외에는 없었다.

세기의 발명품 커피믹스

꽁초커피로 세상이 시끄럽던 그해 말 세기의 발명품 커피믹스가 등장했다. 인스턴트커피, 설탕, 크림 또는 프림을 일정한 비율로 한 봉지에 넣은 1인용 즉석커피 상품으로 믹스커피라고도 불린다. 커피 역사에서 편리성을 지향하는 제품의 정점을 찍은 발명품이었다.

커피믹스는 1976년 12월 동서식품에서 근무하던 약사 출신 조항연이 등산객이나 낚시인이 손쉽게 마실 수 있는 커피로 고안한 제품이었다. 초기에는 직사각형 모양이었지만 2006년에 스틱형으로 바뀌었다. 이 제품이 처음 출시되었던 당시에는 동서식품에서 광고조차 하지 않았고 뉴스에 등장하지도 않았을 정도로 세간의 주목을 받지 못했다.

커피믹스가 출시되었던 당시는 꽁초커피 뉴스로 세상이 발칵 뒤집혀 있었다. 따라서 커피믹스가 주목을 받지 못했다. 꽁초커피 뉴스가 잠잠해진 1977년부터 본격적으로 시장을 넓혀갔다.

2017년에 실시한 특허청 설문 조사 결과 커피믹스는 우리나라 사람들이 가장 위대하다고 생각하는 발명품 열 개 중 5위를 한 제

1976년 동서식품이 개발하고 시판한 세기의 발명품 커피믹스. 초기에는 직사각형 모양이었으나 2006년에 스틱형으로 바뀌었다.

품이다. 최근에는 매몰되었던 아연광산 광부 두 명이 커피믹스를 먹으며 버텼다는 소식이 전해져 커피믹스가 다시 국민 모두의 관심 대상이 되기도 했다. 지금은 외국인들이 가장 맛있다고 생각하는 한국차, 외국인 관광객이 가족이나 친구에게 줄 여행 기념품 선호도 1위 제품이 바로 커피믹스다.

오토메이션시대의 산물 커피 자판기

1978년 산유국 이란의 이슬람혁명으로 제2차 오일 쇼크가 발생했다. 국제적인 원두가격 상승 여파로 그해에 국내 커피 출고가의 대폭 인상이 허용되었다. 정부는 레귤러커피의 가격을 49퍼센트, 인스턴트커피의 가격을 51퍼센트, 다방커피 한 잔 값은 100원에서

130원으로의 인상을 허용했다. 1974년에 50원 하던 다방커피 한 잔 값이 4년 만에 160퍼센트 인상된 것이다. 살인적인 물가 상승을 체감할 수 있는 지표였다. 8월 22일에는 브라질에서 발생한 이상 냉해로 커피 작물의 3분의 1 이상이 죽었다는 소식이 전해져 커피가격의 추가 폭등에 대한 우려가 다시 제기되었다.

원두 수입 자유화 조치가 취해진 날은 1978년 5월 1일이었다. 외화 절약을 위해 대용 커피로 치커리 뿌리 소비가 권장되던 때였다. 커피뿐 아니라 모든 물가가 오르고 민심은 들끓었다. 자고 나면 시내 모다방에서 인질극이 벌어졌다는 소식, 다방 화재로 종업원 여러 명이 사망했다는 소식이 흑백TV를 통해 전해졌다.

1970년대의 커피 문화를 설명할 수 있는 키워드는 세 가지, 즉 인스턴트커피의 국산화와 커피믹스의 탄생, 다방의 대유행에 이어 등장한 '커피 자동판매기'다. 당시 유행하던 용어 '오토메이션시대'의 특징이 커피에도 나타난 것이다.

1978년 3월 22일 커피 자동판매기가 종각, 시청, 서울역 세 곳에 처음 설치되었다. 커피 한 잔 값은 100원이었다. 롯데산업과 화신전기가 일본에서 수입한 자판기를 설치한 것이다. 물론 우리나라에 처음 등장한 자동판매기가 판매한 제품은 커피가 아니었다. 1970년대 초반 극장과 백화점 등에 설치된 피임기구 자동판매기였다. 인구 증가 억제정책에 따른 것이었다. 이어서 커피 자동판매기가 나온 것이다.

1978년 6월에는 거스름돈 반환과 주화 감별 기능을 갖춘 자동판매기가 국내 처음으로 삼성전자에서 개발되어 판매되었다. 첫 제품으로 담배용 자동판매기 200대를 생산하여 동방빌딩에 설치했다. 이어서 8월에는 커피 자동판매기도 생산, 판매하기 시작했다. 삼성전자에 이어 금성사, 동양정밀 등도 일본의 기술 협조를 받아 9월에 자동판매기 생산을 시작했고 롯데산업과 화신전기, 대한전선도 자동판매기 생산사업을 추진했다.

여름이 되자 자동판매기의 냉커피값이 50퍼센트씩 기습 인상되었다. 롯데산업의 자동판매기에서 판매되는 냉커피, 냉밀크커피, 냉블랙커피 등 얼음이 들어간 커피가 100원에서 150원으로 인상되었다. 롯데산업은 서울 시내 지하철 대합실, 회사 등에 400대의 자동판매기를 설치하여 대당 60잔, 하루 평균 240만 원 정도의 판매고를 올렸다. 그해 9월에는 고속도로 휴게소에도 설치되는 등 그야말로 커피 자동판매기가 우후죽순 생겨났다. 커피 자동판매기 산업이 급속도로 발전하여 화신전기가 자사 생산 제품 400대를 9월 말까지 일본의 벤다재팬사에 공급하는 것을 시작으로 3년간 공급하기로 계약을 체결했다는 소식이 전해졌다.

자동판매기 열풍 속에 우려의 목소리가 나왔다. 당시 유행하던 용어 이른바 '오토메이션시대'에 대한 불안이었다. 인간이 편리하고자 만든 기계가 정도를 넘어 인정마저 차단하는 괴물로 등장하는 데 대한 경고였다. 1978년 7월 31일 〈경향신문〉은 동전 한 닢 넣으면 냉음료, 온음료는 물론 치즈와 양주까지 쏟아져나오는 자동판매기의 보편화 현상이 어디까지 전개될지 모를 일이라고 우려를 표명하며 보도했다. 그러면서 2000년대쯤에는 외로운 홀아비가 길에서 주화를 넣으면 미모의 여성 복제 인간이 불쑥 나타날지도 모를 일이라고 염려했다.[8]

홍미로 이용하던 자동판매기에 대한 기피 현상이 벌어지기 시작한 것은 커피 자동판매기가 등장한 지 1년 정도 지나 1978년 말부터였다. 오랫동안 동전을 삼키는 공중전화를 경험했던 사람들이 이제는 동전을 삼키는 자동판매기를 경험하기 시작한 것이다. 커피 자동판매기의 잦은 고장은 시민들의 불만을 샀다. 몇 차례 자동판매기에 동전을 넣었다가 동전만 잃은 뒤 다시는 이용할 생각이 없어졌다는 시민들의 제보가 이어졌다. 고장시 신고해달라는 안내서가 자동판매기마다 붙어 있었지만 100원을 받기 위해 다시 동전을 넣고 전화를 거는 행위는 짜증나는 일이었다.

물가 상승으로 말미암은 소비 문화 속에서 1979년으로 접어들며 커피 자동판매기가 일대 유행으로 번지기 시작했다. 잦은 기계 고장으로 이용을 경계하던 소비자들의 심리가 서서히 사라져갔다. 동전은 삼키고 커피 없는 뜨거운 물만 쏟아내는 일은 여전히 벌어졌지만 그렇다고 기계 자체를 기피할 정도는 아니었다. 보급이 시작된 지 2년 정도가 지난 1979년 11월 당시 전국의 커피 자동판매기는 4000여

---

[8] 우려했던 그 2000년대가 시작된 지 20년 이상 지났지만 다행인지 불행인지 그런 일은 벌어지지 않고 있다. 하지만 비슷한 맥락에서 AI의 인간 지배가 현실화된 시대를 살고 있다.

대로 서울 시내 다방 수 3640개를 넘어섰다. 삼성전자, 롯데산업, 동양정밀, 화신전기 등 4개 회사에 이어 금성사도 그해 말 커피 자동판매기 제작과 판매에 뛰어들었다.

중고등학교에 이어 국민학교(초등학교) 구내에도 커피 자동판매기가 설치되었다는 우울한 소식이 전해졌다. 서울 M국민학교 지하 매점 앞에 설치된 자동판매기에서 밀크커피를 마시는 어린이들 모습이 담긴 사진이 언론에 보도되어 우려를 자아냈다. 부산에 있는 A국민학교의 박모 교사는 언론과의 인터뷰에서 커피 자동판매기가 학교 앞에 설치되고부터는 학생들의 저축 실적이 떨어졌다고 개탄했다.

자동판매기 커피의 인기와 원자재가격 상승이 더해져 1979년 11월 10일 자동판매기 커피 한 잔 값이 100원에서 120원으로 일제히 인상되었다. 심각해지는 인력 부족 현상이 자동판매기 유행을 키울 것이라는 전망도 나왔다. 오토메이션시대에 대한 우려였다.

커피 역사에서 편리힘을 위해 맛을 양보했넌 대표적인 나라는 20세기 중반의 미국이었다. 우리나라에서도 1970년대에 등장한 인스턴트커피, 다방, 커피 자동판매기 열풍으로 커피는 고유한 맛이나 향으로 즐기는 고급 음료가 아니라 습관적으로 마시는 저급한 음료로 변해갔다. 그동안 정부의 커피 소비 억제정책에 부응하여 캔커피 생산에 참여하지 않았던 동서식품이 캔커피 시장에 진출한 것도 1979년 그해였다.

다방 영수증 모아 건립한 복지회관

미국과 중국의 외교관계 수립, 미국과 대만의 단교로 시작된 1979년 한 해는 국내외적으로 온갖 사건과 사고가 끊이지 않았던 시간이었다. 신생 재벌 율산그룹이 도산했고, 가발업체 YH무역의 여성 노동자들이 벌인 생존권 투쟁 'YH사건'에 이어 부마항쟁이 일어났다. 커피 이야기가 신문 지상이나 방송시간에 끼어들 여지가 없었다.

세상은 혼란했어도 국회의원들은 안일하고 한가했다. 유신정우회, 이른바 유정회라고 부르던 전국구 국회의원 모임은 1979년 10월 22일 간부 회의에서 그동안 유지해오던 '커피타임'을 존속할 것인지, 말 것인지를 놓고 설전을 벌였다. 공화당도 부러워하는 제도이니 유지하자는 쪽으로 결론이 났다.

이런 혼란은 김영삼 야당 대표의 국회의원 제명, 부산과 마산 지역 대학생들과 시민들의 평화적 시위와 경찰의 폭력적 진압으로 이어졌고, 결국 10월 26일 중앙정보부장 김재규의 현직 대통령 박정희 저격사건이 발생했다. 김재규의 선임 중앙정보부장이었던 김형욱이 프랑스에서 실종되었다는 뉴스가 전해진 지 20일째 되는 날이었다. 박정희 사망 이후 그를 회고하는 기사들이 넘쳐났는데, 그가 청와대를 방문한 손님들의 커피에 설탕을 직접 넣어주고 담배에 불을 붙여주었다는 미담은 빠지지 않았다.

하지만 1979년 한 해는 우리나라 커피 역사에서는 큰 변화나 뉴스가 없었던 매우 조용한 1년이었다. 제2차 오일 쇼크 여파로 원두 등 수입 원자재가격이 상승했고, 이에 대한 대책으로 물자절약운동이 거세게 벌어졌다. 국산 차를 마시자는 애국적 운동 속에 공직사회를 중심으로 커피 기피 풍조가 나타났다. 모든 다방은 다섯 종류 이상의 국산 차를 메뉴에 올리라는 정부의 지시와 단속이 이어졌고 국산 차가 매우 인기 있다는 언론의 친정부적 보도도 이어졌다.

커피값 인상을 둘러싼 논쟁이 한창이던 당시 인공커피 개발 소식이 전해졌다. 미국의 제너럴푸드, 스위스의 네슬레 등 세계적인 커피 제조업자들이 천연커피와 맛과 향이 비슷한 수준의 인공커피 제조에 성공했다는 기쁜 소식이었다. 7월 20일 〈동아일보〉가 전했지만 지금까지 실현되지 않고 있다.

1970년대 후반에 벌어졌던 흥미로운 사회 현상 중 하나는 영수증 주고받기 생활화운동이었다. 1977년 7월에 시작된 부가가치세 정착을 위해 정부 주도로 벌인 운동이었다. 모든 업소에 영수증 발행과 금전등록기 설치를 요구했고 소비자들에게는 영수증을 받을 것과 받은 영수증을 모아 보상금을 받을 것을 권장했다. 영수증 주고받기는 국세청의 역점사업이었다. 이 운동의 대상 업종 중 대표적인 것이 다방이었다. 다방에서 커피를 마시고 받은 영수증을 제출하면 보상금을 받을 수 있었다. 커피 한 잔을 마신 영수증을 세무서에 제시하면 1원 30전의 보상금을 받았다. 관습대로 세금을 덜 내기 위해 영수증 발급을 기피하던 다방들이 단속 대상이 되었다.

서울 중구 명동의 새마을부녀회가 1977년 7월부터 이 운동에 적극 참여하기 시작했다. 이 모임은 이후 25개월간 지역 다방의 고객들이 버리고 간 영수증을 모아 국세청으로부터 무려 8506만 550원의 보상금을 받았다. 이 돈으로 명동 일대 직업 청소년을 위한 복지회관을 건립했다. 이 훈훈한 소식은 "커피 한 잔의 영수증 모아 불우소년 복지회관 건립"이라는 제목으로 대대적으로 보도되었다.[9]

그해 9월 1일을 기해 전국 다방의 커피 한 잔 값이 130원에서 170원으로 인상되었다. 7월 4일 〈동아일보〉는 가십 코너 '횡설수설'에서 "세계 어느 곳에도 우리나라의 다방 같은 것은 없다. 갈 곳 없는 시민들의 휴식처로서, 소일 장소로서 우후죽순처럼 늘어나 한 집 건너 다방"이라는 현실을 소개하고 나서 그럼에도 불구하고 아쉽게도 커피의 진미를 차분하게 즐길 수 있는 다방이 없다는 사실을 개탄했다.

왜 다방이 줄어들기 시작했을까?

1979년 가을이 되면서 다방이 감소하는 기이한 현상이 나타났다. 그해 11월 25일 〈조선일보〉 보도에 따르면 광복 후 30여 년의 전성시대를 지나 이제는 다방 손님이 줄어들고 다방 폐업이 증가하는 사태가 벌어지기 시작했다. 서울 시내의 다방은 연초에 3640개였는데, 그중 700여 개가 경영난으로 문을 닫을 지경이라는 소식이었다. 이 신문은 다방의 인기가 저물기 시작한 원인을 몇 가지 지적했다.[10]

---

9 〈조선일보〉, 1979년 8월 17일.
10 물론 다방 감소는 일시적이었다. 이후에도 다방 수는 지속적으로 늘어났다.

첫째, 다방의 주종 판매 품목인 커피가 일반 가정에까지 광범위하게 보급되었다는 것 둘째, 커피와 경쟁하는 각종 인스턴트 음료가 등장하고 있다는 것 셋째, 거리마다 건물마다 커피 자동판매기가 설치되었다는 것 넷째, 인삼 찻집, 경양식집 등 유사 경쟁 업종이 늘어났다는 것 등이었다. 이런 원인 외에도 다방 여종업원들의 이탈을 지적하는 다방업자들의 목소리가 나왔다. 과거에는 예쁜 여성을 종업원으로 채용하여 손님을 유치할 수 있었지만 점차 증가하는 고급 유흥업소 때문에 이런 여성들을 구하기가 어려워진 점이 다방 위기의 또다른 원인이라는 주장이었다.

다방을 경영하던 사람 중에 '원두커피'로 차별화를 시도하는 움직임이 일기 시작한 것은 이즈음이었다. 가정이나 자동판매기에서 쉽게 즐길 수 있는 인스턴트커피와는 차별화된 맛으로 손님을 확보하겠다는 전략이었다. 합법적인 방법으로 커피값을 비싸게 받기 위해 원두커피를 메뉴에 올리는 다방도 생겼다. 모카커피, 비엔나커피, 산토스커피 등에 '특세커피'라는 이름을 붙여 200원 내지 300원을 받는 방식이었다. 인스턴트커피시대에 등장한 쓴 원두커피는 고물가정책에 대한 다방업자들의 대응이었다. 일부 다방에 원두커피를 만드는 커피메이커와 사이펀이 등장했고 쓴 커피를 마시는 커피마니아들이 나타났다.

인스턴트커피 중심의 커피 제1의 물결시대에서 커피 제2의 물결시대, 즉 고급 커피를 취급하는 커피전문점시대로 옮겨가는 징후가 이렇게 싹트고 있었다. 원두커피만을 취급하는 고급 카페도 등

난다랑의 홍보용 성냥들. 대학로에 문을 연 난다랑은 원두커피를 제공하는 프랜차이즈 형태의 신개념 카페였다.

장했다. 서울대학교가 관악산으로 떠난 대학로 연건동에 우리나라 최초의 원두커피 전문 프랜차이즈 카페 난다랑이 1979년에 문을 열었다. 뻥튀기 기계를 사용하여 생두를 볶았고 핸드드립으로 커피를 내렸다. 갈색 통유리 창문 안에서 마시는 1700원짜리 비엔나커피에 끌려 많은 젊은이가 모여들었다. 커피도, 세상도 변하고 있었다.

기레기가 퍼뜨린 커피유해론

1980년대 초 커피 문화

1980년 8월 27일 전두환은 '대통령의 산실' 장충체육관에 모인 통일주최국민회의 대의원 2000여 명의 지지로 대통령에 당선되고 9월 1일에 제11대 대통령에 취임했다. 투표장에는 휴게소가 마련되어 있었고 빵과 커피가 제공되었다. 전국에서 올라온 대의원들은 주최측에서 준비한 빵과 커피를 먹으며 단일후보 전두환에게 표를 던지는 축제와 같은 선거에 참여했다. 전두환의 취임 직후인 9월 6일 〈조선일보〉에 따르면 당시 우리나라의 커피 소비 실태는 다음과 같았다.

첫째, 직전 연도 기준으로 1년간 우리 국민 한 사람이 소비한 커피 원두는 약 130그램으로 1인당 20잔에서 25잔의 커피를 마셨다. 커피 소비가 가장 많은 스웨덴 등 북유럽 국가에서 국민 한 사람이 연간 2000잔 넘게 마시는 데 비해서는 미미한 수준이었다. 우리나라가 전 세계 커피 생산량의 0.1퍼센트를 소비하는 정도였다.

둘째, 커피 수요 증대에 따라 국내 커피 생산업체는 1970년에 동서식품이 출범한 이래 미주산업, 씨스코, 태양산업 등 4개사로 늘어났고 커피 제품도 다양화되었다. 이들 회사를 중심으로 생두를 수입했는데, 주로 브라질, 콜롬비아, 인도네시아, 예멘, 에티오피아산이었다. 인스턴트커피는 동서식품에서만 생산했고 나머지 3개사는 생두를 수입한 후 볶아서 원두를 판매하는 업체였다.

셋째, 우리나라에서 소비되는 커피는 원두커피가 60퍼센트, 인스턴트커피가 40퍼센트를 차지했다. 원두커피는 주로 호텔이나 다방에서, 인스턴트커피는 가정에서 많이 소비되었다. 우리나라에서도 탈카페인커피의 생산과 판매를 곧 시작할 예정이었다.

넷째, 우리나라의 커피가격은 미국이나 일본에 비해 비싼 편이었다. 250그램짜리 인스턴트커피의 소비자가격은 한국이 6940원, 일본이 4970원, 미국이 3565원이었다. 커피에 적용하는 세율 차이가 심한 것이 문제였다. 일본은 1.8퍼센트에 불과했으나 우리나라는 무려 49.4퍼센트에 달했다. 그것도 일본보다 거의 50퍼센트나 싼 저질 원두를 수입하기에 가능한 가격이었다.

비록 세계 수준에 비해 우리나라의 커피 소비량이 많은 편은 아니었지만 신군부는 커피를 과소비, 과분수의 상징으로 여겼다. 마침 1979년 이란의 이슬람혁명이 촉발한 제2차 오일 쇼크로 수입 원

1980년 당시 커피 문화를 소개한 9월 6일 〈조선일보〉 기사. 신문이 흑백시대를 마감하고 컬러시대에 접어들었다.

자재가격 상승과 외채 증가가 심각해졌고 그 여파로 생활 물가가 상승하여 시민의 삶을 위협했다. 긴악정책의 명분은 충분했다.

당시 언론은 우리 사회의 과분수, 즉 분수에 넘치는 생활 습관의 하나로 '커피타임'을 질타했다.[11] 당시 회사원들은 아침 출근

---

11 흥미로운 점은 당시 커피의 한글 표기였다. 1980년 한 해에 〈경향신문〉〈동아일보〉〈조선일보〉〈매일경제〉 등 4개 일간지에 실린 커피 관련 기사는 총 455건이었다. 그중 커피를 '커피'로 표기한 것은 단 20건이었고 나머지는 '코피'로 표기했다. '외래어표기법'이 문교부고시로 1986년에 공포되었고 그에 따라 신문 등에서의 커피 표기가 현행처럼 '커피'로 정착된 것은 1992년이었다.

도장을 찍기가 무섭게 동료 서너 명과 어울려 인근 다방을 찾는 경우가 있었다. 특별한 목적이 있어서가 아니라 입사 이래 '커피타임'이라는 잡담시간이 빼놓을 수 없는 일과의 하나처럼 되어버렸기 때문이라는 지적이었다. 400원짜리 짜장면을 먹고 난 후 200원짜리 커피 한 잔씩을 마시는 분위기도 문제삼았다. 실제 모습보다는 다분히 과장된 주장이었다.[12]

이 신문은 인도의 독립운동 지도자 마하트마 간디Mahatma Gandhi의 오래전 일화를 소개했다. 1947년 4월 영국 총독 루이스 마운트배튼Louis Mountbatten이 간디를 총독 관저로 초대했다. 고유 의상 '도티'를 입은 반나체의 모습으로 초라한 봇짐까지 들고 총독 관저에 나타난 간디를 보고 총독을 비롯한 영국 관리들은 놀라지 않을 수 없었다. 간디는 차려놓은 진수성찬을 마다하고 봇짐 속에서 염소젖과 레몬 수프를 꺼내 마시면서 다음과 같이 말했다.

> 나는 우리 음식을 먹겠습니다. 벌거벗은 듯 보이지만 이 '도티' 옷은 선조들이 지난 5000년 동안 입어온 것입니다. 독립을 목전에 둔 우리 인도인들에게 지금 필요한 것은 자기의 직분을 지키는 마음가짐입니다. '생각은 크게, 생활은 작게'라고 내 스스로 사람들에게 일러왔답니다.[13]

---

[12] "한국사회 그 비리와 폐해―잃어버린 자기분수", 〈동아일보〉, 1981년 8월 14일.
[13] 앞의 기사.

간디의 정신을 본받아 우리 국민 모두 자기 분수를 지키자는 캠페인이었다. 분수에 넘치지 않는 정의로운 사회를 구현하려면 국민이 변해야 한다는 주장이었다. 신군부가 벌인 사회정화운동, 의식개혁운동, 국민정신교육은 이런 주장을 반영한 선동정책이었다. 문제는 정치나 정세가 아니라 국민이라는 주장이 담긴 정책이었다. 총독 앞에서도 염소젖을 먹던 간디의 '수분의 지혜', 즉 분수를 지키는 지혜를 재음미할 때라고 외치는 언론인들에게 본분을 지키지 않고 정치 권력을 찬탈한 군인들의 과분수過分數는 보이지 않았다.

기레기와 국뽕이 살린 국산 차

우리나라 언론의 역사에서 가장 어두운 장면을 꼽으면 단연 1980년 11월 초헌법기구 국가보위비상대책위원회가 주도한 언론통폐합이다. 정의사회 구현을 위한 언론사 구조 개선이라는 명분 아래 신문사, 방송사, 통신사를 강제로 폐지하고 통합했다. 전두환 정권에 비판적인 언론인과 언론사를 퇴출하고 살아남은 언론을 길들이기 위한 강압정책이었다. 우리나라 기자 문화를 타락시킨 출발점이었으며 모욕적 표현 '기레기'가 등장한 시발점이었다. 기레기들은 기사를 스스로 쓰지 않고 누군가 불러주는 대로 받아쓰면서도 부끄러움을 몰랐다.

언론 통폐합 이듬해의 신문 기사를 보면 제목과 내용이 천편일률적이다. 민감성이 큰 정치나 사회 분야 기사는 받아쓰기식 기사의 절정을 보여주었고 커피 관련 기사도 예외는 아니었다. 언론 통폐합 직후인 1981년 신문에 보도된 커피 관련 기사는 신문사의 독자성이나 기자의 취재 흔적을 찾아볼 수 없을 정도로 획일적이었다. 열심히 받아서 썼다. 국가에 대한 무조건적 찬양을 의미하는 이른바 '국뽕' 정신에 투철한 보도 행태를 보였다. 대표적인 것이 1980년대 내내 반복되었던 커피 소비 자제와 국산 차 권장에 대한 기사였다.

우리 농민이 피땀 흘려 생산한 국산 차를 적극적으로 마셔달라는 농부의 호소문이 신문에 잇따라 실렸고 농민단체의 호소도 이어졌지만 국산 차 소비가 커피를 능가하지는 못했다. 1981년 9월 서울이 하계올림픽 개최지로 결정된 것은 국산 차 보급정책의 큰 계기가 되었다. 올림픽이라는 큰 국제 행사를 통해 우리 고유의 차 문화를 세계인들에게 홍보하자는 정치권의 주문에 언론이 호응했다.

서울시는 1982년 12월부터 모든 다방에서 아홉 종류 이상의 국산 차를 의무적으로 취급할 것과 찻값을 커피와 동일하게 300원 선으로 내려받도록 했다. 올림픽을 앞두고 한국 고유의 우수한 차를 보급하고 커피 수입에 따른 외화 낭비를 막자는 취지였다. 정부 각 부처 국장급 이상의 사무실에서 근무하는 여직원 500명을 대상으로 전통 다도 실습교육 제1기 과정이 1982년 11월 15일부터 중앙청 후생관에서 실시되었다. 모든 언론에 대서특필되었다. 문교부도 나섰다. 초중고교에서 전통 다도교육을 실시하기로 하고 실천 계획을 각 시도교육위원회에 내려보냈다.

정부와 언론이 주도한 이런 노력의 결과 1983년으로 접어들면서 국산 차 소비가 급격히 증가했다. 1982년 한 해 서울 시내 다방의 차 판매량 중 국산 차 비율이 2.6퍼센트였던 것이 1983년에는 33.4퍼센트로 증가했다. '판매량에서 국산 차가 차지하는 비율'이 13배 증가한 것이다. 가장 많이 팔린 국산 차는 율무차로 전체 차 판매량의 12.5퍼센트를 차지했고 생강차부터 들깨차, 쌍화차, 인삼차, 홍차, 칡차, 두향차, 구기자차가 그 뒤를 이었다. 국산 차의 약진으로 커피 판매가 차지하는 비중은 97.5퍼센트에서 66.6퍼센트로 줄어들었다. 큰 감소였다. 시민들이 기호성 차보다는 건강에 좋다는 차를 찾는 경향이 늘어나고 있기 때문이라는 것이 서울시 관계자의 해석이었다.

당시 국산 차 유행에는 국산품을 애용하자는 공공캠페인의 영향도 컸다. 매우 흥미로운 국산품 애용 캠페인이 경향신문사 광고국 주관으로 벌어졌다. 1984년 11월 8일 〈경향신문〉은 전면 광고를 통해 "외제 물건 없는 가정을 찾습니다"라는 캠페인을 벌였다. 서울 강남구에 있는 모 초등학교 5학년 담임교사가 쓴 교단 일기를 활용한 캠페인이었다. "'집에 있는 외제 물건 적어오기'—만일 당신의 자녀가 이런 숙제를 받았다면 얼마나 많은 것을 적어내겠습니까? '우리집은 외제 없어요'라고 떳떳하게 적어낼 수 있는 가정을 만들고 싶지 않으십니까?"로 시작하는 이 캠페인을 후원한 기업은 한국도자기였다.

1983년에 이어 1984년에도 국산 차 수요는 지속적으로 증가했다. 다방에서의 국산 차 판매 비율이 점차 늘어나 40퍼센트에 이르렀고 매출액은 15퍼센트 정도 증가했다. 사회 전반에 퍼진 국뽕

정서와 건강에 대한 관심 증가가 배경이었고 정부의 정책을 열심히 받아 적은 기레기들의 공도 적지 않았다.

국뽕 정서는 국산 차 보급에만 그치지 않았다. 냉동건조공법으로 생산하는 국산 인스턴트커피에 대한 호평도 쏟아졌다. 3월 7일자 모든 일간지에 같은 내용의 기사가 실렸다. 1980년 12월부터 시판을 시작한 국산 인스턴트커피 '맥심'이 소비자들로부터 호평을 받고 있어 외제 커피를 일축할 수 있으리라는 기대가 대단하다는 것, 국내 최초, 그리고 아시아에서는 일본에 이어 두번째로 냉동건조공법으로 만든 커피 맥심은 가격도, 품질도 외제에 손색이 없다는 것, 따라서 외제 커피 뒷거래의 폐단을 막을 수 있다는 애국적 내용이었다.

1983년 한 해가 저무는 12월 29일 정부는 71개 품목을 생산하는 136개의 독과점업체를 지정했다. 커피를 생산하는 동서식품과 미주산업도 포함되었다. 그해부터 동서식품은 대종상 남우주연상을 받은 안성기를 광고 모델로 내세웠는데, 이는 안성기의 CF모델 첫선이었다. 미주산업은 프랑스에 체류중이던 유명 배우 윤정희를 초청하여 CF를 찍었다. 커피에 대한 사회적 거부감을 광고로 넘어서려는 안간힘이었다.

과장된 커피유해론

1980년대에 언론에서 열심히 받아쓴 커피 관련 기사 중 대표적인 것이 커피유해론이었다. 커피 소비를 억제하고자 하는 정부의 의도를 제대로 반영한 보도였다.

동서식품 맥스웰하우스 아이스커피 광고. 1982년과 1983년 대종상 남우주연상을 연이어 받은 배우 안성기가 1984년부터 동서식품 커피 광고에 등장했다.

    1981년 3월 12일부터 커피가 췌장암의 원인이라는 뉴스가 모든 언론에 등장했다. 미국 하버드대학교 공중보건전문의 다섯 명이 〈뉴잉글랜드 저널 오브 메디신The New England Journal of Medicine〉에 발표한 연구보고서를 인용하여 "췌장암과 커피 소비에 강력한 관계가 있음이 명백"하며 매일 마시는 커피 양에 따라 암의 위험도 증대된다는 소식이었다. 췌장암은 미국에서 네번째로 가장 많은 악성 질환으로 한 해 약 2만 명의 미국인이 이 병으로 사망한다는 내용도 보도했다. 커피를 마시지 않는 모르몬교도와 제7안식일 교인들에게서는 췌장암을 거의 발견할 수 없다는 결과가 커피와 췌장암의 관계를 반증하는 자료로 제시되었다.

    커피가 췌장암의 원인일 수 있다는 주장을 둘러싼 논쟁은 이후에도 여러 차례 후속 보도로 이어졌다. 미국에서는 커피와 췌장암의 관계에 대한 논쟁이 뜨겁게 벌어지고 있다는 점을 부각했다. 사실 미국에서의 보도는 커피가 췌장암의 원인이라는 연구 결과에 대한 비판이 핵심이었다. 미국암학회와 미국커피협회가 이 연구 결과의 신뢰성에 대해 문제를 제기했다는 것이 중심이었다. 하지만 우리나라에서의 보도는 논쟁이 뜨겁다는 것만 강조할 뿐이었다. 이 연구를 주도한 브라이언 맥마흔Brian McMahon 교수가 하루 서너 잔씩 마시던 커피를 끊었다는 내용이 모든 언론에 빠짐없이 등장했다. 자고 나면 들리는 커피와 췌장암과의 관련성 논쟁을 접한 많은 사람이 커피 마시는 데 경계심을 갖게 되는 것은 당연했다. 커피 소비 억제와 국산차 애용 운동을 벌이던 정부의 의도에 부응하는 보도였다.

커피 드립용 여과지 사용 금지 소식도 전해져 커피 소비자들을 놀라게 했다. 보건사회부는 1981년 10월 13일 가정과 다방에서 사용하는 커피 여과지에서 발암물질인 포름알데히드가 검출되었다고 밝히고 이의 사용을 전면 금지하도록 지시했다. 고려대학교 김강진 교수팀이 국산품 4점과 수입품 4점 등 8점의 여과지를 수거하여 국립보건연구원에 감정을 의뢰한 결과 커피 한 잔에서 100마이크로그램의 포름알데히드가 검출되었다는 소식이 모든 신문에 동일한 내용으로 보도되었다. 이 지시를 받은 전국의 모든 시와 도에서는 수입품이든 국산품이든 모든 커피 여과지 사용을 일제히 금지했다.

드립식으로 추출한 원두커피를 제공하던 업소들에게는 마른 하늘에 날벼락이나 다름없는 소식이었다. 종이 여과지의 원조인 독일의 멜리타 여과지를 수입, 시판하던 미주산업에서 항의하고 나섰

 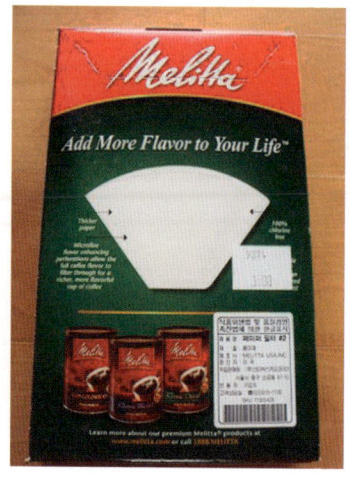

독일 멜리타에서 생산, 판매하는 여과지. 커피 여과지에서 포름알데히드 등 발암물질이 검출되었다는 소식이 일제히 보도되었다. 여과지의 대명사 멜리타 수입업체의 저항이 거셌다.

다. 일본 식품위생협회와 연세대학교 환경공해연구소 실험 결과 멜리타 제품에서는 포름알데히드 등 발암물질이 전혀 검출되지 않았음에도 불구하고 일제히 판매를 금지하여 판매에 영향을 받고 있다는 주장이었다. 12월 5일 보건사회부는 국립보건원의 검사 결과 안정성이 입증된 미주산업과 한국특수제지에서 수입, 판매하는 여과지에 한해 사용을 허용한다고 발표했다. 커피와 함께 발암물질 포름알데히드가 유명해졌다.

　　무책임한 커피 부작용 보도는 계속 이어졌다. 과학적 검증은커녕 연구 결과를 사실대로 보도하지도 않는 것이 다반사였다. "커피 하루 넉 잔씩 마시면 조산"이라는 기사[14]를 보고 커피를 마실 임산부는 없었다. 미국 하버드대학교 연구팀의 연구 결과를 인용한 보도였다. 하지만 실상은 기사 제목과 달랐다. 임산부의 조산 경향은 커피 때문이 아니라 커피를 많이 마시는 사람의 과도한 흡연 때문이라는 것이 연구 결과의 핵심이었다. 임산부나 그 가족이 커피를 멀리하도록 기사 제목을 창작한 것이다.

"임신부 카페인 위험, 불구아 출산 가능성 높아"[15] "카페인 대량 섭취 불구아 낳을 수도"[16]라는 제목도 마찬가지였다. 보스턴의 과대학 의사들이 쥐를 대상으로 한 실험 결과를 보도하는 기사였다. 쥐에게 하루 커피 24잔 이상에 들어 있는 양의 카페인을 먹일 경우 기형을 유발할 가능성이 있다는 것, 그러나 이런 동물 실험 결과를 사람에게도 적용할 수 있는지는 불확실하다는 것이 핵심 내용이었다. 역시 제목만 본다면 임산부에게 커피는 매우 위험한 음료로 보여 기피하게 만들 수 있는 보도였다.

문제는 여론이었다. 받아쓰기식 보도는 받아쓰기 문장을 읽어주는 사람들의 의도에 맞는 여론을 만들어내기 시작했다. 국산 커피에 대한 호평 기사와 드립용 여과지의 포름알데히드 검출 뉴스가 대비되면서 국산 인스턴트커피 판매가 약진했다. 커피가 췌장암의 원인이라는 보도는 커피에 대한 일시적인 기피와 국산 차의 일시적

---

14 〈조선일보〉, 1982년 1월 29일.
15 〈동아일보〉, 1982년 3월 15일.
16 〈경향신문〉, 1982년 3월 15일.

인 유행을 가져왔다. 정부 주도로 시작된 국산 차 애용운동에 긍정적으로 작용했다.

디카페인커피 등장

대부분의 나라에서 일정한 단계의 경제 성장 후에 나타나는 건강염려증이 우리 사회에 나타나기 시작한 것도 이즈음이었다. 소득 증대에 따른 각종 육류 섭취 증가, 이로 인한 각종 성인병에 대한 우려가 분출하기 시작한 것이다. 비교적 익숙한 질병인 고혈압과 당뇨병, 뇌졸중, 낯선 질병으로 등장한 고지질혈증과 골다공증 등이 연일 시민들의 불안을 가중하고 있었다.

이런 시대적 흐름을 반영하여 탈카페인커피, 요즘 표현으로 디카페인커피가 관심 대상으로 떠올랐다. 1984년 10월 31일 〈조선일보〉의 기사 "탈카페인코피…… 제맛내기 경쟁"이 이를 말해준다. 이 기사에 따르면 당시 미국에서는 '97퍼센트 카페인을 제거한 커피' '커피를 좋아하지만 카페인은 좋아하지 않는 사람들을 위한 커피'로 불리는 탈카페인커피의 시장 점유율이 점차 증가하여 1984년에는 31퍼센트에 이르렀다. 반면 우리나라에서는 탈카페인커피가 큰 관심을 끌지 못했다. 1982년에 동서식품이 미국의 제너럴푸드에서 수입한 원두로 만든 '상카'를 출시하고 판매했지만 소비자들의 반응은 냉담했다. 가격도, 맛도 문제였다. 가격은 일반 커피에 비해 30퍼센트 정도 비쌌고 맛은 밍밍했다. 결국 '상카'의 시장 점유율은 0.1퍼센트에도 못 미칠 정도로 미미했다.

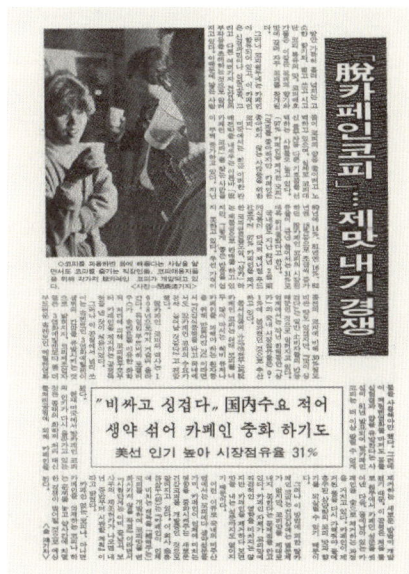

탈카페인커피 경쟁을 보도한 기사

동서식품이 1982년에 출시한 탈카페인커피 '상카' 광고. 커피유해론 소식이 많아지자 탈카페인커피가 등장했지만 소비자들의 반응은 냉담했다.

그때나 지금이나 원두에서 카페인을 제거하는 방식은 크게 세 가지다. 첫째, 용매제를 넣어 카페인을 제거하는 방식이다. 1908년에 독일인 루트비히 로젤리우스Ludwig Roselius가 벤젠을 사용하여 특허를 받은 것이 시초였다. 벤젠의 유해성이 알려진 이후 메틸 아세테이트나 메틸렌 클로라이드 등이 사용되고 있으나 역시 유해성 논란은 해소되지 않고 있다. 둘째, 이산화탄소로 카페인을 녹이는 방식이다. 이는 시설비용이 많이 든다는 단점이 있어 시장에서 환영하지 않는 편이다. 셋째, 캐나다의 스위스워터에서 개발한 방식이다. 뜨거운 물에 생두를 넣고 생두에 포함된 수용성 물질을 1차로 뽑아낸다. 이렇게 뽑아낸 물질에 함유된 카페인을 활성탄 필터로 걸러내는 방식이다. 활성탄은 우리가 아는 숯이다. 건강에는 좋지만 카페인 외에 커피의 맛과 향을 내는 다양한 성분이 함께 제거되는 것이 단점이다.

당시 국내 업체 미주산업은 커피에 생약 성분을 가미하여 카페인이 인체에 미치는 영향을 중화하는 '새로운 건강 커피', 상가의 경쟁 제품을 개발중이었다. 언론에서는 "'카페인이 인체에 미치는 해독을 보해주는' 커피를 개발하여 커피 맛을 변화시키지 않을 작정"이라는 소식과 "시험 단계는 이미 끝났고 보사부의 제조 허가가 나오면 내년 중반부터 시판할 계획"이라는 소식을 전했다. 미주산업이 '쌍떼'라는 이름의 탈카페인커피 시판을 시작한 시점은 이로부터 3년이 지난 1988년 1월이었다. '재계 단신'으로 시판 소식은 전해졌으나 신문 광고조차 없었다. 여전히 탈카페인커피에 대한 소비자들의 관심은 크지 않았다.

미국의 커피시대 종식?

커피 소비를 억제하기 위해 미국까지 동원되었다. 커피를 마시지 않는 미국인이 증가하고 있다는 보도였다. 매일 커피를 마시는 미국인이 20년 전보다 18퍼센트 정도 하락했다는 보도가 대표적이었다.[17] 1962년에 매일 커피를 마시는 미국인이 74.7퍼센트였으나 1981년에는 56.4퍼센트로 떨어졌다는 미국의 주간지 〈뉴요커 The New Yorker〉[18]의 보도를 인용했다. 1인당 커피 마시는 양도 4.17잔에서 3.41잔으로 줄었다는 소식이었다. 제목만 보면 미국인들이 건강을 우려하여 커피를 기피하기 시작한 것으로 보였다.

당시 미국의 커피 소비 축소는 몇 가지 원인이 작용하여 생긴 일시적 현상이었다. 1975년과 1976년 브라질의 커피 흉작으로 인한 커피가격 급등, 당시 급증한 미국 남부 지역으로의 인구 이동에 따른 차가운 청량음료 소비 증가, 커피가 췌장암의 발병을 높일 수 있다는 주장을 둘러싼 논쟁 등이 복합적으로 미친 영향이었다. 제목만 보면 미국인들조차 소비를 줄이고 있는 커피를 마시는 것은 우리가 문명사회의 흐름에 역행하는 것으로 보였다. 〈경향신문〉은 같은 내용을 보도하면서 "커피의 시대가 점차 끝나가고 있음은 틀림없는 사실이

---

[17] 〈조선일보〉, 1982년 9월 26일.
[18] 신문에서는 '뉴욕'으로 잘못 표기했다.

다"라고 단정했다. 명백한 가짜 뉴스였다.

"미국에 번지는 커피 안 먹기"는 1982년 12월 4일 〈조선일보〉의 사회면 머리기사로 등장했다. 부제는 "신경질—가슴앓이의 원인"이었다. 이 신문은 카페인중독에 따른 신체 변화로 불면, 두통, 전율, 신경질, 불안, 우울, 호흡 이상, 설사, 위경련, 근육 이상, 가슴앓이, 잦은 소변 등을 상세히 소개한 후 카페인중독을 피하기 위한 여러 대책을 소개했다. 탈카페인커피도 대책의 하나로 권장했다.[19]

---

[19] 요즘 표준 용어인 디카페인커피가 당시에는 탈카페인커피, 비카페인커피 등으로 쓰였다.

설 자리 잃은 다방의 변질

설 자리를 잃은 다방

야간에 시민들의 자유로운 통행을 금지하는 것, 이른바 야간통행금지는 인류 역사에서 꽤 일찍 시작되었다. 서양에서는 11세기에 잉글랜드의 정복왕 윌리엄이 처음 실시한 것으로 알려져 있다. 런던 대화재를 경험한 윌리엄은 야간 중 일정 시간에 조명, 난방, 조리 등 어떤 목적으로도 불 피우는 것과 외출을 금지했다. 야간통행금지를 의미하는 단어 'curfew'가 프랑스어로 'couvre-feu', 즉 '불을 덮다'에서 유래한 것은 이런 역사를 반영한다.

대부분의 야간통행금지는 일정한 시간, 일정한 지역, 일정한 연령대를 지정하여 실시하는 것이 보통이다. 모든 사람을 대상으로 거의 모든 지역에서 야간통행을 금지하는 사례는 많지 않다. 그런데 우리나라는 광복 직후 미군정 시작과 함께 발령된 야간통행금지 조치가 6·25전쟁 이후에도 지속되었다. 1954년 4월 1일 '경범죄처벌법'을 제정하여 야간통행을 전면 금지했다. 1957년부터 대통령 이승만 생일인 3월 26일에는 야간통행금지가 해제되었고 5·16군사정변 1주년 기념으로 1962년 5월에는 2주간 해제되는 등 일시적인 해제 조치는 있었지만 37년간 자정부터 새벽 4시까지는 시민의 시간이 아니었다. 11시가 넘으면 대부분의 업소는 문을 닫았고 시민은 귀가를 위해 택시 합승 전쟁을 해야 했다.

  37년간 지속되던 야간통행금지 조치가 해제된 시점은 1982년 1월 5일이었다. 때를 맞추어 택시 합승도 전면 금지되었다. 불법적으로 정권을 찬탈한 전두환 신군부가 베푼 시혜 조치였다. 이 조치는 시민들의 일상생활에 큰 변화를 가져왔고 커피 소비에도 적지 않은 영향을 미쳤다.

  〈경향신문〉의 "강남 새 풍속도, 사양길 다방"이라는 제목의 기사가 이를 잘 보여준다.[20] 야간통행금지 해제로 유흥업소가 급성장하기 시작했다. 특히 소비 문화의 중심지로 새로 등장한 강남 지역에서 다방의 인기는 시들해졌다. 1982년 10월 말 당시 강남 일대의 다방은 모두 299개로 1982년에 새로 문을 연 다방이 51개, 폐업한 곳이 18개였다. 1980년 말의 211개에 비해 2년 동안 겨우 88개 증가한 셈이다. 2년 사이에 다방은 40퍼센트 증가한 반면, 다른 유흥업소

---

[20] 〈경향신문〉, 1982년 11월 16일.

는 2.5배 증가했다. 1982년 10월 말 기준으로 서울 전역의 다방 수 5857개의 5퍼센트만이 강남 지역에 있는 셈이었다. 강남 지역을 시작으로 술을 파는 야간업소들이 다방을 밀어내고 있었다.

다방이 한 세대 이상 담당했던 사람 만나는 장소 기능 또한 잃기 시작했다. 명예나 돈이 있다고 생각하는 사람들은 보통 혼탁한 다방보다는 호텔 커피숍을 이용했다. 뉴스를 통해 보도되는 유명 정치인들의 만남은 늘 호텔 커피숍에서 이루어졌다. 그런데 당시 호텔 커피숍을 만남의 장소로 이용하며 세상을 떠들썩하게 했던 새로운 직종이 등장했다. 바로 '마담뚜'였다. '지하 중매업자'를 표현하는 말이었다. 1976년 박완서가 〈동아일보〉에 연재했던 장편소설 『휘청거리는 오후』에 처음 쓰였는데, 이후 언론에서 자주 인용하면서 일상적인 용어가 되었다.

당시 서울 시내에 소문난 마담뚜가 200여 명 있었는데, 이들 중에는 남자 중매쟁이인 '미스터뚜'도 여럿 있었다. 보통 보스 밑에 10명에서 30명의 일꾼을 둔 점조직 형태로 운영되었다. 경찰 조사에 따르면 1983년 당시 활동하던 마담뚜 파벌로는 '민여사파' '불광동 아줌마파' '심사장파' '오여사파' '서여사파' '유씨할아버지파' '김여사파' 등이 유명했다. 이들이 중매 대상 남녀로 수첩에 적어놓은 사람은 미혼 남성의 경우 판사나 검사, 고시 합격자, 재벌집 아들, 의사, 교수, 5급 이상 공무원 등이었고 여성은 대기업주의 딸, 명문대 출신인 미모의 여성, 여교수, 의사, 약사 등이었다. 커피숍이 이들의 무대였다.

당시 이색 소송이 하나 제기되었다. 다방을 경영하는 최모씨는 커피 자동판매기사업체 대표 문모씨를 상대로 손해배상 청구 소송을 냈다. 문씨가 운영하는 커피 자동판매기 때문에 같은 건물에서 자신이 운영하는 다방에 영업 손실이 발생했으므로 이를 배상하라는 소송이었다. 이에 대해 법원은 최씨의 청구를 '근거가 없다'고 기각했다. 재판부의 기각 이유는 다방사업과 커피 자동판매기사업을 경쟁업종으로 볼 수 없다는 것이었다.[21]

1980년대 중반에 퍼지기 시작한 가라오케 문화나 노래방 문화는 다방의 입지를 더욱 좁혔다. 식사 모임 후 가는 장소로 다방보다는 노래방이 선호되었다. 새로 등장한 아파트의 신식 주방시설 덕분에 집에서 손쉽게 커피를 끓여 마실 수 있게 된 것도 다방 증가 둔화의 한 요인이었다. 다방은 설 자리를 급속도로 잃어가고 있었다. 커피 암흑기 후반기에 닥친 다방의 침체였다.

물론 시대의 흐름과 무관하게 먹고살기 위해 다방을 새로 시작하는 사람도 있었다. 동백림사건으로 몸과 마음을 다쳤던 시인 천상병은 1985년 아내와 함께 인사동에 찻집 '귀천'을 열었다. 커피가 아니라 쌍화차와 대추차가 중심이었다. "나 하늘로 돌아가리라. 아름다운 이 세상 소풍 끝내는 날, 가서 아름다웠더라고 말하리라……"(천상병의 「귀천」 중에서) 그는 차향과 커피향 가득한 이곳에서 인생의 마지막 소풍을 즐겼다.

---

21 〈조선일보〉, 1983년 7월 17일.

비디오시대의 다방, 노빤다방

'귀천'의 현재 모습. 1985년 시인 천상병 부부가 찻집 '귀천'을 열었다. 다방의 인기가 시들해지기 시작할 무렵이었다. 시인 천상병 부부가 세상을 떠난 후 부인의 조카가 운영하고 있다.

1983년 여름과 가을은 국민의 시선이 모두 TV로 향했다. 그해 6월 30일에 첫 전파를 탄 KBS 1TV 〈이산가족을 찾습니다〉라는 특집 방송이었다. 11월 14일까지 방송되었던 이 프로그램은 1000만 이산가족뿐 아니라 국민 모두에게 분단의 슬픔을 경험하게 했고 잊고 지내던 통일의 필요성을 일깨웠다. 땡전 뉴스의 지루함에서 벗어나 국민 모두가 언론의 긍정적 역할을 잠시 체험하는 시간이었다.

그러나 남북 화해와 통일의 필요성을 절감하던 시간은 길지 않았다. 그해 9월 1일 뉴욕에서 서울로 오던 대한항공 007기가 소련 영공에서 미사일 공격을 받고 폭파되어 탑승객 269명 전원이 사망하는 사건이 일어났다. 이어서 10월 9일에는 동남아시아 순방에 나선 전두환 일행이 첫 방문지 버마(미얀마)의 독립운동가 아웅산의 묘소를 참배하는 도중 폭탄 테러를 당했다. 부총리 등 수행원 17명이 사망하는 참사였다. 남북 화해의 목소리는 사라지고 공산주의에 대한 경계심은 높아졌다.

국내 언론이 이런 사건과 사고 소식에 매몰되어 있을 때 서구인들은 21세기를 이야기하기 시작했다. 1980년대의 시작과 함께 많은 지성인이 21세기에 인류가 경험할 새로운 문명을 예측하는 데 몰두했다. 이런 흐름을 상징하는 단어가 '제3의 물결'이었다. 미래학자 엘빈 토플러Alvin Toffler가 1980년에 발간한 저서의 제목이기도 한 '제3의 물결'이라는 용어는 막연하지만 '정보기술이 지배하는 새로운 시대'를 의미하면서 모두의 주목을 끌었다.

세계인들이 '제3의 물결'을 둘러싼 논쟁을 벌이던 1983년 우리나라는 '제3의 영상시대'가 주는 단맛과 쓴맛을 경험했다. 즉 영상산업이 제1의 시대 영화, 제2의 시대 TV를 거쳐 제3의 시대 '비디오 시대'를 맞고 있었다. TV나 영화가 지닌 획일성이나 시간적·공간적 제한에서 벗어나 다양한 영상을 자유롭게 즐길 수 있는 것이 비디오였다.

문제는 비디오의 오용이었다. 가장 대표적인 것이 비디오와 다방 문화의 결합이었다. 1983년 신문의 사회면과 TV 뉴스의 후반부를 가장 많이 장식한 뉴스는 심야시간을 이용하여 음란 비디오를 틀어주다 적발된 심야다방 단속 뉴스였다. 다방은 커피 마시는 장소, 사람 만나는 장소로서의 이미지를 버리고 퇴폐와 탈선의 길로 들어서고 있었고 음란 비디오는 그런 필요성을 충족시키는 적절한 도구로 활용되었다. 심야시간을 이용한 비디오 상영으로 부정적인 수입을 올리는 다방이 증가하는 배경이었다.

퇴폐화는 위기를 극복하기 위한 다방의 선택이었다. 많은 다

영화 〈티켓〉의 포스터. 김지미가 제작하고 임권택이 감독했다.

방은 커피 대신 서비스를 팔았다. 이른바 티켓다방도 이런 시대적 흐름을 반영한 현상이었다. 1986년 영화배우 김지미가 영화사 지미필름을 설립하고 첫 작품으로 임권택 감독의 〈티켓〉을 제작했다. 포스터 문구처럼 "항구의 다섯 여자, 그 점액질보다 끈끈한 사랑과 생존 기록!!"을 다룬 본격 리얼리즘 시네마였다. 이 영화는 8월 23일 개봉되자마자 뜨거운 논란거리가 되었다. 서울시다방동업조합은 이 영화가 다방 여종업원들의 명예를 훼손할 우려가 있다는 점을 들어 상영 중단을 요구했다. 다방 마담 김지미가 애인을 버린 종업원의 남자 친구를 발로 짓밟아 바닷속에 처박는 장면이 나오면 여성 관객들은 기립 박수를 보내 공감을 표현했다.

언론에서 전하는 선정적인 뉴스도 다방 퇴폐화를 부추겼다. 대표적인 것이 일본에서 유행한다는 이른바 '노빤다방' 소식이었다. 노빤다방은 노팬티다방의 일본식 표현이었다. 도쿄에서는 여종업원들이 팬티를 입지 않은 미니스커트 차림으로 남자 손님을 유혹하는 이른바 노빤다방이 성행함으로써 일본 경찰이 단속에 나서고 있다는 소식을 모든 언론이 크게 보도했다. 보도 내용은 동일했고 동일한 수준으로 외설적이었다. 여종업원들은 다방 앞에 서 있다가 남자들이 지나가면 살짝 치마를 들어올려 '아찔한 구경'을 시켜주고 다방으로 유혹하여 들어갔는데, 커피 한 잔 값이 무려 1500엔이었다. 긴자거리 등 도쿄에만 당시 경찰 추산으로 노빤다방은 173개나 되었다고 한다. 당시 언론을 위축시키려던 전두환 정권이 확장하려 했던 것 중 하나가 외설 문화였다. 이런 종류의 자극적인 외신 보도는 적극 권장되는 분위기였고 언론들은 이에 부응했다. 이웃 나라의 퇴폐적 다방 이야기가 모든 언론이 앞다투어 보도해야 할 소식이었는지.

　　서울시는 공무원들을 앞세워 퇴폐 풍조에 대응했고 심야다방은 가장 만만한 단속 대상이었다.

> 서울시는 6일부터 전국에서 처음으로 전 공무원의 퇴폐 및 위생업소 감시 요원제를 실시, 시 산하 전 공무원이 한 달에 적어도 한 건 이상씩 위반업소 적발 보고서를 의무적으로 내도록 했다.[22]

　　서울시는 이 정책을 실시한 이후 의무 보고 실적이 나쁜 직원이나 부서의 장은 위반업소 정화 의지가 없는 것으로 판단하고 문책하기로 했다. 단속 적용 대상 업소 1순위는 음란 비디오 상영 다방이

---

[22] 〈동아일보〉, 1985년 11월 6일.

었고 2순위는 퇴폐이발소였다. 이어서 쇠고기 고시가격 위반 정육점, 쇠고기 정량 표시제 불이행 음식점 등이 대상이었다. 서울시는 이미 담당 공무원을 통한 단속에서 시내 6199개 이발소 중 2157개를 퇴폐업소로 적발한 상태였다. 이발소의 35퍼센트가 여자 면도사를 두고 퇴폐를 강요하던 시절이었다. 단속으로 사라질 퇴폐가 아니었다.

  9시를 알리는 소리와 함께 모든 뉴스는 "전두환 대통령께서는……"으로 시작하던 땡전 뉴스의 시대가 열렸고 커피에 관한 대부분의 기사는 누군가 불러주는 글을 받아쓰기 시작하면서 점차 획일화, 저급화되었다. 커피에 관한 신문 기사 수준이 당시 유행하던 인스턴트커피 수준보다 높지 않았다.

  커피의 수준이 떨어지고 다방의 질도 떨어졌다. 커피를 좋아하는 사람들은 커피메이커로 내린 원두커피, 드리퍼나 사이펀으로 추출한 고급 커피를 제공하는 레스토랑이나 경양식집을 찾기 시작했다. 이즈음 가정용 원두커피 조리 도구가 급격하게 증가하기 시작했다. 원두를 사다 갈아서 끓여 커피 고유의 풍미를 즐기는 사람들이 늘어나고 있었다.[23] 공항으로 입국하는 사람 중 커피메이커를 들고 있으면 미국에서 오는 사람이었고 코끼리 그림이 그려진 전기밥솥을 들고 있으면 일본에서 오는 사람이었다. 다방은 더이상 제대로 된 커피를 즐기는 사람이 찾는 장소가 아니었다.

---

23 〈동아일보〉, 1983년 10월 22일.

유니섹스시대의 다방

여성운동의 역사에 자주 등장하는 매우 흥미로운 단어가 하나 있다. 프랑스어 '가르손garçonne'이다. 1920년대 광란의 시대에 프랑스 젊은 세대 사이에서 널리 유행했던 '가르손'은 소년을 의미하는 '가르송'에 여성 명사에 붙이는 접미사 '온onne'을 붙여서 만든 신조어였다. 1922년 빅토르 마르그리트Victor Margueritte가 소설『라 가르손La Garçonne』을 출간한 것이 계기였다. 이 소설은 전통적인 여성의 역할을 거부하고 보다 독립적이며 자유로운 라이프스타일을 선호하고 종종 남성스러운 특성을 드러내는 과감한 여성 주인공 이야기였다. 가르손들은 짧은 단발머리, 가슴이 납작한 실루엣, 헐렁한 드레스, 바지, 슈트와 같은 중성적인 스타일로 자신들의 저항을 드러냈다. 오래도록 지켜오고 강요되어온 남성 중심의 젠더 규범에 대한 강한 도전이었다.

이런 파격적 도전은 오래 지속되지 못했다. 1929년에 시작된 경제 대공황, 파시즘, 제2차세계대전은 전통적 가치를 옹호하는 보수적 물결을 일으켰다. 여성들은 다시 모성에 충실한 가사 담당자의 자리로 돌아갔다. 1930년대 할리우드 영화의 번창으로 글래머러스한 여성, 우아한 여성, 신비한 여성이 대세가 된 것도 가르손 문화의 퇴조를 가져오는 데 기여했다.

물론 1920년대에 번성했던 가르손 문화가 완전히 사라진 것은 아니었다. 1950년대까지 여성의 심성과 사회 저변에 잠재해 있던 '가르손' 문화는 1960년대와 1970년대의 세계적인 여성해방운동과 양성평등운동으로 이어졌다. 일터에서의 남녀 간 불평등 해소는 대표적인 이슈였다. 여성의 고유한 권리를 쟁취하기 위한 다양한 운동이 벌어졌고 이를 가능하게 한 것은 세계적으로 번지고 있던 민권운동이었다. 여성운동의 역사에서 1920년대 '가르손'으로 상징되는 제1의 물결을 이어받은 제2의 물결이었다.

여성운동 제2의 물결이 우리나라에 등장한 시기는 1980년대 초반이었다. 그리고 그것을 상징하는 표현은 '유니섹스' 물결이었다. 1980년대 초반의 대학가 다방은 이런 유니섹스 물결을 드러내는 대표적인 공간이었다.

요즘은 의미조차 없어진 단어 '유니섹스'는 남녀 간 성에 따른 구분이 희미해지면서 여성은 남성화되고 남성은 여성화되는 분위기를 상징했다. 출발은 머리 모양과 복장이었다. 긴머리 혹은 파마머리의 남성과 짧은 쇼트커트 스타일의 머리 모양을 즐기는 여성, 바지를 즐겨 입는 여성과 귀걸이를 하고 화장품을 바르는 남성들이 등장했다. 불과 40년 전에는 이런 것이 신기하게 보였다. 외모뿐 아니라 사회생활 전 영역에서 남자와 여자 사이의 차이가 급격히 좁아지기 시작한 것이다.

1983년 8월 31일 〈경향신문〉 기사 "무너지는 금남 금녀의 울타리"는 그런 모습을 가장 잘 보여준다. 당시 대학가에는 '여자 천국'으로 알려진 몇몇 다방이 있었다. 이들 다방에서 커피를 나르는 사람, 주방장, 카운터에서 일하는 사람, 지배인, 청소부까지 모두 남자였다. 이 다방들은 남자들의 서비스를 받는 여성 손님들로 늘 만원을

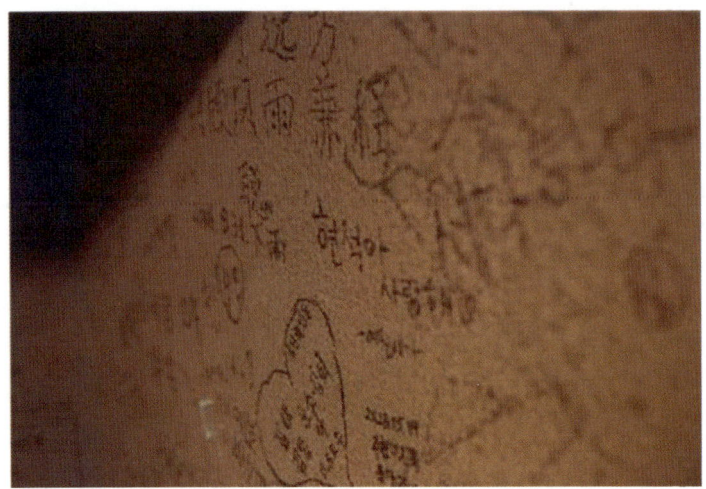

다방 벽의 낙서. 다방 벽에 낙서하는 데는 남녀 차이가 없었다. 유니섹스시대와 함께 여성들의 적극적인 자기표현이 시작되었다.

이루었다. 요즘은 흔하지만 당시에는 신기하기 이를 데 없었다. 다방에서 들리는 남녀 간 호칭도 관심거리였다. 여학생이 연장자인 남자친구나 선배에게 "○○형" "샤기"라고 부르는 소리가 낯설어서 주변 사람들의 시선을 사로잡던 시절이었다.

　　당시 유니섹스 문화를 보여주는 유행 중 하나는 낙서였다. 다방마다 벽에는 온통 낙서였다. 낙서 문화의 발상지인 신촌 대학가 다방을 찾는 이유 중 하나는 낙서에 참여하거나 낙서를 구경하는 재미였다. 낙서 문화에서 남녀 차이나 구분은 없었다. "○○○-○○○○으로 연락 바람. 키 175 이상 유머 감각 필수"란 여학생의 글 밑에는 요즘 댓글처럼 남학생들의 전화번호가 길게 달렸다.

대학가를 중심으로 유니섹스 문화가 확산되고 있었지만 여성에 대한 차별이 제도나 현실 속에서 사라지기는 쉽지 않았다. 대부분의 직장에서 외부 손님을 위한 커피 접대는 여직원의 몫이었다. 아침 출근과 함께 마시는 모닝커피를 타서 입사 동기인 남자 직원에게까지 가져다주는 커피 심부름은 여직원의 일로 여겨졌다.

일본에서 '남녀고용기회균등법'을 제정하려는 움직임이 이즈음에 시작되었다. 자발적 움직임이라기보다는 국제연합의 요구에 따른 것이었다. 1983년 12월 27일 〈동아일보〉는 당시 일본에서 벌어지던 '직장에서 남녀 차별 하지 말라' 운동을 흥미롭게 보도했다. 부러운 시선이 느껴지는 보도였다. 우수한 대졸 여성에게 커피 심부름을 시키는 것이 예사였던 일본의 직장 문화에 변화가 시작되었음을 알렸다. 일본은 경제 발전에 비해 남녀 차별이 심한 나라라는 부정적 이미지를 갖고 있었다. 이런 이미지를 극복하기 위해 일본 후생노동성이 '남녀고용기회균등법' 제정을 추진하고 있다는 소식이었고 당연히 부러운 뉴스였다.

당시 일본에서의 여성 차별을 보여주는 대표적인 문화는 다음과 같다. 직장생활 초기에는 비슷하던 남녀 신입사원의 임금이 시간이 지나면서 남성 우위로 급격히 바뀌는 문화, 우수한 대학을 졸업한 여성이라 해도 비서실 등에 배치하여 커피 심부름을 시키는 문화, 결혼하면 여성의 경우 직장을 그만두어야 하는 문화 등이었다. 일본보다 심하면 심했지 덜하지 않던 것이 우리나라 직장에서의 여성 차별이었지만 우리나라에 대해서는 국제연합의 요구도, 자발적인 변화 움직임도 없었다.

　　당시 일본의 '근로기준법'은 국적과 종교에 따른 직장 내 차별 대우를 금지하고 있었지만 성별에 따른 차별은 담고 있지 않다는 것이 문제였다. 많은 여성단체의 노력으로 일본은 드디어 1986년에 '남녀고용기회균등법'을 제정했다. 그러나 채용과 승진 등 주요 분야에서 차별을 실제로 금지한 것이 아니라 단지 차별을 없애기 위해 '노력할 의무'를 부여하는 정도의 선언적 규정에 그쳤다. 이런 소식조차도 부러운 시선으로 바라보던 것이 1980년대 우리나라의 여론이었다.

　　1980년대 초반 일본을 부러워한 나라는 우리나라뿐만이 아니었다. 미국도 일본을 부러워했다. 1983년 미국의 '수월성교육위원회'는 보고서 "위기에 선 국가 : 교육개혁의 필요성"을 발표했다. 이 보고서는 일본과 독일 등 경쟁국들의 질주, 그리고 한국 등 신흥공업국들의 도약을 소개하며 미국이 지금의 교육으로 미래를 맞이한다면 21세기에는 이류 국가로 전락할 것이라고 경고했다. 이런 위기를 가장 크게 느끼게 하는 분야의 하나가 로봇산업이었다.

　　1983년 2월 26일 〈매일경제〉는 "로보트혁명―기선잡은 일본"이라는 기사를 통해 미국의 위기를 전했다. 로봇 출현은 경이적인 반도체기술이 진보한 결과라는 것, 로봇이 공장을 움직이는 과학소설의 환상이 점점 현실화하고 있다는 것, 일본이 이런 변화를 주도하고 있다는 내용의 보도였다. 전혀 새로운 유형의 산업혁명을 주도하고 있는 일본, 이를 따라가려고 힘겨운 경쟁을 하는 미국의 모습을 대비하여 전했다.

이 신문은 공장 노동력을 빠른 속도로 대체하고 있는 로봇 소식을 전하면서 로봇의 이점을 몇 가지 나열했는데, 매우 흥미롭다. 먼저 로봇에게는 커피타임을 줄 필요가 없다는 점이었다. 이어서 병가와 휴가가 없다는 점, 시간외수당 없이도 하루 24시간, 그리고 주말에도 일하는 장점을 지녔다. 그러면서도 노동의 질이 예측 가능하고 결함이 없다는 점이 중요했다.

평양 커피숍의 커피 맛

군사독재 정권의 억압은 극에 달했고 군사 정권을 지지해온 미국에 대한 대학생들의 저항이 본격화되었다. 1982년 부산 미국문화원 방화사건이 잊힐 무렵인 1985년 5월 23일 서울대학교, 연세대학교, 고려대학교, 성균관대학교, 서강대학교 등 서울 지역 5개 대학 학생 70여 명이 반미 구호를 외치며 서울 소재 미국문화원을 점거하여 사흘간 농성을 벌였다. 노동자들과 농민들의 생존권 투쟁도 심해지고 있었다.

경찰 인력이 대학생들의 시위와 노동운동 현장에 투입되면서 치안은 공백 상태에 접어들었다. 인신매매사건이 신문과 TV 뉴스에 연일 보도되었다. 다방종업원 구인 광고를 보고 찾아온 힘없는 어린 여성들을 윤락가에 팔아넘기는 범죄, 가출 소녀 등을 납치한 후 윤락을 강요하는 범죄 등 반인륜적인 인신매매가 요즘의 보이스피싱만큼이나 빈번했다. 금품을 털기 위해 쥐약을 탄 커피를 먹여 주유소 종업원을 살해한 '커피사' 사건이 터져 남이 타주는 커피도 조심해야 하는 불신 풍조가 조장되었다. 이런 불안 심리를 이용하여 주요 식품회사에는 독극물을 넣겠다고 협박하여 금품을 요구하는 범죄가 끊이지 않았다.

이런 혼란한 시대에 남북적십자회담 제9차 본회의가 평양에서 열렸다. 1972년 8월부터 1973년 7월까지 평양과 서울을 오가며 일곱 차례 열렸다 중단된 회담이 재개된 계기는 1984년 9월 서울과 경기 지역 폭우로 인한 수재민 발생이었다. 북한의 조선적십자사가 수재민 구호물자를 보내오면서 재개될 수 있었다. 남북관계 변화에 명분이 필요한 것은 그때나 지금이나 여전하다. 1985년 5월 금강산에서 열린 제8차 회담, 그리고 8월 27일부터 28일까지 양일간 평양에서 열린 제9차 회담의 합의에 따라 9월 20일에는 분단 이후 최초로 남북이산가족의 고향 방문과 상봉이 이루어졌다. 남북 예술단 상호 교차 공연도 이루어졌다. 통일의 문이 열리는 분위기였다.

분단 이후 처음으로 평양 시내의 모습과 북측 주민들의 생활상이 비록 제한된 내용이지만 신문 보도와 TV 화면을 통해 남쪽에 전해졌다. 처음으로 북한의 다방과 커피 뉴스가 전해진 것도 이즈음이었다. 마치 해외 토픽처럼 사람들의 이목을 끌었다. 남쪽에서는 외채절감운동의 하나로 '커피 안 마시기 운동'이 벌어지고 있던 시절에 북쪽에서는 커피숍이 등장하고 커피를 수입하기 시작했다는 뉴스였다.

〈조선일보〉는 북한 출신 인사들을 초청하여 좌담회를 개최했다. 참석자 중 한 명인 허근은 1948년에 평양에 갔을 때 유흥업소라고는 다방이 한 개뿐이었고 이 다방에는 월북 문인들이 자주 드나들었다고 회고했다. 사회주의 정부가 들어선 이후 다방은 사라졌고 그와 함께 커피도 일상생활에서 서서히 자취를 감춘 것으로 알려졌다.

평양에 커피숍이 등장했다는 뉴스를 전한 신문은 〈경향신문〉(1985. 5. 8.)과 〈조선일보〉(1985. 5. 9.)였다. 북한과 일본 내 친북단체였던 재일본조선인총연합회(조총련) 합작으로 평양의 창광산여관에 '커피숍'이 5월 6일 문을 열었다고 북한의 '조선중앙통신'이 보도했다는 내용이었다. 창광산여관은 조총련 방북단의 숙소였다. 총면적 340제곱미터에 90개의 좌석과 단체 손님용 방이 마련되어 있었다. 커피 외에 주스, 카레, 스파게티 등 식사도 제공한 것으로 보아 남쪽의 다방보다는 일본의 깃사텐을 닮은 커피숍이었다.

8월 9일 〈조선일보〉는 고향방문단 행사에 앞서 북한의 실상을 전하면서 다시 창광산여관 커피숍을 소개했다. 이 커피숍은 북한의 '대외봉사총국'과 '조총련상공인연합회' 부회장과의 합작으로 설치되었다는 소식과 함께 개점 축하 연설에서 북한 당국자가 '합영법'을 마련해주고 커피숍까지 합작하도록 배려해준 김정일에게 최대의 영광과 감사를 보냈다는 소식도 덧붙였다. 이 커피숍 소식을 전하면서 〈조선일보〉는 "북한도 무언가 달라지고 있구나 하는 생각을 갖게 한다"는 것, 그리고 이것이 "장차 북한 내부의 모순을 비판하는 점화점이 될 수도 있는 것"이라는 논평도 내놓았다.

7월 13일 〈동아일보〉는 방콕에서 발행되는 영자신문 〈더 네이션The Nation〉의 보도를 인용하여 북한이 태국으로부터 커피를 수입할 계획이라는 소식을 전했다.

제9차 남북적십자회담 취재를 위해 평양을 방문했던 〈동아일보〉 기자는 '평양에서의 3박 4일'을 전하면서 평양 고려호텔에서 마신 커피 맛을 이렇게 이야기했다. "커피 맛은 우리나라에서 과거 나왔던 첫 국산 커피 맛이었다. 프림을 주지 않아서 달라고 했더니 접대원이 처음에는 알아듣지 못했다." 잠시 후 접대원이 가져온 것은 우유였고 커피에 넣으니 잘 풀리지 않았다는 것이다. 이를 통해 북한에는 아직 커피가 대중화되지 않은 것 같다고 추정했다.

회담에 참석했던 〈조선일보〉 기자도 9월 7일자에 "평양은 변하고 있는가"라는 기사를 통해 평양에 콜라와 함께 커피도 있었다는 소식을 매우 신기한 듯 알렸다. 고려호텔의 아침식사 때마다 뜨거운 커피가 제공되었다는 것과 회의장에서는 'Coffee with Milk'라는 영어 표기가 선명한 캔커피가 나왔다는 소식이었다. 이 기자 또한 개방의 몸짓을 시작한 것이라는 조심스러운 의견을 덧붙였다. 우리 언론은 한 세대 동안 닫혀 있던 북한의 모습을 보며 개방된 남쪽의 발전에 긍지를 느끼고 있었다.

이산가족이 만나고 남북 예술인의 교류가 이루어져도 우리 사회가 지닌 내부 모순의 치유 없이 평화는 오지 않았다. 모두에게 자랑스럽고 행복한 나라는 아니었다.

1985년 당시 야쿠르트 배달원 55세, 술집 마담 50세, 해녀

50세, 화장품 외판원 45세, 전화교환원 43세, 다방 마담 40세, 버스안내양 27세 등이 각급 법원에서 판례를 통해 선언한 여성 직업별 정년이었다. 1985년 4월 서울민사지법이 교통사고를 당한 23세 여직원의 손해배상청구심에서 "우리나라 여성의 평균 결혼 연령은 26세이며 결혼하면 직장을 그만두는 것이 통례"라는 이유로 26세까지의 직장 수입만을 인정했다. 6월에는 '20세 정년'을 항의하다 매를 맞고 병원에 입원한 버스안내양 조모양(23세)의 소식이 전해졌다.[24] 버스회사측은 당시 관행대로 18세에서 20세 사이의 안내양이 회사에 애착심도 많고 일도 열심히 하며 20세가 넘으면 다루기 힘들다는 이유로 안내양의 정년을 20세로 정해놓은 것이었다. 동생의 주민등록증으로 취업한 것이 발각된 조양은 항의했고 그 과정에서 구타당한 사건이었다.

당시 남영동에 있는 건물 2층, 어머니가 운영하는 카페 크로이첼에 앉아 있던 20대 초반의 한 대학생 눈에 손님들 구두를 닦으러 뛰어다니는 중학교 동창생의 모습이 보였다. 눈이 마주친 순간 외면하던 친구의 알 듯 말 듯한 표정을 떠올리며 그 자리에서 노래를 만들었다.

수녀가 지나가는 그 길가에서
어릴 적 내 친구는 외면을 하고

---

24 〈경향신문〉, 1985년 6월 8일.

학림다방의 입구와 실내 모습. 1956년에 문을 연 대학로 학림다방은 1980년대 민주화운동 당시 지성인들의 모임터였다. 우리나라 다방이 사회적 기능을 하던 시절이었다.

> 길거리 약국에서 담배를 팔 듯
> 세상은 평화롭게 갈 길을 가고
> (이두헌 작사/작곡, 다섯손가락 노래, 〈이층에서 본 거리〉 중)[25]

모두에게 침묵과 외면이 강요되던 어두운 시절이었다. 침묵을 거부하고 주변의 고통을 외면할 수 없는 지성인들이 서울의 학림다방과 독수리다방, 광주의 우다방, 전주의 가톨릭센터다방으로 모여들기 시작했다.

---

[25] 이 노래는 금지곡으로 지정되어 발매도, 방송도 허용되지 않았다.

국회의원이면 다냐?

커피를 좋아하는 사람들에게 1986년은 달갑지 않은 소식이 넘치던 해였다. 1985년에 있었던 장기 가뭄으로 1986년도 브라질의 커피 생산량이 예년보다 55퍼센트 정도 감소할 것이라는 우울한 소식이 전해졌다. 1975년 냉해로 인한 수확 감소에 이은 두번째 큰 재해였다.

소비 시장의 반응은 빠르게 나타났다. 국제 원두가격은 브라질산이 1985년 11월 톤당 2800달러에서 1986년 1월 10일 무려 7231달러로 2.6배 급등했다. 콜롬비아산과 인도네시아산도 비슷한 비율로 상승했다. 가격 조절을 시도하던 국제커피기구ICO의 기능은 마비되었고 원두는 품귀 현상을 보였다.

원두가격 상승에 대한 대처는 나라마다 다르게 나타났다. 미국인들은 커피 소비를 줄이는 선택을 했다. 1986년은 20세기 들어 미국인의 커피 소비량이 최하 수준을 기록한 해였다.

1년에 2만 톤가량의 커피를 수입하여 소비하던 우리나라에서는 다양한 반응이 나타났다. 가장 먼저 커피 공급업체들은 가격 인상을 선택했다. 연초부터 커피류의 판매가격 인상 뉴스가 전해졌다. 동서식품은 1986년 1월 14일 주요 제품의 가격을 9퍼센트 인상한 데 이어 2월 17일에는 인스턴트커피류 가격을 30퍼센트, 10월 28일에는 원두커피 출고가격을 20퍼센트 인상했다. 당시 볶은 커피를 동서식품은 배전두커피, 미주산업은 원두커피라고 불렀다.[26]

RTD 음료 등 신제품 개발과 이에 대한 대대적 광고도 대형

기업들이 선택한 전략이었다. 동서식품이 새로 개발한 캔커피 '맥스웰 카페오레'와 '맥스웰 커피'를 내놓으며 선택한 카피는 "세계는 하나, 커피도 하나"였다. 한국 커피는 '이제 우리도 정통 레귤러커피를 마실 때'를 내세웠다. 미주산업은 설탕을 넣지 않은 커피믹스 '그린믹스'를 개발하여 시민들의 건강염려증을 파고드는 전략을 선택했다.

일반 원두를 고급 원두로 속여 폭리를 취하던 원두 공급업체가 적발되기도 했다. 전국에 58개 가맹점에 원두를 공급하던 '난다랑 체인본부' 대표가 구속된 것이다. 이 소식이 전해지자 커피 한 잔 값을 일반 다방의 두 배 정도 받던 가맹점들은 하나둘 문을 닫았다.

영화 〈티켓〉이 보여주었듯 1986년은 여성의 권리나 사회문제를 다룬 영화들이 등장하여 관심을 끌었던 해였다. 배창호 감독의 〈황진이〉, 홍파 감독의 〈몸 전체로 사랑을〉 등이 대표적이다. 현실사회에서 벌어진 성고문사건 등도 여성들의 인권문제에 대한 공감 확대에 기여한 깃은 물론이다. 1960년대에서 1970년대에 유행하던 호스티스를 내세운 에로영화에서 피동적인 모습으로 등장하던 여성들이 자기 목소리를 내는 삶의 주체로 등장하기 시작한 것이다.

이런 시절에 갑자기 "다냐면 다냐" 논쟁이 일었다. 다방에서 커피를 앞에 두고 위압적인 태도를 보인 국회의원에게 한 종업원이 "국회의원이면 다냐"라고 소리치며 대들었고 국회의원은 여자 종업

---

26 기업 미주커피는 사라지고 이 기업이 사용하던 원두커피라는 이름만 남았다.

원의 따귀를 때렸다는 소문이 돌았다. 그 진상을 추적한 한 주간지가 "국회의원이면 다냐면 다냐"라는 제목으로 기사를 썼다. 이 사건이 다시 언론에 등장한 것은 재소자에 대한 가혹 행위를 조사하기 위해 대구교도소를 방문한 국회의원들의 무례한 행동에 분개한 교도관들이 "국회의원이면 다냐"라고 소리친 사건 때문이었다. 남성과 여성 사이에, 권력자와 시민 사이에, 시어머니와 며느리 사이에, 어른과 청소년 사이에, 교사와 학생 사이에도 "○○면 다냐"와 "다냐면 다냐"가 부딪치던 시절이었다.

국제 커피가격 상승은 오래 지속되지 않았다. 커피가격 상승을 지켜보며 출하를 늦추고 있던 많은 커피 생산국이 1986년 가을부터 커피를 시장에 쏟아내기 시작하면서 커피 거래가격이 급락하기 시작했다. 마침 10월부터 커피 수확을 시작하는 남반구의 여러 나라의 작황이 좋다는 소식까지 더해지면서 국제커피기구는 이제 커피가격 폭락 대책을 세워야 할 지경이었다. 반복되는 자연재해 앞에서 커피 생산 대국도, 커피 소비 대국도 함부로 큰소리를 치기 어렵다는 것을 보여주었다.

커피 르네상스, 아름다운 도전

A Cup of Coffee,
a Cultural History

제7부

1988년 서울올림픽을 전후한 시기는 우리나라와 세계 모두 엄청난 역사적 소용돌이를 겪었다. 우리나라는 군사독재를 무너뜨리고 대통령 직선제 시대를 열었다. 국제적으로는 동서독의 통일, 소련과 공산권 붕괴 등으로 냉전이 막을 내렸다.

1991년 9월 17일 남과 북이 국제연합에 동시 가입했고 1992년 선거에서 군 출신이 아닌 김영삼이 대통령에 당선되었다. 김영삼 집권 두번째 해 1994년에 1인당 국민소득이 1만 달러를 넘어섰고 1996년 12월에는 경제협력개발기구OECD 회원국으로 가입했다. "아시아의 네 마리 용" 중 하나라는 자랑스러운 구호가 난무했고 카페 창업 열풍이 뜨거웠다. 성공에 도취한 사이 빈틈이 드러나기 시작했다. 1994년 10월 성수대교, 1995년 6월 삼풍백화점이 붕괴되었고, 1997년 11월에는 나라 경제가 무너졌다. 국제통화기금IMF에 나라의 경제 주권이 넘어갔다. 커피는 다시 절약운동의 표적이 되었다.

1999년 6월 미국의 팝 가수 마이클 잭슨이 세계 불우 어린이 돕기 자선공연을 위해 우리나라를 찾았다. 기자회견에서 마이클 잭

슨은 말했다. "독일이 그랬듯 한국도 곧 통일이 되길 희망하며, 그날에 다시 여러분과 함께 만날 것을 약속한다."

그의 약속은 갑작스러운 그의 사망과 우리 민족의 무능으로 이루어지지 못했다. 마이클 잭슨이 다녀간 한 달 후에는 스타벅스가 우리나라에 상륙했다. 이후 우리나라 커피는 스타벅스를 흉내내는 물결과 스타벅스를 넘어서려는 물결이 함께 출렁이는 시대로 접어들었다.

커피 문화의 전환기

'오늘은 기쁜 날' 공짜 커피

대통령 선거 열기가 한창이던 1987년 11월에 발표된 통계를 보면 전국에는 다방이 3만 7815개가 있었고 그해 서울의 다방 수는 처음으로 1만 개가 넘었다. 국민 1인당 연간 커피를 200잔 이상 마시는 시대에 접어들었다. 물론 시민들이 마시는 대부분의 커피는 둘둘둘 커피(커피·프림·설탕 각 두 스푼씩 넣은 커피)였다.

1987년은 국내적으로는 6월 항쟁과 대통령 직선, 국제적으로는 냉전 종식으로 이어진 소련 서기장 미하일 고르바초프의 개혁·개방 정책이 시작된 해였다. 이해는 국내외 정세뿐 아니라 세계 커피 역사에서도, 우리나라 커피 역사에서도 몇 가지 흥미로운 변화가 나타났던 격동의 시간이었다.

세계 커피 역사에서는 하워드 슐츠Howard Schultz라는 멋진 인물이 등장했다. 1982년 텀블러 세일즈를 하던 슐츠가 스타벅스에 합류했다. 잠시 스타벅스에서 일했던 그는 시애틀 다운타운에 이탈리아식 카페 '일 지오날레'를 열었다. 그러다가 1987년에 스타벅스의 매각 소식이 들리지 자금을 모아 스타벅스를 인수했다. 자신이 창업한 카페 '일 지오날레'라는 간판은 떼버리고 스타벅스 간판을 남겼다. 이후 스타벅스는 미국의 오래된 커피 문화, 카페 문화와 뜨거운 경쟁을 벌이며 성장했다. 스페셜티커피라는 새로운 커피를 선보이면서 세계의 커피 문화는 이해부터 송두리째 바뀌기 시작했다. 스페셜티커피와 프랜차이즈 문화가 지배하는 커피 제2의 물결 시대에 진입했다.

1987년은 전년도 말부터 시작된 커피 원료가격 하락으로 국제 커피 시장이 매우 혼란스러웠던 해였다. 브라질을 비롯한 중남미 커피 산지의 풍년으로 커피가격은 지속적으로 하락을 거듭하고 있었다. 1987년 들어 불과 4, 5개월 동안 국제 시장에서의 생두 거래가격은 50퍼센트 정도 폭락했다. 파운드당 2달러 이상이던 것이 1.03달러로 떨어졌고 커피 수출 의존도가 높았던 코스타리카, 과테말라, 엘살바도르, 니카라과, 온두라스 등 중앙아메리카 국가들의 경제가 가라앉고 있었다. 국제커피기구도 내분으로 가격 조정 기능을 상실한 상태였다.

국내 원두가격도 하락했고 커피 소비자들은 편안했다. 우리나라 커피 역사에서도 1987년에는 몇 가지 변화가 나타났다. 첫째,

일시적인 변화였다. 정부 주도와 애국 시민들의 참여로 국산 차 판매가 급격히 상승하면서 커피의 시장 점유율이 빠르게 낮아졌다. 1987년 중반 서울시 조사에 따르면 국산 차 점유율이 47퍼센트를 차지하여 커피를 위협하기에 이르렀고 그 선두에는 율무차가 있었다. 율무차 다음으로는 유자차, 인삼차 등의 인기가 높았다. 보건사회부가 '국산 차 및 커피에 대한 인식 조사'를 실시한 결과 국산 차를 마시는 이유는 57.7퍼센트가 '건강에 좋다고 해서'를 꼽았다. 21퍼센트는 '국산품을 애용하기 위해'를 들었다. '맛이 좋아서'를 택한 시민은 16퍼센트에 불과했다. 반면 커피를 마시는 이유는 52퍼센트가 '기호성'을 이유로 들었고 이어서 '남들이 마시니까'와 '습관성'을 꼽았다.

커피업체 간 경쟁이 심화된 때도 1987년이었다. 그해 9월 10일 두산식품이 신청한 스위스 네슬레와의 합작을 정부가 인가했다. 일본의 UCC커피를 생산하던 한국커피가 해태식품에 합병되었다. 커피 전문기업 씨스코는 샘표식품 계열인 조치원식품에 넘어간 상태였다. 두산의 커피산업 진출에 대해서는 시장 점유율 8퍼센트를 차지하고 있던 미주산업의 반발이 심했다. 순 국내기업인 미주산업과 조치원식품의 반발에도 불구하고 두산-네슬레 합작회사인 '한국네슬레'는 그해 10월 21일에 창립총회를 열고 출범했다.

1987년에 본격화된 경쟁 중 하나는 다방과 카페의 경쟁이다. 커피와 차를 파는 전통적 다방과는 달리 분위기를 파는 카페가 우후죽순 생겨나 인기를 끌기 시작한 때는 서울올림픽을 1년 앞둔

1987년이었다. 구기터널 앞은 '학사촌', 방배동은 '새벽촌', 압구정동은 '만국촌'이라는 은어가 유행할 정도로 색다른 카페들이 모여 있는 카페거리도 속속 등장했다. 압구정동이나 방배동에는 200개 이상의 카페가 밀집해 있었다.

그즈음 카페는 체인점 시대로 본격적으로 들어섰다. 스타벅스 등 외국 프랜차이즈가 등장하기 10여 년 전이었다. 내부 설계나 실내 장식, 음악 등을 통일시키는 등 독특한 이미지를 내세운 커피 체인점이 대학가를 중심으로 생겼다. 서울, 수원, 안양 등 수도권에 58개의 체인점을 두었던 '난다랑'은 커피 맛과 분위기로 젊은 층을 사로잡았다. 모든 점포는 지하가 아니라 지상으로, 전면은 유리벽으로, 커피 도구와 재료는 본부에서 지정한 것만 사용하는 등 일정한 기준을 지켜야 했다. 그 밖에도 독일풍의 분위기를 자랑하던 카페 '하이델베르그', 스페인 분위기를 연출한 카페 '스페인하우스'도 있었다. 카페 '채플린'은 희극배우 채플린의 사진과 포스터로 장식한 실내 분위기가 돋보이는 카페였다.

이런 열풍을 반영해서일까. 가요의 제목이나 가사에 카페가 많이 나왔다. "나 혼자 이렇게 앉아 있어도 그 사람 오지 않네"로 시작하는 최진희의 〈카페에서〉, "어느 날 우연히 갔던 조그만 카페에서 말없이 눈웃음 짓던 그 사람 생각나네"로 시작하는 김범룡의 〈카페와 여인〉이 대표적이다. 이 두 노래 덕분에 김범룡과 최진희는 남녀 가수왕 후보로 거론될 정도였다.

1987년에는 "오늘은 기쁜 날" 커피가 두 번 등장했다. 6·29선언이 있던 날, 시내 카페 여기저기에 '오늘은 기쁜 날'이어서 커피를 무료로 제공한다는 안내문이 나붙어 시민들을 즐겁게 했다. 그리고 10월 27일 대통령 직선제 헌법이 국민투표를 통과한 날 "오늘도 기쁜 날"이라는 안내문과 함께 공짜 커피를 제공하는 카페와 다방이 여기저기 나타났다.[1]

'오늘은 기쁜 날, 찻값은 무료' 사진과 함께 승리의 순간을 보도한 신문 기사. 대통령을 국민이 직접선거로 뽑게 된 6·29선언이 발표되자 다방 여기저기서 커피를 무료로 제공하며 기쁨을 함께 나누었다. 커피는 공감의 음료였다.

시민권자는 블랙, 불법체류자는 믹스

우리나라 역사에서 흥미로운 커피 뉴스가 가장 적었던 해는 1988년이었다. 올림픽 뉴스 과다, 국산 차 애용운동의 여파였다고 볼 수 있다. 대학가에 새로 등장하기 시작한 '공부다방'과 '유니토랑' 정도가 새로운 소식이었다. 공부다방은 요즘의 스터디 카페였고 유니토랑은 대학가 주변에 새로 생긴 원두커피를 파는 고급 레스토랑이었다. 프랑스의 샹젤리제 거리에 있는 87년 역사를 자랑하던 명소 '푸케 카페'가 폐업 위기를 맞자 단골손님들이 보존운동을 벌이고 있다는 생뚱맞은 소식이 눈에 띌 정

---

[1] 이후 1997년 12월 19일 대선에서 김대중이 당선되던 날, 2017년 박근혜 대통령 탄핵이 확정되던 날도 '오늘은 기쁜 날' 공짜 커피가 나타났다.

도였다.

올림픽 열기와 제5공화국 청문회 등으로 언론의 관심을 끌지는 못했지만 우리나라 커피 역사에서는 1980년대 말 들어 의미 있는 변화가 감지되었다. 이것을 상징하는 농담이 당시 미국 한인사회에 널리 퍼져 있었다. "시민권자는 커피를 블랙으로 마시고, 영주권자는 설탕 또는 밀크 한 가지를 타고, 불법체류자는 둘 다 믹스된 커피를 마신다"라는 이야기였다. 이민자들이 미국에 적응해가는 과정을 커피에 비유한 것이다. 당시 커피 소비 패턴의 변화를 보여주는 적절한 비유였다.

비슷한 흐름이 우리나라 커피 소비 시장에서도 일어났다. 이즈음 한 세대 정도 유행하던 인스턴트커피의 유행이 조금씩 사그라들면서 원두커피 소비가 크게 늘기 시작한 것이다. 서울올림픽 직전인 1988년 5월에 창간된 일간신문 〈한겨레〉는 1989년 12월 1일자 기사 "원두커피 소비 크게 늘고 있다"를 통해 당시 커피 시장이 다양해지면서 원두커피에 대한 일반 소비자들의 관심이 높아지고 있다고 보도했다. 백화점마다 원두커피와 원두커피 조리 도구를 판매하는 특설 코너를 마련했고 커피회사들은 원두커피 생산량을 늘려가는 추세였다. 당시 판매되던 국산 원두커피로는 맥스웰하우스, MJC, 쟈뎅 등이 인기가 있었고 수입 원두커피는 프랑스 알베르커피, 미국 핀리커피, 스위스 네슬레커피 등이 비싸지만 잘 팔렸다. 이 기사에 따르면 커피 맛은 크게 단맛, 신맛, 쓴맛, 떫은맛으로 구분되는데, 신맛이 많이 나는 것은 모카·콜롬비아·과테말라·코스타리카·하와이

코나·멕시코·킬리만자로 등이었으며, 쓴맛은 로부스타, 단맛은 콜롬비아·모카·블루마운틴 등이었다. 그중에서 자메이카 블루마운틴은 중성의 맛을 내는데 생산량이 적어 값이 너무 비싼 것이 흠으로 지적되었다.

원두커피와 함께 커피 도구도 다양하게 소개되었다. 가장 간단하게 여과지를 사용하는 기구, 알코올로 끓이는 기구, 필터를 누르는 기구 등이 있었다. 당시 시장의 90퍼센트 이상을 점유하던 동서식품의 한 직원은 "앞으로 10년 안에 원두커피 수요가 인스턴트커피 수요를 앞지르게 될 것"이라고 예상했다. 미주산업의 기획과장은 "소비자들의 기호가 질 위주의 제품 선호로 나아가고 있는 만큼 원두커피 개발에 힘쓸 계획"이라고 밝혔다. 이들의 전망이나 계획은 이후 우리나라 커피 시장의 미래를 정확하게 보여주었다. 10년 후인 1999년에 원두커피 소비의 촉매제가 된 스타벅스 1호점이 이화여자대학교 앞에 문을 열었다.

이런 시대적 흐름을 반영하며 새로운 커피가 등장했다. 1989년 8월 1일 신문 광고를 통해 소개된 '아메리칸 미네랄커피'도 그중 하나였다. 배문교역이 "새로운 커피 문화가 시작된다"라는 광고 카피를 내걸고 "미국에서 최고급 커피로 알려진" 구르메커피 3종과 레귤러커피 2종을 수입, 판매하기 시작했다. 아쉽게도 이 커피는 소비자들의 호응을 얻지 못한 채 사라졌다.

두산은 1989년 12월 7일 세계 최대의 커피기업인 스위스 네슬레와 합작으로 한국네슬레를 설립하고 인스턴트커피와 원두커피,

콜롬비아 국립커피생산자연합의 신문 광고. 1989년 콜롬비아는 자국 커피의 우수성을 알리는 광고를 시작했다.

커피 크리머를 생산, 시판하기 시작했다. 한국네슬레는 "커피의 새로운 세계 네스카페"라는 광고를 통해 동서식품의 아성에 도전장을 내밀었다. 한국네슬레의 카네이션 커피메이트는 동서식품의 프리마와 경쟁했다. 이후 동서식품과 한국네슬레는 한동안 국내의 커피와 커피 크리머 시장을 놓고 대결하는 양대 라이벌이 되었다.

  국내 커피 소비의 확대에 따라 커피 생산국인 콜롬비아의 국립커피생산자연합회도 신문 광고를 통해 자국 커피의 우수성을 직접 알리기 시작했다. 국가 차원에서 커피 광고를 시작한 우리나라 첫 사례였다. 1959년에 등장한 가공의 캐릭터, 당나귀와 함께 서 있는 커피 농부 후안 발데스 사진과 함께 "가장 부드럽고 맛과 향이 뛰어난 최고급 커피"라는 광고 카피는 커피 소비자들의 관심을 끌기에 충분했다. 마일드커피의 본격적 등장이었다.

원두커피 소비 증가와 함께 커피를 마시는 방식에도 변화가 시작되었다. 고급 원두를 사용하여 드립커피를 제공하는 새로운 형태의 카페가 등장한 것이다. 그 중심에는 서정달, 정동웅, 박상홍, 박원준, 박이추 등 우리나라 1세대 바리스타들이 있었다. 열다섯 살이던 1937년 일제강점기에 커피를 시작한 서정달은 미도파백화점 커피숍을 비롯하여 여러 곳에서 경력을 쌓았다. 명동에 콜롬비아, 이화여자대학교 후문에 주얼리하우스를 열어 숯불 로스팅과 융드립을 선보여 명성을 얻었다. 도쿄에서 함께 커피를 배운 박원준과 박이추는 귀국하여 각자 카페를 개업했다. 박원준은 구로동과 신촌에서 드립커피 전문점 다도원을 열었고, 박이추는 대학로에 가배 보헤미안을 창업했다. 오사카에서 커피를 공부한 박상홍은 미국으로 이주한 후 드립커피의 장인이 되었다. 서울만큼 원두를 사용한 커피 문화가 일찍 등장한 곳은 부산 지역이었다. 부산에서는 일본으로 커피 유학을 다녀온 정동웅이 후배 임남현과 가비방(1983), 마리포사(1984)를 열어 싱글 오리진 드립커피와 블렌딩커피를 제공하여 지역 커피 애호가들의 발길을 사로잡았다.[2]

    1980년대 말의 갑작스러운 냉전 종식과 커피 열풍은 북한산 커피잔세트가 시내 백화점 매장에 등장하는 역사적 사건으로 이어졌다. 냉전 붕괴라는 흐름 속에 노태우 대통령은 1988년 7월 7일 '민족자존과 통일 번영을 위한 대통령 특별 선언'을 발표했다. 6개 항 중

---

2 1990년대 초반에 부산 지역에만 47개의 지점을 운영할 정도로 성장했다.

북한에서 수입한 2중 투각백자 커피잔 세트. 1989년 5월 현대백화점은 가정의 달을 맞이하여 분단 이후 최초로 특설매장에서 북한에서 수입한 커피잔세트를 일반인에게 판매했다.

하나가 "남북한 교역의 문호를 개방하고 남북한 교역을 민족 내부 교역으로 간주한다"였고, 그에 따라 북한 물품이 공식적으로 수입, 판매되기 시작했다. 1989년 1월에 북한 물품 반입이 승인되고, 3월에 부산항에 들어온 북한 물품이 5월 6일 압구정동 현대백화점 매대에 진열되었다. 당시 판매를 시작한 북한 물품 중에는 커피세트가 포함되어 있었다. 커피를 많이 마시지 않던 북한에서 남쪽 시장 동향을 파악하고 커피세트를 제작하여 교역 물품에 포함시킨 것은 흥미로운 일이었다.

주부들이 새로 생긴 신상 카페를 점령하는 문화가 언론에 보도되기 시작한 것도 그즈음이었다. 지금까지 이어져오는 한국적 카페 문화의 하나다. 새로 등장하는 문화의 흐름 속에 사라지는 커피 문화도 있었다. 당시 언론의 표현으로는 "커피, 카피 아가씨" 문화가 사라지기 시작했다. 같은 과정을 거쳐 들어간 일터에서 여성이 남성 동료 직원이 마실 커피를 타는 문화, 문서 복사와 같은 허드렛일을 도맡아하는 문화가 비판받기 시작한 것이다.

다방은 왜 사라졌을까

"여자와 커피는 부드러워야 좋은 거 아니에요?" 1991년 연극인 윤석화가 등장하여 선풍적인 인기를 끌었던 동서식품의 맥심 모카골드 광고 카피다. "여자는 커피 향기 속에서 부드러워진다" "개성 있는 여자의 부드러운 향기"라고 속삭이는 윤석화의 부드러운 목소리는 부드러운 커피, 마일드커피, 맛과 향이 살아 있는 고품질 커피의 시대가 열리고 있음을 알리는 신호였다.

1991년은 우리나라 커피 역사에서 다방의 몰락이 본격화된 해였다. 다방의 쇠퇴는 이미 1980년대 후반에 시작되었지만 이해에 가속화되었다. 특히 서울을 비롯한 대도시에서 다방이 급격히 설 자리를 잃어가는 징후가 나타나고 있었다. 서울시 자료에 따르면 1989년 말에 1만 2000여 개에 달하던 시내 다방 수가 1990년에 1만여 개로 감소했고, 1991년 8월 말에는 9364개로 줄었다. 1991년에 들어서만 800여 곳이 문을 닫은 것으로 나타났다. 〈매일경제〉는 이를 보도하면서 "다방 찬바람"이라는 표현을 썼다. 건물 임대료 상승

윤석화의 부드러운 이미지를 내세운 맥심 모카골드 광고. 1990년을 전후로 부드러운 커피, 제대로 된 커피가 등장했다.

과 인건비 부담 증가로 인한 수익성 악화가 일차적 원인이었지만 다른 요인들도 함께 작용했다. 〈경향신문〉은 "도심 다방이 사라져간다"라는 제목의 기사를 통해 종로와 중구 등 도심의 경우 지난 4년 사이에 절반가량인 47퍼센트의 다방이 사라진 것으로 보도했다.

    그렇다면 어떤 요인들이 다방의 몰락을 가속시켰을까? 이제 살펴볼 몇 가지 요인이 다방의 몰락을 가져왔다.

빼놓을 수 없는 첫번째 요인은 커피전문점 등장이다. 1979년 난다랑을 효시로 1980년대에 등장한 카페촌 문화에 이어 체인점 형태의 커피전문점이 급속하게 확산된 시기가 1990년대 초반이었다. 1988년 12월 영인터내셔널이 서울 압구정동에 '쟈뎅'을 창업했고 이어서 미원(대상)의 '나이스데이', 한국도토루의 '도토루', 동서식품의 '헤르젠' 등 15개가량의 커피전문점이 전국에 150여 개의 직영점 또는 체인점을 두고 차별화된 서비스를 하고 있었다. 쟈뎅은 1991년 말 당시 전국에 33개의 매장을 운영했다. 직영점 형태로 운영하던 한국도토루의 도토루와 미원의 나이스데이도 점차 체인점 체제로 전환했다.

그 밖에도 브레머상사의 '브레머', 범아식품의 '트랜디', 미스타커피의 '미스타커피', 메디아오퍼레이션의 '메디아' 등 새로운 커피체인점이 속속 등장했다. 신문에는 커피체인점 모집 광고가 줄을 이었다. "새 시대의 새로운 커피전문점"을 내세운 '커피타임', "고메이 커피를 아십니까?"를 내세운 '고메이키피', "꽃이 피는 커피하우스"를 내세운 '가기아커피하우스' 등이 대표적이었다.

이들 커피체인점들은 지하가 아니라 지상 1층에 문을 열어 다방보다 접근을 쉽게 했고 탁 트인 실내 공간에서 다양한 종류의 커피를 제공했다. 다방이나 음식점과는 달리 음료를 직접 주문하고, 직접 가져다 마시고, 마시고 난 컵을 직접 반납하는 셀프서비스도 커피전문점의 새로운 문화로 등장했다. 다방보다 밝고, 개방적이며, 자유로운 실내 분위기, 원두커피가 주는 향상된 커피 맛, 개선된 서비스 등이 더해져 도시의 젊은 층을 시작으로 다양한 계층의 고객을 흡수했다. 〈매일경제〉의 표현대로 "원두커피전문점의 러시"가 시작된 것이다. 아직 테이크아웃 커피 문화는 시도되지 않았고 메뉴에 아메리카노는 등장하지 않았다. 커피메이커로 내린 원두커피와 함께 설탕과 크리머가 별도로 제공되는 커피 문화였다.

커피전문점이 체인점 형태로만 유행한 것은 아니었다. 대도시와 도시 근교에 원두커피나 드립커피, 혹은 에스프레소를 제공하는 커피전문점이 속속 생기기 시작했다. 현재 우리나라의 스페셜티커피 문화는 당시 등장한 1세대 커피인들의 노력에서 출발했다고 보는 것이 정확하다. 대구에는 안명규의 커피명가(1990), 포항에는 권영대의 아라비카(1991), 서울에는 마은식의 클럽에스프레소(1990), 서덕식의 칼디커피(1991), 양광준의 한국커피(1992), 이상덕의 시실리아(1993 창립, 2008 춘천으로 이전) 등이 있었다.

이들 선구적인 커피인이 스타벅스 1호점 이전에 이미 우리나라의 자생적인 커피 문화를 개척하고 있었다. 이들은 우리보다 커피 문화를 일찍 개척한 일본 커피 전문가들의 서적을 보며 함께 연구하고, 일본으로 건너가 공부하고, 커피 로스팅 기계를 독자적으로 개발하는 등의 노력을 기울였다. 명실상부한 우리나라 커피 1세대들이었다. 모든 것이 서울로 향하던 당시 커피만큼은 서울과 지방이 협력하며 경쟁하는 멋진 양상이었다.

독자적인 블렌딩을 시도했던 부산 가비방과 마리포사, 고객 맞춤형 커피 제조와 로스팅 기술 개발에 헌신했던 커피명가, 칼디커

경산으로 이전한 커피명가의 현재 모습. 드립커피 전문점으로 1990년 대구에 문을 연 커피명가 등은 커피 르네상스를 알리는 신호였다.

피, 한국커피, 시실리아 등은 주목할 만하다. 이들 초기 커피인 중 박이추, 이정기, 허형만, 안명규 등은 1992년부터 매월 한 번씩 만나서 일본 서적과 영어 서적을 뒤적이며 각자의 지식을 공유하는 모임을 가졌다. 우리나라의 커피 수준을 끌어올리겠다는 사명감으로 각자 가진 지식, 정보, 기술을 나누는 아름다운 풍경이었다. 일본 커피를 배우는 것을 넘어 언젠가는 넘어서겠다는 막연한 꿈을 가진 사람들이었다.[3]

---

[3] 이들은 1995년 무렵 한국커피문화협회라는 커피인 단체를 출범시켰다. 커피명가 안명규 대표가 필자와의 대화에서 전한 이야기다.

이들의 선구적 노력을 통해 1990년대 막바지에 시작된 아메리카노 중심의 획일적 커피 문화의 습격 속에서도 커피 고유의 맛과 향에 집중하는 우리식의 스페셜티커피 문화를 이어올 수 있었다.

다방의 몰락을 가져온 두번째 요인은 더욱 심해진 자동판매기 열풍이었다. 1991년 당시 자동판매기 시장 규모는 1300억 원 정도였다. 1989년에 10만 대에 불과하던 국내 자동판매기 보급 대수는 1990년에 14만 대를 넘어섰고 1991년에는 20만 대에 근접했다. 매출액도 매년 70퍼센트 이상 증가할 정도의 호황이었다. 자동판매기 중 70퍼센트 이상을 점하고 있던 것이 커피 자동판매기였다. 이에 따라 국내 기업들의 자동판매기 제조 경쟁이 뜨거웠다. 삼성전자, 금성산전에 이어 해태전자, 만도기계, 두산기계, 롯데기공 등도 자동판매기 사업에 참여하기 시작함으로써 경쟁은 더욱 심해지는 상황이었다. 당시 일본의 음료 시장에서 자동판매기를 이용한 판매 비중이 50퍼센트라는 점이 국내 기업들의 자동판매기 사업에 대한 관심을 증가하게 만든 요인의 하나였다.

국내 기업들은 미니 자동판매기 제작에도 적극적이었다. 새한벤더가 1991년 1월부터 시판을 시작한 유럽풍의 미니 커피 자동판매기 '파트너', 서진전기가 유지비 50퍼센트 절감을 내세우며 판매를 시작한 미니 자동판매기 '커피타임' 등이 등장했다. 유니코산업은 '유니마트'라는 미니 커피머신을 신문 광고와 함께 시장에 내놓았다. "커피값 아까운 사장님, 차 심부름 지겨운 미스 킴, 속 많이 상하셨죠?"라는 카피와 함께 신문 광고를 통해 비용 절감과 편의성을 내세웠다.

1990년대 초반 다방의 급격한 쇠퇴를 가져온 세번째 요인은 캔커피의 유행이었다. 캔커피는 액체로 된 커피를 캔에 넣어 판매하는 제품을 말한다. 제2차세계대전 이후 본격화된 인스턴트커피 유행과 함께 커피도 병에 넣어 판매하는 시대가 열렸다. 그런데 병커피는 불편했다. 병따개가 필요했기 때문이다. 잠시 유행했던 병커피는 1960년대 들어 캔음료로 진화했다. 특히 1962년에 '이지 오픈 엔드', 즉 캔 상부에 있는 작은 고리에 손가락을 넣고 한 바퀴 돌리면 캔이 열리는 방식이 등장하면서 캔음료의 새로운 시대가 열렸다. 병커피는 사라지고 캔커피가 잇따라 출시되었다. 그러나 캔커피의 유행은 오래가지 못했다. 맛이 문제였다. 유럽과 북아메리카 커피 애호가들의 입맛에 캔커피는 맛과 향이 부족했다.

캔커피의 세계적 유행을 가져온 것은 일본의 UCC였다. 1969년 UCC에서 발매한 캔커피가 선풍적인 인기를 끌기 시작했다. 일본에서의 자동판매기 유행이 가져온 결과이기도 했다. 1975년에는 일본 코카콜라에서 조지아라는 캔커피를 출시하면서 시장 점유율을 점차 늘려가기 시작했다. 1990년대 초반에 이르자 캔커피가 일본 음료 시장의 30퍼센트 이상을 차지하기에 이르렀다.

우리나라에서 캔커피가 이른바 '신세대 음료'로 불리며 폭발적인 성장을 시작한 때는 1990년대 초반이었다. 동서식품이 선점하고 있던 캔커피 시장에 미원, 해태, 샘표펭귄 등이 뛰어들어 과열 양상을 보이기 시작한 것이다. 1990년에 시장 규모가 277억 원 전후였던 것이 1991년에는 롯데칠성음료와 서울우유의 참여로 555억 원 규모로 팽창했다. 동서식품이 1991년 5월과 6월 노사 갈등으로 조업을 중단한 것이 캔커피 시장 쟁탈전을 더욱 가열시켰다. 국내 기업에 이어 코카콜라와 네슬레가 합작하여 '코카콜라네슬레리프레시먼트'를 창립하고 1991년 3월에 네스카페 캔커피 2종을 국내 시장에 출시했다.

이런 경쟁 속에서 당시 돌풍을 일으킨 제품은 롯데칠성음료의 캔커피 '레쓰비'였다. "깊고 풍부하며 부드러운 맛과 향" "캔커피 맛이 달라졌다"라는 개념 광고가 가져온 효과였다. 마일드커피의 상징인 콜롬비아커피만을 선택하여 캔에 담았다는 광고 또한 소비자들의 취향을 저격하는 데 성공했다.

1992년 말에 이르자 캔커피 제조업체는 열 개로 늘어났고 이들이 내놓은 캔커피 브랜드는 21개에 달할 정도였다. 물론 맥스웰하우스 캔커피, 레쓰비, 네스카페 등 3개 브랜드가 차지하는 시장 점유율이 93퍼센트에서 94퍼센트에 이를 정도로 삼파전 양상이 뚜렷했다.

캔커피는 1992년 상반기 중 우리나라 음료 시장 성장률 1위를 기록했다. 시장 진출 1년 만에 다국적기업 한국네슬레의 '네스카페'가 시장 점유율 32.2퍼센트로 동서식품의 맥스웰을 따돌리는 작은 기적이 연출된 것도 큰 뉴스거리였다. 시장 점유율은 27.1퍼센트로 3위를 기록했지만 판매 신장률 1위를 달성한 것은 롯데칠성음료의 '레쓰비'였다.

이런 요인들이 결합하여 우리나라의 커피 암흑기는 서서히, 그러나 눈에 띄게 사라질 조짐을 보였다. 제대로 된 커피 맛을 찾는 사람들의 목소리가 들리는 커피 르네상스가 시작되었다.

커피, 수돗물과 이별

낯선 노래 하나로 혜성처럼 등장한 세 명의 청년이 우리나라 대중음악 문화의 흐름을 하루아침에 바꾸어놓았다. 1992년에 〈난 알아요〉를 발표하며 등장한 힙합 댄스그룹 서태지와 아이들이다. 이들의 등장으로 우리나라 청소년 문화는 서태지 이전과 서태지 이후로 나뉘었다. 이들이 일으킨 작은 물결이 한 세대 후 케이팝K-pop이라는 이름의 거대한 파도가 되어 세계인의 눈과 귀를 사로잡고 있다.

서태지가 등장했던 1992년은 우리나라에서 커피가 수돗물과 이별한 해이기도 하다. 1991년까지 다방이든 집이든 사무실이든 커피를 끓일 때는 수돗물을 사용했다. 우리나라에서 마시는 물을 판매할 것인지, 말지를 놓고 논쟁을 벌인 것이 1991년이었다. 생수 시판을 허용하면 첫째, 우리의 일상생활에서 생수를 마시는 사람과 수돗물을 마시는 사람으로 차별이 생기는 것이 불합리하다. 둘째, 정책 결정권자들은 대부분 생수를 구입해서 마실 것이기 때문에 수질 오염문제에 대한 정책적 관심이 떨어질 것이다. 셋째, 생수의 기준이 모호하다. 넷째, 수돗물에 대한 불신을 키울 것이라는 점 등이 문제로 지적되었다. 마침 1991년 3월에 발생한 낙동강 페놀 유입 사태는 수돗물에 대한 불신을 가중했고 생수 판매 허용 여론을 확산시켰다.

우리나라에서 생수 판매가 시작된 1992년에 출시된 네스카페 카푸치노. 커피의 다양성이 증가하고 있었다.

1991년 봄과 여름은 생수 판매를 둘러싼 찬반 논쟁으로 세상이 떠들썩했다. 결국 1991년 8월 8일 정부는 국무회의에서 1992년 1월 1일을 기해 생수 판매를 허용하기로 결정했다. 외국인을 대상으로 한 관광호텔과 주한 미군에게만 허용해왔던 생수 판매가 전면 허용된 것이다. 이때부터 커피가 수돗물과 서서히 작별을 고하게 되었다.

그해 카푸치노가 신문 광고에 첫선을 보였다. 카푸치노는 에스프레소 위에 우유 거품을 얹은 커피로 카페라테보다는 우유의 양이 적은 것이 보통이다. 대부분의 카페 메뉴에 올라 있는 인기 세품이다. 1988년경 새로 등장한 '쟈뎅'과 '도토루' 등 신형 카페의 메뉴에 올랐지만 일반인들에게는 알려지지 않았다. 그런데 1992년에 한국네슬레가 '네스카페 카푸치노'를 신제품으로 출시하고 대대적인 신문 광고를 하면서 알려지게 되었다.

당시 신문 광고의 카피는 "커피의 새로운 패션, 이탈리안 패션의 커피, 네스카페 카푸치노"였다. 네스카페 카푸치노 한 봉지를 뜯어 커피잔에 넣고 뜨거운 물을 부으면서 가볍게 저어주면 카푸치노를 즐길 수 있는 제품이었다. 일종의 믹스커피였던 셈인데, 이 제품이 커피시장에 끼친 영향은 생각만큼 크지 않았다.

새로운 형태의 카페인 디저트 카페가 등장한 해도 1992년이었다. 1989년에 문을 연 삼풍백화점 2층에 들어선 카페 라리 1호점이었다. 이탈리아의 일리 원두를 사용한 고급 커피와 함께 치즈케이크, 시폰케이크 등을 조각으로 팔아 유명해졌다. 카페 라리는 3년 후 백화점 붕괴와 함께 사라졌다.

서태지와 아이들의 음악을 들으며 캔커피와 카푸치노를 마시던 시절 신기한 운동이 벌어졌다. 이른바 '과대포장 안 하기 운동'이었다. 정부와 소비자단체가 협력하여 각종 소비재 상품의 과대포장을 억제하는 운동을 벌이기 시작했다. 흥미로운 전시회가 열려 시민들의 시선을 사로잡았던 것도 이즈음이었다. 1992년 9월 2일부터 명동의 YWCA에서 '과대포장 고발전시회'가 열렸다. 당시 선물세트로 인기가 높았던 커피도 과대포장을 하는 대표적 물품으로 비난의 대상이 되었다.

환경문제에 대한 우리 사회의 관심이 커지고 쓰레기 분리수거 문제가 본격적으로 논의되고 도입된 때도 1992년이었다. 캔커피 유행으로 인한 빈 캔의 등장도 분리수거의 필요성을 부각하는 데 기여했다. 서울시는 새로 제정된 '폐기물관리법'에 따라 1991년 9월 1일부터는 쓰레기를 함부로 버린 사람에게 과태료를 부과하기 시작했고 1992년 3월 1일부터는 분리수거에 응하지 않는 사람에게도 과태료를 부과했다. 서울시는 1992년 말까지 시내 주거지에 분리수거함 설치를 완료했다. 분리수거함에서 가장 많이 보이는 쓰레기는 빈 커피 캔이었다.

서울시의 이런 노력에도 불구하고 분리수거에 대한 시민들의 이해 수준이 급격히 높아질 수는 없었다. 1992년 2월 한국소비자보호원에서 조사한 바에 따르면 당시 쓰레기 분리수거를 잘 모른다는 응답자가 72퍼센트에 달했다.

정부 주도로 추진한 쓰레기 분리수거운동을 확산시키는 데 앞장섰던 집단의 하나가 군대였다. 육군 2062부대는 1992년 2월 7일 '쓰레기 분리수거 시범대회'라는 행사를 열었다. 이 자리에 참석한 환경처장관은 환경보전과 폐기물 재활용에 군부대가 참여하는 것을 격려하고 적극 앞장서줄 것을 당부했다. 1992년 3월 11일 환경처는 쓰레기 분리수거에 공이 많은 3군사령부를 방문하고 감사패를 전달했다. 관공서조차 쓰레기 분리수거에 소극적이어서 언론의 질타를 받던 시절에 군부대의 솔선수범은 타의 모범이 되기에 충분한 일이었다.4

커피와 수돗물의 이별은 나름 상징성이 큰 변화였다. 커피의 맛과 향을 존중하는 문화가 열리고 있었다.

카페 창업 열풍

우리 현대사에서 1993년은 광고의 영향력이 유난히 심했던

---

4 이런 솔선수범이 쌓이고 쌓여 현재 우리나라는 자타가 공인하는 쓰레기 분리수거 선진국이며 쓰레기 재활용률이 83퍼센트에 이르고 있다. OECD 국가 전체에서 거의 최고 수준이다. '수거'의 사전적 의미는 '다 쓴 물건 따위를 거두어감'이다.

해였다. 특히 광고에서 '애처가 바람'이 거셌다. 세탁기 광고에 등장한 "남편들도 빨래를 하자", 청소기 광고에 등장한 "잡혀 사는 게 편안한 것"이라는 광고 카피가 선풍적인 인기를 끌었다. 맥스웰하우스 커피 광고에 등장한 배우 안성기는 거실에서 그림을 그리는 아내에게 커피를 타서 가져다주는 자상한 남편으로 등장하여 주부들의 환호를 받았다.

TV 광고가 애처가 바람을 일으켰다면 신문 광고는 또다른 바람을 몰고 왔다. 바로 체인 형태의 커피전문점 바람이었다. 체인점 문화는 20세기 초반 프랑스에 등장한 '폴Paul'이나 '라뒤레Ladurée' 같은 카페에서 비롯되었다. 이후 20세기 중반에 이르러 다양한 패스트푸드의 등장으로 체인점 문화는 급속도로 발전했다. 1955년에 등장한 프랜차이즈 맥도널드가 대표적이다.

우리나라에서는 1979년에 문을 연 롯데리아가 체인점 문화의 효시로 알려져 있다. 1980년대에는 서울올림픽을 전후하여 버거킹, 맥도널드, KFC 등이 잇따라 등장했다. 커피전문점으로는 1979년 대학로에서 처음 문을 연 후 점차 매장을 늘려 한때 전국적으로 60여 개의 매장을 거느렸던 '난다랑'이 효시였다. 대학로의 1호 매장은 1986년에 '밀다원'으로 상호를 변경했다. '난다랑'은 1992년 동아실업에 인수된 후 1993년에 대대적인 광고와 함께 셀프서비스 중심의 '비인'과 풀서비스 형태의 '난다랑멤버스'로 새롭게 출발했다. 이렇게 시작된 커피체인점 문화는 급속히 성장하여 1993년에 신문 광고를 점령하다시피 했다.

1993년 한 해 동안 신문 광고에 등장한 원두커피 전문점 광고는 헤아릴 수 없을 정도로 많았다. 신문 광고에 반복적으로 등장한 대표적인 곳으로는 '메카' '뮤즈' '자이네르' 'K-Shop' '세이브' 'SACOS' '뜨레모아' '커피타임' '아이리스' '샤갈의 눈 내리는 마을' '커피매거진' '광세' '꼼스테르' '메디이' '원바이포' 'Coffee Today' 'Join' '뮤렝' '커피라인' '상파울루' '하비비' 'Greco' '커피그린' '메델리노' '그루터기' '블랑' '드림' 등이었다. 상호가 대부분 외래어였다.

당시 원두커피 전문점 모집 광고에는 몇 가지 공통점이 있었다. 첫째, 유럽풍을 내세웠다는 점이다. 특히 이탈리아와의 기술 원조나 일리 등 이탈리아 커피 원두를 내세운 광고가 많았고 그 밖에도 프랑스, 오스트리아, 콜롬비아 커피 맛을 내세우는 전문점 광고도 있었다. 가수 권인하를 모델로 기용한 '미스터커피'가 "이탈리아 정통 원두커피의 깊고 풍부한 세계"를 보여주겠다는 광고 카피를 사용한 것이 대표적이다. '페터치니'는 이탈리아 포맥FORMEC과의 기술 제휴를 자랑했다. 둘째, 최소의 투자로 최대의 수익을 보장한다는 점을 강조했다. 많은 업체에서 "불황을 모르는 고소득 유망사업, 커피전문점"이라는 구호를 내세웠다. 영향력 있는 신문에서 체인점 창업에서 실패할 확률은 5퍼센트, 성공 확률은 80퍼센트라는 분석 기사를 실었던 것도 체인점 창업 열기를 부추기는 데 한몫했다.[5] 셋째, 베이커리와 커피의 결합을 강조하는 광고였다. 그해 6월 1일부터 식품위

---

[5] 〈조선일보〉, 1993년 3월 8일.

1993년에 불어닥친 커피전문점 창업 열풍. 신문 광고마다 "불황을 모르는 고소득 유망사업"임을 내세웠다.

생법 개정으로 카페에서의 음식 판매와 음식점에서의 커피 판매가 허용된 것이 계기였다. 예컨대 커피전문점 '해피타임'은 체인점 모집 광고에서 '햄버거+피자+커피'를 내세웠고 '맥필드'는 "커피와 즉석빵 종합체인점"이라는 점을 강조했다.

1993년 3월에는 전국적으로 50여 개의 커피체인점이 있었고 서울에만 400여 개의 매장이 성업중이었다. 7월이 되자 체인점 형태의 커피전문점이 100개가 넘었고 매장이 서울에만 1700여 개, 지방에 300여 개로 총 2000개가 넘었다. 매달 300개 이상의 커피체인점 매장이 문을 여는 셈이었다. 말 그대로 "재래식 다방은 흐림, 커피전문점은 맑음"이었다.[6] 이런 시대적 분위기에 편승한 '교육방송'은 12월 14일 저녁시간에 '커피전문점 설치 요령'을 특집 방송으로 내보내기에 이르렀다.

대도시 주변에는 원두커피를 취급하는 별장형 카페들이 줄줄이 들어섰다. 커피 맛보다는 분위기를 추구하는 곳이었다. 1993년

---

6 〈동아일보〉, 1993년 9월 13일.

10월 21일 〈조선일보〉가 "도시 근교 외딴 카페 인기"라는 기사에서 소개한 서울 교외 카페만 해도 가평의 '뜨락', 포천의 '터' '서운동산' '팔야촌', 광릉의 '야외스케치', 남양주의 '아뜨리' '목마루', 양주의 '사슴의 집' '흑과백', 고양의 '표표', 강화의 '산까치', 양평의 '힐하우스' 등이 있었다.

  이런 에피소드도 들렸다. 약사가 약국 문을 닫고 커피전문점을 차렸다는 소식이었는데, 개업 첫해에 약국 수입과 커피전문점 수입이 비슷한 정도라는 흥미로운 이야기였다. 서울 양재동에 문을 연 '에르디아'를 운영하는 약사 노정희의 사연이었다.[7] 많은 젊은이가 커피전문점 창업에 뛰어들게 만드는 흥미로운 소식이었다.

  원두커피 전문점 유행으로 원두커피의 소비 비중이 증가했다. 이런 현상을 〈동아일보〉는 원두커피가 '옛 명성'을 되찾았다고 표현했다. 우리나라 역사에서 1970년대에서 1980년대에 인스턴트커피 유행으로 커피 맛이 획일화되기 이전에 제대로 된 원두커피 문화가 존재했음을 강조한 것이다.[8]

  1993년에 우리나라 국민 1인당 커피 소비량이 일본과 대만을 앞지르기 시작했다는 소식이 전해졌다. 국제농업개발원이 그해 3월부터 7월까지 5개월간 세 나라의 20세 이상 성인 남녀를 대상으로 커피 소비량을 조사한 결과 우리나라 사람들은 연간 352잔의 커

---

7 〈조선일보〉, 1993년 9월 5일.
8 1920년대에서 1930년대, 그리고 광복 이후 인스턴트커피 유행 이전이었던 1960년대까지의 커피 문화를 의미한다.

피를 마시는 것으로 드러났다. 1년에 72잔을 마시는 대만보다는 압도적으로, 그리고 195잔을 마시는 일본보다는 월등하게 많았다. 크게 신뢰가 가지 않는 결과였지만 일본을 앞질렀다는 조사 결과에 모든 언론이 앞다투어 보도했다. 1인당 국민소득이 일본의 4분의 1이었던 그때나, 일본을 따라잡은 지금이나 일본을 이기는 것은 그것이 무엇이든 좋아하는 우리 민족이다. 게다가 문화인의 음료 커피였으니 당연했다.

커피가 예고한 경제 위기

'썩은 오렌지족'의 아메리칸커피

수입 오렌지를 편하게 먹을 수 있는 부유층 젊은 세대에게 '오렌지족'이라는 명칭이 붙은 것은 1992년쯤이었지만 오렌지족에 대한 사회적 관심이 확대된 것은 1994년이었다. 커피전문점이 많은 압구정동과 방배동이 이들의 주무대였다. 오렌지를 들고 다니다 마음에 맞는 이성을 만나면 건네주고 그를 위해 돈을 물 쓰듯 하는 문화가 만들어졌다.

오렌지족 중의 오렌지족은 '수입 오렌지족'이었다. 부모의 도움으로 조기 유학을 떠나 미국에서 살다 방학이 되면 귀국하여 미국식 소비 문화를 뽐내는 젊은 세대를 이르는 말이었다. 1994년 5월 27일 수입 오렌지족이었던 20대 초반 P모씨의 패륜사건이 세상에

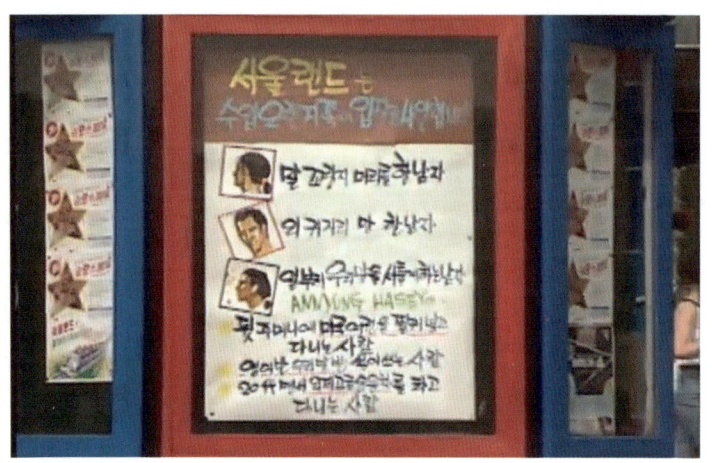

수입 오렌지족의 입장을 제한하는 서울랜드 입장 안내문. 수입 오렌지족에 대한 여론의 질타가 이어지자 서울랜드에서는 말꼬랑지 머리를 한 남자, 외귀걸이만 한 남자, 일부러 우리말을 서툴게 하는 남자의 출입을 금지했다.

알려져 국민적 분노를 샀다. 자신이 원하는 고급 승용차를 사주지도 않고, 자신의 빚도 갚아주지 않고, 자신을 꾸중한다는 이유로 부모를 잔인하게 살해한 사건이었다. '썩은 오렌지족'이라는 표현까지 등장했다.

    수입 오렌지족은 고급 커피전문점에 모여 시중가격의 서너 배쯤 되는 커피를 마시는 것이 보통이었다. 수입 오렌지족에도 등급이 있었다. 프랑스어를 사용하면 상류층, 영어나 일본어를 사용하면 중류층, 우리말을 쓰면 하류층이었다. 해외 유학 경험이 없는 토종 오렌지족이 주로 하류층에 속했다. 토종 오렌지족 아래에는 낑깡족이 있었다. 가짜 명품을 걸치고, 카드빚을 내서 커피전문점 주변이나 클럽 주변을 서성이며 오렌지족을 흉내내는 젊은 층이었다. 돈 많은 부모를 만나는 것도 능력이라는 의식으로 무장된 신인류가 오렌지족이었다.

오렌지족들이 드나드는 커피전문점에 미국식 커피가 새롭게 등장했다. 아메리칸커피라는 음료가 메뉴에 추가된 것인데, 이것이 요즘의 아메리카노다. 당시 미국에서는 새로 나온 묽은 커피를 개숫물을 의미하는 '디시 워터Dish water'라고 부르기도 했는데, 이는 정통 커피를 마시는 사람들이 연한 커피를 마시는 사람들을 무시하는 표현이었다. 수입 오렌지족들은 미국에서 배운 이런 연한 커피를 마시며 미국식 소비 문화에 익숙함을 자랑하기도 했다. 아메리카노가 '국민 커피'처럼 유행하게 된 것은 수입 오렌지족 문화의 계승이었을지도 모른다.

에스프레소 머신이 신문 광고에 처음 소개된 것이 1994년 1월이었고 낯선 이름 카푸치노가 신문 광고에 처음 등장한 것도 같은 해 2월이었다. 1999년 여름 스타벅스 1호점이 문을 열고 아메리카노와 카푸치노가 주요 메뉴로 등장하기 이전에 미국식 커피 문화는 수입 오렌지족에 의해 이미 유입되고 있었다.

1994년 시점에서 원두커피 소비 가구가 3년 사이에 3.5배 증가했고 커피 수입량도 급증했다. 커피 원료 수입은 1994년에 7만 톤을 넘어섰다. 수입량의 95퍼센트 이상이 볶지 않은 생두였다. 이미 국내에 커피 로스팅을 직접 하는 카페나 로스팅 전문업체가 다수 존재하고 있었다는 의미다.[9]

커피전문점의 유행과 함께 대중가요, 영화, 출판 분야에서도 커피는 매우 매력적인 주제로 등장했다. 그해에 〈커피 한 잔과 당신〉이라는 노래가 수록된 함영재의 첫 앨범이 발매되었고 김성호의 〈당신은 천사와 커피를 마셔본 적이 있습니까〉도 발표되었다. 〈커피, 카피, 코피〉라는 로맨스영화가 개봉되었고 『커피』(윤영노·황성연),[10] 『막걸리에서 모닝커피까지』(최남진), 『커피의 세계』(정홍식) 등 커피를 주제로 한 책들도 출간되었다.

그런데 수입 오렌지족 등장과 함께 폭풍 성장하던 커피전문점의 위기가 시작되었다. 1994년 4월이었다. 특별한 계기나 어떤 징후가 있었던 것은 아니다. 난립이 문제였다. 1994년 4월 20일 〈매일경제〉는 "커피전문점 난립 한파, 매물 쏟아져"라는 기사를 실었다. 우후죽순처럼 늘어나던 커피전문점이 최근의 경기 부진과 업체 난립으로 팔려고 내놓은 업소가 속출하고 있다는 내용이었다. 한국외식산업연구소가 1992년 12월부터 1994년 3월 말까지 일간지에 가맹점 모집 광고를 냈던 기피전문점 체인 본부틀의 폐업률을 조사한 결과 47개의 가맹점 중 53.2퍼센트에 해당하는 25개가 도산한 것으로 나타났다. 1994년 4월 22일 〈동아일보〉도 "외식체인점 가맹 신중해야"라는 기사를 통해 커피전문점의 실패 확률이 50퍼센트 이상이

---

[9] 우리나라 커피 역사에서 로스팅의 역사는 앞으로 탐구해야 할 영역이다. 언제, 누가, 어떤 기계로 로스팅을 시작했는지, 국산 로스팅 기계의 개발은 어떻게 시작되었는지 등에 대한 연구가 필요하다.
[10] 『커피』는 1993년 12월 28일 발행되어 1994년에 유통되었다.

라고 경고했다. 과소비와 거품 경제, 외환 위기로 가는 징후였을 수도 있었으나 누구도 주의 깊게 대처하지 않았다. 커피산업이 알리는 경고에 귀 기울이는 사람이 없었다.

커피가 예고한 외환 위기

1994년 10월 성수대교 붕괴에 이어 1995년 여름에는 삼풍백화점이 무너졌다. 제2차세계대전 이후 세계적으로 커피 소비가 최초로 감소하는 신기한 현상이 발생했던 해였다. 전년도의 브라질 커피 수확량의 대폭 감소로 인한 커피 원료가격 상승이 기폭제였다. 커피 최대 생산국 브라질에는 1994년 한 해 동안 두 차례의 냉해와 한 차례의 극심한 가뭄이 닥쳤다. 이로 인해 커피나무 상당수가 죽는 사태가 벌어졌다. 브라질이 커피 원료를 수입할 것이라는 전망까지 나왔다. 세계 커피 원료 시장은 흔들렸고 몇 개월 사이에 국제 시장에서 커피 원료가격은 두 배 이상 올랐다. 커피인들의 놀라움과 불안함이 극에 달했다.

커피 원료가격 상승이 가져온 커피 소비자가격 앙등은 결국 커피 소비 시장 위축으로 이어졌다. 세계 최대의 커피 소비국이었던 미국의 경우 제2차세계대전 이후 최초로 한 해 사이에 커피 소비가 10퍼센트 이상 감소했다. 미국을 비롯한 커피 소비국에서의 커피 소비 감소는 커피 생산국들의 경제난으로 이어졌다. 중남미의 경제 위기가 시작되었다. 모든 커피 생산국의 외채가 급격하게 증가했다. 커피가 예보한 개발도상국 외환 위기의 시작이었다.

이런 소식을 전하면서 국내의 한 언론은 "커피 생산국 울고 싶어라"라는 제목의 기사를 싣기도 했다.[11] 커피가격 상승은 오래가지 않았다. 커피 소비 위축으로 커피 생산국들 사이에 커피가격 낮추기 경쟁을 시작하면서 이번에는 커피 원료가격이 지속적으로 폭락하는 사태가 벌어졌다. 마침 커피 생산을 본격화한 베트남 커피의 등장도 커피가격 하락을 부채질했다. 불과 1년 사이에 국제 커피가격이 롤러코스터를 타는 형국이었고 커피 소비는 빠르게 감소했다.

커피 원료가격의 하락 소식은 우리나라에도 전해졌다. 언론마다 국제 커피가격이 올해 들어 최저 수준으로 떨어졌다는 보도였다. 국제커피기구 자료를 인용하여 1995년 6월 23일 드디어 최저가격을 기록했다고 전했다. 7월 6일 〈매일경제〉는 콜롬비아, 코스타리카, 엘살바도르, 온두라스 등 남아메리카 4개국이 커피가격 정상화를 위해 커피 판매를 잠정적으로 중단하기로 합의했고 에콰도르와 브라질도 이 합의에 대한 지지를 표했다는 소식을 전했다. 몇 해 사이에 커피가격은 예측하기 이렇게 급등과 급락을 반복했고 중남미 커피 생산국 경제는 심하게 흔들렸다.

이해하기 어려운 것은 국제적인 커피 원료가격 급등과 급락, 커피 소비 감소 추세에도 불구하고 우리나라의 커피 소비는 크게 위축되지 않았다는 점이다. 세계무역기구 WTO 체제 등장으로 농수산물 무역적자가 급증했고 커피를 비롯한 기호 식품류의 수입이 주요

---

[11] '울고 싶어라'는 1988년에 발매된 이후 유행했던 이남이의 노래 제목이었다.

원인이라는 지적이 끊이지 않지만 커피가격이 흔들리지도 않았고 커피 소비가 감소하지도 않았다. 10대와 20대가 선호하는 음료에서 커피가 65퍼센트를 차지했고 이들 중 저급한 인스턴트커피보다는 원두커피를 마시는 비중이 68.5퍼센트에 이르렀다는 조사 결과도 발표되었다. 원두 캔커피 소비가 폭발적으로 늘었고 새로운 커피 문화를 선도하는 헤이즐너트커피가 등장하여 커피 소비를 부추겼다.

이런 가운데 6월 29일 삼풍백화점이 붕괴되는 참사가 일어났다. 418명의 목숨을 앗아간 비극 속에서 생존자 구출 소식을 지켜보며 마음을 졸이는 날이 이어졌다. 매몰된 지 무려 13일 만에 열여덟 살 유○○양이 극적으로 구조되었다. 유양은 인터뷰에서 "지금 가장 하고 싶은 일이 무엇이냐?"라는 질문에 "시원한 냉커피를 마시고 싶다"라는 흥미로운 대답을 했다. 동서식품을 비롯한 커피기업들은 유양이 입원하고 있는 병원으로 수십 상자의 캔커피와 커피믹스를 보내왔고 신문에는 시원한 캔커피를 마시는 유양의 사진이 실렸다. 게다가 유양은 "장래 희망이 무엇인지?"라는 질문에 "커피전문점을 운영하고 싶다"라고 대답했다. 냉커피 소비는 폭발했고 커피전문점 창업에 대한 청년층의 관심도 급증했다.

젊은 층을 중심으로 커피 문화가 인스턴트커피에서 원두커피로 본격적으로 옮겨가고 있었고 커피전문점 창업은 그들의 꿈이었다. 이런 청년들에게 희망을 주는 인터뷰 기사가 1995년 10월 7일 〈조선일보〉에 실렸다. 열다섯 살이던 1937년에 시작하여 무려 58년

삼풍백화점 사고 소식을 전한 〈동아일보〉 1면 머리기사. 1995년 삼풍백화점이 붕괴되는 날벼락, 대참사, 비극이 벌어졌다. 13일 만에 구조된 유양이 시원한 캔커피를 마시고 싶고, 커피전문점을 차리고 싶다는 이야기가 전해졌다.

동안 커피를 끓여온 서정달의 커피 인생 이야기였다. 서정달은 당시 이화여자대학교 후문에서 커피전문점 '주얼리하우스'를 운영중이었다. 다방 종업원이 꿈을 이루어 유명 바리스타가 된 사례였다. 이 기사와 함께 "원두커피 끓이는 법"이 소개되었다.[12]

12 당시 커피 문화를 잘 보여주기에 전문을 옮긴다.

원두커피 전문점이나 일반 가정에서 가장 널리 퍼져 있는 방식은 드립(물방울)식. 여과 종이에 원두커피 가루를 넣고, 물을 끓여 수증기가 식으면서 물방울이 되어 커피 가루로 떨어져 내리는 방식이다. 가정에서 쓰는 커피메이커가 대개 이런 드립식 커피 제조기들이다. 곱게 간 것보다, 중간 정도로 입자가 거칠거칠하게 간 원두를 사용해야 커피의 그윽한 맛을 잘 우려낼 수 있다. 사이펀식은 커피를 끓여낼 때까지의 기다림이 즐거울 만큼 시각적인 효과가 좋고, 정성도 들어간다. 끓은 물이 관을 타고 올라가는 동안, 적당한 온도로 식는 게 핵심이다. 고압-고온의 물과 증기로 끓이는 에스프레소는 짙은 커피를 좋아하는 사람에게 어울린다. 에스프레소용 기구를 사용하는 것이 원칙으로, 빠른 순간에 커피 맛이 우러나야 하기 때문에 아주 곱게 간 원두를 사용한다. 카페오레는 커피의 자극적인 맛을 줄이기 위해 우유를 섞은 밀크커피. 원두커피를 만든 다음에 뜨겁게 데운 우유와 혼합해, 아침식사용으로 든다. 나폴레옹이 즐겼다는 카페 로열은 어두운 밤, 분위기를 돋우며 마시기에 그만이다. 고리가 달린 스푼을 커피잔에다 걸치고, 각설탕을 스푼 위에 얹은 뒤 브랜디를 그 위에 뿌린다. 그런 뒤 설탕에다 불을 붙이면, 각설탕이 파란 불꽃을 내며 커피로 녹아내려 맛을 내는 식이다.

대통령은 지지율에 취해 뜬금없는 말을 일삼고, 국민은 1인당 국민소득 1만 달러를 믿고 고급 커피에 빠져드는 사이에 나라는 외환 위기를 향해 한 발짝 한 발짝 다가서고 있었다. 한 세대에 걸쳐 이룩한 경제가 무너지는 것은 순간이었다.

작은 방종을 마시던 시대

'방종'이란 낱말이 있다. 사전적 의미는 '아무 거리낌이 없이 제멋대로 함부로 행동함'이다. 크든 작든 바람직하지 않은 태도가 방종이다. 우리 역사에서 언론이 '작은 방종'을 부추기던 시절이 있었다. 외환 위기 1년 전인 1996년 10월 한 언론은 "조금 넘쳐도 사치스럽고 싶다"라는 제목의 특집 기사를 통해 생활에 활력을 불어넣는 '작은 방종'이 21세기를 몇 년 앞둔 당시 유행하는 '신사고'라는 주장을 폈다.[13]

당시 물가에 비해 약간 높았던 인터넷 접속비용을 부담할 능력만 있으면 사이버공간을 통해 마돈나, 신디 크로퍼드 등 세계적인 미녀들과 섹스를 즐기는 것이 '작은 방종'의 한 사례로 제시되었다. 인류 역사 속 '작은 방종'의 사례로는 제2차세계대전 당시 서구인들이 누렸던 허시 초콜릿바와 나일론 스타킹이 언급되었다. 하루에 1만 명 이상의 젊은이가 전쟁으로 죽어가는데, 지구 한편에서는 초콜릿바를 통해 달콤함을 즐기고 나일론 스타킹으로 긴 다리를 뽐내는 것이 받아들일 수 있는 '작은 방종'이었다는 어처구니없는 이야기였다.

---

[13] 〈매일경제〉, 1996년 10월 11일.

언론이 앞장서고 시민들이 흉내내는 '작은 방종'에서 새로운 커피 문화도 빠질 수 없었다. 점심식사 후 들른 커피전문점에서 습관처럼 '그냥 커피'를 주문하면 분위기 없고 무식하다는 핀잔을 들어야 했다. 여러 페이지나 되는 커피 메뉴에서 가장 그럴듯한 메뉴를 선택하고 제대로 된 외국어 발음으로 주문하는 것이 무시당하지 않는 길이었다. 그래서였을까. 1990년대 중반의 우리나라 커피전문점 메뉴는 화려하기 이를 데 없었다. 다양하고 창의적인 음료들이 가득했다. 커피전문점 고객 중 적지 않은 부류가 '작은 방종'을 즐기던 사람들이었다.

우리나라 신문에 커피 관련 기사가 가장 많이 실렸던 해는 '작은 방종'을 부추기던 1996년이었다. 〈경향신문〉〈동아일보〉〈조선일보〉〈한겨레〉〈매일경제〉 등 5개 일간지에 커피라는 단어가 들어간 기사는 무려 1345건이었다. 전무후무한 관심이었다. 가장 눈에 띄는 기사는 다양한 커피를 소개하는 기사, 커피로 '작은 방종'을 뽐내는 방법을 알려주는 기사였다. '그냥 커피'를 마시는 사람들과 자신을 구분하고자 하는, '작은 방종'을 추구하는 사람들이 즐길 만한 내용이었다. 당시 주요 언론에 소개된 '작은 방종'을 즐기는 사람들이 즐겨 마시던 커피는 다양했다.

1996년 10월 16일 〈경향신문〉은 여섯 가지 커피 제조법을 소개했다. 집에 온 손님에게 내놓으면 분위기를 좋게 할 커피였다. 먼저 '초콜릿커피'는 따끈하게 내린 원두커피에 기다란 막대 모양의 초콜릿을 세워서 만든다. 초콜릿이 녹으면서 점점 달콤해지는 것이다. '계피향커피', 일명 '시나몬커피'를 만들려면 계핏가루와 커피 가루를 섞은 후 함께 내리면 된다. 이때 분위기를 살리려면 커피잔에도 계핏가루를 발라야 한다. 다음은 '카페 브라질레이뇨'로 우유 반잔을 뜨겁게 데워 강하게 끓인 커피 반잔과 섞는다. 그리고 초콜릿바를 잔에 걸쳐놓는 식으로 만든다. 스페인 사람들이 즐겨 마시는 '커피 플라멩코'는 약하게 탄 커피에 체리술을 약간 넣고 위에 생크림을 얹어서 만든다. 그 위에 체리 하나를 얹으면 보기에도 아름답다. '카페 슬라브'는 커피 위에 바닐라 아이스크림을 얹고 그 위에 초콜릿 파우더를 뿌린다. 뜨거운 커피와 차가운 아이스크림이 섞이면서 독특한 맛을 낸다. 마지막으로 소개한 커피는 '커피 하와이아노'다. 뜨거운 커피에 파인애플주스를 조금 넣고 위에 바닐라아이스크림을 얹는다. 잔 둘레에 바나나를 장식하여 마실 때 함께 먹도록 하는 것이 포인트다.

소개된 커피들의 공통점은 두 가지다. 하나는 보통 사람들이 마시는 인스턴트커피가 아니라 있는 사람들이 즐기는 원두커피를 사용한다는 점, 또하나는 구하려면 조금 투자가 필요한 수입 식재료를 가미한다는 점이다. 커피세계에서도 '작은 방종'은 누릴 수 있는 사람들에게만 주어진 자유였다.

1996년 11월 13일 〈동아일보〉는 "커피 한 잔에 가을 한 스푼"이라는 기사에서 손님이 왔을 때 커피를 직접 만들어 '이국의 향'을 즐기라고 권했다. 손님 접대를 집에서 하는 문화가 남아 있던 시절 손님이 방문했을 때 품위 있게 대접하는 법 하나가 특별한 커피를 내놓는 것이었다. 이 기사에서는 강하게 볶은 원두와 계핏가루를 섞어서 내린 에스프레소에 우유 거품과 휘핑크림을 얹어 만드는 카푸치노, 유리잔에 위스키를 부어 불은 붙인 뒤 불을 끄고 초콜릿 시럽과 설탕, 에스프레소, 휘핑크림을 넣어 만드는 아이리시커피를 소개했다. 보통 사람들은 존재 자체를 모르던 식음료 재료들이 많았다. 그 밖에도 비엔나커피, 카페오레, 카페 로열 레시피를 소개했다. 1990년대 중반에 유행했던 '카페 로열'은 나폴레옹이 즐겼다는 풍문과 함께 고급 호텔이나 커피전문점에서 '작은 방종'을 뽐내기에 적합한 커피였다.

8월 31일 〈조선일보〉는 신상 카페 몇 곳을 소개했다. '작은 방종'의 중심지 강남 신사동과 청담동에서 커피 한 잔에 5000원 내지 1만 원을 받는 업소였다. 일반 카페의 두세 배 가격이었다. 해외에서 직접 들여온 생두를 그날그날 볶고 갈아서 제공하는 커피바 '하루에'와 '팔라디오'였다. 이곳을 이용하는 손님은 '아무 때나, 아무 커피나 먹는' 그런 사람이 아니었다.

10월 10일 〈조선일보〉는 당시 유행하던 '향커피'를 자세히 소개했다. 헤이즐너트, 에메랄드아이리시, 프렌치바닐라 등은 커피에 무언가를 가미한 '향커피'였고, 자메이카 블루마운틴, 하와이코나, 케냐 AA, 스칸디나비안 브랜드는 그 자체의 향이 진해서 향커피 못지않은 고급 커피로 소개되었다.

커피 메뉴 소개와 함께 나라별 커피의 특징이나 커피 문화 소개로 해외여행을 부추기는 기사도 넘쳐났다. 서울올림픽 이듬해에 시작된 '해외여행' 자유화 붐에 편승한 기사들이었다. 베트남과 라오스 커피의 부상(1월 15일 〈동아일보〉), 케냐 커피 맛의 비결(1월 30일 〈조선일보〉), 커피로 점치는 튀르키예인들(2월 29일 〈조선일보〉), 지구촌 카페여행(3월 13일 〈매일경제〉), 커피 생산국 에티오피아(3월 22일 〈매일경제〉), 커피하우스의 나라 오스트리아(4월 18일 〈조선일보〉), 커피 한 잔에 토론 한 마당 프랑스(7월 4일 〈한겨레〉) 등이었다. 2월 어느 날 EBS에서 튀르키예커피를 소개했고 5월에는 KBS에서 예멘커피를 다루었다.

이런 소식에 취해 그들이 마신 것은 커피가 아니라 방종이라는 이름의 독약이었다. 독약을 마신 그들이 앞장서서 나라를 무너뜨렸다. 일본의 버르장머리를 고쳐주기는커녕 국가 존속을 위해 그들의 도움을 받아야 했다. 방종이 낳은 치욕이었다. 미국의 스타벅스가 그해 초 매장 1000개를 돌파했고 해외 1호점을 열었다. 스타벅스 해외 1호점은 1인당 국민소득 3만 7000달러임에도 방종을 경계하던 나라 일본이었다.

외환 위기에 묻힌 원두커피 르네상스

우리나라 커피 역사에서 1997년은 새 시대의 출발점이었다. 한 신문의 표현대로 이해에 "원두커피 르네상스"를 맞았다.[14] 1920년대에서 1930년대에 유행했다가 태평양전쟁 속에 사라졌고 광복 이

---

14 〈동아일보〉, 1997년 10월 18일.

후 다시 유행했지만 쿠데타 세력과 인스턴트커피 공습에 사라졌던 원두커피가 다시 살아났다는 징후가 다양하게 나타났다.

그해에 보도된 신문 기사에 '커피가 건강에 좋다'는 소식이 유난히 많았다. 〈경향신문〉은 "술병 난 간엔 커피가 특효약"[15]이라는 소식을 전했다. 일본 규슈대학 의학부 후루노 교수팀이 발표한 논문에서 "커피를 많이 마시는 사람은 알코올성 간 장애의 지표인 감마 GTP가 감소한다"라는 주장을 인용한 기사였다. 이 신문은 편두통 환자는 카페인을 매일 일정량 섭취하라고 권했다.[16] 기사 내용은 제목과 조금 달랐다. 카페인을 끊어서 생긴 편두통에서 벗어나려면 카페인을 섭취하라는 제안이었다. 커피가 스트레스 해소, 고혈압과 저혈압 조절 작용을 하는 등 건강에 이롭다는 소식도 전했다.[17]

이에 뒤질세라 1997년 2월 20일 〈동아일보〉는 미국의 암연구소가 발표한 "커피에 암 예방 성분"인 클로로겐산이 들어 있다는 연구 결과를 소개했다. 하루에 서너 잔 정도를 마시면 심장병, 암, 성기능장애 등의 부작용을 걱정할 필요가 없다는 내용이었다. 물론 다섯 잔 이상 과도하게 마시는 경우 방광암, 췌장암, 심장병에 걸릴 위험이 높아진다는 경고도 함께 전했다.

커피가 건강에 이롭다는 보도는 이어졌다. 〈매일경제〉는 "갓 끓인 커피 항암 효과"라는 제목의 기사에서 갓 끓여낸 커피의 경우

---

15 〈경향신문〉, 1997년 1월 26일.
16 앞의 신문, 1997년 3월 6일.
17 앞의 신문, 1997년 11월 15일.

항암제로 알려진 산화방지제 성분이 풍부하게 함유되어 있다는 미국 데이비스 소재 캘리포니아대학교 시바모토 다카유키 교수의 주장을 소개했다. 커피 한 잔에 들어 있는 산화방지제는 오렌지 세 개에 함유된 양과 같다는 구체적 사실도 적시했다.[18]

커피가 건강에 유익하다는 소식을 타고 커피를 집에서 맛있게 끓여 마시는 비법을 소개하는 기사도 유난히 많이 등장했다. 1997년 1월 5일 〈경향신문〉은 경제면 전체를 원두커피의 종류와 조리법 소개로 채웠다. 첫 문장 "인스턴트커피 대신 원두커피를 즐기는 가정이 많다"가 당시 분위기를 잘 보여준다. 이 신문에 따르면 당시 웬만한 가정에서는 커피메이커가 생활필수품처럼 여겨졌고 백화점마다 커피 원두 전문 매장을 갖추었다. 이 신문은 8월 28일에도 "가을에 쓰는 커피 이야기"로 한 면을 채웠다. 키스보다 감미로운 '맛과 향'을 지닌 커피의 모든 것을 다루었다.

가을이 깊어가던 1997년 10월 18일 〈동아일보〉는 '홈 & 쇼핑' 코너 두 면을 커피 이야기로 채웠다. 주제는 역시 원두커피였다. 직접 볶아 금방 갈아낸 커피를 쓰는 '스몰로스트' 방식의 커피점들이 '원두커피 르네상스'를 이끌고 있다는 소식을 감미롭게 전했다. "향은 가을을 적시고 맛은 가슴을 데운다"라는 기사 제목을 보면 커피 생각이 날 수밖에 없었다. 커피뿐 아니라 커피를 넣어 만드는 새로운 요리도 기획했다. 커피를 넣은 바나나튀김, 커피를 섞은 떡볶

---

[18] 〈매일경제〉, 1997년 4월 17일.

스몰로스터들이 이끄는 '원두커피 르네상스'시대가 도래했다고 선언한 1997년 10월 18일 〈동아일보〉 기사. 산지별 커피 맛의 차이, 다양한 커피 메뉴, 새로 생긴 커피전문점을 소개하는 신문 기사가 넘쳐났다. 정부와 언론이 소비를 권장하는 사이에 외환 위기가 닥쳤다.

이, 커피를 넣어 만든 덮밥 커피하이스가 사진과 함께 독자들을 유혹했다. 튀르키예식 커피 끓이는 도구 '이브릭'부터 '에스프레소포트'라고 소개한 모카포트까지 다양한 커피 도구에 대한 상세한 설명도 곁들였다.

    원두커피 정보와 커피 상식에 이어 커피계의 유명인과 새로 생긴 커피전문점 소개도 봇물처럼 쏟아졌다. 커피에 종사하는 사람으로는 명칭조차 생소한 동원식품 '커피관능검사원' 최상인 과장, 커피 볶는 기계 국산화에 성공한 대구 커피명가의 안명규 대표, 미원의 커피 코디네이터 김민성 등이 알려졌다. 당시 언론은 서울 주변에 새로 문을 연 전망 좋은 카페들을 소개함으로써 우리나라 카페가 주부들의 사랑방으로 자리잡는 데 일조했다.

특히 전망 좋은 곳에 문을 연 연예인 카페의 인기가 대단했다. 서울 근교 양평과 남양주 주변에 문을 연 개그맨 최양락의 '꽃피는 산골', 배우 김영란의 '베니샤프', 가수 임창제의 '어니언스', 이치헌의 '베니스가든' 등이 대표적이다. 신도시 분당 주변의 '로그하우스' '쟈스민' '후니쿨라' 등도 언론 소개를 타고 주부들로 가득했다. 서울 시내 대학로에는 난다랑의 후신 '밀다원', 압구정동의 '라팔라디오', 청담동의 '하루에', 행주대교 부근 한강변의 '카페 J&H' 등이 신문에 소개됨으로써 커피 마니아들을 사로잡았다.

1997년에 들린 커피 소식 중에서 가장 충격적이었던 것은 '스타벅스'의 상륙이었다. 10월 3일 모든 일간지가 신세계백화점의 자회사 '에스코코리아'가 미국의 커피체인점 '스타벅스' 국내 1호점을 다음해 상반기에 서울 강남 지역에 연다는 소식을 전했다. 당시 스타벅스는 미국에만 1300개의 체인점을 직영으로 운영하고 있었고 일본과 싱가포르에도 진출한 상태였다. 신세계는 1999년까지 10개 이상의 점포를 낼 계획도 공개했다. 스타벅스라는 이름조차 아는 사람이 별로 없던 시절이었다.

그해에 미국 잡지 〈라이프〉는 인류 역사 속 100대 사건 중 78번째로 커피를 선정했다. 우리나라에서는 원두커피의 인기, 주부들의 카페를 향한 '짧은 여행'의 유행, 커피메이커의 생활필수품 등극 등이 나타남으로써 커피가 르네상스를 맞은 해였다. 그렇다면 커피 소비는 증가했을까?

커피 소비는 양극화를 보였다. 1995년에 시작된 인스턴트커피 소비 감소는 1996년에 이어 1997년으로 이어졌다. 거품 경제는 일부 있는 사람들의 이야기였고 보통 서민들은 자고 나면 오르는 가격 탓에 커피 소비를 오히려 줄이고 있었다. 원두가격이 연초부터 폭등하기 시작하여 연말까지 이어졌고 이를 반영하여 국내 커피 소비자가격 인상이 세 차례나 단행되었다. 대통령과 여당은 몰랐거나 모른 척했지만 국민 다수는 알고 있었다. 커피 소비마저 줄여야 하는 힘든 시기임을. 그러나 새로 등장한 신용카드로 편하게 커피를 구입하고 즐길 수 있는 상류층 중심으로 원두커피 소비는 폭증하고 있었다. 1990년대 후반 우리나라의 커피 소비 증가를 주도하고 있던 부류는 고급 카페에서 원두커피를 마실 수 있는 계층이었다. 커피 소비의 양극화가 뚜렷해지고 있었다.

우리나라 경제 상황의 불안정성을 눈치챈 스타벅스는 우리나라 1호점 개점을 잠시 보류했다. 스타벅스 1호점 개설 연기 소식이 전해진 직후 우리나라는 경제 주권을 상실했다. IMF에 구제금융을 신청했다.

'커피'는 '절약'의 반대말?

"세상 가장 향기로운 커피는 당신과 마시는 커피입니다." 배우 한석규가 맥심 커피 광고에 등장하여 손에 든 커피잔을 지그시 내려다보며 속삭였다. 안성기가 오래도록 맡았던 광고 모델이 그해에 남자 인기 연예인 1위로 등극한 한석규로 교체되었고 여자 연예인 인기 1위 최진실은 롯데백화점 모델이 되었다. 맥심커피의 경쟁 제품인 네슬레의 테이스터스 초이스는 "감사의 마음에서는 향기가 납니다"로 대응했고 롯데칠성의 레쓰비 캔커피 광고는 모델보다 손발을 오그라들게 하는 버스와 지하철 대화로 인기를 끌었다. 버스에서 레쓰비를 마시던 전지현이 "저 이번에 내려요"라고 하자 류시원이 성급히 따라 내린다. 이어진 광고는 지하철이 배경이었다. 지하철에서 레쓰비를 마시던 명세빈이 "저 이번에 내려요" 하자 박용하는 "어, 진짜요?" 하며 뒤에 있던 여자 친구를 앉혀서 명세빈을 민망하게 했다.

  1998년에는 이런 달콤한 커피 광고가 유행했다. 그러나 세상은 광고처럼 달콤하지도, 유쾌하지도 않았다. 1998년은 그야말로 역사학자들에게는 '존재감 없는 해', 혹은 '낀 해'로 여겨졌다. 1997년에는 IMF 외환 위기와 온갖 대형 사고가 잇따랐고 1999년은 새천년으로 가는 마지막 해라는 굵직한 이미지가 남아 있다면, 1998년은 뚜렷한 이미지가 없다.

  역사학적으로 뚜렷한 이미지는 없지만 당시를 살았던 사람들에게는 비참함과 불안감이 넘치던 해가 1998년이었다. 6월 8일 〈경향신문〉에는 영등포구 신길동에 사는 회사원 이모씨의 이야기가 실렸다. 어느 날 여덟 살 딸아이의 필통을 보니 볼펜대를 끼운 몽당연필들이 들어 있었다. 이전 같았으면 흐뭇했겠지만 지금은 측은한 마음이 앞섰다. 그런데 며칠 전 출근하는 이씨를 배웅하면서 딸아이가 이씨 손에 100원짜리 동전 세 개를 쥐어주었다. "이게 뭐니?"라고 물으니 "아빠, 오늘 커피값 하세요. 제가 아빠한테 용돈 드리는 거예요"라고 했다. 커피 마시는 것조차 주저하던 시절이었다.

　　물론 이때도 커피는 희생양이었다. 무능한 정부 때문에 외환위기가 닥쳤는데, 왜 커피가 특별히 비난받는지는 모를 일이었다. 역사상 다섯번째였다. 김홍륙 독다사건 직후, 일제 말 태평양전쟁 때, 5·16군사정변 직후, 그리고 1970년대 오일 쇼크 직후 몇 년간 커피는 이 땅에서 배척해야 할 죄인 신세였다. 외환 위기는 커피퇴출운동을 다시 불러왔다. IMF시대의 덕목은 절약이었고 커피는 절약의 반대말이었다. 국민이 모은 금 300킬로그램을 1차로 수출하여 받은 돈이 260만 달러였는데, 연간 커피 수입액이 2억 달러나 된다는 비난이 일었다. 전량 수입하는 커피 대신 우리 땅에서 나는 차를 마시자는 운동이 거세게 일어났다. 서울의 서초구청에서는 공무원들과 음식점을 대상으로 커피 안 마시기 운동을 공개적으로 펼쳤다. 커피를 마시지 말자고 공문을 발송하는가 하면, 커피 안 마시기 운동에 동참하는 업소에 대해서는 위생 검사 면제 등 혜택을 주었다. 당연히 받아야 할 위생 검사 면제가 혜택인 나라였다. 〈매일경제〉 표현대로 "커피 수난시대"였다.

　　당시 인기 있던 율무차, 둥굴레차, 녹차 원료의 90퍼센트 정도를 수입하고 있다는 사실, 커피 수출로 수천만 달러의 외화를 벌어들인다는 사실, 수출에 목숨 거는 나라가 외제추방운동을 벌이는 데 대한 외국에서의 비판이 거세다는 사실 등은 알 바 아니었다. 오로지 여론에 영합하는 정책을 쏟아낼 뿐이었다. 정책 입안자들은 세상 물정은 모르고 여론 영합정책에 몰두한 탓에 외환 위기가 발생했다는 사실을 잊은 것 같았다.

동서식품에서는 모든 광고에 "세계로 수출하는 우리 커피 맥심"이라는 문장을 넣어야 했다. 무슨 물건이든 수출하는 상품이라는 것, 아니면 우리 것임을 강조해야 살아남던 시절이었다.

시절만큼이나 쓰고 검은 커피 '에스프레소'가 본격적으로 언론에 등장했다. 1998년 8월 28일 〈조선일보〉는 광화문에 있는 정통 에스프레소 전문매장 '세가프레도'를 소개하는 기사를 실었고, 9월 4일 〈동아일보〉는 청담동 여피거리에서 에스프레소 전문점으로 인기를 끌고 있는 '하루에'를 소개했다. 10월 20일 〈동아일보〉는 에스프레소 특집을 실었다. 자그마한 잔 데미타스에 담긴, 커피 맛을 아는 사람들을 위한 에스프레소를 본격적으로 소개하는 기사였다. "여피거리 청담동의 '문화기호'"인 에스프레소 전문매장 '커피미학'도 소개되었다. 일본에서 커피를 배운 여종훈이 열었다. 에스프레소 기반 커피 음료 전문점 스타벅스는 서울 1호점 개점을 미루고 있었지만 서울에는 이미 에스프레소 전문매장이 이렇게 하나둘 등장하고 있었다.

1998년 6월에는 할리스커피 1호점이 테이크아웃 커피전문점으로 강남역 지하상가에 문을 열었다. 1998년 봄으로 예정되었던 스타벅스 개점이 연기되면서 준비팀에서 일하던 강훈은 그해 1월

퇴직했다. 함께 퇴직한 동료 두 명과 5개월간 준비해서 창업한 것이 할리스커피였다.[19]

그해 10월 29일에 발표된 제4회 동서커피문학상 대상 「미장원에서」에는 이런 문장이 나온다. 작가는 미장원에서 다듬어지는 여자 머리를 보면서 "미완성인 그 모습이 하나의 예술처럼 느껴졌다. 완성을 향해 다가가는 미완의 행위들, 그것에서 삶의 아름다움은 완성되는 것이 아닐까. 혀끝에 맴도는 커피 향의 여운처럼 삶의 향기도 그런 여운 속에 머무는 것이 아닐까"라고 속삭인다.

존재감 없던 1998년, 나라가 망할지, 나의 삶이 무너질지 모르는 절박한 시절을 사는 사람들이 여운 속에서 삶의 향기를 찾기란 어려웠다. 그 시절의 여운은 모두 불안으로 채워져 있었다. 위로의 음료 커피가 필요한 때였다.

---

[19] 1999년 4월 압구정동 로데오거리에 직영 2호점을 낸 이후 가맹점 모집을 시작했다.

커피공화국으로 가는 길

난다랑은 가고, 스타벅스는 오고

외환 위기는 커피 대신 국산 차 마시기 운동을 소환했다. 늘 그랬듯 절약이 필요한 시대에 커피는 모두의 공적이었다. 커피는 광고로 시대에 어필하려고 노력했다. 맥스웰하우스는 캔커피 광고에서 취업 준비생의 면접 장면을 다루었다. 면접에서 당황하여 실수한 취업 준비생을 보여준 후 "나를 알아주는 커피, 맥스웰 캔커피"라는 메시지를 전달했다.

1999년 2월 대상은 테이크아웃 체인점 로즈버드커피클럽 1호점을 개점하고 4월부터 사업 참여자 모집 광고를 냈다. 국내 최초의 테이크아웃 커피전문점임을 강조했다. 하지만 국내 최초의 테이크아웃 커피전문점은 명확하지 않다. 할리스커피 1호점이 1998년

6월에 문을 열었고, 그 밖에도 서울에는 대학가를 중심으로 사카, 스타라이트, 쿠벅, 매그닉, 씨애틀에스프레소, 카페루카 등 30개 이상의 테이크아웃 커피전문점이 이미 운영중이었다.

로즈버드커피클럽이 가맹점 모집 광고를 시작하고 할리스커피가 직영 2호점을 내던 1999년 4월 스타벅스가 이화여자대학교 앞에 서울 1호점 개점을 준비중이라는 소식이 전해졌다. 7월에 접어들며 스타벅스 진출 소식은 더욱 빈번해졌다. 7월 15일 〈조선일보〉는 7월 27일에 스타벅스 서울 1호점이 이화여자대학교 앞에 3층 규모로 문을 열 예정이며 2003년까지 전국에 44개의 점포를 낼 계획이라고 보도했다.

서울 1호점 개점에 맞추어 스타벅스 CEO 하워드 슐츠의 성공 신화를 담은 저서 『커피 한 잔에 담긴 성공 신화』 번역본이 출간되었고 그와 동시에 세간의 관심을 끌며 베스트셀러가 되었다. 언론에서는 스타벅스가 뉴욕의 힐렘가에 1호점을 열었다는 소식, 스타벅스의 커피 맛이 싱거워지면 디플레이션을 의심해야 한다는 유명 경제학자의 디플레이션 판별법 발표 소식, 스타벅스에서는 파트타임 직원도 한 달 교육 후 매장에 투입한다는 등의 흥미로운 소식이 연이어 쏟아졌다.

1999년 7월 27일 이화여자대학교 앞에 스타벅스 한국 1호점이 문을 열었다. 당시 스타벅스는 전 세계 12개국에 2300여 개의 체인이 있었고 서울 1호점은 그중 하나였다. 한국에서도 스타벅스는 등장과 함께 성공 신화를 쓰기 시작했다. 스타벅스의 등장은 한국인의 커피 취향뿐 아니라 문화 자체에도 적지 않은 파동을 일으켰다. 음식물을 들고 걸어 다니거나 음료를 마시며 거리를 활보하는 것을 천박하게 여겼던 문화에 변화가 시작된 것이다. 이때부터 거리를 걸으며 커피를 마시는 것이 젊음의 상징, 하나의 유행이 되었다. 특히 스타벅스 로고가 새겨진 컵이나 텀블러를 들고 다니는 것은 첨단 유행이었다. 스타벅스는 낯설던 테이크아웃 문화를 친숙하게 만들었다.

1999년 7월 27일 이화여자대학교 앞에 문을 연 스타벅스 매장 내에 설치된 국내 1호점 기념비. 스타벅스 1호점 개점 소식은 기대만큼 언론의 주목을 받지 못했다. 커피 소식을 가장 자주 보도하던 〈조선일보〉는 경제면에 "외국 유명 체인점 몰려온다"라는 제목의 기사에서 몇 줄 언급한 정도였다.

　　스타벅스는 예술적으로 볶은 최상의 커피를 마신다는 심미적 감성, 공정무역을 통해 구입한 커피 재료로 만든 커피를 마심으로써 커피 생산자를 도울 수 있다는 윤리적 의식, 재생 펄프로 만든 컵을 사용함으로써 환경보호운동에 동참한다는 사회적 책임감 등의 요소를 적절히 내세움으로써 소비자들에게 다가가는 데 성공했다.

　　그해 8월 31일 우리나라 원두커피전문점 1호로 1979년에 창업하여 20년간 새로운 커피 문화를 이끌었던 난다랑의 후신으로 대학로를 지키던 밀다원이 경영난으로 문을 닫았다. 급격히 변한 신세대의 취향을 따라가지 못한 것이 원인이었다. 난다랑의 폐업, 스타벅스와 할리스커피의 등장은 우리나라 커피 문화의 새 시대가 열렸음을 알리는 신호였다.

스타벅스 등장 이후 매우 빠른 속도로 스타벅스의 아메리카노가 커피 맛의 표준이 되어갔다. 인스턴트커피를 커피로 부르던 오랜 습관에서 조금씩 벗어나기 시작한 것은 다행이었지만 아메리카노가 커피 맛의 표준 자리를 차지한 것은 문제였다. 꽤 많은 커피체인점과 골목 카페들이 스타벅스를 흉내내기 시작한 것이다. 에스프레소 머신을 설치하고 아메리카노, 카페라테, 카푸치노 등 에스프레소 파생 음료를 판매하는 것이 유행처럼 번졌다. 물론 테이크아웃 서비스는 공통이었다. 외국 브랜드 커피빈(2000), 파스쿠찌(2002), 일리카페(2007) 등이 속속 들어왔다. 국내 브랜드로는 엔제리너스(2000), 이디야(2001), 탐앤탐스(2004), 카페베네(2008) 등이 차례로 문을 열었다. 상호는 달랐지만 제공하는 음료나 서비스 형태는 큰 차이가 없었다. 스타벅스와의 경쟁을 내세웠지만 스타벅스를 따라 하기에 바빴다.

아름다운 도전

주변에서 자주 듣는 상반되는 두 가지 말이 있다. 하나는 "커피 다 똑같지, 뭐 특별한 거 있어?"라는 냉소적 표현이고, 다른 하나는 "커피 맛은 이래야지?"라는 독선적 표현이다. 첫번째 표현을 즐겨 쓰는 사람은 다양한 커피가 세상에 존재한다는 사실을 알지 못하거나, 그런 이야기를 들었지만 게을러서 시도해볼 생각을 하지 않는 사람이기 십중팔구다. 두번째 표현을 자주 쓰는 사람은 커피 맛에도 뭔가 표준적인 것이 있다고 믿고 자신이 생각하는 표준적인 맛을 세상에 강요하려는 사람이다. 둘 다 바람직하지 않다.

첫번째 부류의 사람들이 많던 시대가 제1의 물결 시대였다. 대형 커피기업이 판매하는 상업용 커피 원두로 만든 커피, 혹은 인스턴트커피가 지배하던 시대였다. 네덜란드 출신 이민자 알프레드 피트Alfred Peet가 1960년대 초 미국에 정착하여 목격한 "세계에서 가장 부자인 나라 사람들"이 마시는 "세계에서 가장 형편없는lousiest 커피"가 지배하던 시대였다. 피트가 세운 '피츠 커피'를 바탕으로 스타벅스가 탄생했다. 두번째 부류의 사람들이 많던 시대가 제2의 물결 시대였다. 스타벅스에 근거한 커피의 표준화가 몰고 온 시대를 말한다. 스타벅스 커피가 모든 커피 맛의 비교 대상이었고 모든 커피 매장은 스타벅스 매장과 비교되는 그런 시대였다. 스타벅스가 등장한 지 반세기가 지난 지금도 그 시대가 저물었다고는 할 수 없다.

1990년대 후반에 이르자 스타벅스에 도전하는 새로운 흐름이 나타났다. 바로 커피 제3의 물결이다. 제3의 물결을 상징하는 것은 커피에 표준화된 "규칙은 없다No Rules"는 정신이다. 커피를 제대로 만들고, 소비하고, 즐기고자 하는 소비자와 생산자가 함께 이끄는 새로운 커피 문화를 추구하는 흐름이다. 미국에서 몇몇 영향력 있는 업체가 제3의 물결을 선도했다. 1995년에 더그 젤Doug Zell과 에밀리 맨지Emily Mange가 시카고에 설립한 로스팅회사 인텔리겐시아Intelligentsia, 1995년에 노스캐롤라이나 더럼에서 출발한 지역 로스팅

업체 카운터컬처Counter Culture, 1999년 오리건주 포틀랜드에서 출발한 스텀프타운Stumptown 등이 제3의 물결 리더들이다. 이들 외에도 21세기 들어서는 오클랜드의 블루보틀Blue Bottle, 샌프란시스코의 필즈Philz, 산타그루즈의 버브Verve 등이 등장했다.

스타벅스의 초기 정신을 이어받되 그 한계를 넘어서려는 제3의 물결은 공정무역, 스페셜티커피, 신선한 로스팅을 통한 표준적인 맛 극복, 소비자와 공급자의 동행 등을 중심 가치로 하여 꾸준히 발전하고 있다. 제3의 물결 커피는 지배적인 국가, 지배적인 기업, 지배적인 맛의 표준, 지배적인 메뉴나 제조 방식 없이 지역별, 카페별, 바리스타별로 고유한 특징을 인정하는 것이 본질이다.

물론 20세기 커피의 발전과정에 대한 이런 식의 시대 구분은 세계 최대 커피 소비국 미국을 기준으로 한 것이다. 20세기 내내 유럽인들은 지역별로 다양한 커피 문화를 형성하고 있었다. 이탈리아인들은 바르에서 에스프레소를 즐겨 마셨고, 독일이나 북유럽에서는 종이 여과지를 사용한 고급 드립커피가 유행했다. 반면 프랑스에서는 블랙커피나 카페오레가 널리 퍼졌다. 영국에서는 굳건한 차 문화를 유지한 채 간편한 인스턴트커피 문화를 즐기는 편이었다.

우리나라에서도 커피 원두가 지닌 고유의 맛과 향을 강조하는 커피 전문가들의 노력이 일찍부터 시작되었다. 인스턴트커피와 자판기커피가 유행하던 1980년대 후반부터 1990년대 중반까지 커피 로스팅과 드립 문화를 개척했던 초기 커피 장인들의 노력이 있었다. 이들 때문에 1990년대 막바지에 시작된 아메리카노 중심의 획일적 커피 문화 속에서도 커피 고유의 맛과 향을 중시하는 제대로 된 커피 문화의 맥을 이어올 수 있었다.

대구에는 안명규의 커피명가(1990), 포항에는 권영대의 아라비카(1991), 울산에는 박윤혁의 빈스톡(1996 창업, 2015 부산 송도로 이전), 상주에는 김민우의 커피가게(1998), 경기도 광주에는 박용욱의 아라비카(1998), 경주에는 최경남의 슈만과클라라(1999) 등이 대표적이다. 서울에는 마은식의 클럽에스프레소(1990), 서덕식의 칼디커피(1991), 양광준의 한국커피(1992), 이상덕의 시실리아(1993 창업, 2008 춘천으로 이전) 전광수의 전광수커피(1996) 등이 있었다.

스타벅스 등장과 프랜차이즈 커피전문점 난립 이후에도 서울에는 허형만의 압구정커피집(2001), 강지형의 죠셉의커피나무(2001), 강대영의 마놀린(2002), 조윤정의 커피스트(2003), 배준선의 나무사이로(2003), 이정기의 다동커피집(2005), 부산에는 김호영의 휴고(2001)와 전승예의 커피이야기(2004 창업, 2015 인천에 크로마이트키피로 재창업), 깅릉에는 김용덕의 네라보사(2002), 여수에는 강호준의 피플(2002), 천안에는 이재근의 미소레(2002) 등이 우리나라 커피의 자존심을 지켜왔다.[20]

---

[20] 정홍식의 『커피의 세계』(1994, 민문사), 김정열의 『커피 수첩』(2008, 대원사), 강대영·민승경의 『한국의 커피 로스터』(2012, 서울꼬뮨), 심재범의 『스페셜티 커피 인 서울』(2014, BR미디어), 양선희의 『커피비경』(2014, 알에이치코리아) 등에 소개된 카페를 중심으로 서술했다. 따라서 이 시기에 우리나라 커피 발전을 위해 열정을 다한 일부 커피 전문가와 카페가 빠졌을 수도 있다.

1990년대 당시 대구 동성로에 있던 커피명가 입구 전경. 직접 로스팅한 원두를 사용한다는 문구가 선명하다.

1990년대 초 우리나라 커피 르네상스를 이끌었던 인물의 한 명인 대구 커피명가의 창업자 안명규 대표. 최근 경산에 새로 문을 연 커피명가 본에서 커피를 마시며 필자와 대화하고 있다.

우리나라 커피 문화의 한 특징으로 자리잡은 로스터리 카페와 드립전문 카페는 이들 열정적인 초기 커피 장인집단의 땀으로 이루어낸 결실이라고 할 수 있다. 이들과 함께 혹은 이들에게 커피를 배운 젊은 커피인들이 21세기 우리나라 커피 문화의 새 시대를 열어가고 있다.

우리나라는 '커피공화국'?

우리나라가 커피공화국이 되었다는 말을 자주 듣는다. 어떤 기준으로 하는 말일까? 과연 맞는 말일까?

국가 단위의 커피 소비량이나 1인당 커피 소비량이 세계적인 수준이라는 판단 아래 커피공화국이라고 부른다면 그것은 틀린 말이다. 커피 관련 통계가 다양하고 정확하게 신뢰할 만한 통계는 없지만 여러 통계를 두루 살펴보면 국가 전체의 커피 소비량에서 우리나라는 현재 세계 15위 수준이다. 인구가 우리보다 많은 커피 소비국이 꽤 많기 때문이다. 1위 미국은 1년에 160만 톤 정도의 원두를 소비한다. 한국은 연 15만 톤 정도를 소비하여 브라질, 독일, 일본, 프랑스, 이탈리아, 인도네시아, 러시아, 캐나다, 에티오피아, 스페인, 필리핀, 베트남, 폴란드에 이어 15위 정도를 차지한다. 캐나다 외에는 모두 우리보다 인구가 많은 나라들이다.

1인당 커피 소비량을 기준으로 보면 어떨까? 우리나라의 국제 순위는 더욱 내려간다. 국민 1인당 연평균 2.86킬로그램을 소비한다. 국민 1인당 하루 0.74잔의 커피를 마시는 셈이다. 커피 한 잔에 원두 10.6그램을 사용하는 것으로 산출한 결과다. 커피를 마실 수 있는 성인만을 대상으로 하면 1인당 연간 405잔, 하루 1.11잔을 마신다. 세계 30위권에 속하고 1위 소비국인 핀란드나 룩셈부르크의 약 4분의 1 수준이다.

우리나라가 커피 관련 통계에서 세계 상위권에 오를 수 있는 영역은 두 가지다. 먼저 커피값이다. 카페에서 커피 한 잔을 마시려면 평균 3.59달러를 지불해야 한다. 세계 10위 수준으로 3.10달러인 일본보다 조금 비싸다. 그리고 인구 10만 명당 카페 수에서 우리나라는 세계 최고 수준이다. 2024년에 전국의 카페가 10만 개를 돌파함으로써 어림잡아 인구 500명당 카페가 하나 정도 있는 셈이다. OECD 국가에서 스타벅스 매장이 가장 많은 도시가 서울인 점이 이런 특성을 보여준다. 따라서 국민 1인당 커피전문점에서의 소비액도 우리나라는 세계 최상위권에 속한다.

이런 몇 가지 통계를 통해 알 수 있는 것은 우리나라가 세계에 내세울 수 있는 '커피공화국'인지는 알 수 없지만 세계적으로 보기 드문 '카페공화국'인 것은 사실이다. 양적으로 많기도 하지만 우리나라 카페가 지닌 역동적이고 독특한 문화는 세계적으로 널리 알려져 있다. 외국인 시각에서 본, 그리고 우리도 느낄 수 있는 우리나라 카페의 특징은 정말 많다.

첫째, 독특한 개념의 '테마 카페Themed café'가 많다. 친숙한 고양이나 강아지 카페부터 신기한 오소리, 미어캣, 파충류, 양 카페에 이르기까지 다양한 동물과 함께 커피를 마실 수 있는 카페들이다.

키즈 카페는 아파트 중심의 한국 주거 문화가 만들어낸 문화다. 도시에 거주하는 젊은 부부들이 아이의 육아와 커피 마시기를 겸할 수 있는 공간으로 성장한 것이다. 스터디 카페는 청소년들이 공부와 커피를 함께 즐길 수 있는 공간이다. 케이팝을 즐기며 커피를 마실 수 있는 카페, 빈티지 소품으로 가득한 카페, 한옥의 정감을 느낄 수 있는 카페 등도 한국적이다. 독특한 체험을 하며 커피를 마시는 카페도 늘고 있다. 감옥 카페, 병원 카페, 지하벙커 카페, 도자기 카페, 방탈출 카페, VR체험 카페 등이 있다.

둘째, 카페에서 커피를 마시는 것뿐 아니라 공부, 일, 회의 등 모든 사회적 활동이나 독서, 음악 듣기 등 여가 활동이 가능하다. 대부분의 카페에는 무료 와이파이, 충전기, 아늑한 회의 공간이 마련되어 있다. 음료를 주문하거나 화장실을 이용하기 위해, 혹은 잠시 외부에 다녀오기 위해 컴퓨터나 휴대전화 등 개인 소지품을 놓아두는 것이 위험하지 않은 신기한 곳이 우리나라 카페다.

셋째, 고객을 이끌 수 있는 독특하고 아름다운 내부 디사인이 돋보이는 카페가 많다. 현대적인 디자인, 심플한 디자인, 빈티지 스타일의 디자인 등을 통해 사진을 찍거나 SNS 촬영을 목적으로 방문하는 고객의 기대에 부응하려 한다. 다양한 라테아트를 활용한 음료, 멋지게 장식된 디저트나 독특한 컵 등은 인스타그램 활용자들의 환영을 받는다. 사진 찍기 좋은 루프톱 카페도 많다.

넷째, 한국적인 디저트 문화가 커피와 만나는 곳이다. 대표적인 디저트로는 빙수, 수플레 팬케이크, 한국식 마카롱, 티라미수나 치즈케이크 등이다. 계절에 따라 특별한 메뉴가 등장하는 것도 흥미롭다. 봄에는 벚꽃라테, 여름에는 수박주스, 가을에는 단호박라테, 겨울에는 호떡크로플(호떡+크루아상+와플)과 뱅쇼를 즐길 수 있다. 밤이 들어간 마롱라테나 생강향 가득한 진저브레드라테도 인기 있다.

다섯째, 스타벅스, 커피빈, 파스쿠찌, 폴바셋과 같은 외국 커피 체인점 못지않은 인기를 누리는 토종 커피체인점이 많다. 메가커피, 이디야커피, 컴포즈커피, 빽다방, 더벤티 등이 1000개 이상의 매장을 갖고 있으며 그 밖에도 매머드커피, 할리스커피, 엔제리너스, 커피베이 등이 있다.

여섯째, 고품질의 신선한 원두로 내린 커피를 낮은 가격에 제공하는 편의점이 어디에나 있다. 편의점뿐 아니라 최근에는 24시간 문을 여는 카페, 무인 카페 등이 생겨서 커피를 즐기는 데 시간과 장소의 구애를 받지 않는다.

일곱째, 젊은 층과 외국 관광객을 중심으로 하루에 여러 카페를 방문하는 '카페 탐방'이 유행하고 있다. 선택에 따라 단 하루에 혀로 느끼는 다양한 맛, 코로 즐기는 다양한 향, 눈으로 만나는 다양한 볼거리, 귀로 즐기는 음악이나 스몰토크를 두루 경험할 수 있다.

우리나라가 커피공화국이 되기 위해 꼭 커피 소비량을 늘려야 하는 것은 아니다. 사용하는 커피 재료의 질, 로스팅기술, 추출한 커피의 맛과 향, 커피인들의 전문성, 커피 소비자들의 커피를 대하는 태도 등에서 세계 최고 수준인 나라가 진정한 커피공화국이기 때문이다. 커피공화국은 좋은 커피가 카페와 소비자의 감각을 지배하는 나라다. 현재 우리나라의 커피는 커피공화국을 향해 나아가고 있다는 징후가 뚜렷하다. 몇 가지 특징을 보면 세계 커피 시장에서 우리나라가 유력한 경쟁자로 떠오르고 있는 것이 분명하다.

먼저 커피 제3의 물결 운동이 한국에서 매우 강하게 나타나고 있다. 커피의 품질을 추구하는 독립 카페들이 많아지고 있고, 좋은 커피를 만들기 위해 직접 로스팅에 열중하는 마이크로로스터 micro-roasters가 운영하는 카페가 늘어나고 있다. 도시나 시골 어디서나 어렵지 않게 공부하는 바리스타가 운영하는 독립 카페와 로스터리 카페를 만날 수 있다. 학습에 진심인 나라의 특성이 커피에도 반영되고 있다.

둘째, 이런 카페 중 다수는 커피 생두 생산지와의 직거래를 추구하고, 원두의 맛과 향을 세밀하게 살리기 위해 최근에 개발된 다양한 드립 도구, 사이펀, 에스프레소 기계를 활용한다. 싱글-오리진, 즉 어느 한 나라의 특별한 산지에 있는 특별한 농장에서 생산한 특별한 품종의 커피 체리를 특정 방식으로 가공하여 탄생한 원두가 지닌 고유의 맛을 구현하기 위해 연구하고 노력하는 바리스타들이 늘어나고 있다.

셋째, 한국에는 국제적으로 명성을 얻은 실력 있는 로스터와 바리스타, 지역을 대표하는 스몰로스터와 커피 장인이 의외로 많다. 스스로 내세우지는 않지만 지역의 커피 소비자들로부터 찬사를 받는 숨은 커피 고수들이 많은 나라가 한국이다. 기계에 의존하기보다는 자신의 손과 마음에 의지하여 커피의 맛을 찾아내려는 사람들이다.

넷째, 커피 분야에서 새로운 기술을 개발하려는 도전이 이어지고 있다. 새로운 발효 방법, 혁신적인 로스팅 방법, 귀리우유나 두유 등 대체 우유 활용 방법, 커피용 물과 불을 탐구하는 연구자들이 적지 않다.

다섯째, 최고급 원두에 대한 수요가 꾸준히 증가하고 있다. 최고급 원두를 사용한 드립커피 한 잔에 2만 원 이상을 기꺼이 지불하겠다는 소비자가 증가하는 한 최상의 커피를 향한 커피인들의 노력은 멈추기 어렵다.

2010년대 이후 지금까지 우리나라 커피는 양적으로나 질적으로 크게 성장했다. 1990년대 초반에 등장한 커피 전문가집단, 그리고 이들로부터 영감을 얻은 2세대 커피인들 때문에 우리나라 커피는 맛과 향의 수준, 소비자들의 커피를 대하는 태도에서 큰 진전을 이루었다. 커피세계에서 변방이었던 대한민국이 세계적인 커피 전문가와 커피 애호가들을 유혹하는 관심 지역의 하나가 되었다. 커피 소비량 증가뿐만이 아니다. 전국 어디를 가든 개성 넘치는 로스터리 카페들을 만날 수 있다. 인테리어나 서비스 수준은 최상이고 메뉴의 독창성과 다양성도 매우 크다. 세계 바리스타 챔피언십과 브루어스 컵 등 국제적으로 명성이 높은 대회에서 한국 바리스타들이 입상하는 사례가 늘어났다. 전통을 강조하는 일본 커피계에서는 보기 드문 풍경이다. 여러 가지 이유로 많은 외국 바리스타와 카페 오너가 우리

나라를 벤치마킹하고 있다.[21]

우리나라 사람들은 한평생을 살며 평균 62년 정도 커피를 마신다. 한 사람이 태어나서 죽을 때까지 평균 2만 5110잔의 커피를 마시고 9만 145달러(1억 2500만 원)를 지출하는 셈이다. 결코 가볍게 여길 수 없는 것이 커피 소비액이고, 결코 함부로 마셔서는 안 되는 것이 커피임을 말해준다.

좋은 커피를 만들어야 하고, 좋은 커피를 마셔야 한다. 그래서 세계인들이 우러르는 진정한 커피공화국이 되어야 한다. 제대로 된 커피 맛이 카페를 지배하고, 제대로 된 커피 향이 우리의 감각을 지배하는, 제대로 된 사람이 함께 사는 멋진 나라 대한민국이 되기를 기대한다.

---

[21] 지금 우리가 경험하고 있는 시간이다. 커피 역사를 다루는 이 책의 특징 때문에 서술 대상에서는 제외했다.

에필로그

 베르뇌 신부가 서울에서 마신 첫 커피 이후 164년 동안 커피는 우리나라가 겪어야 했던 역사적 굴곡과 함께했고, 백성의 희로애락과 함께했으며, 커피인들의 열정과 함께했다. 이 책에는 이런 역사에 흥미를 갖고 나름 열정을 바친 나의 10년 세월이 녹아 있다. 일반 역사와 커피 역사가 함께 잘 어우러지도록, 외국의 커피 역사와 우리의 커피 역사가 함께 잘 어울리도록, 커피를 만드는 사람과 마시는 사람이 함께 잘 드러나도록 조심스럽게 서술했다. 신중하게 선정한 107개의 에피소드가 24개의 장을 구성하고 있다.
 집필을 마칠 즈음 세계 커피 역사의 눈금 위에 한국 커피 역사를 보여주는 선명한 그래프가 하나 펼쳐지는 느낌을 얻은 것은 정말 다행이다. 역사학자로서 무언가 소명을 다한 그런 후련한 느낌이다.

우리 역사 속에서 커피는 크게 보면 네 번의 큰 파도를 지나왔고 지금 다섯번째 큰 파도를 맞고 있다. 마지막 파도를 슬기롭게 헤쳐나가면 아마도 세계 최고 수준의 커피를 우리의 생활 주변에서 쉽게 만날 수 있을 것이다.

첫번째 시기인 개항기에서부터 1910년대 말까지 이 땅에서 커피는 매우 귀한 음료였다. 숨겨서 마시거나 숨어서 마셔야 했고, 간혹 울며 마셔야 했다. 특별한 사람들이 특별한 때 마시는 음료였다. 비록 끽다점이 생기고 카페가 등장했지만 국가의 운명이 스러지는 시절의 커피는 결코 대중들에게 다가가기 어려웠고 적응하기 어려운 낯선 음료였다.

두번째 시기인 1920년대부터 1930년대 후반까지는 세계적인 낭만의 물결, 자유의 물결, 광란의 물결을 타고 커피가 밀려들었다. 우리나라에 불어닥친 커피 열풍은 세계 경제 대공황도 막지 못했다. 누구나 이용할 수 있는 다방이 우후죽순 생겨났고 모던보이와 모던걸은 집에서도 인두커피를 끓여 마셨다. 커피는 문화인의 상징이었고 이들 사이에 아이스커피와 찬커가 유행했다. 우리 역사에서 첫번째 만나는 커피 붐이었다.

세번째 시기인 1930년대 후반부터 1960년대 말까지는 우리 역사에서 첫번째로 맞는 커피 탄압 시기였다. 중국을 거쳐 동남아시아로, 하와이를 거쳐 남태평양으로 전쟁을 확대한 제국주의 일본은 서구 문물 커피를 탄압했다. 커피 수입을 금지하고, 커피에 높은 세금을 부과하고, 커피 대신 대용 커피 소비를 강제했다. 다방에서 즐기는 음악을 통제했고, 커피나 다방 명칭에 외국어 사용을 금지했다. 커피 말고 전쟁을 부르짖던 야만의 시절이었다. 광복은 되었지만 커피 수입은 금지되었다. 얌생이들이 미군 부대에서 빼돌리는 불법 커피가 시장에 나돌았고 다방은 우후죽순 들어섰다. 인스턴트커피가 시장에 나돌았지만 여진히 끓여서 마시는 원두커피가 인기였다. 5·16군사정변 이후 커피는 국가 경제를 망치는 '특정 외래품'으로 지정되어 판매와 음용이 자유롭지 못했다.

네번째 시기인 1970년대 초부터 1980년대 후반까지는 우리나라 커피 역사에서 가장 어두웠던 암흑기였다. 국가 경제가 위기에 처하면 커피는 낭비의 주범으로 몰렸다. 마치 커피는 절약의 반대말처럼 탄압의 대상이 되었다. 국산 커피 생산이 시작된 1970년 이후 1980년대 후반까지는 저급한 인스턴트커피와 자동판매기 커피가 소비자들의 입맛을 지배했다. 이런 흐름 속에서 꽁초커피가 탄생하고 다방은 퇴폐의 길로 들어섰다. 커피 고유의 맛과 향보다는 편리함과 서비스가 중시된 시대였고 맛을 잃은 커피는 돈벌이 수단으로 전락했다.

다섯번째 시기는 1990년대 초반부터 현재까지다. 우리나라 커피의 르네상스다. 인스턴트커피가 지배하던 시대에 원두커피를 추구하는 전문 커피인들이 나타났다. 커피전문점이 등장했고 커피인들의 모임도 출현했다. 특히 1990년대 초반에 전국적으로 등장한 커피인들의 도전정신, 커피에 대한 사명감은 매우 아름다웠다. 그 당시 시작된 독자적인 커피 로스팅, 블렌딩, 추출 열기는 뜨거웠다.

1999년부터 본격화한 외국 커피 프랜차이즈의 대공습으로 탄생한 커피 맛과 향의 획일화 속에서도 우리나라 나름의 독자적인 커피 문화를 만들고 키우는 바탕이 되었다. 비록 1990년대 후반에 닥친 경제 위기로 커피 소비가 잠시 위축되기는 했지만 커피에 대한 열정은 무너지지 않았다. 2010년대 이후 우리나라 커피의 수준은 급격히 향상되고 있다. 기술력, 소비 수준, 커피 품질 등 모든 면에서 세계적인 수준에 접근하고 있다.

  사람들은 나에게 묻는다. "우리나라 커피는 계속 발전하고 커피산업은 계속 성장할까요?" 적어도 내가 아는 주변 커피 전문가들의 열정이나 주변 커피 소비자들의 태도를 바탕으로 대답한다면 당연히 "예"다. 우리에게 커피를 전한 북아메리카, 유럽, 일본 수준을 완벽하게 넘어설 때까지, 세계인들이 우리나라 커피를 찾고 즐겨 마시게 될 때까지 성장을 지속할 것으로 믿는다. 우리나라 커피인들의 열정을 믿는다.

  사람들은 나에게 또 묻는다. "커피를 왜 좋아하세요?" 이 질문에 한동안 답을 제대로 하지 못했다. 너무 뻔한 답을 하기 싫었고 이유도 너무 많았기 때문이다. 그런데 이 책을 마무리할 즈음 답이 떠올랐다. "커피가 나를 좋아하니까." 생각해보니 내가 커피를 좋아하기 전에 커피가 먼저 나를 좋아했다. 내가 커피에게 아무런 신호를 보내지 않았는데, 언제부터인지 한잔의 커피는 나의 하루를 편안한 느낌으로 채워주었다. 커피는 나에게 더없이 좋은 친구들을 만나게 해주었다. 게다가 커피는 복잡하고 굴곡 가득한 우리나라 역사를 새롭고, 명쾌하고, 흥미롭게 보여주었다. 아무 이유도 없이 나에게 많은 것을 베풀어주는 커피, 그것을 내가 좋아하지 않을 이유가 있을까?

2025년 여름, 책가옥에서
이길상

참고문헌

1. 신문, 실록, 잡지

〈The Independence〉(독립신문 영어)
〈New York Times〉
〈개벽〉
〈京城日報〉(일본어)
〈경향신문〉
『고종실록』
〈國民新報〉(일본어)
〈대한매일신보〉
〈독립신문〉
〈동아일보〉
〈매일경제〉
〈매일신보〉

〈별건곤〉
〈釜山日報〉(일본어)
〈삼천리〉
『순조실록』
『순종실록』
〈여성〉
〈朝鮮時報〉(일본어)
〈朝鮮新聞〉(일본어)
〈조선일보〉
〈조선중앙일보〉
〈중앙일보〉
〈중앙일보〉(〈중외일보〉 후신)
〈중외일보〉
〈한겨레〉
〈한성순보〉
〈한성주보〉
〈황성신문〉

2. 국내 도서와 논문

강대영·민승경, 『한국의 커피 로스터』, 서울꼬뮨, 2012.
강인규, 『나는 스타벅스에서 불온한 상상을 한다』, 인물과사상사, 2008.
강준만·오두진, 『고종 스타벅스에 가다』, 인물과사상사, 2005.
강찬호, 「문헌을 통해 본 우리나라 커피의 역사 ─ 개화기와 일제강점기를 중심으로」, 〈관광연구〉, 28(3), 205~229쪽.
국립민속박물관 편, 『요즘커피 What a Brew-TiFul Day』(2024 특별전 도록), 국립민속박물관, 2024.

김다영, 「커피에서 여성 평등을 꿈꾸며」, 〈젠더 리뷰〉, 2020 봄호, 2020, 65~73쪽.
김대웅, 『커피를 마시는 도시』, 자작나무, 1996.
김동수, 「발자크의 '시골의사'에 나타난 나폴레옹의 이미지」, 『용봉인문논총』 39, 2011, 5~25쪽.
김리나·차광호·박지인·남지우, 『세상에서 가장 맛있는 커피 15잔』, 지상사, 2009.
김석수, 「한국다방문화의 변천에 관한 연구」, 『한국실내디자인학회 논문집』 13, 1997, 37~44쪽.
김세리·조미라, 『차의 시간을 걷다』, 열린세상, 2020.
김순하, 「한국 커피시장의 발전과정에 관한 문헌적 연구 — 커피전문점을 중심으로」, 『호텔리조트연구』, 12(3), 2013, 329~348쪽.
김시현·윤여태, 『개화기 한국 커피 역사 이야기』, 피아리스, 2021.
김연희, 「일제하 경성지역 카페의 도시문화적 특성」, 서울시립대학교 석사학위논문, 2002.
김인영, "구한말 아관파천을 주도한 서양 여인 손탁의 흔적", 〈공감신문〉, 2016. 3. 3.
김정열, 『커피 수첩』, 대원사, 2008.
김정환, 「샤를르 달레의 조선시도(朝鮮地圖)」, 『교회사연구』, 38, 2012, 143~159쪽.
김현섭, 『커피가 커피지 뭐』, 연필과 머그, 2020.
동서식품, 『커피』, 합동통신사광고기획실, 1972.
동서식품, 『커피와 행복』, 합동통신사광고기획실, 1973.
록안경, 「카페 여급 언파레드」, 〈별건곤〉, 57, 1932, 32~37쪽.
민건호, 유종수 옮김, 『동행일록』, 보고사, 2019.
민건호, 부산근대역사관 편, 『해은일록1』, 부산근대역사관, 2008.
박광민, 「구본웅과 이상, 그리고 목이 긴 여인 초상」, 〈이상 리뷰〉, 12호, 2016, 89~101쪽.
박영순, 『커피인문학』, 인물과사상사, 2017.

박지안, 『우리가 좋아하는 커피 공간』, 시공사, 2020.
박현수, 『경성 맛집 산책』, 한겨레출판, 2023.
서울역사편찬원, 『서울2천년사 30 : 일제강점기 서울 도시문화와 일상생활』, 서울역사편찬원, 2015.
석문량, 「만담, 공설 카페 출현」, 〈별건곤〉 제60호, 1933.
송만호, 「한국 커피 산업 발전사」, 〈식품과학과 산업〉, 53(4), 2020, 397~409쪽.
심재범, 『스페셜티 커피 인 서울』, BR미디어, 2014.
양선희, 『커피비경』, 알에이치코리아, 2014.
양선희, 『힐링커피』, 랜덤하우스, 2010.
원융희, 『커피이야기』, 학문사, 1999.
유한희, 「일본의 남녀고용기회균등법의 제정 및 개정과정과 그 효과에 관한 연구 ― 관료중심적 결정과정과 여성의 임금과 취업형태를 중심으로」, 서울대학교 대학원 사회학과 박사학위 논문, 2013.
윤영노·황성연, 『커피』, 도서출판유문, 1993.
윤영춘, 「실직과 다방」, 〈현대문학〉, 1960년 12월호, 1960.
이길상, 『커피세계사 + 한국가배사』, 푸른역사, 2021.
이길상, 『커피가 묻고 역사가 답하다』, 역사비평사, 2023.
이범진, 김철웅 옮김, 『미사일록』, 푸른역사, 2023.
이상, "산촌여정"(연재), 〈매일신보〉, 1935.
이영림·주경철·최갑수, 『근대 유럽의 형성 : 16~18세기』, 까치글방, 2011.
이종철, 「묘식에 대한 소비자 구매행동 연구 ― 명동 지역을 중심으로」, 연세대학교 경영대학원, 석사학위 논문, 1970.
이헌구, 「'보헤미앙'의 애수의 항구, 일다방 보헤미앙의 수기」, 〈삼천리〉, 제10권 제5호, 1938.
이헌구, 「끽다점풍경」, 〈삼천리〉, 제6권 제5호, 1934.
장유정, 『다방과 카페, 모던보이의 아지트』, 살림, 2008.
전우용, "전우용의 현대를 만든 물건들 : 커피", 〈한겨레신문〉, http://www.hani.co.kr/arti/opinion/column/664828.html. 2020년 10월 14일

검색.

전홍찬·한성무,「구한말 묄렌도르프의 친러정책: 독일 외교정책과의 연관성을 중심으로」,〈국제정치연구〉, 23(3), 2020, 209~237쪽.

정병준,『현엘리스와 그의 시대』, 돌베개, 2015.

정영구,「청말민초 중국의 음식문화의 변화와 설탕소비 경향」,〈중국사연구〉 124, 2020, 151~185쪽.

정홍식,『커피의 세계』, 민문사, 1994.

조이담·박태원,『구보씨와 더불어 경성을 가다』, 바람구두, 2005.

조현범,『조선의 선교사, 선교사의 조선』, 한국교회사연구소, 2008.

최남진,『막걸리에서 모닝커피까지』, 신원문화사, 1994.

최성락,『100년 전 영국 언론은 조선을 어떻게 봤을까?: '이코노미스트'가 본 근대 조선』, 페이퍼로드, 2019.

한국교회사연구소,『베르뇌 주교 서한집』(상), 한국교회사연구소, 2018.

한승환,『커피 좋아하세요』, 자유지성사, 1999.

旦部幸博,『珈琲の世界史』, 2017; 윤선해 옮김,『커피세계사』, 황소자리, 2018.

Hawley, Samuel(ed.), *Inside the Hermit Kingdom: The 1884 Korea Travel Journal of George Clayton Foulk*, 2007; 조범종·조현미 옮김,『화륜선 타고 온 포크, 대동여지도 들고 조선을 기록하다』, 알파미디어, 2021.

Jacob, Heinrich Eduard, *Kaffee: Die Biographie eines Weltwirtschaftlichen Stoffes*, 1934; 남덕현 옮김,『커피의 역사』, 자연과생태, 2013.

Pichon, M. L'abbé F. *Vie de Monseigneur Berneux, évéque de Capse, in partibus innfidelium, vicaire apostoilique de Corée*, 1867; 정현명 옮김,『성 베르뇌 주교 전기』, 수원교회사연구소·천주교 수원교구 수지성당, 2015.

Ukers, William H., *All About Coffee*, 2nd edition, 1935; 박보경 옮김,《올 어바웃 커피》, 세상의 아침, 2012.

3. 외국 문헌

Bunker, Annie Ellers, "Visit to Her Majesty the Queen", *The Korean Repository*, Vol. 2, 1895.

Carles, W. R., *Life in Korea*, London: MacMillan and Co, 1888.

Dwyer, Philip, *Napoleon: Passion, Death, and Resurrection 1815~1840*, London: Bloomsbury, 2018.

Lowell, Percival, *Chosön, the Land of Morning Calm; the Sketch of Korea*, 3rd edition, Boston: University Press, 1888. World Digital Library. https://dl.wdl.org/2377/service/2377.pdf. 2020년 7월 3일 검색

Lowell, A. Lawrence, *Biography of Percival Lowell*, New York: The MacMillan Company, 1935.

Pendergrast, Mark, *Uncommon Grounds: The History of Coffee and How it Transformed our World*, New York: Basic Books, 2010.

Ukers, William H., *All About Coffee*, New York: Coffee and Tea Trade Journal, 1922.

Weissman, Michaele, *God in a Cup: The Obsessive Quest for the Perfect Coffee*, New Jersey: John Wiley & Sons, 2008.

Wild, Antony, *Coffee: A Dark History*, New York: W. W. Norton & Company, 2004.

外務省通商局編纂, 通商彙纂 第2卷(明治16年). 日本: 大學書院, 1988.

4. 인터넷 사이트

국립중앙박물관 e뮤지엄 http://www.emuseum.go.kr/
국사편찬위원회 한국사데이터베이스 http://db.history.go.kr/
국제커피기구 홈페이지 http://www.ico.org/

네이버 뉴스 라이브러리 newslibrary.naver.com
스페셜티커피협회 홈페이지 https://sca.coffee/
한국언론진흥재단 빅카인즈 https://www.bigkinds.or.kr/

이미지 출처

p. 37 **소장처** : 고려대학교도서관

p. 39 **소장처** : 대한민국역사박물관, **사진 제공** : 국립중앙박물관 e뮤지엄

p. 51 **소장처** : 부산근대역사관

p. 56 **사진 제공** : 국립고궁박물관

p. 57 **소장처** : 부산광역시립박물관, **사진 제공** : 국립중앙박물관 e뮤지엄

p. 63 **소장처** : 단국대학교 석주선기념박물관

p. 73 **소장처** : 한국조리박물관, **사진 제공** : 국립중앙박물관 e뮤지엄

p. 85 **그림** : 이다준

p. 150 **사진 제공** : 국립민속박물관

p. 177 **소장처** : 한밭교육박물관, **사진 제공** : 국립중앙박물관 e뮤지엄

p. 221(위) **소장처** : 부산광역시립박물관, **사진 제공** : 국립중앙박물관 e뮤지엄

p. 231 **소장처** : 인천개항박물관, **사진 제공** : 국립중앙박물관 e뮤지엄

p. 337 **소장처** : 국립민속박물관, **사진 제공** : 국립중앙박물관 e뮤지엄

p. 359 **사진 제공** : 김주혜

p. 391 **사진 제공** : 연합뉴스

p. 439(아래) **사진 제공** : 김주혜

**A Cup of Coffee,
a Cultural History**

지은이
이길상

미국 일리노이대학교에서 교육학 박사학위를 받았다. 교육학 교수로 재직하면서 바리스타 자격증을 취득하기 위해 커피 교재를 읽다가 커피 역사에 빠져들었다. 『커피 세계사+한국 가배사』(2021), 『커피가 묻고 역사가 답하다』(2023)가 널리 알려지며 커피 작가의 길로 들어섰다. 2024년부터 2025년까지 KBS 제1라디오에서 매주 1회 생방송 〈커피로 맛보는 역사〉를 진행했다. 현재는 유튜브 채널 〈커피 히스토리〉 운영, 커피 칼럼 집필, 커피 강연 등을 하며 낭만적인 나날을 보내고 있다.

커피 한 잔에 담긴 문화사, 끽다점에서 카페까지
이길상 교수가 내려주는 커피 이야기

초판 인쇄 2025년 8월 12일
초판 발행 2025년 8월 22일

지은이 이길상

편집 박민영 이희연 정소리 | 디자인 백주영 | 마케팅 김다정 박재원
브랜딩 함유지 박민재 이송이 박다솔 조다현 김하연 이준희 복다은
저작권 박지영 형소진 주은수 오서영 조경은
제작 강신은 김동욱 이순호 | 제작처 영신사

펴낸곳 (주)교유당 | 펴낸이 신정민
출판등록 2019년 5월 24일 제406-2019-000052호

주소 10881 경기도 파주시 회동길 210
문의전화 031-955-8891(마케팅) 031-955-2692(편집) 031-955-8855(팩스)
전자우편 gyoyudang@munhak.com

홈페이지 www.gyoyudang.com
인스타그램 @thinkgoods | 트위터 @think_paper | 페이스북 @thinkgoods

ISBN 979-11-94523-67-3 03900

싱긋은 (주)교유당의 교양 브랜드입니다.
이 책의 판권은 지은이와 (주)교유당에 있습니다.
이 책 내용의 전부 또는 일부를 재사용하려면 반드시 양측의 서면 동의를 받아야 합니다.